O Regime do Contrato de Serviço Doméstico

COM AS ALTERAÇÕES INTRODUZIDAS PELA LEI Nº 13/2023,
DE 3 DE ABRIL (AGENDA DO TRABALHO DIGNO)

O Regime do Contrato de Serviço Doméstico

COM AS ALTERAÇÕES INTRODUZIDAS PELA LEI Nº 13/2023, DE 3 DE ABRIL (AGENDA DO TRABALHO DIGNO)

2023

Victor Hugo Ventura
Advogado

ALMEDINA

O REGIME DO CONTRATO DE SERVIÇO DOMÉSTICO
Com as Alterações Introduzidas pela Lei nº 13/2023, de 3 de Abril (Agenda do Trabalho Digno)

AUTOR
Victor Hugo Ventura (www.victorhugoventura.com)
EDITOR
EDIÇÕES ALMEDINA, S.A.
Avenida Emídio Navarro, 81, 3D
3000-151 Coimbra
Tel.: 239 851 904 · Fax: 239 851 901
www.almedina.net · editora@almedina.net
DESIGN DE CAPA
FBA.
PRÉ-IMPRESSÃO
EDIÇÕES ALMEDINA, S.A.
IMPRESSÃO E ACABAMENTO

Junho, 2023

ISBN
978-989-40-1293-1

DEPÓSITO LEGAL
????????/23

ALMEDINA | GRUPOALMEDINA

ABREVIATURAS UTILIZADAS

Ac.	Acórdão
AcD	Acórdãos Doutrinais do Supremo Tribunal Administrativo
BMJ	Boletim do Ministério da Justiça
BTE	Boletim do Trabalho e do Emprego
Cfr.	Confronte-se
Cit.	Obra Citada
CJ	Coletânea de Jurisprudência
CJ (STJ)	Coletânea de Jurisprudência do Supremo Tribunal de Justiça
CRP76	Constituição da República Portuguesa de 1976
CT03	Código do Trabalho de 2003
CT09	Código do Trabalho de 2009
ID.	Idem
n.	nota de pé-de-página
nº	número
p.	página
pp.	páginas
proc. nr.	processo nº
RCSD	Regime do Contrato de Serviço Doméstico
s/	sem
ss.	e seguintes
STA	Supremo Tribunal Administrativo
STJ	Supremo Tribunal de Justiça
TC	Tribunal Constitucional
TJ	Tribunal de Justiça (União Europeia)
TRC	Tribunal da Relação de Coimbra
TRE	Tribunal da Relação de Évora

TRG	Tribunal da Relação de Guimarães
TRL	Tribunal da Relação de Lisboa
TRP	Tribunal da Relação do Porto
OIT	Organização Internacional do Trabalho

OUTRAS PUBLICAÇÕES DO AUTOR

1. «Do texto ao contexto: a interpretação dos negócios jurídicos», *Revista de Ciências Empresariais e Jurídicas*, 24 (2014), pp. 39-61.

2. «A inexigibilidade como motivo de justificação de faltas no direito do trabalho português», *Questões Laborais*, 44 (2014), pp. 141-157.

3. «Novas e velhas questões sobre o direito de retratação», *Questões Laborais*, 49 (2016), pp. 77-104.

4. «A fase de informações e negociação do despedimento coletivo na ausência de estruturas representativas dos trabalhadores», *Questões Laborais*, 50 (2017), pp. 65-81.

5. «Breve apontamento sobre o regime de faltas dos candidatos a cargos públicos», *Questões Laborais*, 52 (2018), pp. 19-32.

6. «A relação advogado-cliente como relação de consumo: comentário ao acórdão *Birutė Šiba. v. Arūnas Devėnas* do Tribunal de Justiça», *Católica Law Review*, 2018, Vol. II, nº 2, pp. 139-161 (em coautoria com José Carlos Brandão Proença).

7. AAVV, *Comentário ao Código Civil – Direito das Obrigações (Das Obrigações em Geral)*, Universidade Católica Editora, Porto, 2018 (anotação aos artigos 550º a 561º e ao artigo 502º, em coautoria com Raul Guichard).

8. «À espera de um novo *Bosman*? A compatibilidade do regime do tempo de trabalho do praticante desportivo com o Direito da União Europeia», *Questões Laborais*, 54 (2019), pp. 81-97.

9. «O impacto da nova redação do artigo 344º, nº 2, do Código do Trabalho, no conceito de "desemprego involuntário" para efeitos de atribuição do subsídio de desemprego», *Questões Laborais*, 55 (2019), pp. 169-178 (em coautoria com Alexandra Marques Sequeira).

10. *O regime do contrato de trabalho do praticante desportivo*, AAFDL Editora, Lisboa, 2020 (411 pp.).

11. «A insustentável leveza do contrato de trabalho doméstico ou o caso da (in)exigibilidade de parecer da CITE para o despedimento de trabalhadora doméstica grávida, puérpera ou lactante», *Questões Laborais*, 56 (2020), pp. 33-52 (em coautoria com Cláudia Campos).

12. «Precários para sempre? A compatibilidade do regime da contratação a termo dos treinadores desportivos com o Direito da União Europeia», *Prontuário de Direito do Trabalho*, 2020, II, pp. 331-354.

13. «A aplicação da figura do abandono de trabalho ao contrato de trabalho do praticante desportivo», *Revista de Direito do Desporto*, 7 (2021), pp. 72-83.

14. *O regime do contrato de serviço doméstico*, AAFDL Editora, Lisboa, 2021 (255 pp.).

15. *Contrato de trabalho rural*, Vida Económica, Porto, 2021 (112 pp.).

16. «Os "prémios" por objetivos no regime do contrato de trabalho do praticante desportivo» in: Alexandre Miguel Mestre [Coord.], *Compêndio de Direito do Desporto*, Gestlegal, Lisboa, 2021, pp. 456-474.

17. «Pode um treinador ser despedido por "justa causa desportiva"?», *Questões Laborais*, 57 (2021), pp. 277-291.

18. «E sejam lesados para sempre ? A responsabilidade civil emergente da violação de deveres conjugais», *Lex Familiae – Revista Portuguesa de Direito da Família*, 36 (2021), pp. 5-22.

19. *O Estatuto dos Profissionais da Área da Cultura: regime novo ou* mise-en-scène?, Almedina, Coimbra, 2022 (318 pp.).

20. AAVV., *Código dos regimes contributivos do sistema previdencial de Segurança Social anotado e comentado*, Almedina, Coimbra, 2022 (anotação aos artigos 95º e 96º, 116º a 120º e 283º e 283º-A).

21. *Contrato de trabalho do jornalista*, Almedina, Coimbra, 2022 (216 pp.).

22. «A estipulação de cláusulas penais em contratos de representação desportiva», *Revista de Direito do Desporto*, 11 (2022), pp. 25-33.

23. «A estipulação de cláusulas de rescisão em contratos de formação desportiva», *Revista de Direito do Desporto*, 13 (2022), pp. 21-29.

FORMA DE CITAR

I. Em relação às monografias, e tratando-se da primeira citação, é indicado o nome do Autor, o título da obra em itálico, seguido da Editora, local de edição, ano, edição (se aplicável) e página(s) da referência ou citação. Nas citações seguintes, é indicado apenas o nome do Autor, seguido do título da obra citado abreviadamente e da indicação da(s) página(s).

Em relação à forma de citação abreviada, excetua-se o caso da obra *Contrato de serviço doméstico (anotado)*, de Carlos Alegre, pela seguinte razão: uma vez que o Autor lançou a anotação ao Decreto-Lei nº 508/80, de 21 de outubro, bem como ao Decreto-Lei nº 235/92, de 24 de outubro, a citação em forma abreviada das referidas obra não permitiria distinguir a que regime diz respeito. Considerando que são obras que citaremos frequentemente, à referência à obra segue-se, entre parêntesis retos, o ano a que respeita.

Assim, por exemplo:

> Carlos Alegre, *Contrato de serviço doméstico...* [1981], cit., p. 11
> Carlos Alegre, *Contrato de serviço doméstico...* [1994], cit., p. 15

II. Em relação às publicações periódicas, nos casos em que a Publicação segue uma numeração contínua é indicado, em primeiro lugar, o número da revista em algarismos seguido do ano entre parêntesis. Nos casos em que a Publicação reinicia a sua numeração em cada ano ou período, é indicado, em primeiro lugar, o ano da publicação, seguido do número da publicação, em numeração romana, referente a esse ano. A citação abreviada segue as regras referidas para as monografias.

Assim, a título de exemplo, respetivamente:

1. Fernanda Agria, «Serviço doméstico: problemas e soluções», *Estudos Sociais e Corporativos*, 26 (1968), pp. 52-101.

2. Alda Maria Ferreira Júlio, «Comentário ao acórdão do Tribunal da Relação de Lisboa de 17 de Novembro de 1999 – contrato de trabalho de serviço doméstico; inexistência de subordinação jurídica», *Direito e Justiça*, 2004, I, pp. 209-230

III. Tratando-se de obra coletiva, segue-se a forma de citação aplicável às monografias, antecedido da indicação do Organizador/Coordenador da obra da referência a essa qualidade em parêntesis retos ("[Org.]" e "[Coord.]"). A citação abreviada segue as regras referidas para as monografias.

Assim, por exemplo:

João Carlos Loureiro, «Servindo a vários(as) senhores(as): domus, exclusão e discriminação – nótula sobre a segurança social dos trabalhadores do serviço doméstico» in: Jorge Miranda [Coord.], *Estudos em Homenagem a Sérvulo Correia*, Vol. IV, Coimbra Editora, Coimbra, 2010, pp. 229-251.

IV. A jurisprudência nacional é citada indicando a data da decisão no formato dd/mm/aaaa, seguida da indicação do Tribunal, de acordo com as abreviaturas utilizadas, do nome do Relator, entre parêntesis, e da fonte do acórdão. Se for indicado apenas o nº do processo deve considerar-se que a decisão é consultável no site www.dgsi.com. Caso a decisão seja consultável em mais do que uma fonte, são indicadas as várias fontes de forma sucessiva.

Assim, por exemplo:

1. Ac. de 14/09/2010 do TRE (Gonçalves Rocha), CJ, 2010, IV, pp. 263-264

2. Ac. de 26/04/2010 do TRP (Albertina Pereira), proc. nr. 112/07.0TTLMG.P1/CJ, 2010, II, pp. 235-236

O Regime do Contrato de Serviço Doméstico

Bibliografia nacional específica: A. Celeste Vieira, *Mulheres em Luta: a educação e a dinâmica de auto-organização das empregadas domésticas portuguesas do sindicato do serviço doméstico (1960-1986)*, Edições Afrontamento, Lisboa, 2018; Alda Maria Ferreira Júlio, «Comentário ao acórdão do Tribunal da Relação de Lisboa de 17 de Novembro de 1999 – contrato de trabalho de serviço doméstico; inexistência de subordinação jurídica», *Direito e Justiça*, 2004, I, pp. 209-230; Carlos Alegre, *Contrato de serviço doméstico (anotado)*, Almedina, Coimbra, 1981; Id., *Contrato de serviço doméstico (anotado)*, Lisboa, Vega, 1994; Cláudia Campos, *O contrato de serviço doméstico – do período experimental ao tempo de trabalho*, Nova Causa, Lisboa, 2020; Cláudia Rosa Henriques, «Contrato de serviço doméstico – âmbito de aplicação e formas de cessação», *Questões Laborais*, 50 (2017), pp. 83-120; Diogo Ravara, «Anotação ao acórdão do Tribunal da Relação de Lisboa, de 07/11/2012», *Prontuário de Direito do Trabalho*, 93 (2012), pp. 39-57; Fernanda Agria, «Serviço doméstico: problemas e soluções», *Estudos Sociais e Corporativos*, 26 (1968), pp. 52-101; Id., «A mulher e o trabalho – características do trabalho feminino na época actual», *Estudos Sociais e Corporativos*, 28 (1968), pp. 90-112; Filipe Fraústo da Silva, «Sobre a exigência de forma escrita para o despedimento no contrato de serviço doméstico», *Questões Laborais*, 16 (2000), pp. 232-237; Id., «Em torno do contrato de serviço doméstico», *Prontuário de Direito do Trabalho*, Atualização nº 60 (2001), pp. 83-130; João Carlos Loureiro, «Servindo a vários(as) senhores(as): *domus*, exclusão e discriminação – nótula sobre a segurança social dos trabalhadores do serviço doméstico» in: Jorge Miranda [Coord.], *Estudos em Homenagem a Sérvulo Correia*, Vol. IV, Coimbra Editora, Coimbra, 2010, pp. 229-251; José Acácio Lourenço, «Algumas considerações sobre o regime jurídico do trabalho rural e do serviço doméstico» in: *Estudos sobre Temas de Direito do Trabalho*, Lisboa, 1979, pp. 49-58; Maria Irene Gomes, «Cessação do contrato de trabalho doméstico – comentário ao Acórdão do Tribunal da Relação do Porto (4ª Secção) de 6.11.2017, proc. nr. 22377/16.6T8PRT.P1», *Cadernos de Direito Privado*, 73 (2021), pp. 13-34, Id., «Contrato de trabalho doméstico: problemas de articulação com o regime geral do contrato de trabalho», *Prontuário de Direito do Trabalho*, 2021, II, pp. 221-246; Victor Hugo Ventura/Cláudia Campos, «A insustentável leveza do contrato de trabalho doméstico ou o caso da (in)exigibilidade de parecer da CITE para o despedimento de trabalhadora doméstica grávida, puérpera ou lactante», *Questões Laborais*, 56 (2020), pp. 33-52.

§ 1. Introdução

§ 1.1. Razões da especialidade

Ninguém poderá negar que o trabalho doméstico tem revelado uma perseverança quase granítica ou diamantina. Ele tem resistido às mudanças profundas nos paradigmas sociais bem como às imparáveis revoluções tecnológicas. Basta pensar que o contrato de trabalho ou serviço doméstico surge regulado no Código Civil de 1867 ao lado de outros tipos contratuais que, nalguns casos – pense-se no contrato de albergue, recovagem, barcagem ou alquilaria... –, caíram, entretanto, em completo desuso social e jurídico.

Segundo dados estatísticos da OIT, estima-se que existam mais de 60 milhões de trabalhadores domésticos em todo o mundo[1] o que atesta bem a vitalidade social de que goza esta forma de trabalho. De resto, numa altura em que se prenuncia a destruição em massa do emprego pela automatização e computação de processos (no fundo, a substituição do trabalhador pela máquina), o trabalho doméstico é visto, curiosamente, como uma das atividades em melhores condições para sobreviver à devastação do emprego provocada pela revolução tecnológica. A razão adivinha-se: antecipando alguns aspetos que serão desenvolvidos adiante, o trabalho doméstico gera uma relação baseada na intimidade e nos afetos dificilmente substituíveis pela frieza típica da inteligência artificial. No entanto, conseguirá o traba-

[1] Cfr. Relatório *Care Work and Care Jobs – For the future of decent work*, 2018, p. 191, disponível em: http://cite.gov.pt/pt/destaques/complementosDestqs2/Care_work.pdf.

lho doméstico sobreviver às atividades prestadoras de serviços que, gradualmente, têm flanqueado esta atividade profissional[2]?

Embora possa não ser evidente à primeira vista, o trabalho doméstico deve também a sua estabilidade à obsolescência de certos preconceitos sociais ligados à distribuição dos papéis dentro da família e, mais concretamente, à revolução das conceções sociais em relação ao papel da mulher na sociedade. Outrora, cuidar do lar doméstico surgia, para a mulher, como uma tarefa natural e complementar à maternidade, dispensando, muitas vezes, a necessidade de recrutar trabalhadores para essas funções. Hoje, à mulher reconhece-se o direito à realização de uma carreira profissional, nos mesmos termos em que essa liberdade é reconhecida ao homem. Claro está que esta "cidadania económica da mulher"[3] foi uma conquista paulatina podendo até dizer-se que é um processo (ainda) em curso.

Graças à mecanização do processo produtivo, que permitiu desembaraçar o mercado do trabalho da ditadura da força braçal[4], e a um quadro familiar que o facilitava, as mulheres solteiras e as viúvas foram as primeiras a adquirir a prerrogativa de trabalhar "fora de portas". Numa segunda etapa, foram as mulheres casadas: a entrada no mundo do trabalho come-

[2] MÁRIO FROTA, *Contrato de Trabalho I*, Coimbra, 1978, p. 109, nota "...uma significativa evolução económico-social que, em muitos quadrantes, subtraiu ao serviço doméstico o conteúdo que se lhe apontava. A automatização dos serviços, a introdução de tecnologia avançada, as exigências da sociedade técnica com a proliferação de serviços que, entretanto, se regista – fluem no sentido de descaracterizar, de desfigurar o trabalho doméstico... operaram-se transformações significativas, ao menos nos principais centros populacionais, autênticos sorvedouros de mão-de-obra doméstica: as máquinas de lavar, as máquinas de cozinha, os modernos fogões, os aspiradores, as enceradoras, a proliferação de «snacks» – que sei eu! –, a redução do espaço habitável, conduzem a que se dispense quem eventualmente preste tais trabalhos. Além disso, o surgimento de empresas que se incumbem da prestação de serviços, v. g., lavandarias, creches, centros de recolha temporária de crianças, empresas de limpeza, etc., em crescente expansão, concorrem, por outro lado, para que as famílias se afastem do clássico pessoal doméstico".

[3] FERNANDA AGRIA, «Serviço doméstico: problemas e soluções», *Estudos Sociais e Corporativos*, 26 (1968), pp. 52-101, p. 58. Sobre isto, com interesse, da mesma Autora, FERNANDA AGRIA, «A mulher e o trabalho – características do trabalho feminino na época actual», *Estudos Sociais e Corporativos*, 28 (1968), pp. 90-112, especialmente pp. 90 ss.

[4] A. DE BIZANDO, *Mistérios da vida sexual*, Vol. II, Edições Inéditas, Montijo, s/data, p. 72: "antigamente, a mulher entregava-se mais aos trabalhos domésticos. Com o desenvolvimento da indústria mecânica ela pode sem grande esforço desenvolver a par do homem uma actividade idêntica, e, por isso, ela se integrou no mundo do homem".

çou a ser vista como a oportunidade para folgar o orçamento e, com isso, a qualidade de vida da família. É justamente nesse passo que é ultrapassada a conceção do homem como o exclusivo *breadwinner* e a ideia da mulher como consorte exclusivamente devotado aos afazeres domésticos[5].

Acontece que a acumulação do trabalho externo com o trabalho no próprio lar – pois esse continuava, e continua, "naturalmente" entregue à mulher[6], muitas vezes "gastando a sua vida no trabalho doméstico"[7]... – provocaria, como provoca hoje, uma fadiga física e psíquica insustentável, geradora, no limite, de conflitos e de distanciamento familiar[8]. Foi precisamente esta necessidade de "externalização" das tarefas que abriu espaço aos trabalhadores domésticos. E sem dúvida que estas condicionantes se mantêm atuais. Aliás, a "voragem" das atividades profissionais, que tornaram os tempos de descanso uma miragem para o comum dos trabalhadores, emagreceu ainda mais o tempo disponível para as tarefas domésticas, o que, como se pode intuir, deixa escancarada a janela de oportunidade para os trabalhadores domésticos[9].

O "sucesso" do trabalho doméstico encontra ainda uma explicação de natureza demográfica. A regressão da natalidade e o envelhecimento da população aumentaram o número de pessoas dependentes o que, tenden-

[5] No mesmo sentido, ROGÉRIO EHRHARDT SOARES, *Direito Público e sociedade técnica*, Tenacitas, Coimbra, 2008, p. 70, quando escreve que "em vez do orçamento familiar tradicionalmente sustentado pelo rendimento do negócio paterno, vamos encontrar uma multiplicação dos rendimentos do trabalho dos filhos e da mulher; mais um motivo para que o pai deixe de ser o expoente económico da família".

[6] Como observa atentamente MIRIAM ROCHA, «Tempos de discriminação e caminhos de igualdade» in: ANABELA SUSANA DE SOUSA GONÇALVES *et alii* [Coord.], *Código Civil de 1966: novos desafios – comemorações dos 50 anos do Código Civil*, Escola de Direito da Universidade do Minho, Braga, 2017, pp. 375-396, p. 394, "o cuidado é uma atividade marcadamente feminina. Sempre foi, é essa a história que nos conta a História das Mulheres".

[7] Na expressão de OLEGÁRIO PAZ, *Empregadas domésticas, mulheres em luta – para a história do serviço doméstico em Portugal: das origens ao fascismo*, Edições Base, s/data, p. 10.

[8] A. DE BIZANDO, *Mistérios da vida sexual...*, cit., pp. 73-74: "a vida da mulher que trabalha fora do lar é sempre sobrecarregada, se não tem criada que cuide da sua vida de casa. Então, a mulher tem um duplo trabalho: o profissional e o doméstico, o que parece ter má repercussão na sua saúde, como é lógico (...) o trabalho doméstico não é tarefa fácil. Pelo contrário, é bem difícil".

[9] Para uma análise económica da "distribuição de papéis" no seio doméstico, veja-se, por todos, a obra seminal de RICHARD POSNER, *Economic analysis of law*, Aspen Publishers, 6ª ed., Nova Iorque, 2002, pp. 145 ss.

cialmente, dita a necessidade do seu acompanhamento, vigilância e cuidado[10]. Como facilmente se percebe por tudo quanto ficou dito acima, a vida profissional das pessoas responsáveis pelo agregado familiar torna também exíguo o tempo disponível para o cuidado dos dependentes mais frágeis. O que, no fim de contas, abre uma nova janela de oportunidade para os trabalhadores domésticos com vista à satisfação daquela necessidade, que, por mais evidentes razões, melhor se compreende se as referidas pessoas viverem isoladamente.

Por tudo quanto ficou dito, estariam reunidas as condições para a valorização desta classe profissional. Recorrendo a uma metáfora, o trabalhador doméstico desempenha um papel semelhante àqueles seres vivos que damos por insignificantes, mas que são absolutamente essenciais para a estabilidade de todo o ecossistema[11]. Não é isso, porém, o que se constata, porque esta atividade profissional nunca foi socialmente valorizada. Preteritamente, e sobretudo em sociedades de feição esclavagista[12], o trabalho doméstico era olhado pela sociedade como um distintivo ou adereço social, símbolo de luxo e ostentação para quem dele beneficiava[13].

[10] Notando este aspeto, María Luisa Molero Marañón, «Las trabajadoras del cuidado: por un futuro de trabajo decente», *Revista de Derecho Social*, 89 (2020), pp. 33-64, p. 33.

[11] Alda Maria Ferreira Júlio, «Comentário ao acórdão do Tribunal da Relação de Lisboa de 17 de Novembro de 1999 – contrato de trabalho de serviço doméstico; inexistência de subordinação jurídica», *Direito e Justiça*, 2004, I, pp. 209-230, p. 230, fala aqui de uma exigência de respeito "não só mas também porque estas trabalhadoras se levantam antes de todos e são as últimas a deitar-se, porque a sua intimidade não consegue ser totalmente privada e porque famílias inteiras dependem delas embora pareçam invisíveis". No preâmbulo da Convenção da OIT nº 189 reconhece-se "o contributo significativo dos trabalhadores do serviço doméstico para a economia mundial, designadamente através do aumento das possibilidades de emprego remunerado para as trabalhadoras e trabalhadores com responsabilidades familiares, do incremento da prestação de cuidados a pessoas idosas, crianças e pessoas com deficiência e das transferências de rendimentos substanciais para e entre países".

[12] Nas palavras fortes de Cynthia Mara Lacerda Nacif/Miriam Parreiras de Souza, «Reflexões sobre a aplicação do trabalho intermitente no trabalho doméstico», *Revista do Tribunal Regional do Trabalho*, Belo Horizonte, 64 (2018), pp. 251-268, p. 252, "o empregado doméstico tem seu histórico intimamente relacionado com a escravidão".

[13] Olegário Paz, *Empregadas domésticas...*, cit., p. 11, vai mais longe e escreve que "a sociedade capitalista não imagina sequer que possam deixar de existir empregadas domésticas".

A classe dos trabalhadores domésticos, por seu turno, sempre foi apoucada, menosprezada e marginalizada[14], um grupo profissional "invisí-

[14] Não se resiste a transcrever as extensas considerações feitas no ac. de 09/12/2013 do TRP (EDUARDO PETERSEN DA SILVA), proc. nr. 170/12.5TTVNF.P1: "remete a recorrente para o estudo de Lieve Meersschaert "Alguns contributos para o estudo da identidade das empregadas domésticas em Portugal" in Análise Social, Vol. XXII (92-93), 1986 - 3º - 4º, páginas 633-642", do qual reproduz extractos relacionados com a realidade do enfrentamento pelas futuras trabalhadoras, na "pré-puberdade ou puberdade, coincidindo com a formação da identidade psicológica" do facto de serem mulheres, de abandonarem o lar, de serem confrontadas com o choque da transição da província para a cidade, com o confronto com uma classe social diferente, sendo que, na sua quase totalidade são originárias de famílias com poucos recursos, numerosas, que subsistem do trabalho assalariado no campo. Tais trabalhadoras vão sofrer, em função dessa realidade e desses choques, limitação nas suas opções e redução do espaço em que se irão movimentar o que influenciará decisivamente a formação da sua identidade. De resto, na sua evolução no trabalho, marcada pela delegação do poder paternal dos pais nos patrões, pela condição feminina, e pela regra (originária e perpetuada) que a vida é o trabalho e o trabalho é a vida, o reconhecimento do direito à vida própria é muito limitado. Diz a recorrente que este estudo descreve de forma quase exacta aquela que era, e infelizmente ainda é, a realidade das empregadas domésticas em Portugal, e que com base neste estudo, e noutros, entende que o legislador pretendeu cortar com o passado e com a realidade do salário pago por cama e um prato de comida. Assim se reconhece na introdução do DL 235/92, quando se refere "reconhece-se que a dinâmica das relações laborais e a melhoria das condições de vida dos agregados familiares justificam uma revisão de algumas matérias do actual regime". O legislador foi pois determinado pela "sensibilidade cada vez maior da sociedade à fragilidade da condição social em que as empregadas domésticas se encontravam" e pretendeu evitar "abusos e situações de difícil distinção". (...) Ora bem, com todo o respeito pelo estudo a que a recorrente faz referência, ele vem, como em geral vêm os estudos, "depois da coisa estudada". A modificação, a sensibilização nacional para o universo das empregadas domésticas, para a sua fragilidade, desconsideração, desrespeito pela sua autonomia de vida, e menorização – tanto na consideração do trabalho desenvolvido quanto no tratamento dado ao trabalhador, tolhendo-lhe a possibilidade de crescimento social – a tal escravatura do tempo dos reis, de que falava a testemunha H..., é precisamente a realidade a que o legislador se refere quando anota que até 1980, o regime jurídico era o que resultava dum diploma com mais de cem anos. É certo que tal realidade evoluiu, porém muito lentamente, mas o crédito ou consciência maior não se dá em 1992, mas em 1980 na sequência das profundas mutações das concepções da vida laboral em geral, a que o universo do serviço doméstico não escapou. Tais mutações ocorreram na sequência da Revolução de 25 de Abril, que deu origem à ampla legislação de 1975 e seguintes, consagrando inúmeros direitos aos trabalhadores em geral. De facto, o desconsiderado universo do serviço doméstico assim continuou, porque a legislação revolucionária só o apanhou, digamos, num período de maior acalmia, em 1980. Mas seguramente – e basta comparar os preâmbulos acima transcritos – que não é em 1992

que esta consciência da fragilidade do universo doméstico se desperta, por um estudo de 1986 e pelos seus congéneres. Em 1992 o que legislador entendeu dever fazer foi aproveitar a experiência, manter a especificidade do regime, porque se trata de relações profissionais que se desenvolvem em ambiente estritamente pessoal e em que portanto é essencial o máximo de confiança, do mesmo ponto em que se considera a condição económica do empregador, a saber, que a exploração do trabalho doméstico não é lucrativa, e do mesmo passo que o empregador está limitado pelos proventos de que aufere e que tem de afectar ao seu agregado familiar. Ora, foi justamente neste ponto que o legislador de 1992 entendeu dever fazer diferença, introduzir gradualmente mais algumas melhorias. Ele considerou que, corrida a incerteza da segunda metade dos anos setenta, consolidado o avanço para a Europa na década de oitenta, os anos 90 aparecem com as famílias, de modo geral, em franca melhoria económica, resultante de melhores salários, e então, se assim é, existe a possibilidade dos empregadores tratarem os seus empregados mais de acordo com o regime geral. Essa aproximação ao regime geral fez-se, como se transcreveu, em matéria de faltas, férias e subsídios de férias e de Natal (este plenamente, mas mais tarde) e períodos laborais. Consideremos ainda que a previsão da retribuição em espécie e da sua integração no conceito e montante da retribuição global do trabalhador, também existe no regime geral. Se o legislador tivesse querido aproximar-se ao regime geral – foi o que disse – no caso de prevalecer a tese da recorrente, então ter-se-ia de afastar dele. Mais uma razão para que o tivesse dito expressamente. Aliás, justamente porque sempre se entendeu que a retribuição, além de dinheiro, pode ser em espécie, seria verdadeiramente revolucionário (o que não era o espírito dos anos 90) que o legislador tivesse querido excluir essa possibilidade no caso do serviço doméstico, em função duma reposição de justiça (que fizera espírito na segunda metade de 70 e até ao início de 80) à condição fragilizada das trabalhadores domésticas, sendo ainda de acrescentar que – e aqui em discordância com a recorrente – o estudo citado não espelha a realidade sua actual, mas espelhou bem a realidade que estudou. Na segunda metade dos anos 80 a realidade das trabalhadoras que se iniciavam no serviço doméstico já não era bem essa. Em 1992, 18 anos corridos sobre a Revolução de 25 de Abril, a realidade do País, em abundância de fundos comunitários, já não encontrava um meio essencialmente rural e pobre, que se bastasse com um prato de sopa, onde ir buscar as candidatas a empregadas domésticas. Actualmente então, a realidade é completamente diversa – ao que obviamente não é alheio que a melhoria das condições dos agregados familiares dos anos 90 desapareceu – tendo em conta o quase esvaziamento do campo e a exigência de escolaridade mínima obrigatória que muito ultrapassa a puberdade e a fraqueza psicológica das candidatas. Raríssimas serão as candidatas a empregadas domésticas que se encontrem num estado de incapacidade intelectual que as pudesse levar a aceitar estarem anos a fio a receber salário inferior ao mínimo devido, e a não ter férias, nem folgar regularmente, nem por amor à figura maternal sucedânea da patroa. Não se desconhece que a fonte das empregadas domésticas internas mudou substancialmente, indo buscá-las ao domínio da imigração, bastas vezes clandestina, e desenhando-se assim uma outra razão de fragilidade, embora se não possa afirmar – salvo no caso da clandestinidade – que as empregadas domésticas estão alheias aos valores de mercado do seu trabalho e aos seus direitos. A tanto impede a facilidade das comunicações e com elas a aquisição do conhecimento. Estas considerações são sobre a interpretação jurídica que a recorrente faz da suposta evolução intencional da legislação sobre serviço doméstico de 1980 para a de 1992. Não cremos que das considerações iniciais do diploma de 1992 se retire a específica intenção de consagrar que a remuneração mínima mensal garantida para os trabalhadores de serviço doméstico seja a que consta, em dinheiro, de diploma especial, publicado anualmente, e que esse montante seja intocável, insusceptível de nele ser contabilizado ou incluído o valor correspondente a alojamento e alimentação. Não cremos que do tempo em que a legislação em causa foi produzida isso resulte também: mais facilmente teria resultado em 1980. Finalmente, a discriminação em relação ao regime geral, tendo manifesta e persistente consagração legislativa em sucessivos diplomas de regulamentação da retribuição mínima mensal garantida, não é, tem de conceder-se, puramente arbitrária, antes procedendo das características específicas dos diversos sectores: – na agricultura, considerando naturalmente que nem todo o tempo é tempo de trabalho, senão muito de espera, e no serviço doméstico que a realização do trabalho em ambiente doméstico – apesar dos abusos – se revela menos agressiva que no contexto geral e que também naquele serviço doméstico há obviamente ritmos diferentes, e em função deles, cargas de trabalho diferentes. Porventura o legislador da retribuição mínima mensal garantida persiste ou persistiu no ponto de partida conceptual de que o trabalho em causa é de menor merecimento, tanto em si como por quem o realiza, ou melhor, sobretudo a partir de quem o realiza, passando sob a afirmação de igualdade, o velho preconceito da menor valia do trabalho feminino. Porém, não é a essa persistência que a recorrente dirige o seu ataque de inconstitucionalidade, como se verá, mas apenas ao diploma que permite considerar a inclusão do alojamento e alimentação na retribuição mínima garantida. O legislador sempre persistiu nessa distinção, entre trabalhadores gerais, agrícolas e domésticos, não se vendo que queira ter tido algum trabalho de reposição de justiça relativamente ao caso específico dos trabalhadores domésticos. De resto, se a fonte da revisão de 1992 é a melhoria das condições económicas dos agregados familiares (empregadores), a decorrência expressamente mencionada não vai à imposição de um regime retributivo mais benéfico do que os trabalhadores alojados e alimentados do regime geral, no suposto aliás de que tal imposição implicaria um encargo económico qualitativamente muito superior ao que o legislador paulatinamente se propunha implementar. Estas considerações não esquecem que o caso concreto da Autora e de inúmeras outras empregadas domésticas, iniciado nos fins dos anos 50, teve os contornos de grande desprotecção a que se refere o estudo que menciona mas, do que se trata em matéria de interpretação da lei, não é duma interpretação adaptada ao caso concreto, ainda que multiplicado. Termos em que se nos afigura que a legislação de 1992 não altera a de 1980, no sentido de que a alimentação e o alojamento integram a retribuição do trabalhador, podendo alcançar determinado percentual do valor monetário mínimo. O absurdo que a recorrente lança ao caso de se receber em dinheiro 50% da retribuição mínima mensal garantida, se esta for coincidente com a auferida – e salvo o devido respeito, não temos noção de que, pelo menos em meio urbano, assim realmente seja – tem de pensar-se na obtenção dum rendimento livre de encargos, ou dito de outro modo, um rendimento que o vel"[15] que, aos olhos da sociedade, agregava indigentes e indivíduos sem formação[16]. Aliás, não deixa de ser significativo que mesmo para grandes pensadores ligados ao Iluminismo, o trabalhador doméstico poderia ser assimilado ao estatuto de coisa, que o "amo" poderia até reivindicar através do recurso aos meios possessórios gerais (!). A título de ilustração, mas outros nomes poderiam ser citados, basta pensar em IMMANUEL KANT que, na sua *Metafísica dos Costumes,* escrevia que "os criados estão incluídos nos pertences do chefe do lar e no que diz respeito à forma (a maneira de ele estar de posse), eles lhe pertencem por um direito que é como um direito a uma coisa, pois se eles lhe fugirem dele, ele pode trazê-los de volta ao seu poder mediante a sua escolha unilateral"[17]. Esse estatuto social encontrava mesmo correspondência, de resto, no plano do estatuto jurídico e do Direito legislado[18]: a título de exemplo, em certo período histórico, o trabalhador doméstico não podia ser eleitor (!)[19].

trabalhador aufere, já tendo as suas necessidades básicas de alojamento e alimentação garantidas. Considerando a retribuição mínima garantida, mesmo para o regime geral, considerando que muitos trabalhadores apenas auferem tal retribuição mínima, a carestia de habitação e alimentação, talvez nem todos os trabalhadores tenham livre semelhante quantia. É mínima, irrisória e absolutamente insuficiente para uma vida em desenvolvimento pleno da personalidade, sim, mas é uma realidade bastante comum. E se às entidades patronais produtivas, lucrativas, digamos, seria possível pensar pedir-lhes abdicarem de parte do seu lucro, aos agregados familiares pedir-lhes maior dedução aos seus próprios salários, já parece bastante mais difícil".

[15] FRANCISCA PEREYRA, «El acceso desigual a los derechos laborales en el servicio doméstico argentino: una aproximación desde la óptica de las empleadoras», *Revista de Estudios Sociales,* 45 (2013), pp. 54-66, p. 58, observa justamente a "invisibilidade em que frequentemente se encontra a trabalhadora doméstica [sic!], que constitui uma presença silenciosa, ignorada e muitas vezes tratada como se não estivesse ali". No preâmbulo da Convenção da OIT nº 189 diz-se que "o trabalho doméstico continua a ser subavaliado e invisível".

[16] Sobre isto, ver também MÔNICA SETTE LOPES/MARÍLIA PACHECO, «Trabalho doméstico e discriminação: algumas considerações sobre cultura e valor numa categoria feminina de trabalho», *Revista Internacional de Direito Trabalho,* 2021, II, pp. 75-105.

[17] IMMANUEL KANT, *A Metafísica dos Costumes,* Parte I – *Princípios metafísicos da doutrina do Direito,* Edições 70 (trad. ARTUR MOURÃO), Lisboa, 2004, p. 93.

[18] CLÁUDIA CAMPOS, *O contrato de serviço doméstico: do período experimental ao tempo de trabalho,* Nova Causa, Lisboa, 2020, p. 19.

[19] Ver artigo 2º, nº 5, da Lei Eleitoral de 26/07/1899: "não podem ser eleitores... os creados de galão branco da Casa Real, e os creados de servir, considerando-se como taes os individuos obrigados a serviço domestico na forma definida pelo Codigo Civil". No entanto, verdade seja dita que o trabalhador doméstico goza, ainda hoje, de imunidade diplomática.

Escusado será dizer que o atavismo destas conceções sociais foi largamente superado[20]. E para isso muito terão contribuído, certamente, os estudos de pendor sociológico, em número crescente[21], que ajudaram a evidenciar que, como apontava MÁRIO PINTO, o trabalho doméstico é das "mais modestas, mas não menos dignas e belas profissões"[22]. No entanto, a verdade é que esta atividade ainda é dominada por certos preconceitos (basta pensar que o trabalhador doméstico é esmagadoramente do sexo feminino[23]) e a marginalização legis-

É o que vem previsto no Decreto nº 48295, de 27/03/1968, que aprova para adesão a Convenção sobre Relações Diplomáticas, celebrada em Viena em 18 de Abril de 1961, que concede um conjunto de benesses ao chamado "criado particular", isto é, à "a pessoa do serviço doméstico de um membro da missão que não seja empregado do Estado acreditante" (alínea h) do nº 1). A título de exemplo, o trabalhador doméstico dos agentes diplomáticos tem direito a certas imunidades como as relativas ao seguro social (artigo 32º, nº 2) e está "isento de impostos e taxas sobre os salários que perceberem pelos seus serviços" (artigo 37º, nº 4).

[20] Como observa CARLOS ALEGRE, *Contrato de serviço doméstico (anotado)*, Lisboa, Vega, 1994, p. 15: "a questão do trabalho doméstico não tem sido, fundamentalmente, um problema jurídico, mas antes um problema social e económico, que tem imposto um estatuto diminuído ao empregado doméstico".

[21] Neste aspeto, destacam-se os estudos de MANUEL ABRANTES, *Out of the penumbra: dispute and alliance in domestic service employment relationship*, Dissertação de Doutoramento, Universidade de Lisboa – Instituto Superior de Economia e Gestão, Lisboa, 2014, ID., «Les travailleurs domestiques en Europe: que disent les chiffres?», *Revue Internationale du Travail*, 153 (2014), pp. 245-266 e ID., «A matter of decency? Persistent tensions in the regulation of domestic service», *Revista de Estudios Sociales*, 45 (2013), pp. 110-122.

[22] MÁRIO PINTO, «Garantia de emprego e crise económica – contributo ensaístico para um novo conceito» in: *Direito e Justiça – Homenagem ao Prof. Doutor Manuel Gonçalves Cavaleiro de Ferreira*, vol. III, UCP Editora, 1987/1988, pp. 141-162, p. 149.

[23] Sobre isto, ver ELENA DESDENTADO DAROCA, «La nueva regulación del trabajo doméstico cinco años después. Un análisis crítico», *Revista de Derecho Social*, 75 (2016), pp. 47-73, e BRIDGET ANDERSON, «Just another job? Paying for domestic work», *Gender and Development, Taylor & Francis*, 9 (2001), pp. 25-33. A OIT estima que o trabalho doméstico representa 7,5% do trabalho assalariado feminino em todo o mundo (cfr. *Domestic workers across the world: Global and regional statistics and the extent of legal protection*, Geneva, 2013, p. 15). Do universo total de trabalhadores domésticos, 80% são mulheres, assumindo esta percentagem valores superiores consoante as regiões do globo. A percentagem de mulheres que se dedica a esta atividade é de tal forma elevada que se chega mesmo a considerar que o setor do trabalho doméstico constitui o maior setor de emprego feminino em muitos países. Em Portugal, a taxa de feminização desta atividade profissional ultrapassa os 90% e, nos anos de 2015 e 2016, representou a atividade laboral que mais mulheres empregava (cfr. *Relatório*

lativa do trabalhador doméstico foi, e nalguns aspetos continua a ser, uma nota dominante, tanto no Direito interno (pense-se no regime dos limites ao período normal trabalho[24], do trabalho suplemen-

sobre o Progresso da Igualdade entre Mulheres e Homens no Trabalho, no Emprego e na Formação Profissional – 2016, 2017, p. 22).

Esta feminização está de tal forma enraizada que o trabalho doméstico é um daqueles casos em que se considera que o recrutamento de um trabalhador que o empregador pretenda declaradamente do sexo feminino não dá origem a uma situação de discriminação. Como nota em geral Pedro Romano Martinez, *Direito do Trabalho*, Almedina, Coimbra, 2015, p. 351, "há certas profissões que, em função do sexo, constituem estereótipos socialmente implantados, não podendo a mentalidade enraizada numa sociedade ser modificada por uma norma de um diploma legal. Assim, nomeadamente as profissões de parteira, secretária, secretária, manicura, costureira, engomadeira, lavadeira, educadora de infância são quase sempre desempenhadas por trabalhadores do sexo feminino". Outro exemplo dado pelo Autor é do "casal com duas filhas, uma de dezasseis anos e outra de meses [que] pretende contratar certa *baby-sitter*, não parece[ndo] que constitua uma ilicitude se recusar a contratação de um homem, pois, independentemente de qualquer juízo prévio de suspeição, não quer que, à noite, esteja um homem em casa com a filha de dezasseis anos. O princípio da igualdade não pode ser visto em sentido retilínio, sem atender à realidade subjacente". Para uma panorâmica mais abrangente das profissões socialmente "sexuadas" ver o Anexo à Portaria nº 1212/2000, de 26 de dezembro.

[24] Com efeito, a Lei nº 5516, de 10/05/1919, previa, logo no seu artigo 1º, que "o período máximo de trabalho do trabalho diário, que seja diurno, nocturno ou mixto, dos trabalhadores... com excepção dos rurais e *domésticos*... não poderá ultrapassar oito horas por dia, nem quarenta e oito por semana". Aquando da revisão deste diploma, no tocante ao tempo de trabalho, a Câmara Corporativa emitiu o Parecer nº 26/X respeitante ao Projecto de Decreto-Lei nº 5/X, consultável em *Actas da Câmara Corporativa* nº 72 (1971), disponível *online*, onde constava, p. 766, o seguinte: "regista-se, no entanto, que o projecto é omisso em relação ao trabalho prestado por efeito do contrato de serviço doméstico (artigo 5º do Decreto-Lei nº 49408, referido). Aceita-se, sem relutância, a falta de menção do contrato de serviço doméstico: seria muito menos viável do que a Lei do Contrato de Trabalho a extensão do presente regime legal, ainda que subposto a toda a gama de imagináveis adaptações". O Projeto viria a dar origem ao Decreto-Lei nº 409/71, de 27 de setembro, e o diploma excluía da sua aplicação o serviço doméstico (artigo 4º). Aquele diploma veio a ser alterado pela Lei nº 2/91, de 17 de janeiro, que impôs um novo limite: "o período normal de trabalho não pode ser superior a 44 horas por semana". Mas quanto às relações especiais, a solução era a mesma de sempre, com exceção, parece, do trabalhador rural. Dizia o seu artigo 4º, nº 1, que "o presente diploma aplica-se às relações de trabalho abrangidas pelo Decreto-Lei nº 409/71, de 27 de Setembro, bem como ao trabalhador rural". Contudo, o nº 2 dizia que "o regime previsto no presente diploma será tornado extensivo ao trabalho a bordo e ao trabalho de serviço doméstico, nos termos e condições a estabelecer em legislação própria". Acontece que o diploma regulador do contrato de trabalho doméstico, que

tar[25], do regime das férias, feriados e faltas[26], da cessação do contrato de trabalho[27], da igualdade de género[28], do acesso à tutela previdencial[29] ou do

cronologicamente é imediatamente posterior a esta lei, o Decreto-Lei nº 235/92, de 24 de outubro, estabeleceu um período normal de trabalho de 44 horas. Posteriormente, a Lei nº 21/96, de 23 de Julho, que previa a redução dos períodos normais de trabalho para as 40 horas, no seu artigo 8º, com a epígrafe "âmbito", dizia que "o presente diploma aplica-se às relações de trabalho abrangidas pelo Decreto-Lei nº 409/71, de 27 de Setembro, bem como ao trabalho rural", ou seja, excluindo o trabalhador doméstico. Depois, a Lei nº 73/98, de 10 de novembro, no seu artigo 1º, nº 2, definia o seu âmbito de aplicação nuns termos de continuidade com o lastro normativo anterior: "a presente lei aplica-se às relações de trabalho abrangidas pelo Decreto-Lei nº 409/71, de 27 de setembro, bem como ao trabalho rural, com ressalva das actividades para as quais vigore regulamentação específica".

[25] Cfr. Decreto-lei nº 409/71, de 27 de setembro, cujo âmbito de aplicação foi acima explicado. Posteriormente, o Decreto-Lei nº 421/83, de 2 de dezembro, que reviu o regime jurídico da duração do trabalho na sua disciplina específica do trabalho extraordinário, também tratou de afastar o trabalhador doméstico: "o presente diploma aplica-se às relações de trabalho prestado por efeito de contrato de trabalho, com excepção das relações de trabalho rural, a bordo e de serviço doméstico" (artigo 1º).

[26] Efetivamente, a disposição inicial do Decreto-Lei nº 874/76, de 23 de dezembro, no seu artigo 1º, era claro nesse sentido: "o regime jurídico de férias, feriados e faltas definido pelo presente diploma é aplicável às relações de trabalho prestado por efeito de contrato individual de trabalho, com excepção das relações de trabalho rural, de serviço doméstico e de trabalho a bordo, as quais serão objecto de diplomas específicos". Segundo nos informa A. Celeste Vieira, *Mulheres em luta...*, cit., p. 181, o Sindicato do Serviço Doméstico tentou ser ouvido em relação ao diploma, mas sem sucesso.

[27] O artigo 33º do Decreto-Lei nº 372-A/75, de 16 de julho, colocado quase despercebidamente nas disposições finais e transitórias, rezava: "o regime estabelecido neste decreto-lei não se aplica às actividades excluídas pelo regime jurídico do contrato individual de trabalho aprovado pelo Decreto-Lei nº 49 408, de 24 de novembro de 1969". A propósito da legislação que excluía o trabalhador doméstico do regime da cessação do contrato de trabalho, falando de uma "discriminação materialmente ilegítima", por referência à CRP76, Carlos Alegre, *Contrato de serviço doméstico (anotado)*, Almedina, Coimbra, p. 11. Na Resolução nº 55/78, de 31 de março, o Conselho da Revolução decidiu não se pronunciar pela sua inconstitucionalidade.

[28] O artigo 20º, nº 1, do Decreto-Lei nº 392/79, de 20 de setembro, que garantia às mulheres a igualdade com os homens em oportunidades e tratamento no trabalho e no emprego, determinava que "as relações de serviço doméstico e de trabalho domiciliário serão objecto de diploma regulamentar autónomo, que poderá introduzir alterações ao regime do presente diploma se impostos pela especificidade do sector a abranger".

[29] O Decreto-Lei nº 169-D/75, de 31 de março, que instituiu o subsídio de desemprego, excluía do seu âmbito o trabalhador doméstico (alínea c) do artigo 3º).

Fundo de Compensação Salarial[30]), como no plano comunitário (pense-se no regime da proteção de menores[31], da segurança e saúde no trabalho[32], do dever de informação do empregador[33], das condições de trabalho transparentes e previsíveis[34] e no regime da insolvência[35]).

[30] Segundo o artigo 2º, nº 1, da Lei nº 70/2013, de 30 de agosto, atualmente em vigor, "a presente lei é aplicável às relações de trabalho reguladas pelo Código do Trabalho, aprovado pela Lei nº 7/2009, de 12 de fevereiro". Confirmando que este regime não é aplicável às relações especiais de trabalho, CATARINA GOMES SANTOS, «Breve análise (e algumas interrogações) em torno dos regimes jurídicos do Fundo de Compensação do Trabalho (ou Mecanismo Equivalente) e do Fundo de Garantia de Compensação do Trabalho, criados pela Lei nº 70/2013, de 30 de Agosto», *Questões Laborais*, 51 (2017), pp. 165-202, p. 171.

[31] A Diretiva nº 94/33/CE, de 22 de junho, possibilitava aos Estados-Membros excluir "o serviço doméstico exercido num agregado familiar" (alínea a), do nº 2, do artigo 1º).

[32] A Diretiva nº 89/391/CEE, de 12 de junho, relativa à aplicação de medidas destinadas a promover a melhoria da segurança e da saúde dos trabalhadores no trabalho, cujo artigo 2º fazia incluir "todos os sectores de actividade, privados ou públicos (actividades industriais, agrícolas, comerciais, administrativas, de serviços, educativas, culturais, de ocupação de tempos livres, etc.)" não deixava de referir, no seu artigo 3º, alínea a), que considerava "trabalhador, qualquer pessoa ao serviço de uma entidade patronal e bem assim os estagiários e os aprendizes, com excepção dos empregados domésticos".

[33] A Diretiva nº 91/533/CEE, de 14 de outubro, considerava-se aplicável a qualquer trabalhador assalariado. O Decreto-Lei nº 5/94, de 11 de janeiro, excluía "aos contratos que assumam natureza especial". JORGE LEITE, «Dever de informação», *Questões Laborais*, 3 (1994), pp. 189--192, p. 190, tinha dúvidas quanto à conformidade deste diploma legal com a Diretiva.

[34] Cfr. a Diretiva (UE) 2019/1152 do Parlamento Europeu e do Conselho, de 20 de junho: "os Estados-Membros deverão poder estabelecer regras específicas para excluir da aplicação dos requisitos da presente diretiva as pessoas singulares que sejam empregadores de trabalhadores domésticos nas suas habitações, relativamente às seguintes matérias: consideração e resposta a pedidos de transição para outra forma de emprego; prestação de formação obrigatória e gratuita; e previsão de meios de recurso com base em presunções favoráveis em caso de informação em falta na documentação que deve ser facultada ao trabalhador nos termos da presente diretiva". Importa notar que a Convenção da OIT nº 189 prevê um acentuado dever de informação: "todo o Membro deve tomar medidas para assegurar que os trabalhadores do serviço doméstico sejam informados das suas condições de trabalho de forma adequada, verificável e facilmente compreensível, de preferência, se possível, mediante um contrato escrito de acordo com a legislação nacional ou com as convenções coletivas, em especial no que respeita a: a) Nome e morada do empregador e do trabalhador; b) Endereço do ou dos locais de trabalho habituais; c) Data do início do contrato e se o contrato for a termo, a sua duração; d) Natureza do trabalho a efetuar; e) Retribuição, sua fórmula de cálculo e periodicidade dos pagamentos; f) Duração normal do trabalho; g) Férias anuais pagas e períodos de descanso diário e semanal; h) Fornecimento de alimenta-

Esta demissão crónica do legislador, nacional e europeu, contribuiu para a fragilidade dos trabalhadores domésticos, uma classe que é, já de si, vulnerável por força do isolamento e da natureza informal desta atividade. É verdade que, por força das circunstâncias, a intervenção do legislador revela-se muitas vezes estéril: o trabalho doméstico ocupa por natureza um lugar de destaque na chamada economia informal ou paralela, o que faz com que a eficácia jurídica dos regimes seja na prática "platónica"[36], equivalente a "chover no molhado"[37] ou uma vitória pírrica para estes trabalhadores. De facto, o controlo dos abusos e das ilegalidades no seio da atividade doméstica é uma possibilidade mais aparente do que real[38] e o trabalhador não tem à sua disposição "a aplicação dos meios de tutela jurídicos dos trabalhadores na empresa"[39]. Desde logo, os poderes inspetivos estão, pela própria natureza das coisas, limitados[40], e o próprio trabalhador domés-

ção e alojamento, se for o caso; i) Período experimental, se for o caso; j) Condições de repatriamento, se for o caso; k) Condições relativas à cessação da relação de trabalho, incluindo qualquer aviso prévio a respeitar pelo empregador ou pelo trabalhador" (artigo 7º).

[35] A Diretiva nº 2008/94/CE, de 22 de outubro, relativa à proteção dos trabalhadores assalariados em caso de insolvência do empregador, permitia aos Estados-Membros excluir os trabalhadores domésticos.

[36] Referindo-se à tutela penal e contraordenacional, Carlos Alegre, *Contrato de serviço doméstico (anotado)*, Almedina, Coimbra, 1981, p. 49.

[37] A expressão e a observação são de María de Sande Pérez-Bedmar, «La relación laboral especial de los empleados de hogar: aspectos laborales y de seguridad social», *Revista Jurídica Universidad Autónoma de Madrid*, 23 (2011), pp. 137-165, p. 155.

[38] Mas a Convenção da OIT nº 189 é clara quando estabelece que "mecanismos de queixa e meios efetivos e acessíveis que assegurem o cumprimento da legislação nacional relativa à proteção dos trabalhadores do serviço doméstico", "formular e implementar medidas em matéria de inspeção do trabalho, de aplicação e de sanções, tendo em devida consideração as caraterísticas particulares do trabalho doméstico, de acordo com a legislação nacional". Acrescenta-se que, "na medida em que for compatível com a legislação nacional, essas medidas deverão especificar as condições em que o acesso ao domicílio do agregado familiar pode ser autorizado, no devido respeito pela vida privada".

[39] Cláudia Rosa Henriques, «Contrato de serviço doméstico – âmbito de aplicação e formas de cessação», *Questões Laborais*, 50 (2017), pp. 83-120, p. 91.

[40] Segundo informa Catarina de Oliveira Carvalho, «Trabalho no domicílio, trabalho doméstico e trabalhos de cuidado no ordenamento jurídico português: primeira leitura à luz das Convenções da OI», *Documentación Laboral – Revista de la Asociación de Derecho del Trabajo y de la Seguridad Social*, 116 (2019), pp. 41-56, p. 50, os pedidos de intervenção da ACT neste setor são residuais. O que se compreende porque, na prática, uma inspeção ao local de trabalho representa uma inspeção... domiciliária, sujeita, como tal, aos aper-

tico temerá as represálias que por vezes se seguem à denúncia de comportamentos abusivos do empregador, até porque, como é fácil de perceber, neste contexto não é possível fazer denúncias sob o arcano do anonimato[41].

No entanto, e ironicamente, o que também é certo é que o isolamento do trabalhador doméstico, favorecendo os abusos[42] e, até, como diz SILVIA BORELLI, uma "tolerância à ilegalidade"[43], e a pouca expressão que a luta coletiva tem neste setor[44], faz com que "a protecção das trabalhadoras domésticas acab[e] por depender puramente da legislação"[45]. Assim sendo, o legislador, nacional e europeu, não pode demitir-se da sua função[46],

tados pressupostos aplicáveis em sede processual penal: cfr. o artigo 11º, nº 1, alínea a), do Decreto-lei nº 102/2000, de 2 de junho. Forçando a nota, MARIA IRENE GOMES, «Contrato de trabalho doméstico...», cit., p. 246, defende mesmo que o trabalho doméstico justificaria o recurso à mediação laboral.

[41] Dada a especificidade desta relação de trabalho, para alguns Autores, o trabalhador doméstico deveria privilegiar os "meios internos". Com referência ao trabalhador doméstico, JÚLIO GOMES, «Um direito de alerta cívico do trabalhador subordinado (ou a protecção laboral do *whistleblower*)», *Revista de Direito e de Estudos Sociais*, 2014, I-IV, pp. 127-160, pp. 158-159, n. 71.

[42] MARGARITA MIÑARRO YANINI, «Formas esclavas de trabajo y servicio del hogar familiar: delimitación conceptual, problemática específica y propuestas», *Relaciones Laborales*, 10 (2014), pp. 71-88, p. 72: "sem dúvida, este é um campo abonado para comportamentos abusivos, porque se conjugam uma série de elementos que incidem nele, entre outros, o desenvolvimento do trabalho num ambiente privado muito cerrado e pouco visível, o concurso de factores de vulnerabilidade das vítimas e a ausência de controle social e do Estado". A Autora diz, p. 71, que "o âmbito do trabalho doméstico é um dos que mais frequentemente se produzem situações de servidão doméstica ou escravatura laboral".

[43] SILVIA BORELLI, «Le diverse forme dello sfruttamento nel lavoro domestico di cura», *Lavoro e Diritto*, III-IV (2021), pp. 281-301, p. 293.

[44] § 13. Relações coletivas de trabalho.

[45] PATRÍCIA GONÇALVES BATISTA, *Imigração e trabalho doméstico: o caso português*, Lisboa, 2011, p. 48. Como também observa FERNANDA AGRIA, «Serviço doméstico...», cit., p. 53, "o facto de estes trabalhadores desempenharem as suas funções profissionais na intimidade do lar colocaria em situação embaraçosa um serviço de inspecção de trabalho que pretendesse verificar se certas normas respeitantes a horários, dias de descanso, etc., estão ou não a ser integralmente cumpridas por parte da entidade patronal".

[46] O que resulta claro desde logo das disposições iniciais da Convenção da OIT nº 189: "todo o Membro deve tomar medidas para assegurar que os trabalhadores do serviço doméstico gozem de uma proteção efetiva contra todas as formas de abuso, assédio e violência" (artigo 5º) e "todo o Membro deve tomar medidas para assegurar que os trabalhadores do serviço doméstico, como os demais trabalhadores em geral, beneficiem de condições de emprego equitativas, bem como de condições de trabalho dignas e, se estiverem

devendo instituir, na medida em que isso seja compatível com a natureza desta relação jurídica, mecanismos de controlo e formalização[47]. Contrariando este pessimismo, também é importante dar nota de que o trabalho doméstico tem conhecido uma recente e merecida atenção da regulamentação internacional sob o lema compromissório *work like any other, work like no other.* Citem-se, ao nível da OIT, a Recomendação nº 201, de 2011, que alerta para as condições de trabalho dos trabalhadores domésticos, e a Convenção nº 189, também de 2011, relativa ao trabalho digno para as trabalhadoras e trabalhadores do serviço doméstico, convenção ratificada por Portugal[48], e, embora sem o mesmo "valor", a Resolução do Parlamento Europeu de 28 de abril de 2016. Por outro lado, as constantes exceções previstas nas Diretivas são cada vez mais questionadas, pugnando-se pela aplicação do Direito da União Europeia aos trabalhadores domésticos[49]. E, verdade seja dita, no plano do Direito interno, deve dar-se nota de inversões legislativas históricas, por exemplo, para efeitos da segurança social[50], pro-

alojados no agregado familiar, de condições de vida dignas que respeitem a sua vida privada" (artigo 6º).

[47] Como refere ROSA QUESADA SEGURA, «Sobre los derechos que mejoran las condiciones de trabajo y seguridad social de las trabajadoras del hogar familiar – análisis del Real Decreto-Ley 16/2022, de 6 de septiembre», *Revista General de Derecho del Trabajo y Seguridad Social*, 63 (2022), pp. 190-218, p. 204, no contexto da reforma española, "a formalidade é sinónimo de uma relação séria – e digna – de trabalho".

[48] Ver Resolução da Assembleia da República nº 42/2015, de 27 de abril, que nasceu da Proposta de Resolução do Governo nº 94/XII, de 18 de setembro de 2014, e o Decreto do Presidente da República nº 31/2015, de 27 de abril. Embora Portugal seja um dos Estados-Membros que ratificou a Convenção, a União Europeia exortou os Estados-Membros ao seu cumprimento na Resolução do Parlamento Europeu, de 28 de abril de 2016. Ver, por todos, EINAT ALBIN/VIRGINIA MANTOUVALOU, «The ILO convention on domestic workers: from the shadows to the light», *Industrial Law Journal*, 41 I (2012), pp. 67-78.

[49] Ver sobretudo os estudos de VERA PAVLOV, «El potencial del Derecho Laboral de la UE para luchar contra la vulnerabilidad de los trabajadores domésticos. Implicaciones para el ordenamiento jurídico español», *Revista de Derecho Social*, 76 (2016), pp. 83-106, p. 86 (= ID., «Domestic work in EU Law: the relevance of EU Employment Law in challenging domestic workers' vulnerability», *European Law Review*, 2016, 41 III, pp. 379-398), referindo que "as fontes de Direito do Trabalho da UE convertem-se em importantes ferramentas que podem ser utilizadas tanto pela doutrina juslaborista como pelos activistas quando perseguem mudanças legislativas a nível nacional que têm como objectivo melhorar a situação dos trabalhadores domésticos".

[50] Por exemplo, o Decreto-Lei nº 119/99, de 14 de abril, entretanto revogado, que regulava o regime jurídico de proteção no desemprego, e cujo artigo 14º, nº 1, reconhecia que "a

teção da maternidade[51] ou do subsídio de Natal[52], o que culminou, como se verá, na reforma operada pela Agenda do Trabalho Digno[53]. Essa maior consciencialização tem conduzido, felizmente, a um trabalho doméstico "não isolado, mas inserido no circuito da tutela lavorística"[54].

Uma das razões que justifica a exclusão do trabalhador doméstico do âmbito de aplicação dos diplomas, nacionais ou internacionais, que reconhecem direitos às mais variadas classes de trabalhadores, é o argumento da natureza especial da relação de trabalho doméstico. Não há dúvidas de que a relação de trabalho doméstico é uma relação especial de trabalho. Aliás, essa parece ser uma afirmação com uma marca quase cartesiana porque o contrato de trabalho doméstico é reconhecido na literatura jurídico-laboral como o "caso clássico" das relações especiais de trabalho[55].

Pode dizer-se que o que torna o contrato de trabalho doméstico tão especial é que ele representa um corpo estranho ou espúrio na génese do Direito do Trabalho, ramo do Direito que foi, e continua a ser assumida-

caracterização da relação laboral decorre da situação de o trabalhador ter estado vinculado por contrato de trabalho, ainda que sujeito a legislação especial". Sobre o regime da Segurança Social, ver § 15. Segurança social.

[51] Assim, o Decreto-Lei nº 112/76, de 7 de fevereiro, que concedia a todas as trabalhadoras o direito à licença de noventa dias no período da maternidade, considerava-se aplicável às trabalhadoras domésticas (cfr. artigo 1º, nº 2: "para efeitos de aplicação deste diploma, consideram-se trabalhadoras as mulheres abrangidas pelo regime de contrato individual de trabalho, as trabalhadoras rurais e do serviço doméstico..."), bem como o diploma que lhe sucedeu, a Lei nº 4/84, de 5 de Abril, que aprovava o regime de protecção de maternidade e paternidade, dispunha que "o disposto no presente capítulo aplica-se aos trabalhadores abrangidos pelo regime do contrato individual de trabalho, incluindo os trabalhadores agrícolas e do serviço doméstico...".

[52] Assim, a Decreto-Lei nº 88/96 de 3 de julho, que estabelece o subsídio de Natal, previa, logo no seu artigo 1º, que "o presente diploma é aplicável a trabalhadores vinculados por contrato de trabalho a quaisquer entidades empregadoras, incluindo os trabalhadores rurais, a bordo e de serviço doméstico".

[53] § 1.2.1. Agenda do Trabalho Digno.

[54] Mario Napoli, «Contratto e rapporti di lavoro, oggi» in: *Le ragioni del Diritto – scritti in onore di Luigi Mengoni*, Giuffrè Editore, Vol. II, Milão, 1995, pp. 1057-1142, p. 1064.

[55] Assim, exatamente, João Leal Amado, *Contrato de trabalho*, Coimbra Editora, Coimbra, 2014, p. 83. Cláudia Rosa Henriques, «Contrato de serviço doméstico...», cit., p. 119, fala de um contrato "especialíssimo". A. V. Sempere Navarro, «Empleados del hogar (Dº del Trabajo y Seguridad Social)» in: *Enciclopédia Laboral Básica «António Montoya Melgar»*, Thomson Reuters, Civitas, Madrid, 2009, pp. 2717-2720, p. 2719, fala de um contrato "fortemente singularizado".

mente, marcado pelo paradigma da industrialização e da fábrica. O trabalho doméstico é, de certa forma, uma excrescência do modelo liberal-individualista do contrato de trabalho que persistiu ao surgimento da feição pós-industrial do regime do contrato de trabalho. Na síntese bem conseguida de FILIPE FRAÚSTO DA SILVA, "o contrato de serviço doméstico é o sobrevivente de uma sociedade pré-industrial"[56].

Em defesa as opções legislativas, invoca-se, fundamentalmente, a natureza íntima do local onde se realiza a prestação – o lar familiar[57]. O trabalhador doméstico desenvolve a sua prestação num contexto relacional que se afasta do protótipo de situação empresarial de que parte a regulamentação geral do trabalho subordinado (leia-se: o Código do Trabalho)[58], pois o lar familiar só a custo pode ser visto como uma empresa ou um seu equivalente funcional[59]. Acresce que o trabalho doméstico não tem uma finalidade especulativa ou um ânimo produtivo, ou seja, o trabalhador não coadjuva o empregador em qualquer atividade produtiva. Na verdade, o trabalho doméstico destina-se a satisfazer uma necessidade pessoal ou pessoalíssima do credor[60], embora, como veremos, quando estudarmos o âmbito de aplicação do regime, não uma necessidade pessoal qualquer, pois, conforme ironizava o tratadista italiano LUDOVICO BARASSI, se assim fosse, até o bar-

[56] FILIPE FRAÚSTO DA SILVA, «Em torno do contrato de serviço doméstico», *Prontuário de Direito do Trabalho*, Atualização nº 60 (2001), pp. 83-130, p. 85.

[57] Também CLÁUDIA ROSA HENRIQUES, «Contrato de serviço doméstico...», cit., p. 119, considera que a lei atribui "um estatuto diminuído não admitido pelo princípio da igualdade constitucionalmente consagrado".

[58] Pelo menos atualmente, pois, num recente estudo, MÁRCIO TÚLIO VIANA, «Das casas às ruas: pequenas ideias para um futuro mais digno do Direito do Trabalho», *Questões Laborais*, 55 (2019), pp. 7-17, pp. 7 ss., assinala uma certa semelhança entre o lar e a fábrica nos primórdios do Direito do Trabalho.

[59] Utilizando as palavras de ALBERTO DE SÁ E MELLO, «Extinção dos contratos de trabalho por dissolução da pessoa colectiva empregadora», *Revista de Direito e de Estudos Sociais*, 1997, IV, pp. 369-400, p. 377, não é possível descortinar no trabalho doméstico qualquer vestígio de organização empresarial.

[60] No apontamento de RAÚL VENTURA, *Teoria da relação jurídica de trabalho – estudo de direito privado*, Imprensa Portuguesa, Porto, p. 40, "a especialidade do trabalho prestado não interessa (...) um jardineiro será trabalhador doméstico quando prestar serviços no jardim particular da residência do patrão; não o será, se trabalhar numa emprêsa de floricultura. Um motorista será doméstico se adstrito à familia do credor, não o será, se depênder de uma empresa".

beiro poderia ser um trabalhador doméstico...[61]. Não por acaso, o legislador previdencial enquadra os trabalhadores doméstico na secção dos "trabalhadores ao serviço de entidades empregadoras sem fins lucrativos"[62]. No entanto, não deixamos de sublinhar que esta "neutralidade" económica talvez deva ser relativizada, pois, como vimos, a contratação de um trabalhador doméstico liberta o empregador de um custo de oportunidade[63]. De resto, como se verá, argumentos de natureza económica servem, ou serviram no passado, para justificar certas soluções legais do regime do contrato de trabalho.

Por outro lado, o lar doméstico não é o palco de conflito de interesses entre o empregador e trabalhador que serve de paradigma ao modelo de relação de trabalho que se desenvolve na empresa comum[64]. Segundo cremos, este aspeto é resultado de um outro que, por si só, pode ser considerado outra razão da especialidade desta relação laboral: o trabalho doméstico propicia uma convivência que cria laços de intimidade sem paralelo em qualquer relação laboral[65]. Diferente da "convivência industrializada"[66] típica das relações laborais na empresa e que, ao fim ao cabo, existe na

[61] Ludovico Barassi, *Il contratto di lavoro – Diritto positivo italiano*, Vol. I, Milão, 1915, p. 809.

[62] Ver a Secção VII ("trabalhadores ao serviço de entidades empregadoras sem fins lucrativos"), onde surgem os trabalhadores do serviço doméstico (Subsecção III).

[63] Assim, exatamente, Filipe Fraústo da Silva, «Em torno do contrato de serviço doméstico...», cit., p. 105, quando diz que, na sua opinião, "deve sustentar-se exactamente o contrário: o trabalho doméstico prestado por via do contrato de serviço doméstico tem inequívoco valor económico [pois] pode acarretar mais-valias para o empregador, que liberto das actividades que confia ao trabalhador, passe a empregar-se e obtenha rendimento superior ao valor que paga por aquele trabalho". No mesmo sentido, Cláudia Rosa Henriques, «Contrato de serviço doméstico...», cit., p. 92. Também Joana Farrajota, *A resolução do contrato sem fundamento*, Almedina, Coimbra, 2015, p. 148, coloca em causa o carácter não empresarial e não lucrativo do serviço doméstico.

[64] César Miñambres Puig, «El nuevo régimen jurídico de los empleados del hogar familiar», *Revista Española de Derecho del Trabajo*, 157 (2013), pp. 111-133, p. 113.

[65] No passado, a convivência não era apenas uma consequência natural da execução do contrato de serviço doméstico, era concebida como uma verdadeira obrigação do serviçal. Assim, *en passant*, F. A. Pires de Lima, «Anotação ao Acórdão de 2 de Novembro de 1965», *Revista de Legislação e de Jurisprudência*, 3315 (1966), pp. 90-95, p. 94, quando escreve que "é elemento deste contrato a obrigação de convivência, e, portanto, a obrigação de *residência* no prédio do amo" (itálico do autor).

[66] Inspirando-nos na expressão de Ludovico Barassi, *Diritto del Lavoro*, Vol. I, Giuffrè, Milão, 1935, p. 103.

generalidade das relações de trabalho[67], o trabalhador doméstico vem a integrar "uma dimensão espacial-organizativa-simbólica complexa, marcada pela intimidade da vida privada do empregador"[68]. Estes laços humanos e afetivos são tão fortes que, por vezes, o trabalhador doméstico aparece, aos olhos do agregado, como mais um membro da família[69]. A convivência diária criaria um ambiente propício para que a entidade patronal se revele como o "protetor nato" do empregado, uma atitude paternalista - aquilo que os tratadistas designavam de benevolência[70] - que, inclusivamente, se traduzia numa proteção do trabalhador face aos riscos sociais[71].

[67] Como observava LUIZ DA CUNHA GONÇALVES, *Tratado de Direito Civil em comentário ao Código Civil português*, Vol. VII, Coimbra Editora, Coimbra, 1933, p. 542, falar-se apenas em convivência não é suficiente já que noutros contratos de trabalho também existe convivência (também pode existir numa fábrica, numa oficina, num estabelecimento comercial...).

[68] HUGO GABRIEL DOS SANTOS ALVES, *O contrato de trabalho doméstico – algumas reflexões*, Dissertação de Mestrado dactilografada, Universidade Católica Portuguesa, Porto, 2003, p. 47.

[69] OLGA LENZI, «El control de la prestación laboral a través de fórmulas de videovigilancia: el concreto supuesto del trabajo doméstico», *Temas Laborales*, 146 (2019), pp. 159-184, p. 180. Também MÁRIO JÚLIO DE ALMEIDA COSTA, *Noções de Direito Civil*, Almedina, Coimbra, 2ª ed., 1985, p. 366, diz que o contrato de trabalho doméstico "constitui uma relação pessoal de índole quase familiar". Como assinalava LUIZ DA CUNHA GONÇALVES, *Tratado de Direito Civil...*, cit., p. 542, "existem ainda muitas casas cujos serviçais, inspirados em sentimentos de solidariedade e dedicação, têm dezenas de anos de serviço, e ali esperam morrer, como membros da mesma família". Claro está que o trabalhador doméstico não é, do ponto de vista jurídico, membro da família. Forçando um pouco a nota, é interessante notar que a Lei nº 13/2003, de 21 de maio, que cria o chamado "rendimento social de inserção", no seu artigo 5º, nº 8, alínea b), não considera como pertencente ao agregado familiar, para efeitos de cálculo, as pessoas que nele se integrem "quando exista a obrigação de convivência por prestação de actividade laboral para com alguma das pessoas do agregado familiar". Também a Lei nº 6/2001, de 11 de maio, diploma que contém as medidas de proteção das pessoas que vivam em economia comum, exclui do seu âmbito de aplicação "a obrigação de convivência por prestação de actividade laboral para com uma das pessoas com quem viva em economia comum" (artigo 3º, alínea b)).

[70] Como escreve LUDOVICO BARASSI, *Diritto del Lavoro...*, cit., p. 104: "a benevolência atenua a aspereza da situação [laboral]". Nas palavras igualmente enfáticas de RAÚL VENTURA, *Teoria da relação jurídica...*, cit., p. 41, a benevolência é "o elemento moderador que quebra as arestas e amortece os choques que sempre apresentam as relações de trabalho".

[71] Nestes precisos termos, FERNANDA AGRIA, «Serviço doméstico...», cit., pp. 58-59.

Fruto desta intimidade, também não é de estranhar que as relações de trabalho doméstico se processem num quadro de informalidade que apenas encontra algum paralelo nas relações laborais que se desenvolvem no contexto de microempresas. Destes laços de intimidade, confiança e fidúcia[72] fluem importantes traços que vão marcar a filosofia do RCSD[73], podendo dizer-se que "o regime do contrato de serviço doméstico parece estar todo formatado no sentido de tutelar a intimidade da vida privada do empregador e do agregado familiar"[74]. Por exemplo, a informalidade do ambiente doméstico justifica, na ótica do legislador, um aligeiramento das formalidades que, em certos aspetos centrais, dominam o regime laboral comum. Estamos a pensar, como se mostrará, no regime da cessação do contrato de trabalho onde, por exemplo, o legislador dispensa a existência de procedimento disciplinar conducente ao despedimento (e, por maioria de razão, para a aplicação de sanções conservatórias).

As especificidades do trabalho doméstico são por demais evidentes. Sem dúvida que essas especificidades justificam que certos traços do regime laboral comum não sejam aplicáveis ao contrato de trabalho doméstico. Pense-se, para dar apenas exemplos alguns mais ilustrativos ou representativos, na obrigatoriedade do Relatório Único[75] ou no regime da trans-

[72] Como observa Maria do Rosário Palma Ramalho, *Tratado de Direito do Trabalho,* Parte IV – *Contratos de trabalho especiais,* Almedina, Coimbra, p. 266, estes elementos "densificam os elementos de inserção organizacional e de pessoalidade do contrato de trabalho".

[73] Como observa Lourdes Meléndez Morillo-Velarde, «La relación laboral especial del personal al servicio del hogar familiar» in: António Sempere Navarro/Miguel Cardenal Carro (Org.), *El contrato de Trabajo, Vol. II, Relaciones Laborales Especiales y Contratos con Particularidades,* Aranzadi, Navarra, 2011, pp. 132-133: "certas qualidades pessoais e morais do trabalhador, o seu carácter e rasgos de personalidade que num trabalho ordinário poderiam resultar irrelevantes, aqui cobram especial importância porque influirão no contacto pessoal".

[74] Cláudia Rosa Henriques, «Contrato de serviço doméstico...», cit., p. 93.

[75] Por exemplo, embora isso não resulte expressamente do artigo 32º da Lei nº 105/2009, de 14 de setembro, e da Portaria nº 55/2010, de 21 de janeiro, não faz sentido que quem emprega um trabalhador doméstico esteja obrigado a emitir Relatório Único sobre a "actividade social da empresa". De resto, no sítio oficial do Gabinete de Estratégia e Planeamento esclarece-se, nas FAQ's (perguntas frequentes), que o trabalho doméstico está excluído do âmbito de aplicação do regime do Relatório Único. De facto, no documento, disponível *online,* à pergunta "os empregadores de serviço doméstico têm que entregar o Relatório Único?" responde-se muito claramente "atentas as particularidades do regime jurídico do contrato de trabalho doméstico tal obrigatoriedade não lhe é aplicável".

missão da unidade económica – faria sentido que o contrato de trabalho doméstico se transmitisse em caso de alienação do imóvel onde o trabalhador presta trabalho, equiparando o lar a uma "unidade económica"? Certamente que não.

Contudo, as razões acima apontadas não podem servir para, por si só, cobrir as custas do processo de justificação de um regime *in pejus*[76]. A nosso crer, os desvios em relação ao regime laboral comum devem julgar-se necessários, adequados e proporcionais à satisfação das necessidades desta relação especial de trabalho[77]. E, também no que diz respeito à aplicação subsidiária do regime laboral comum, não basta brandir ou alegar o substrato ou vocação empresarial das normas do Código do Trabalho[78] da mesma forma que "o lugar da prestação de serviços não pode ser motivo suficiente por si só para minorar os sistemas de protecção pública de um colectivo concreto de trabalhadores"[79]. Numa palavra, "a resposta não pode ser nem imediatista, nem automática, apelando a um necessário juízo de valoração"[80]. Pensamos que há certos aspetos do regime laboral comum que são perfeitamente aplicáveis à realidade do trabalho subordi-

Embora não seja exatamente o mesmo documento, a Lei nº 35/2004, de 29 de julho, que regulamentava o CT03, previa, no artigo 452º, nº 2, que a exigência da entrega, anualmente, do "quadro de pessoal", não era exigível no setor doméstico.

[76] Em crítica, Cláudia Campos, *O contrato de serviço doméstico...*, cit., pp. 34-35.

[77] Maria Irene Gomes, «Contrato de trabalho doméstico: problemas de articulação com o regime geral do contrato de trabalho», *Prontuário de Direito do Trabalho*, 2021, II, pp. 221-246, p. 223: "o problema da articulação de regimes pressupõe o conhecimento prévio das especificidades de regulamentação subjacentes ao trabalho domésticos e as razões que estiveram na base da sua consagração".

[78] Seguindo aqui de perto o que escrevemos em Victor Hugo Ventura/Cláudia Campos, «A insustentável leveza do contrato de trabalho doméstico ou o caso da (in)exigibilidade de parecer da CITE para o despedimento de trabalhadora doméstica grávida, puérpera ou lactante», *Questões Laborais*, 56 (2020), pp. 33-52, p. 39.

[79] Assim, Guillermo García González, «Derechos sociales y empleados del hogar: reformas jurídicas inaplazables para la dignificación del trabajo doméstico en España», *Revista de Derecho Social*, 77 (2017), pp. 83-104, p. 84, fazendo o paralelismo com o teletrabalho ou com os trabalhadores à distância.

[80] Maria Irene Gomes, «Contrato de trabalho doméstico...», cit., p. 225. Noutro lugar, Id., «Cessação do contrato de trabalho doméstico – comentário...», cit., p. 28, n. 4, escreve que se trata de um "comando nuclear para a resolução de diferentes aspetos não previstos no regime do trabalho doméstico ou até, porventura, desatualizados em face da regulamentação laboral geral e injustificáveis à luz dos seus critérios de valoração específicos,

nado, seja qual for a sua forma ou contexto. Por outras palavras, há certas formas de tutela, previstas no regime laboral comum que devem percorrer longitudinalmente o espetro de trabalhadores subordinados[81]. Por muito que se acredite que as relações de trabalho doméstico criam laços estreitos entre as partes, muitas vezes até em benefício do trabalhador, não será menos verdade que essa ideia representa uma imagem romântica da realidade[82], pois o trabalhador doméstico não deixará de sentir os problemas típicos da generalidade dos trabalhadores subordinados[83].

§ 1.2. Evolução legislativa e fontes

Tratando-se de uma profissão anciã, que mergulha no tempo, é preciso recuar até às Ordenações Afonsinas para encontrar a "pedra de Roseta" da regulamentação do trabalho doméstico[84]. Escusado será dizer que a regulação do trabalho doméstico surge aí com traços completamente estranhos aos princípios que viriam a marcar o nascimento do Direito do Trabalho, ramo que apenas surgirá alguns séculos mais tarde.

mas cuja aplicação nem sempre se revela fácil, nem deve pautar-se por respostas automáticas e acríticas".

[81] Por exemplo, afirmando a incompatibilidade do regime da formação profissional com o trabalho doméstico, ac. de 15/11/2021 do TRP (Jerónimo Freitas), proc. nr. 4280/17.4T8MTS.P3. Parecendo concordar com a posição do acórdão, Maria Irene Gomes, «Contrato de trabalho doméstico...», cit., pp. 230-231, n. 22.

[82] Falando de uma "romantização da realidade", Filipe Fraústo da Silva, «Em torno do contrato de serviço doméstico...», cit., p. 107. Também João Carlos Loureiro, «Servindo a vários(as) senhores(as): domus, exclusão e discriminação – nótula sobre a segurança social dos trabalhadores do serviço doméstico» in: Jorge Miranda [Coord.], *Estudos em Homenagem a Sérvulo Correia*, Vol. IV, Coimbra Editora, Coimbra, 2010, pp. 229-251, p. 243, nota que "a familiaridade quanto aos destinatários – prestação de serviços a uma família –, nota deste tipo de contrato, não deve ser confundida com a familiaridade – laços de família – em relação aos prestadores".

[83] Como se exprime A. Celeste Vieira, *Mulheres em Luta: a educação e a dinâmica de auto-organização das empregadas domésticas portuguesas do sindicato do serviço doméstico (1960-1986)*, Edições Afrontamento, Lisboa, 2018, p. 151, também o trabalhador doméstico tem de lidar com "patrões enfurecidos, despedimentos inesperados, momentos indesejados".

[84] Com referências históricas ao serviço doméstico, Filipe Fraústo da Silva, «Em torno do contrato de serviço doméstico...», cit., pp. 83 ss. Ver também, com interesse, Miguel Hernáinz Márquez, «Antecedentes historicos y legales del servicio domestico», *Cuadernos de Política Social*, 41 (1959), pp. 7-38.

Uma regulamentação "laboral" do contrato de trabalho doméstico, relativamente digna desse nome, aparece pela primeira vez no Código Civil de 1867. À primeira vista, um corpo espúrio no sistema da codificação civil, mas que se compreende se pensarmos que, à data de 1867, a legislação laboral ainda estava longe de despontar. Apesar de se poder dizer que o trabalho doméstico até ocupa uma posição de relativo relevo na codificação civil[85], a regulamentação "era feita numa perspectiva meramente civil e sem qualquer dose de preocupação pela defesa do trabalhador"[86], remetendo *grosso modo* para a autonomia privada das partes, ao estilo francês[87], "de maneira tão sumária como pré-capitalista"[88]. Em abono da verdade, esta não é uma crítica dirigida ao legislador português: por comparação com os congéneres europeus, que nalguns casos até omitiam qualquer referência normativa ao trabalho doméstico, a regulamentação portuguesa até se podia considerar generosa[89].

Integrado inicialmente no Código Civil, o mais natural seria que o seu regime migrasse para a legislação laboral que ia despontando com o fenómeno da industrialização. Acontece que os primeiros diplomas legais regulamentadores do contrato de trabalho nunca incluíram o trabalhador doméstico do seu âmbito de aplicação. Desde logo, a Lei nº 1952, de 10/03/1937, o primeiro diploma regulador do contrato individual de tra-

[85] António Monteiro Fernandes, «A justa causa de despedimento entre a Constituição e a lei – notas de um "check-up" periódico», *Questões Laborais*, 39 (2012), pp. 1-48, p. 5: "o facto de ser a modalidade prioritariamente regulada traduzia o facto de corresponder ao paradigma laboral prevalente na época em Portugal".

[86] Nas palavras de Paulo Sousa Pinheiro, «O Direito do Trabalho ao longo da História – dealbar e evolução de um novo ramo do Direito», *Revista de Ciências Empresariais e Jurídicas*, 8 (2006), pp. 271-301, p. 294.

[87] Também nesse aspeto seguia fielmente a sua inspiração mais do que assumida, o *Code Civil* francês, cujo artigo 1780º, onde precisamente estava prevista a atividade dos *domestiques*, utilizava a mesma técnica remissiva para a autonomia das partes.

[88] Fernando Valdés Dal-Ré, «Unidad y diversidad en la regulación del contrato de trabajo: apuntes de su evolución histórica», *Relaciones Laborales*, 2005, I, pp. 91-104, p. 93, referindo-se ao Código Civil espanhol, mas em termos que nos parecem adequados para descrever a situação portuguesa.

[89] Rui Manuel de Figueiredo Marcos, «A emergência do contrato de trabalho no Direito português», *Revista da faculdade de Direito da Universidade do Porto*, 2011, pp. 217-226, p. 220: "é deveras sintomático que tenha merecido uma muito mais espacejada atenção normativa o contrato de serviço doméstico, o que retira a mínima margem de dúvida quanto ao apagamento jurídico do trabalho salariado ou fabril".

balho, não regulou o contrato doméstico[90]. Posteriormente, e alegadamente por razões de pura política económica[91], o Decreto-Lei nº 47032, de 27/05/1966[92], que aprovou a Lei do Contrato de Trabalho (vulgarmente chamada "LCT"), tratou mesmo de excluir o trabalhador doméstico, solução que se manteria com o Decreto-Lei nº 49408 de 24/11/1969[93]. E, como vimos introdutoriamente, foram vários os regimes, desde a matéria do tempo de trabalho até à cessação do contrato de trabalho, que excluíam do seu âmbito o trabalho doméstico, o que veio a levantar inclusivamente ale-

[90] Exceção feita ao seu artigo 15º. A norma dizia assim: "é aplicável ao contrato de serviço doméstico o disposto no § único do artigo 12º, reduzido a um mês o período nêle previsto" sendo que essa tal disposição para onde se remetia fixava que "o despedimento do empregado antes de completar dois meses de trabalho [para o serviço doméstico seria um mês] presume-se feito por inaptidão para o serviço", essa norma já constava do artigo 14º (remetendo então para o § único do artigo 11º) da Proposta de Lei nº 128 apresentada a 16/12/1936. Ora, a Câmara Corporativa emitiu parecer (Diário das Sessões nº 107 de 21/01/1937) advertindo para as dúvidas que aquele artigo 14º poderia levantar quanto ao regime aplicável ao contrato de trabalho doméstico. Propôs-se assim que fosse acrescentado um preceito onde se preceituasse muito claramente que "... as disposições da presente lei não são aplicáveis ao contrato de serviço doméstico regulado nos artigos 1370º e seguintes do Código Civil [de 1867]". Luiz da Cunha Gonçalves, na sua proposta de alteração apresentada na Assemblea Nacional (Diário das Sessões nº 113, de 30/01/1937), propunha para aditamento ao artigo 26º, da Proposta nº 128, o seguinte texto: "a presente lei não é aplicável aos serviçais domésticos que trabalham em domicílios particulares, aos tripulantes da marinha mercante e aos trabalhadores rurais".

[91] Assim, Jorge Leite, *Direito do Trabalho*, I, Coimbra, 1998, p. 75.

[92] Cfr. artigo 131º, nº 1: "o regime definido no presente diploma poderá ser tornado extensivo, por decreto regulamentar, no todo ou em parte, e com as adaptações exigidas pela sua natureza, aos contratos de serviço doméstico e de trabalho rural".

[93] Cfr. artigo 5º: "o regime do contrato individual de trabalho poderá ser tornado extensivo, por decreto regulamentar, no todo ou em parte, e com as adaptações exigidas pela sua natureza, aos contratos de serviço doméstico e de trabalho rural". Como escreve o Juiz Conselheiro Sá Nogueira no ac. de 04/06/2003 do STJ (Manuel Pereira), proc. nr. 01S1203: "crê-se que, para a adopção desta solução terá tido alguma influência a pressão psicológica exercida pelos agregados familiares que tinham criados domésticos que desempenhavam funções nas casas de famílias mais abastadas, uma vez que contrariava a estrutura cultural (...) a possibilidade de tais empregados ou empregadas colaboradores da família serem havidos como "operários", ao serviço das mesmas, já que o conceito do direito ao trabalho era havido como especialmente referido aos "operários". Isto é, a pessoas com as quais não existam as relações de amizade e de familiaridade decorrentes da das relações de "criadagem"".

gações de inconstitucionalidade por omissão[94]. Ao excluir a sua aplicação ao trabalho doméstico, a dúvida quanto ao regime aplicável a estes trabalhadores ficou semeada[95].

O estatuto jurídico do trabalhador doméstico só vai conhecer verdadeiros desenvolvimentos quase um século depois, colocando um ponto final num "anquilosamento de 113 anos de imobilidade"[96]. Impulsionado pela Resolução nº 56/78, de 18 de abril[97], e empossado pela Lei de Autorização

[94] Segundo nos transmite José Gil de Jesus Roque, *Da justa causa do despedimento face à actual Lei Portuguesa*, Rei dos Livros, Lisboa, 1980, p. 22. Sobre isto, relativamente ao regime da cessação do contrato de trabalho e ao tempo de trabalho, Resolução nº 55/78, de 31 de março, do Conselho da Revolução, apoiado no Parecer nº 9/78 da Comissão Constitucional (publicado no Tomo V, pp. 21-38).

[95] Maria Irene Gomes, «Cessação do contrato de trabalho doméstico – comentário ao Acórdão do Tribunal da Relação do Porto (4ª Secção) de 6.11.2017, proc. nr. 22377/16.6T8PRT.P1», *Cadernos de Direito Privado*, 73 (2021), pp. 13-34, p. 27, fala de uma "incipiente regulamentação ziguezagueante do contrato de trabalho doméstico entre o Direito Civil e o Direito do Trabalho". Na opinião de Pires de Lima/Antunes Varela, *Noções Fundamentais de Direito Civil*, Vol. I, Coimbra, 1965, p. 497, e Raúl Ventura, *Teoria da relação jurídica...*, cit., p. 44, o regime do Código de Seabra deixou de aplicar-se em 1937 (data em que entrou em vigor o primeiro regime geral do trabalho digno desse nome) porque o contrato de trabalho doméstico enquadrava-se confortavelmente na noção de contrato de trabalho prevista na Lei nº 1952. Também para José Acácio Lourenço, a aplicação do Código de Seabra seria um entendimento contrário ao espírito da Constituição, designadamente, ao princípio da igualdade: os trabalhadores domésticos eram, sem margem para dúvidas, trabalhadores subordinados (José Acácio Lourenço, «Algumas considerações sobre o regime jurídico do trabalho rural e do serviço doméstico» in: *Estudos sobre Temas de Direito do Trabalho*, Lisboa, 1979, pp. 49-58, p. 52). No mesmo sentido, ver a consulta publicada na *Revista de Legislação e de Jurisprudência*, 2591 (1937), pp. 70-76, p. 73 ("a noção que a lei dá de contrato de trabalho perfeitamente abrange na latitude dos seus têrmos o contrato de serviço doméstico"). Pelo contrário, entendendo ser aplicável o Código Civil de 1867, cfr. Nuno Cabral Basto, «Contratos especiais de trabalho – reflexões em torno do sistema positivo vigente», *Estudos Sociais e Corporativos*, 31 (1970), pp. 69-94, p. 72 e Fernando Ribeiro Lopes, *Direito do Trabalho – sumários desenvolvidos*, Universidade de Lisboa, 1977/78, p. 27. Em comentário à legislação franquista, Fernando Valdés Dal-Ré, «Unidad y diversidad en la regulación...», cit., p. 102, afirma que ela "expulsa o trabalho de serviço doméstico da área do Direito do Trabalho, tornando a instalá-lo no campo do Direito Civil e submetendo-o, por conseguinte, às vexatórias e infamantes previsões reguladoras do contrato de prestação de serviços".

[96] Carlos Alegre, *Contrato de serviço doméstico...* [1981], cit., p. 50.

[97] Como exortava a Resolução, "o Conselho da Revolução, precedendo de parecer da Comissão Constitucional, recomenda aos órgãos legislativos competentes, nos termos e

nº 16/79, de 26 de maio, o Governo faz aprovar o Decreto-Lei nº 508/80, de 21 de outubro. Optando por autonomizar a regulamentação desta relação especial de trabalho, modelo que não é seguido por todos os legisladores, deu-se assim cumprimento a um "imperativo de justiça social", rompendo com "o peso secular da falta de uma protecção legal apropriada"[98].

Ao dar os primeiros passos legislativos nesta matéria, o diploma continha uma diretiva dirigida no sentido de impor ao legislador a sua revisão no prazo de um ano a contar da sua aprovação. Bem ao seu estilo, o legislador português só colocou em marcha a revisão... 12 anos depois... que se veio a revelar atribulada. De facto, num primeiro momento, a revisão não viria a passar de um ensaio. Depois de aprovar em Conselho de Ministros um novo regime do serviço doméstico com algumas alterações de fundo ao regime, nomeadamente, em matéria de modalidades de contrato, cessação, suspensão, entre outras matérias, o Decreto nº 412/91 foi enviado para o Presidente da República que decidiu submetê-lo ao controlo preventivo da constitucionalidade. O TC pronunciou-se pela sua inconstitucionalidade ao considerar que o Governo tinha invadido o espaço da competência relativa da Assembleia da República[99]. No seguimento, o Governo decidiu apresentar em Assembleia um projeto de Lei de Autorização, que lhe viria a ser concedida. É assim que, no uso da competência legislativa constante da Lei nº 12/92, de 16 de julho (retificada pela Declaração de Retificação nº 12/92, de 12 de setembro), o Governo reviu o regime do contrato de trabalho doméstico, de onde veio a resultar a aprovação do Decreto-Lei nº 235/92, de 24 de outubro (retificado depois, também ele, pela Declaração de Retificação nº 174/92, de 31 de outubro), que aprovou o regime legal que vigora atualmente (doravante sempre identificado como "RCSD").

Numa apreciação na generalidade, pode dizer-se que se tratava de uma disciplina "global e coerente", "de um regime completo, que, mais do que

para os efeitos do disposto na alínea b) do artigo 146º e no artigo 276º da Constituição, a emissão das medidas legislativas necessárias para tornar exequível, no que respeita aos trabalhadores do serviço doméstico, a norma constante da alínea d) do artigo 53º da Constituição da República, que confere a todos os trabalhadores o direito ao repouso e aos lazeres, a um limite máximo de jornada de trabalho, ao descanso semanal e a férias periódicas pagas".

[98] Dando conta da contestação do Sindicato do Serviço Doméstico a este diploma, A. Celeste Vieira, *Mulheres em luta...*, cit., pp. 202 ss.

[99] Ver ac. de 17/10/1991 do TC (Alberto Tavares da Costa), BMJ, 410 (1991), pp. 165-184.

adaptar as regras, princípios e conceitos da lei geral do trabalho a esta situação especial, parece inspirado por critérios de valoração específicos e não inteiramente coincidentes com o da lei geral"[100]. Claro que por se tratar de diploma que remonta já ao início dos anos 90, a sua técnica legislativa está datada (pense-se, desde logo, na própria designação como "contrato de serviço doméstico" ou na utilização de expressões como "rescisão"[101] ou "trabalho extraordinário"). No essencial, até à reforma no âmbito da Agenda do Trabalho Digno, o diploma nunca tinha conhecido alterações dignas desse nome[102], embora, em nossa opinião, algumas das suas normas já estavam tacitamente revogadas[103]. Era o que acontece, concretamente, com o regime do subsídio de Natal[104] e com os limites ao período normal de trabalho[105].

A regulamentação do contrato de trabalho doméstico não se esgota, porém, no plano legislativo ordinário[106]. É certo que, no plano do Direito interno, a contratação coletiva é inexistente e, portanto, o setor doméstico não conhece a malha normativa que é comum na generalidade das relações laborais. Contudo, no plano internacional, é preciso considerar as já referidas Convenção da OIT nº 189 e a Recomendação da OIT nº 201, referentes à dignificação do trabalho doméstico, bem como o Direito da União Europeia. Não existindo nenhum instrumento normativo de fonte comunitária especificamente talhado para o trabalho doméstico, importa considerar que, na senda da jurisprudência do TJ, algumas das Diretivas em

[100] Nas palavras de Mário Pinto/Pedro Furtado Martins/António Nunes de Carvalho, *Comentário às leis do trabalho*, Vol. I, Lex, Lisboa, 1994, p. 17.

[101] Apontando também esta crítica, Cláudia Campos, *O contrato de serviço doméstico...*, cit., p. 28 fala de uma "marcas indeléveis de linguagem civilista".

[102] Sendo apenas de assinalar uma ligeira alteração no artigo 36º (relativo às contraordenações) em resultado da Lei nº 114/99, de 3 de agosto. Cláudia Campos, *O contrato de serviço doméstico...*, cit., p. 22, fala aqui de um "diploma estático".

[103] Catarina de Oliveira Carvalho, «Trabalho no domicílio, trabalho doméstico...», cit., p. 56: "torna-se urgente a revisão do regime jurídico nacional que regula o trabalho doméstico, o qual, datando de 1992, se encontra obsoleto e requer um exigente labor interpretativo e integrativo em ordem a assegurar o cumprimento das disposições da Convenção [da OIT], tendo em conta que estas prevalecem sobre o direito ordinário à luz do artigo 8º da Constituição da República Portuguesa".

[104] § 11.2. Natal.

[105] § 7.1. Período normal de trabalho

[106] Considerar ainda o Ofício Circular da ACT nº 24/DirACT/2008.

matéria social, como a relativa à organização do tempo de trabalho, devem considerar-se como aplicáveis ao trabalho doméstico. O ponto é da maior importância porque, como teremos oportunidade de ver, alguns aspetos do RCSD podem ainda hoje considerar-se incompatíveis com estas normas de valor hierarquicamente superior, significando a sua inaplicabilidade ou, pelo menos exigindo a sua interpretação em conformidade[107].

§ 1.2.1. Agenda do Trabalho Digno

É natural que, volvidos 30 anos sobre a aprovação do diploma, muitos dos seus aspetos careciam urgentemente de revisão. Desde então, o Direito do Trabalho, genericamente considerado, conheceu alterações e desenvolvimentos profundos, a nível nacional e internacional, que, em certos casos, atingiram aspetos verdadeiramente medulares dos regimes legais provocando mesmo alterações sísmicas nos paradigmas laborais (pense-se no conceito de justa causa ou no regime da contratação a termo). Pese embora todos os esforços acima referidos, subsistiam diferenças assinaláveis entre o regime aplicável aos trabalhadores domésticos e o regime aplicável à generalidade dos trabalhadores, desfasamento que, em alguns casos não eram justificados[108]. Se bem que era possível ensaiar, em alguns casos, uma espécie de intervenção corretora, nomeadamente através da revogação tácita de certas disposições, existiam certas diferenças de regime que, subsistindo, convocavam problemas de inconstitucionalidade e que, para usar as palavras de Cláudia Campos, colocavam sobre o trabalhador doméstico a "insustentável leveza de uma legislação obtusa"[109].

Foi justamente para lançar uma pedra no charco e agitar este imobilismo legislativo que surgiu a iniciativa de revisão do regime. Antes da dissolução da Assembleia da República ocorrida em finais de 2021, o

[107] Catarina de Oliveira Carvalho, «Trabalho no domicílio, trabalho doméstico...», cit., p. 48: vai mais longe e refere que "o art. 9º do Código do Trabalho deverá ser convocado sempre que a aplicação do regime geral seja indispensável para assegurar o cumprimento da Convenção nº 189". Mais adiante, a Autora acrescenta, p. 50, que "cabe aos tribunais nacionais utilizarem este preceito para assegurar a interpretação conforme ao direito internacional e europeu, não apenas no que respeita à integração de lacunas, mas igualmente para afastar interpretações contrárias às fontes supranacionais".

[108] No mesmo sentido, Diogo Ravara, «Anotação ao acórdão do Tribunal da Relação de Lisboa, de 07/11/2012», *Prontuário de Direito do Trabalho*, 93 (2012), pp. 39-57, p. 41, falando de "múltiplos e evidentes sinais de dessintonia".

[109] Cláudia Campos, *O contrato de serviço doméstico...*, cit., p. 74.

Governo apresentou um Projeto de Lei, para apreciação pública, no contexto daquilo que foi simbolicamente designado de "Agenda do Trabalho Digno", com vista à revisão da legislação laboral. O Projeto era abrangente nas matérias sujeitas a alteração, desde questões laborais propriamente ditas, até à revisão de normativos previdenciais (Segurança Social) e contraordenacionais. Dúvidas não pareciam existir de que a atenção estava virada para o regime aplicável à generalidade dos trabalhadores, como é disso sintomático a nota preambular à Proposta[110].

[110] Onde se lê: "nos últimos anos, o Governo estabeleceu um conjunto de grandes prioridades na regulação do mercado de trabalho com vista à promoção do trabalho digno: i) Promover o emprego e a sua qualidade, nomeadamente reduzindo a precariedade; ii) Estimular um aumento sustentado dos salários e, em particular, do salário mínimo nacional; e iii) Relançar a negociação coletiva. Estas prioridades tiveram tradução em diferentes iniciativas e programas de política pública, nomeadamente nas políticas ativas de emprego e formação, no aumento programado e progressivo da retribuição mínima mensal garantida e em alterações ao enquadramento normativo relacionado com o combate à precariedade e a promoção da negociação coletiva. Entre as alterações legislativas nestas matérias, destaca-se a Lei nº 93/2019, de 4 de setembro, aprovada no seguimento de um acordo de Concertação Social celebrado em 2018 para «Combater a precariedade e reduzir a segmentação laboral e promover um maior dinamismo da negociação coletiva». Como resultado destas prioridades políticas e da evolução positiva da situação económica e social do país, a generalidade dos indicadores do mercado de trabalho conheceu evolução positiva de modo sustentado ao longo deste período. Ainda assim, vários dos indicadores relativos ao emprego e desemprego, nomeadamente entre os jovens, ou ao dinamismo da negociação coletiva, não recuperaram por inteiro para os níveis anteriores à crise da primeira metade da década. A nova crise, súbita e inesperada, provocada pela pandemia da doença COVID-19 teve um forte impacto sobre a economia, com reflexos imediatos nos indicadores do emprego, e ao mesmo tempo expôs e agravou desigualdades no mercado de trabalho. Apesar de os impactos mais gravosos da pandemia sobre o emprego terem sido mitigados pelas medidas implementadas em diferentes áreas, desde logo pelos apoios às empresas e à manutenção de postos de trabalho, os efeitos imediatos da pandemia foram visíveis em diferentes dimensões. A «Agenda do Trabalho Digno e de Valorização dos Jovens no Mercado de Trabalho», sinalizada em várias das suas dimensões fundamentais aos parceiros sociais com assento na Comissão Permanente de Concertação Social no final de 2020 e apresentada formalmente aos parceiros sociais em julho de 2021, corresponde, neste quadro, a um reforço dos instrumentos e das políticas públicas que têm sido objeto das prioridades prosseguidas, mas que continuam a carecer de aprofundamento, em particular quando considerada a mudança acelerada dos mercados de trabalho e a evolução económica e social e os impactos de uma pandemia que não era suscetível de ser antecipada. De facto, no quadro pandémico, ficaram dramaticamente expostas as fragilidades dos segmentos mais precários do mercado de trabalho, tendo os impactos sido particularmente visíveis para os jovens

e para os trabalhadores com contratos não permanentes. Aliás, os jovens foram dos mais afetados pela crise pandémica desde logo por estarem mais expostos a contratos de trabalho precários, mais voláteis em tempos de crise, representando quase metade do aumento global do desemprego registado entre o final de 2019 e o final de 2020. Assim, a pandemia veio tornar ainda mais evidente a particular fragilidade dos vínculos não permanentes e das chamadas formas atípicas de contratação, bem como os riscos acrescidos que lhes estão associados. Riscos esses que são exponenciados em contextos de forte incidência destes vínculos, designadamente, para os jovens ou em áreas como o trabalho temporário. Igualmente, áreas como o trabalho independente, o recurso a aquisição externa de serviços a entidades terceiras e especialmente as formas mais extremas de exposição a riscos de precariedade social, como o trabalho não declarado, incluindo em setores com características específicas e forte incidência de trabalhadores deslocados, demonstraram durante a pandemia estar expostos desproporcionadamente aos riscos de oscilações nos ciclos do mercado. É por isso que a presente proposta de lei propõe medidas específicas nestas áreas como a revisão das regras sobre sucessão de contratos a termo, o reforço dos mecanismos de atuação da inspeção do trabalho para conversão de contratos a termo em contratos por tempo indeterminado ou a introdução de critérios nos cadernos de encargos dos procedimentos relativos a contratos de prestação de serviços pelo Estado e demais entidades públicas relativamente à estabilidade do emprego nas empresas concorrentes. Na mesma linha, no âmbito do trabalho temporário, a presente proposta de lei prevê um reforço das regras sobre sucessão de contratos de utilização, a limitação da renovação dos contratos de trabalho temporário, bem como a introdução de requisitos mais robustos para a atribuição e manutenção de licenças das empresas de trabalho temporário. Em simultâneo, e para reforçar, em particular, a proteção dos trabalhadores mais jovens, a presente proposta de lei prevê um conjunto de disposições que visam prevenir riscos e abusos relativos ao período experimental aplicável às pessoas à procura do primeiro emprego, a par da eliminação da possibilidade de pagar bolsas de estágio de valor inferior a pelo menos 80 % do salário mínimo nacional e de medidas tendentes ao reforço da proteção dos direitos dos jovens trabalhadores-estudantes. Adicionalmente, ficaram também expostos fenómenos de precariedade extrema nas margens, como o trabalho não declarado. Estes fenómenos de total precariedade e exclusão são inaceitáveis, pelo que são propostas medidas como a criminalização do trabalho não declarado ou a introdução de uma sanção acessória que penaliza as empresas condenadas por situações relativas a trabalho não declarado em sede de concursos públicos e apoios públicos. Por outro lado, a pandemia veio acelerar tendências de mudança no âmbito da transição digital e da prestação de trabalho neste âmbito. Além da maior incidência do teletrabalho, fenómenos como o trabalho prestado através de plataformas digitais ganharam espaço em Portugal, como noutros países. Dimensões que tornaram mais evidentes não apenas as oportunidades, mas também, e talvez sobretudo, os riscos associados às questões emergentes do futuro do trabalho, cruzando em muitos casos novas questões com velhos desafios estruturais, como a formação e qualificação das pessoas (objeto de discussão autónoma), e as questões da conciliação entre vida laboral, familiar e pessoal, que ganham novas declinações no âmbito das novas formas de trabalho, mas já constituíam na verdade nós relevantes do ponto de vista sistémico na discussão sobre os equilíbrios do mercado de trabalho. Neste sentido, a presente proposta de lei vem ainda aprofundar a regulação de novas formas de prestação de trabalho associadas às transformações no trabalho e à economia digital, e, desde logo, ao trabalho nas plataformas. Neste âmbito, propõe-se a criação de uma presunção de existência de contrato de trabalho com o operador de plataforma e ao mesmo tempo são reforçados os deveres de informação e transparência no que ao uso de algoritmos e de outros sistemas de inteligência artificial em contexto laboral diz respeito. A negociação coletiva foi também fortemente impactada pela pandemia, depois de anos de recuperação que não haviam sido suficientes para repor os níveis pré-crise financeira de 2009. De facto, no que à negociação coletiva diz respeito, não só esta sofreu um embate no período recente, como está cada vez mais sujeita a pressões que, não sendo novas, têm vindo a agudizar-se e devem continuar a ser combatidas. À erosão da cobertura da negociação coletiva e da densidade sindical, em especial entre os mais jovens, num quadro mais vasto de fragilização do associativismo que é particularmente desafiante nos segmentos mais precários do mercado de trabalho e que encontra novos obstáculos na emergência a novas formas e novas modalidades de prestação de trabalho que não encontram representação nas estruturas associativas tradicionais, são desafios aos quais a presente proposta de lei procura dar resposta. Assim, a presente proposta de lei contempla um conjunto de incentivos positivos à negociação coletiva em sede de apoios públicos e um significativo alargamento da contratação coletiva e, em geral, das relações coletivas de trabalho, a novas categorias de trabalhadores. Por outro lado, reforça ainda de modo inovador o papel dos instrumentos já existentes na lei, e nomeadamente das decisões resultantes de arbitragem necessária, tornando-os mais efetivos na prevenção de vazios de cobertura da negociação coletiva. Vários são os fatores que comprometem, em diferentes perspetivas, os princípios do trabalho digno e, além das questões da qualidade do emprego e das relações laborais, têm implicações que estão para além do mercado de trabalho, desde logo as perspetivas de sustentabilidade demográfica, mas também a margem de competitividade do país nos mercados globais. Assim, na presente proposta de lei, são também valorizados aspetos como o imperativo da conciliação entre trabalho e vida pessoal e familiar, em diferentes dimensões como as licenças de parentalidade num quadro de promoção da igualdade entre homens e mulheres, a proteção dos cuidadores informais e a promoção de tempos de trabalho e não trabalho mais equilibrados, incluindo a prevenção do recurso excessivo ao trabalho suplementar, com forte prejuízo da vida pessoal e familiar e, muitas vezes, da criação de mais emprego. De facto, tal como as questões da precariedade, os desafios da conciliação entre vida pessoal, familiar e laboral comprometem a igualdade entre homens e mulheres e a sustentabilidade demográfica do país, não apenas na perspetiva da natalidade, mas no curto prazo com o risco de nova deterioração dos saldos migratórios. Por outro lado, colocam também em causa o potencial de crescimento económico, os níveis de produtividade e a posição competitiva da economia nacional, até porque à incerteza e oscilação dos rendimentos, com reflexos na procura agregada, acrescem os níveis salariais mais baixos e o menor investimento das empresas dos trabalhadores com vínculos não permanentes. Por último, a presente proposta de lei reforça a capacidade

Acontece que a Agenda do Trabalho Digno pretendeu também introduzir alterações ao regime do contrato de serviço doméstico. De acordo com Projeto de Lei, pretendia-se, mais concretamente, alterar as matérias respeitantes ao período normal de trabalho (artigo 13º), intervalos para refeições e descanso (artigo 14º), retribuição durante as férias (artigo 17º), feriados (artigo 24º), cessação do contrato por caducidade (artigo 28º), justa causa de rescisão por parte do empregador (artigo 30º), rescisão com justa causa pelo trabalhador (artigo 32º) e contraordenações (artigo 36º), revogando ainda um conjunto de normas legais[111]. Não deixava de ser intrigante notar, porém, que, na própria nota preambular, que tem uma extensão apreciável, não existia qualquer referência ou enquadramento às alterações

de atuação dos serviços públicos, e em particular da Autoridade para as Condições do Trabalho (ACT), nestes e noutros domínios. Entre as propostas apresentadas nesta matéria inclui-se a consagração, a título permanente, do poder suspensivo da inspeção do trabalho em situações de despedimento com indícios de ilicitude, sendo ao mesmo tempo reforçadas as atribuições da inspeção em matéria de conversão de contratos a termo em contratos por tempo indeterminado e clarificados os termos da aplicação da ação especial de reconhecimento da existência de contrato de trabalho, criada pela Lei nº 63/2013, de 27 de agosto, em particular ao trabalho prestado sob a forma de empresário em nome individual ou sociedade unipessoal. A atuação da ACT é reforçada também através da revisão do regime das contraordenações laborais e de Segurança Social, bem como por via da integração da informação sobre utilizadores de trabalho temporário no sistema de informação da Segurança Social e da interconexão de dados com outros serviços públicos relevantes, como o Instituto da Segurança Social, IP, ou a Autoridade Tributária e Aduaneira. Assim, a «Agenda do Trabalho Digno e de Valorização dos Jovens no Mercado de Trabalho» marca não apenas uma preocupação específica com os jovens e jovens adultos, cuja situação e perspetivas são particularmente afetadas pela exposição a formas atípicas de emprego e pela ocorrência de uma segunda grande crise no espaço de uma década, também a dimensão das condições de vida e dos rendimentos não salariais, assegurando um melhor enquadramento para os jovens a entrar no mercado de trabalho e promovendo transições sustentáveis para a vida ativa, mas também um conjunto de desafios estruturais, como sejam o combate à precariedade, nos segmentos mais atingidos e em particular nas suas formas mais extremas, a melhoria dos rendimentos dos trabalhadores, a mobilização de novos instrumentos de estímulo à negociação coletiva e à prevenção de vazios negociais, a promoção de uma mais equilibrada conciliação entre vida familiar, pessoal e trabalho e a resposta às mudanças no trabalho induzidas pela transição digital, bem como o reforço dos serviços públicos da área laboral e da Segurança Social.

[111] Mais concretamente os artigos 4º e 8º, o nº 2 do artigo 10º, os artigos 12º, 16º, 18º a 23º e 25º, as alíneas a), b) e e) do nº 1 e o nº 2 do artigo 28º, os artigos 34º e 35º e o nº 3 do artigo 36º.

sugeridas quanto ao trabalho doméstico. Se essa omissão não é sintomática do desinteresse do legislador, parece demonstrar, pelo menos, que estas alterações representam uma intervenção legislativa periférica, não justificando um esforço de revelação dos seus propósitos.

O Projeto[112], de outubro de 2021, foi objeto de apreciação pública. Aprovadas no dia 2 de junho de 2022, no Conselho de Ministros, as alterações foram para discussão no Parlamento. Já depois da aprovação, em Espanha, de uma reforma ao regime legal[113], a Proposta de Lei nº 15/XV[114] viria a ser aprovada, finalmente, a 10 de fevereiro de 2023[115]. Após a sua promulgação[116], aguardava-se a sua publicação em março, considerando que o diploma

[112] Publicado em Separata ao *Boletim do Trabalho e do Emprego* 33 (2021).

[113] Com o Real Decreto nº 16/2022, de 6 de setembro. Criticamente, Rosa Quesada Segura, «Sobre los derechos que mejoran las condiciones de trabajo y seguridad social de las trabajadoras del hogar familiar – análisis del Real Decreto-Ley 16/2022, de 6 de septiembre», *Revista General de Derecho del Trabajo y Seguridad Social*, 63 (2022), pp. 190-218.

[114] No seu parecer, a UGT escreve que "a UGT deve, antes de mais, saudar a alteração do regime que regula este contrato especial, em vigor há 30 anos sem qualquer alteração. Recorde-se que, entre outras alterações, Portugal teve já dois Códigos do Trabalho, cada um deles com inúmeras alterações, e ratificou inclusivamente, em 2015, uma convenção internacional sobre esta matéria, a Convenção nº 189 OIT. Há muito que a UGT se batia pela revisão deste regime, sendo de registar como muito positivo que a lei seja harmonizada – por fim e em muitas matérias centrais como a duração do trabalho semanal ou os descansos compensatórios – com o regime estabelecido para os demais trabalhadores. Este é um trabalho que deverá ser continuado para que as discrepâncias entre regimes se cinjam apenas e só à regulação do que é essencialmente diverso no contrato de trabalho doméstico (o que motiva compensações diversas como no caso do nº 3 do Artigo 28º?), não esquecendo naturalmente que a evolução social deve acarretar uma visão diversa da de momentos passados. A relação titulada pelo chamado contrato de serviço doméstico, sendo diversa no que concerne ao conteúdo funcional e às suas exigências, é uma relação de trabalho, não devendo ser tratada com a indulgência de uma relação "quase-familiar". Por outro lado, importa criar um quadro que garanta a possibilidade desta legislação se tornar mais efectiva, nomeadamente clarificando e garantindo os meios e instrumentos para uma intervenção inspectiva eficaz, num sector marcado ainda pelo elevado grau de informalidade e pela particular vulnerabilidade resultante do isolamento de muitos trabalhadores. A UGT deve ainda salientar que as especificidades desta relação de trabalho não podem dar origem a soluções que, pela sua excessiva amplitude, abram a porta à recorrência de situações abusivas, como se nos afigura ser o caso do estabelecido no º 3 do artigo 24º".

[115] Cfr. Decreto da Assembleia da República nº 36/XV.

[116] No site da Presidência, deixa-se a nota de que "embora o Decreto aprovado pela Assembleia da República se afaste, nalguns aspetos, do acordo assinado pelo Governo com os

estabelecia a sua entrada em vigor no primeiro dia do mês seguinte ao da sua publicação e o Governo anunciara já a sua entrada em vigor a de 1 de abril. Contra todas as expetativas, o diploma apenas é publicado em abril, através da Lei nº 13/2023, de 3 abril. As alterações ao regime do contrato de serviço doméstico entraram em vigor, portanto, no dia 1 de maio de 2023.

No que ao trabalho doméstico diz respeito, da Agenda do Trabalho Digno, corporizada na Lei nº 13/2023, de 3 de abril, ressalta um propósito que nos parecer evidente: a aproximação do RCSD ao regime laboral comum[117]. Essa intenção exprimiu-se em várias dimensões. Desde logo, através da revogação de um conjunto de normas que, replicando regras existentes na legislação laboral comum à data da aprovação do RCSD, acabavam por representar, atualmente, regras especiais ou excecionais em relação ao regime laboral comum, devido à sua evolução. Era o que acontecia, por exemplo, com o regime da capacidade ou do tempo de trabalho. Dentro do mesmo espírito, revogados foram ainda vários preceitos que, sendo já inovadores à época, não justificavam já desvios ao regime laboral comum. Pense-se, por exemplo, no regime das férias, da suspensão do contrato de trabalho ou do subsídio de Natal. Por outro lado, o legislador aproveitou a oportunidade para desembaraçar o RCSD de normativos sem utilidade real, pois replicavam princípios gerais assentes, desde sempre, no regime laboral comum. Por exemplo, de que valia, verdadeiramente, manter expressamente no RCSD o princípio da irrenunciabilidade do direito a férias (artigo 22º) quando tal regra decorre, pacificamente, dos princípios gerais e que, por isso, se poderia entender como perfeitamente aplicável ao trabalho doméstico? Finalmente, o legislador aproveitou o ensejo para livrar o regime de distinções *nuancée*. Foi o que aconteceu, concretamente,

parceiros sociais e consagre certas soluções que podem porventura vir a ter, no mercado de trabalho, um efeito contrário ao alegadamente pretendido, mas tendo em consideração os numerosos aspetos positivos do diploma, bem como que contou com a viabilização de uma larga maioria do Parlamento, que votou a favor ou se absteve, designadamente o maior partido da Oposição, o Presidente da República promulgou o Decreto da Assembleia da República que altera o Código do Trabalho e legislação conexa, no âmbito da Agenda do Trabalho Digno".

[117] No mesmo sentido, Sónia Santos Viana, «Síntese sobre a alteração da legislação laboral no âmbito da agenda do trabalho digno», *Revista de Direito Comercial*, 05/10/2022, pp. 1515-1574, p. 1564: "no fundo, estamos perante a atualização do contrato de serviço doméstico, no claro sentido da sua aproximação ao regime do contrato de trabalho previsto no CT, com pendor protecionista para o trabalhador".

no regime dos feriados, onde o legislador agora se refere simplesmente aos trabalhadores do serviço doméstico, lá onde antes distinguia entre categorias de trabalhadores domésticos. E, finalmente, essa aproximação ao regime laboral comum é sentenciada pelo aditamento de um novo artigo 37º-A, onde se dispõe que às relações emergentes do contrato de serviço doméstico aplicam-se as normas do Código do Trabalho em tudo o que não esteja previsto no RCSD.

O que acontece é que, se esses foram os propósitos do legislador, ficaram por revogar ou rever certos normativos que comungam dos mesmos problemas.

Pense-se no regime da remuneração do trabalhador, que continua a excluir os usos (coloquem-se em contraste o artigo 258º, nº 1, do CT09, e o artigo 10º, nº 1, do RCSD) ou na responsabilidade por danos causados pela denúncia com incumprimento do pré-aviso (que, nos termos do artigo 33º, nº 2, do RCSD, apenas responsabiliza o trabalhador doméstico pela remuneração correspondente ao pré-aviso em falta, ao passo que no CT09 fica em aberto a possibilidade de responsabilização por outros danos – artigo 401º, nº 1, do CT09).

O legislador pretendeu, como se viu, desembaraçar o regime de normas sem utilidade real. Mas, assim sendo, qual a verdadeira utilidade em se continuar a prever, por exemplo, no artigo 7º, nº 3, que o contrato de serviço doméstico pode ser celebrado a tempo inteiro ou a tempo parcial, quando tal já decorre pacificamente das regras gerais? Por que razão subsistir a regra de que os trabalhadores de serviço doméstico não podem sofrer redução na retribuição por motivo do gozo de feriados (artigo 24º, nº 4)?

Por outro lado, se o legislador quis livrar o regime de certas subtilezas que subsistiam, perdeu-se a oportunidade para uma limpeza terminológica do diploma. De facto, para além de continuar a referir-se ao contrato de "serviço" doméstico, o RCSD mantém expressões datadas como a referência, no âmbito da cessação do contrato de trabalho, à figura da "rescisão". Noutros casos, a técnica jurídica mantém-se abstrusa, por exemplo, quando o RCSD continua a prever que "o trabalhador tem direito a rescindir o contrato, devendo propô-lo por escrito" (artigo 33º, nº 1), sabendo-se que, em rigor, a denúncia do contrato de trabalho não representa uma proposta contratual...

Naturalmente, o RCSD não contém uma disciplina esgotante desta relação de trabalho, convocando a aplicação do regime laboral comum em tudo quanto não esteja previsto no RCSD[118]. A este respeito, a Lei nº 13/2023, de 3 de abril, introduziu uma norma ao RCSD, nos termos da qual "às relações emergentes do contrato de serviço doméstico aplicam-se as normas do Código do Trabalho em tudo o que não esteja previsto no presente regime" (artigo 37º-A). Esta disposição legal exprime definitivamente a intenção do legislador em aproximar o RCSD ao regime laboral comum. No entanto, parece-nos que este é um daqueles casos em que o legislador disse mais do que aquilo que queria. Aparentemente, o novo artigo 37º-A está alinhado com outros regimes legais especiais que também mandam aplicar o regime laboral comum em tudo quanto não esteja previsto no regime especial. Tenha-se em vista o regime do contrato de trabalho do praticante desportivo[119], o Estatuto dos Profissionais da Área da Cultura[120], o regime do contrato de trabalho a bordo de embarcações de pesca[121], o regime do contrato de trabalho a bordo de navios[122] ou o regime do contrato de trabalho portuário[123]. E, de resto, uma semelhante diretiva pode encontrar-se, em geral,

[118] Pensamos que o artigo 78º, nº 3, do CT09, quando se refere a "serviço doméstico realizado em agregado familiar", se dirige justamente ao contrato de trabalho doméstico.

[119] Cfr. artigo 3º, nº 1, da Lei nº 54/2017, de 14 de julho: "às relações emergentes do contrato de trabalho desportivo aplicam-se, subsidiariamente, as regras aplicáveis ao contrato de trabalho que sejam compatíveis com a sua especificidade".

[120] Cfr. artigo 3º, nº 1, do Decreto-Lei nº 105/2022, de 29 de novembro: "ao profissional que exerça uma atividade autoral, artística, técnico-artística ou de mediação cultural em regime de contrato de trabalho aplica-se, em tudo o que não estiver previsto no presente Estatuto, o disposto no Código do Trabalho, aprovado em anexo à Lei nº 7/2009, de 12 de fevereiro, na sua redação atual".

[121] Cfr. artigo 1º, nº 5, da Lei nº 15/97, de 31 de maio: "ao contrato individual de trabalho a bordo das embarcações de pesca aplicam-se as regras da presente lei e, nas matérias não reguladas, as regras gerais do Código do Trabalho, aprovado pela Lei nº 7/2009, de 12 de fevereiro, na sua redação atual".

[122] Cfr. artigo 3º, da Lei nº 146/2015, de 9 de setembro: "ao contrato de trabalho a bordo de navio que arvora a bandeira portuguesa aplicam-se as regras da presente lei e, nas matérias não reguladas, as regras gerais do Código do Trabalho, aprovado pela Lei nº 7/2009, de 12 de fevereiro, e as demais normas legais reguladoras do contrato de trabalho que sejam compatíveis com a sua especificidade".

[123] Cfr. artigo 3º, do Decreto-Lei nº 280/93, de 13 de agosto: "às relações entre o trabalhador que desenvolve a sua atividade profissional na movimentação de cargas e as empresas de estiva, as empresas de trabalho portuário e as empresas que explorem áreas de serviço privativo é aplicável o disposto no presente diploma, no Código do Trabalho e demais legislação complementar".

no próprio artigo 9º, do CT09, quando aí também se determina que "ao contrato de trabalho com regime especial aplicam-se as regras gerais deste Código que sejam compatíveis com a sua especificidade".

Acontece que, como se pode ver, a norma aditada não ressalva a compatibilidade da aplicação subsidiária do regime laboral comum com as especificidades do contrato de trabalho doméstico[124]. Considerando os lugares paralelos acima referidos, onde o legislador expressamente ressalva o teste da compatibilidade, será que foi intenção do legislador mandar aplicar o regime laboral comum *in totum* aos trabalhadores domésticos em relação a tudo quanto não esteja previsto no RCSD?

A nosso ver, por tudo quanto se disse, pensamos que a norma agora aditada deve ser articulada com esta exigência, sob pena de introduzir resultados verdadeiramente esdrúxulos, sobretudo se pensarmos que se há contexto laboral que demanda esse teste de compatibilidade é justamente o trabalho doméstico dada a disparidade dos contextos em que se desenvolve a atividade laboral sujeita ao Código do Trabalho (tipicamente empresarial) e a atividade sujeita ao RCSD (lar doméstico). Faria sentido aplicar todas as regras do CT09 indiscriminada e acriticamente ao trabalho doméstico?

Uma nota final para referir que, pese embora a reforma operada pela Lei nº 13/2023, de 3 de abril, estão já em curso outras iniciativas de reforma[125], bem como a intenção de rever o regime da segurança social, que não foi objeto de alterações no âmbito da Agenda do Trabalho Digno.

[124] O Decreto-lei nº 508/80, de 21 de outubro, previa que "as dúvidas e os casos omissos serão resolvidos por despacho do Ministro do Trabalho". Em crítica a esta disposição legal, uma vez que deveriam ser preferencialmente aplicáveis os instrumentos gerais de interpretação e integração da lei, Carlos Alegre, *Contrato de serviço doméstico*... [1981], cit., pp. 49-50.

[125] Como o Projeto "Serviço Doméstico Digno", organizado pelo STAD.

§ 2. Âmbito e objeto do RCSD

Apesar de o legislador apresentar o Decreto-Lei nº 235/92, de 24 de outubro, como o diploma que regula o "contrato de serviço doméstico", sugerindo que a relação é titulada por um contrato de prestação de serviços, não há dúvidas de que o trabalho doméstico é titulado, em regra, por um contrato de trabalho. Aliás, pensamos que a atividade doméstica propicia a existência de uma relação de trabalho subordinado dado que entre aquele que presta a sua atividade e o beneficiário da prestação há tipicamente uma "subordinação estreitíssima"[126] ou até mesmo "asfixiante"[127], embora sempre de carácter variável[128], pois, como se exprimia LUDOVICO BARASSI, a sua

[126] ALFREDO MONTOYA MELGAR, «Sobre las relaciones especiales de trabajo y su marco regulador», *Revista Española de Derecho del Trabajo*, 109 (2002), pp. 5-17, p. 8.

[127] É ANTÓNIO OJEDA AVILÉS, «Las relaciones laborales especiales: una perspectiva unitaria», *Relaciones Laborales*, 1990, I, pp. 222-239, p. 231, quem fala de um "espaço pessoal asfixiante".

[128] Diga-se, aliás, que não falta quem considere, quanto a nós com uma certa dose de exagero, que os papéis surgem invertidos nesta relação laboral, pois o mercado do trabalho doméstico é propício a que seja o trabalhador doméstico, e já não o empregador, quem detém o poder de "quase imposição unilateral das condições de trabalho". É a opinião de JOÃO CAUPERS, *Os Direitos Fundamentais dos trabalhadores e a Constituição*, Almedina, Lisboa, 1985, p. 173. Transcrevendo o passo da sua obra onde está refletida a sua imagem, "não se pode dizer que a relação individual de trabalho seja *sempre* uma relação desigual favorável à parte patronal: factores ocasionais podem mesmo inverter a situação, quer por circunstâncias decorrentes de especiais condições de certas zonas do mercado de trabalho – é o que se verifica no serviço doméstico, onde a falta de trabalhadores permite uma ampla escolha por parte destes, numa quase imposição das condições de trabalho" (itálico do autor).

"medida deriva do grau social da família para cujos serviços o trabalhador doméstico está adstrito, isto é, do sulco mais ou menos profundo escavado entre os patrões e o trabalhador doméstico"[129]. Assim, a nosso ver, numa crítica já apontada por outros Autores, a redação do RCSD não parece rigorosa[130], embora o próprio legislador utilize a expressão "contrato de trabalho" noutros locais da lei[131]. A linguagem do legislador não pode ser atribuída se não a uma infeliz técnica legislativa. Portanto, e na síntese de Carlos Alegre, "o contrato de serviço doméstico é autêntico contrato de trabalho, não enfileirando, por conseguinte, na galeria das modalidades dos contratos de prestação de serviço"[132].

Sendo certo que a relação de trabalho doméstico propicia esta relação de subordinação, não é menos certo que, ao mesmo tempo, existe espaço para uma certa autonomia do trabalhador[133]. Como escreve a Relação de Coimbra, "longe vão os tempos em que a *dona de casa* ensinava meticulosamente as tarefas e o modo de as executar à sua *criada*. Hoje, as empregadas domésticas ou sabem fazer todas as tarefas ou só sabem algumas, mas não há quem esteja em casa a ensiná-las. Na verdade, a *patroa*, para desempenhar a sua actividade profissional, sai de casa, eventualmente antes da empregada chegar, e deixa-lhe o recado ou diz-lhe o que quer, como resultado, não como actividade: o jantar feito, a roupa passada e a casa limpa. Ou seja, diz-lhe exactamente o que diria a um empregado ou a um gerente de uma empresa de prestação de serviços. Entretanto, nas suas conversas com as amigas, a empregadora diz que a sua empregada é muito boa porque desempenha muitas tarefas e não é preciso dizer-lhe o

129 Ludovico Barassi, *Il contratto di lavoro*..., cit., p. 812, dá mesmo o exemplo do uso antigo em que o trabalhador estava proibido de dirigir a palavra diretamente ao empregador.

130 Maria do Rosário Palma Ramalho, *Tratado de Direito do Trabalho*..., cit., p. 267 e Maria Irene Gomes, «Cessação do contrato de trabalho doméstico – comentário...», cit., p. 27, n. 2.

131 Ver, por exemplo, o artigo 6º.

132 Carlos Alegre, *Contrato de serviço doméstico*... [1994], cit., p. 17.

133 Merece especial menção o ac. de 17/11/1999 do TRL (Ferreira Marques), CJ, 1999, V, pp. 161-163, em que o Tribunal considerou inexistir contrato de trabalho doméstico, ou sequer mesmo uma relação de trabalho *tout court*, porque a senhora a quem a trabalhadora prestava o seu serviço de assistência e lida doméstica não exercia um autêntico poder de direcção e fiscalização. Na opinião do Tribunal, "com 84 anos e doente não exercia, nem podia exercer, qualquer autoridade, direcção e fiscalização sobre a actividade da autora".

que tem de fazer, ou seja, tem muita *autonomia*"[134]. De facto, e como também explica Cláudia Rosa Henriques, "atendendo à simplicidade das tarefas a desempenhar no âmbito deste contrato... [o empregador] pode não o exercer [ao poder de direção] permanentemente por não ser necessário estar constantemente a dar ordens e instruções ao trabalhador e a fiscalizar o trabalho"[135].

[134] Ver ac. de 18/01/2005 do TRC (Rui Barreiros), proc. nr. 2387/04. Diga-se, aliás, que, no caso concreto, o Tribunal decidiu pela inexistência de contrato de trabalho. Estava em causa o seguinte: "a autora, por repetidos pedidos da ré, a partir de 17 de Junho de 1999, dia em que esta fracturou o braço direito, passou a vir todos os dias para a casa da Ré a fim de lhe fazer todos os serviços domésticos; passou a tratar dos assuntos e serviços da ré, nomeadamente a confeccionar-lhe as refeições, a lavar-lhe a louça, limpar-lhe os compartimentos da residência, a lavar-lhe e tratar-lhe das roupas, a ir às compras, à farmácia, às lojas e locais de comércio de produtos alimentares, ao banco e ao correio, etc, dizendo a ré à autora que tudo lhe pagaria além do agradecimento que dizia dever à autora e mercê do bom trabalho e do natural relacionamento entre a autora e a ré, passou esta a solicitar-lhe que viesse viver e pernoitar com ela, na sua residência, declarando a ré à autora, repetidamente, que se tratasse dela, no que fosse necessário, lhe dava todos os seus bens, para o que faria o respectivo documento. Em face da insistência da ré e da proposta feita de lhe doar todos os bens, a autora, após falar com o seu marido, declarou à ré aceitar a proposta. E, para tanto, ainda no mês de Julho de 1999, a ré foi ao Cartório onde, por sua expressa e livre vontade, mandou lavrar e assinar testamento público em que declarava deixar todos os seus bens à autora e marido. Desde então, até Abril de 2003, a autora esteve ao serviço da ré, prestando-lhe cuidados de assistência de que ela necessitava na sua velhice e doença. Sem que fosse necessário receber instruções, todas as semanas, a autora tomava o cuidado de proceder à limpeza geral dos compartimentos dos três pisos da residência da ré. A A. cuidava ainda do terreno do quintal da casa da Ré, que cavava, nele plantava flores e regava além das tarefas referidas no artº 7 desta peça. A autora preocupava-se em fazer companhia à ré, com ela conversando com dedicação. E tudo a autora fazia mediante a promessa da ré de que, pela morte desta, viria a ser compensada com os bens da ré".

[135] Cláudia Rosa Henriques, «Contrato de serviço doméstico...», cit., p. 90. Embora não se refira diretamente ao trabalho doméstico, mas, em geral, ao trabalho prestado fora de um contexto empresarial, observa certeiramente António Monteiro Fernandes, *Direito do Trabalho*, Almedina, 17ª ed., Coimbra, 2017, p. 231, que "fora do quadro empresarial, as coisas passam-se quase às avessas, dado o carácter acentuadamente pessoal e inorgânico das relações de trabalho: o poder de direcção exerce-se, ou pode exercer-se, em termos amplos, intensos e permanentes (o empregador está em contacto pessoal e directo com o trabalhador, orienta-o momento a momento, dá-lhe instruções pormenorizadas): a acção disciplinar perde razão de ser, quer porque há contacto pessoal e duradouro, quer porque estão em causa interesses puramente individuais e subjectivos do empregador, não se veri-

Claro que esta autonomia do trabalhador pode também significar que, em certos casos, o trabalho doméstico é prestado em regime de prestação de serviços[136], o que, aliás, era admitido expressamente pelo regime legal anterior[137]. Esta tensão entre subordinação e autonomia – no fim de contas, um dos temas perenes do Direito do Trabalho – desagua nos típicos conflitos de qualificação que, em última análise, ganham vida na litigância nos tribunais[138]. Por exemplo, os nossos tribunais já consideraram como contrato de prestação de serviços aquele que era prestado por uma trabalhadora que cuidava de uma senhora com 84 anos de idade com o argumento de que esta "não exercia, nem podia exercer, qualquer autoridade, direcção e fiscalização sobre a actividade da autora"[139]. Embora só haja acesso ao sumário da decisão, também já se decidiu que "não é de qualificar como

ficando exigências postas pela integridade e pelo funcionamento articulado de uma organização produtiva propriamente dita".

[136] Ver, aliás, o ac. de 18/11/1999 do STJ (Martins da Costa), proc. nr. 99A781 (sumário), onde se diz que o serviço doméstico "pode ser prestado com base em vínculo jurídico de outra natureza [que não laboral]". Como também se diz no ac. de 11/05/1999 do STJ (Martins da Costa), proc. nr. 99A781 (sumário), por sinal do mesmo Relator, "um dos requisitos essenciais do "contrato de serviço doméstico" é dever ser prestado o serviço sob a direcção e autoridade do seu destinatário ou entidade patronal" dizendo-se depois que "esse serviço pode ser prestado, em princípio, com base em vínculo jurídico de outra natureza".

[137] Com efeito, o artigo 2º, nº 3, do Decreto-Lei nº 508/80, de 21 de outubro, afirmava que "o carácter doméstico das actividades será determinado em função dos sujeitos da correspondente relação jurídica de trabalho subordinado, não podendo haver-se como tal, entre outros, o serviço que uma pessoa preste na modalidade de trabalhador autónomo". Sublinhando tratar de casos de prestação de serviços, Carlos Alegre, *O contrato de serviço doméstico*... [1981], cit., p. 16.

[138] Numa decisão em que apenas tivemos acesso ao seu sumário, não sendo possível apurar se se tratava, no caso concreto, de uma pretensa relação de trabalho doméstico, o Supremo Tribunal de Justiça decidiu que "não logrando a Autora provar que ao efetuar os serviços de limpeza para os quais tinha sido contratada estivesse sob as ordens, direção e fiscalização da ré, e resultando provado que exercia a sua actividade com plena autonomia e sem exclusividade, que se encontrava coletada como trabalhadora independente, que emitia recibos mensais de prestação de serviços de limpeza, nunca descontou para a Segurança Social, nem nunca recebeu subsídios de férias e de Natal, não se pode concluir pela existência de um contrato de trabalho" (ac. de 09/03/2017 do STJ (Ana Luísa Geraldes), CJ (STJ), 2017, I, pp. 224-225 (sumário)). Numa ótica processual, ver o ac. de 09/03/2020 do TRP (Nelson Fernandes), proc. nr. 6793/18.1T8PRT.P1

[139] Ver ac. de 17/11/1999 do TRL (Ferreira Marques), CJ, 1999, V, pp. 161-163, já citado. Criticamente, Alda Maria Ferreira Júlio, «Comentário ao acórdão...», cit., pp. 209 ss.

contrato de trabalho, o contrato pelo qual uma das partes apenas se limita a pernoitar na casa do outro contraente, onde apenas dorme, para que este se sinta seguro durante a noite, sem estar sujeito ao poder disciplinar e a quaisquer orientações ou directrizes do beneficiário da prestação, a qual se esgota na sua presença em cada noite na casa"[140]. Certo é que o trabalhador doméstico também pode beneficiar da presunção de laboralidade prevista no regime laboral comum[141].

A este propósito, é preciso considerar que a prestação de trabalhos tipicamente domésticos através do figurino da prestação de serviços é cada vez mais comum à medida que crescem fulgurantemente as empresas cujo objeto consiste precisamente na prestação destes serviços. Este fenómeno exige destrinça em relação ao trabalho doméstico a que se reporta o RCSD. Em relação aos trabalhadores que factualmente prestam os serviços ao agregado familiar – manutenção e limpeza da habitação, serviços de engomadoria ou costura, etc.[142] –, não é aplicável o RCSD, pois não existe sequer uma relação contratual entre os trabalhadores e o agregado familiar. De facto, ainda que os agregados familiares sejam os beneficiários últimos da prestação, os trabalhadores não estão contratualmente vinculados ao agregado familiar, mas sim à empresa prestadora de serviços que contrata com este. Naturalmente, a ligação dos trabalhadores com essas empresas não é uma relação de trabalho doméstico porque, repetimos, o agregado familiar para quem os trabalhadores prestam o seu serviço não é o seu empregador[143]. Nestes casos, que MARIA DO ROSÁRIO PALMA RAMALHO designa sugestivamente de "serviço doméstico de base empresarial"[144], será aplicável o regime laboral comum[145].

[140] Ver ac. de 09/01/2013 do TRL (MARIA CELINA NÓBREGA), CJ, 2013, I, p. 322 (sumário).

[141] Ver o ac. de 30/06/2022 do TRE (PAULA DO PAÇO), proc. nr. 1135/20.9T8BJA.E1.

[142] CÉSAR MIÑAMBRES PUIG, «El nuevo régimen jurídico de los empleados...», cit., p. 117, n. 20, dá também o exemplo dos apartamentos que são arrendados para fins turísticos, onde já estão incluídos serviços domésticos. Nestes casos, não é o agregado familiar, beneficiário do serviço doméstico, o empregador, mas sim o titular da habitação cuja fruição é disponibilizada. Como aponta o Autor, entre a entidade que explora esse negócio e o(s) trabalhador(es) não há uma relação de trabalho doméstico, mas sim uma relação laboral comum.

[143] No mesmo sentido, CLÁUDIA CAMPOS, *O contrato de serviço doméstico...*, cit., p. 22.

[144] MARIA DO ROSÁRIO PALMA RAMALHO, *Tratado de Direito do Trabalho...*, cit., p. 275.

[145] Aliás, o próprio Código do Trabalho, em várias das suas disposições, faz referência a "serviço de limpeza". Assim, cfr. os artigos 214º, nº 2, alínea c), 232º, nº 2, alínea d), 233º,

Partindo agora para o estudo da noção de contrato de trabalho doméstico, o artigo 2º, nº 1, do RCSD, define contrato de serviço doméstico como "aquele pelo qual uma pessoa se obriga, mediante retribuição, a prestar a outrem, com carácter regular, sob a sua direcção e autoridade, actividades destinadas à satisfação das necessidades próprias ou específicas de um agregado familiar, ou equiparado, e dos respectivos membros"[146].

A noção atual, já presente no diploma de 1980, acrescenta substância ao conceito relativamente parco do Código Civil de 1867, cujo artigo 1370º definia o contrato de serviço doméstico como "o que é prestado temporàriamente a qualquer indivíduo por outro, que com êle convive, mediante certa retribuição"[147]. O conceito era de tal forma amplo que, no

nº 3, alínea b), do CT09. Na jurisprudência, ver, ac. de 13/01/1988 do TRL (Nuno Alvim), CJ, 1988, I, pp. 171-173, ac. de 24/01/1989 do TRC (Dias Simão), CJ, 1989, I, pp. 98-101, ac. de 06/06/1990 do TRL (Sousa e Alvim), CJ, 1990, III, pp. 188-190 e ac. de 05/05/1992 do TRE (Paiva Carvalho), CJ, 1992, III, pp. 358-359.

[146] Para o artigo 1º, nº 2, alínea a), do Decreto-Lei nº 440/79, de 6 de novembro, relativo ao salário mínimo nacional, trabalhador de serviço doméstico era o "trabalhador que, por força de contrato de serviço doméstico, exerce[sse] com carácter regular funções destinadas à satisfação das necessidades domésticas e familiares de um agregado familiar ou equiparado e dos respectivos membros".

[147] Isso levou a que Autores como Luiz da Cunha Gonçalves, *Tratado de Direito Civil...*, cit., pp. 543-544, propusessem uma noção bastante ampla de contrato de trabalho: "serviço doméstico prestam ainda os preceptores de crianças, os capelães das casas nobres, os mordomos ou intendentes dos fidalgos e milionários, os enfermeiros permanentes, as damas de companhia, os secretários (...) serviço doméstico é, ainda, o que prestam nos teatros, nos estabelecimentos, nos escritórios ou consultórios, e em outros lugares, os indivíduos que só fazem trabalhos braçais ou manuais, às vezes *com libré* de casa: os porteiros, os guardas, os indicadores de lugares, os serventes, os *grooms*, os encarregados das limpezas, os moços de fretes ou carregadores, os moços de recados (...) o feitor, os pastores, o rabadão, os carreiros, os guardas, os boieiros, os vaqueiros, os eguariços, os porqueiros, o ganhão, a *criada da pensão*, o hortelão, etc. (...) Tudo isto nos mostra quão estreita, caseira, foi a concepção que o legislador fez do serviço doméstico (...) Ao redigirem esta secção do Código, o seu autor e os seus revisores só puseram os olhos nas suas criadas, e, porventura, nos escravos africanos" (itálicos do autor). Refira-se, aliás, que, em sintonia com a sua visão abrangente do trabalho doméstico, Luiz da Cunha Gonçalves, na sua proposta de alteração apresentada na Assembleia Nacional (Diário das Sessões nº 113, de 30/01/1937), propunha que o disposto no artigo 14º da Proposta de Lei nº 128 passasse a dispor "o disposto no § único do artigo 11º é aplicável ao serviço doméstico prestado a hotéis, cafés, restaurantes, casas de hospedes e a quaisquer emprêsas comerciais e industriais, sendo reduzido a um mês o período de experiência". A sua proposta veio a ser rejeitada. Aliás, a confirmá-lo, o

passado, chegou a considerar-se trabalho doméstico todo aquele que não fosse industrial, agrícola nem comercial em geral[148] e, de resto, aparecia simbolizado na figura icónica e infeliz da trabalhadora resignada a executar tudo quanto fosse preciso (daí as infelizes expressões, que se tornaram correntes, como a "criada para todo o serviço", "pau para toda a colher" ou "pau para toda a obra").

O trabalho doméstico continua a ser uma realidade abrangente[149], mas aparece agora travejado pelas necessidades que sejam tipicamente familiares ("...actividades destinadas à satisfação das *necessidades próprias ou específicas de um agregado familiar*") (realce nosso)[150] ou, como se exprimia o legislador italiano, "para o funcionamento da vida familiar"[151]. A ideia de que o trabalho familiar tem em vista a satisfação de necessidades tipicamente familiares tem implicações relevantes. Desde logo, o trabalho doméstico não se realiza necessariamente *no* lar, mas *para* o lar[152]. Assim, a prestação não deve ser imperativamente feita junto do agregado familiar, "dentre-portas", para que se possa falar de um contrato de trabalho doméstico. Pense-se no trabalhador que leva os filhos à escola ou que fica encarregue de fazer as compras no supermercado. Por outro lado, a ideia de que a aplicação do RCSD está dependente da satisfação de necessidades que sejam tipicamente familiares também significa que o trabalho doméstico não supõe, necessariamente, a existência de um agregado familiar. Esquecendo, por ora, os casos em que o trabalho é prestado a entidades equipa-

Decreto-Lei nº 24402, de 24/08/1934, previa, no seu artigo 1º, § 3, que "os profissionais da indústria hoteleira e serviços correlativos, *até agora considerados domésticos*, terão o horário de trabalho..." (itálico nosso).

148 Ludovico Barassi, *Diritto del Lavoro...*, cit., p. 102.

149 Como se reconhece na Resolução do Parlamento Europeu de 28 de abril de 2016, "a expressão «trabalhadores domésticos e prestadores de cuidados» inclui vários grupos de trabalhadores, nomeadamente, mas não só, trabalhadores internos, trabalhadores externos, trabalhadores à hora em vários agregados domésticos, trabalhadores familiares, prestadores de cuidados diários ou noturnos, «babysitters», «au pair» e jardineiros, cuja realidade e condições variam de forma significativa".

150 Cláudia Campos, *O contrato de serviço doméstico...*, cit., p. 27.

151 Cfr. artigo 1º da Legge nº 339/1958, de 2 de abril.

152 A expressão, muito bem conseguida, é de Lourdes López Cumbre, «La relación especial del servicio del hogar familiar» in: *El Estatuto de los Trabajadores Veinte Años después – Edición Especial del Número 100 de Revista Española de Derecho del Trabajo*, Civitas, Madrid, 2000, pp. 151-176, p. 154.

radas, que estudaremos mais adiante[153], parece-nos perfeitamente possível que o trabalhador apenas preste trabalho a uma única pessoa, por exemplo, quando a pessoa, solteira, sem filhos, mas profissionalmente ocupada, contrata um trabalhador para a lida doméstica[154]. Existindo um agregado, também nos parece irrelevante, para efeitos da aplicação do RCSD, que o agregado em causa seja de alguma forma ilegítimo, por exemplo, fruto de uma relação adulterina[155].

Se o agregado familiar aparece muitas vezes como pedra-de-toque do trabalho doméstico, torna-se legítimo perguntar se o agregado familiar, mais do que um elemento caracterizador desta relação de trabalho especial, não é, afinal, o credor do trabalhador ou, se quisermos, o seu empregador[156]. Forçando a nota, não deixa de ser intrigante que um contrato tão singelo como o contrato de trabalho doméstico partilhe de um problema – a definição do empregador – que os juristas modernos associam paradigmaticamente às relações laborais triangulares geradas pelos fenómenos de descentralização produtiva[157].

No entanto, a resposta deve ser negativa. Em primeiro lugar, o agregado familiar não goza, pelo menos no Direito português, de subjetividade ou personalidade jurídica[158]. Ele apenas pode ser visto como unidade ou organização do ponto de vista meramente institucional. Sendo assim, quem é,

153 § 2.3. Trabalho doméstico a favor de pessoas coletivas ou entidades equiparadas.

154 Cláudia Rosa Henriques, «Contrato de serviço doméstico...», cit., p. 95.

155 Assim, Carlos Alegre, *O contrato de serviço doméstico...* [1981], cit., p. 15.

156 Forçando a nota, a contratação de um trabalhador doméstico em regime de contrato de trabalho é dada como exemplo, pela doutrina, no âmbito do Direito da Família, como um caso de administração extraordinária por um dos cônjuges: cfr. Jorge Duarte Pinheiro, *O Direito da Família contemporâneo*, 7ª ed., Gestlegal, Coimbra, 2020, p. 527.

157 Forçando a nota, é interessante assinalar que não existe um sistema de "agenciamento" de trabalhadores domésticos em Portugal, como acontece, por exemplo, em França, onde foi mesmo instituído um sistema de *Titre Emploi Service*. Sobre isto, ver Beatriz Rodríguez Sanz de Galdeano, *El Derecho del Trabajo ante la feminización de la pobreza*, Bomarzo Ed., 2013, pp. 53 ss. A Convenção da OIT nº 189 pronuncia-se sobre esta questão: "a legislação nacional deve prever que os trabalhadores do serviço doméstico migrantes recrutados num país para efetuar serviço doméstico num outro país devem receber, por escrito, uma oferta de emprego ou um contrato de trabalho válido no país onde o trabalho for efetuado, enunciando as condições de trabalho previstas no artigo 7º, antes da passagem das fronteiras nacionais a fim de efetuar o trabalho doméstico a que se refere a oferta ou o contrato" (artigo 8º, nº 1).

158 Filipe Fraústo da Silva, «Em torno do contrato de serviço doméstico...», cit., p. 106.

afinal, o empregador do trabalhador doméstico? À primeira vista, poderia considerar-se como empregador o "titular" do local onde é prestado o trabalho[159]. No entanto, esse critério parece pouco satisfatório se pensarmos que o dono do imóvel pode não pertencer a qualquer um dos membros do agregado familiar. Não parece razoável assacar a qualidade de empregador a alguém estranho à relação de trabalho[160]. Pensamos que, convocando os quadros gerais do Direito do Trabalho, a descoberta do empregador deve ser feita com recurso ao critério da subordinação jurídica. Empregador do trabalhador doméstico é a pessoa em relação a quem se revela a subordinação jurídica. No entanto, este critério pode tornar a resposta (ainda) mais complexa porque pode acontecer, e acontece frequentemente, que vários elementos do agregado familiar exerçam um poder de direção sobre o trabalhador ou, se quisermos recuperar o ponto anterior, que a subordinação jurídica se revele em relação a vários elementos do agregado familiar.

A dificuldade não é, porém, insuperável, e, mais uma vez, pode ser ultrapassada recorrendo aos quadros gerais do Direito do Trabalho. Numa solução que é defendida pela doutrina nacional[161] e estrangeira[162], e aplicada

[159] Lourdes Meléndez Morillo-Velarde, «La relación laboral especial...», cit., p. 134.

[160] No entanto, como refere María Gema Quintero Lima, «Las modificaciones introducidas por el Real Decreto-Ley 16/2022 de 6 de septiembre para la mejora de las condiciones de trabajo y de seguridad social de las personas trabajadoras al servicio del hogar, y su impacto en las personas empleadoras», *IusLabor*, 3 (2022), pp.120-140, p. 138, se alguém contrata um trabalhador para a prestação de cuidados a um idoso, trabalhando na casa deste, pode considerar-se como empregador a pessoa contratante e não o beneficiário último da prestação.

[161] Cláudia Rosa Henriques, «Contrato de serviço doméstico...», cit., p. 97 e Maria do Rosário Palma Ramalho, *Tratado de Direito do Trabalho...*, cit., p. 272.

[162] Assim, Lourdes López Cumbre, «La relación especial del servicio del hogar...», cit., p. 157, defendendo que se o trabalhador "receber os seus salários e seguir as instruções de um familiar que atua conjuntamente com o titular do agregado em que se desenvolve o seu trabalho (por exemplo, o filho que contrata um trabalhador doméstico para que sirva a sua mãe de idade), o trabalhador doméstico tem de dirigir-se a ele como empregador ao lado do titular do agregado familiar (...). Independentemente de quais são as razões para essa atuação, ambos atuam como empregadores e têm de responder atendendo a uma responsabilidade que, dadas as circunstâncias, se considera como solidária. O conflito não se coloca, neste caso, sobre quem seja «titular efectivo» ou «simples titular» do agregado familiar mas sim sobre a possível condição dual do empregador". Ver também Lourdes Meléndez Morillo Velaverde/Carolina San Martín Mazzucconi/Pilar Palomino Saurina, «La relación laboral especial...», cit., p. 134. Contra, com argumentos não convincentes,

pelos nossos tribunais, pensamos ser de aplicar a esses casos o instituto da pluralidade de empregadores. Em termos práticos, o trabalhador terá tantos empregadores quantas as pessoas que, de facto, exerçam um poder de direção que revelem a existência de subordinação jurídica. Assim, se o trabalhador presta o seu trabalho em benefício de um casal, ambos com poder de direção sobre o trabalhador, estamos perante um contrato de trabalho com pluralidade de empregadores, com todas as consequências associadas a esse regime: concretamente, e pensando em decisões da nossa jurisprudência, a declaração de despedimento emitida por um dos cônjuges é perfeitamente eficaz sem que a isso obste a não concordância do outro cônjuge[163] e são ambos solidariamente responsáveis pelo pagamento de uma indemnização em virtude de despedimento ilícito[164]. Forçando a nota, sublinhamos que não é impedimento a esta construção que o regime laboral comum exija que o contrato de trabalho com pluralidade de empregadores deva ser celebrado por escrito, pois, segundo a doutrina dominante, que temos como a mais acertada, deve admitir-se a pluralidade sucessiva de empregadores de facto[165].

Márcia Nigiolela/Fortunato Paixão, *Contrato de trabalho doméstico anotado*, Universidade Católica Editora, Lisboa, 2019, pp. 17-18.

[163] Ver ac. de 14/03/2007 do TRL (Hermínia Marques), CJ, 2007, II, pp. 143-145.

[164] Ver ac. de 04/03/1996 do TRP (Sousa Peixoto), CJ, 1996, II, pp. 247-248/proc. nr. 9410500 (sumário).

[165] Com efeito, quando a subordinação jurídica se revela simultaneamente perante duas ou mais entidades, isto é, quando o trabalhador presta trabalho em moldes subordinados para uma pluralidade de entidades, é a figura da pluralidade de empregadores que deve receber aplicação ainda que entre alguma das entidades envolvidas (ou até todas) e o trabalhador não haja um vínculo formal. Se é certo que a disposição legal que regula a figura da pluralidade de empregadores exige a verificação de um formalismo negocial, parecendo mesmo opor-se à sua constituição em caso de inobservância dessas formalidades, a verdade é que a doutrina e jurisprudência têm feito uma leitura bastante inteligente da norma possibilitando ao trabalhador a invocação da figura mesmo nesses casos. Essencialmente, a doutrina e a jurisprudência amparam-se na filosofia de que "é a realidade factual que determina a forma jurídica e não o inverso" ou, mais enfaticamente, "é a realidade factual, a sua vida e a sua dinâmica que determina a forma jurídica e não o inverso, ou seja, a vontade das partes não pode afastar a subordinação jurídica quando ela estiver presente" (nestes termos, Catarina de Oliveira Carvalho, *Da mobilidade dos trabalhadores no âmbito dos grupos de empresas nacionais*, UCP Editora, Porto, 2001, p. 340, afirmação recuperada depois, Id., «Algumas questões sobre a empresa e o direito do trabalho no novo código do trabalho» in: *A Reforma do Código do Trabalho*, Coimbra Editora, Coimbra, 2004, pp. 437-474, p. 440,

Id., «Contrato de trabalho e pluralidade de empregadores», *Questões Laborais*, 26 (2005), pp. 209-239, p. 228, Id., «O equívoco jurisprudencial quanto à (in)admissibilidade do contrato de trabalho com pluralidade de empregadores antes da vigência do código do trabalho – comentário ao acórdão do STJ de 18/05/2006», *Questões Laborais*, 30 (2007), pp. 223-244, p. 240, e Id., «As perplexidades suscitadas pela regulamentação positiva de uma figura não inovadora: o contrato de trabalho celebrado com pluralidade de empregadores», *Prontuário de Direito do Trabalho*, 87 (2010), pp. 45-83, p. 52).
Estando prevista no artigo 101º e, já antes, no artigo 92º, do CT03, onde surge positivada pela primeira vez, a pluralidade de empregadores já era aceite no período que antecedeu o movimento codificador. Como escrevia João Zenha Martins, *Cedência de trabalhadores e grupos de empresas*, Almedina, Coimbra, 2002, p. 233, n. 469, devem existir "tantas entidades patronais quantas as entidades que conformam materialmente a actividade prestacional do trabalhador". No entanto, ao contrário do que sucedia anteriormente, estas normas codicísticas exigem agora o preenchimento de requisitos formais. Efetivamente, o artigo 101º, nº 2, tal como já antes o artigo 92º, nº 1, do CT03, exige forma escrita, formalismo esse particularmente exigente porque são várias as menções que devem constar no documento. Aparentemente, a inobservância dos requisitos formais só concede ao trabalhador "o direito de optar pelo empregador ao qual fica vinculado" (cfr. artigo 101º, nº 5, e, igualmente, o artigo 92º, nº 5, do CT03). Durante a vigência do CT03, Júlio Gomes, *Direito do Trabalho*, Vol. I, *Relações Individuais de Trabalho*, Coimbra Editora, Coimbra, 2007, p. 233, escrevia que o legislador parecia "ter pretendido evitar que a nossa jurisprudência viesse a reconhecer a existência, de facto, no âmbito dos grupos de situações de genuína pluralidade de empregadores", acrescentando exclamativamente, em n. (n. 625), "resta saber se se deverá aceitar tão flagrante violação do princípio do realismo que domina o direito do trabalho".
Sancionar a inobservância dos requisitos formais com a simples atribuição ao trabalhador de um direito de optar por uma das entidades introduzia resultados perversos. Na pluralidade de empregadores constituída licitamente, todas as entidades seriam chamadas à responsabilidade e em regime de solidariedade. Já no caso da pluralidade de empregadores constituída à revelia dos requisitos formais, o trabalhador apenas poderia, aparentemente, optar pelo empregador perante o qual queria ficar vinculado perdendo a hipótese de acionar os restantes. Esta interpretação surgia avalizada pelo teor literal do artigo 92º, nº 3, que fazia depender a responsabilidade solidária da celebração do contrato "nos termos dos números anteriores", ou seja, com respeito pelas formalidades. A doutrina questionava se não deveria valer também aqui aquele princípio elementar do Direito de quem não cumpre a lei não pode ficar em melhor posição do que aquele que a cumpre. Durante a vigência do CT03, uma parte da doutrina propunha uma interpretação corretiva-extensiva da norma por forma a abranger os casos de pluralidade irregular. Maria do Rosário Palma Ramalho, *Grupos empresariais e societários – incidências laborais*, Almedina, Coimbra, 2008, p. 410, mostrava-se cética em relação à possibilidade de uma pluralidade de facto, mas acabava por admiti-lo por intervenção "judicial" e "corretiva" dos tribunais, por forma a contornar situações materialmente injustas. Também José Andrade Mesquita, *Direito do Traba-*

No entanto, a tese de que o trabalhador tem tantos empregadores quantas as pessoas que exerçam poderes de direção sobre ele deve ser encarada segundo um critério de adequação social, pois, por exemplo, não parece razoável assacar a qualidade de empregador ao filho do casal que dá instru-

lho, 2ª ed., AAFDL, Lisboa, 2004, pp. 103-104, propunha uma "interpretação enunciativa lata" por forma a abranger as situações em que o contrato deveria ter sido celebrado de acordo com aquelas formalidades, defendendo que a inércia do trabalhador não impede o reconhecimento de uma situação de pluralidade de empregadores. Na jurisprudência, ver, entre outros, ac. de 27/03/2006 do TRP (Machado da Silva), proc. nr. 0516603, e ac. de 15/10/2007 do TRP (Domingos Morais), proc. nr. 0711034. Contra, registava-se, na doutrina, Joana Vasconcelos, «Contrato de trabalho com pluralidade de empregadores», *Revista de Direito e Estudos Sociais*, 2005, II-III-IV, pp. 283-299, pp. 292 ss.
Em face do CT09, é suficiente uma interpretação declarativa porque desapareceu a referência ao "contrato de trabalho celebrado nos termos dos números anteriores" da norma do CT03. Por outro lado, a norma não fecha a possibilidade de o trabalhador invocar a situação de pluralidade de facto. Literalmente, o legislador concede ao trabalhador a possibilidade de optar por um dos empregadores ficando em aberto a hipótese para o trabalhador, intencionalmente ou por inércia, de não tomar qualquer opção. Nada dizendo (da parte do trabalhador, bem entendido), deverá valer a responsabilidade solidária. Assim, exatamente, ac. de 29/02/2012 do STJ (Gonçalves Rocha), proc. nr. 163/09.0TTMTS.P1.S1. Contudo, a opção do trabalhador por um dos empregadores não deve precludir a responsabilidade solidária dos empregadores que estiverem envolvidos na execução da prestação pelas dívidas emergentes dessa situação. No limite, é o regime das invalidades que deve intervir aqui. No ac. de 12/09/2007 do STJ (Laura Leonardo), proc. nr. 07S820, o Tribunal considerou que se aplicava o regime de solidariedade porque não obstante a inobservância dos requisitos formais, sendo o negócio nulo, por essa razão, o negócio produz efeitos como se fosse válido. Igual posição é defendida por Maria do Rosário Palma Ramalho, *Grupos empresariais e societários...*, cit., p. 421 que também entende que deve valer um regime de solidariedade durante o tempo em que o contrato esteve em execução. Na jurisprudência mais recente ver o ac. de 19/06/2013 do TRL (Paula Sá Fernandes), proc. nr. 314/11.4TTFUN.L1-4, e o ac. de 11/03/2015 do TRL (Paula Sá Fernandes), proc. nr. 559/12.0TTLSB.L1-4. Contra, Luís Manuel Teles de Menezes Leitão, *Direito do Trabalho*, 4ª ed., Almedina, Coimbra, 2014, p. 222, retira que se a norma "admite uma alternatividade na escolha da relação de trabalho, parece excluir a subsistência do contrato de trabalho com todas as empresas do grupo", referindo que a interpretação proposta por aqueles autores não tem suporte na letra da lei (n. 320). O autor acaba por admitir apenas o abuso de direito na variante da inalegabilidade do vício de forma. Também em sentido contrário, cfr. ac. de 14/06/2007 do TRC (Azevedo Mendes), proc. nr. 1190/04.9TTCBR.C1, ac. de 21/09/2005 do TRL (Ramalho Pinto), proc. nr. 3275/2005-4, e ac. de 12/05/2014 do TRP (Eduardo Petersen da Silva), proc. nr. 170/09.2TTOAZ.P1.

ções ao trabalhador doméstico quanto à forma como deve arrumar o seu quarto...

Revertendo para o problema do âmbito de aplicação do RCSD, o artigo 2º, nº 1, apresenta, a título auxiliar, um catálogo de vários trabalhos tipicamente domésticos, abrangendo a confeção de refeições, a lavagem e tratamento de roupas, a limpeza e arrumo de casa, a vigilância e assistência a crianças, pessoas idosas e doentes, o tratamento de animais domésticos, a execução de serviços de jardinagem, a execução de serviços de costura, outras atividades consagradas pelos usos e costumes, a coordenação e supervisão de tarefas do tipo das mencionadas e a execução de tarefas externas relacionadas com as anteriores. Esta enumeração não tem, nem poderia ter, a pretensão de ser taxativa ou fechada[166], nem tão pouco significa que existem atos ou tarefas objetivamente domésticas[167]. No entanto, as suas várias alíneas não deixarão de servir como coordenadas ou diretrizes para o intérprete e aplicador do Direito.

Assim, atendendo ao escopo e natureza do regime, o trabalho tanto pode ser material (limpeza, confeção de refeições, etc.) ou intelectual. Para este último caso, pense-se no preceptor, na chamada governanta[168] ou na dama de companhia[169] exclusivamente devotada à leitura de poesia ao empregador[170]. Podemos ainda estar a falar de um contrato de trabalho doméstico se contrato alguém apenas para cuidar do meu *bonsai*.

Finalmente, o regime do trabalho doméstico tem, no seu nº 3, uma norma de delimitação negativa ou, se quisermos, de descaracterização. Assim, não é considerado trabalho doméstico, pelo menos para efeitos de aplicação do RCSD, "a prestação de trabalho com carácter acidental, a execução de uma tarefa concreta de frequência intermitente ou o desempenho

[166] Forçando a nota, Pedro Leitão Pais de Vasconcelos, *A preposição*, 2ª ed., Almedina, Coimbra, 2018, p. 340, refere que o trabalhador doméstico tem poderes de representação para receber o correio do empregador e, concretamente, assinar avisos de receção, ao abrigo do artigo 115º, nº 3, do CT09.

[167] Lourdes López Cumbre, «La relación especial del servicio del hogar...», cit., p. 159.

[168] Ludovico Barassi, *Diritto del Lavoro...*, cit., p. 103.

[169] No longínquo ac. de 31/10/1939 do STJ (César A. Santos), *Revista de Legislação e de Jurisprudência*, 2674 (1940), pp. 155-157, decidiu-se que "é de serviço doméstico o contrato pelo qual uma pessoa se obriga a servir a outra como dama de companhia e enfermeira".

[170] Pegando num exemplo dado por Filipe Fraústo da Silva, «Em torno do contrato de serviço doméstico...», cit., p. 109, n. 115.

de trabalhos domésticos em regime de *au pair*, de autonomia ou voluntariado social".

Desde logo, o RCSD exclui o trabalho doméstico com "caráter acidental". Acidental significa casual, fortuito, ocasional, imprevisto, esporádico[171]. É o caso do casal que contrata uma *baby-sitter* para tomar conta do seu recém-nascido por uma noite, do trabalhador chamado para confecionar o banquete para um casamento ou para um batizado[172], para uma limpeza ou arrumo profundo de uma casa, uma *springcleaning*, para tomar conta de um doente ocasional[173] ou para a limpeza de uma casa depois de finalizadas umas obras[174].

O trabalho doméstico prestado com caráter acidental, que os juristas brasileiros exprimem por vezes pela expressão de "diarista"[175], contrapõe-se ao trabalho prestado com caráter de regularidade. Repare-se que a regularidade não tem a ver com a celebração de um contrato de trabalho a tempo parcial ou contrato a termo. Na verdade, um trabalhador que celebra um contrato de trabalho a tempo parcial (por exemplo, em regime de parcialidade vertical, trabalhando apenas 2 dias por semana) presta trabalho de forma regular e acorre a necessidades regulares do agregado familiar[176]. De resto, o trabalho a tempo parcial é uma realidade bastante comum no setor doméstico.

[171] Carlos Alegre, *Contrato de serviço doméstico*... [1994], cit., p. 18.

[172] Márcia Nigiolela/Fortunato Paixão, *Contrato de trabalho doméstico*..., cit., p. 13.

[173] Os exemplos são de Carlos Alegre, *O contrato de serviço doméstico*... [1981], cit., p. 12.

[174] Com este exemplo, Maria do Rosário Palma Ramalho, *Tratado de Direito do Trabalho*..., cit., p. 273.

[175] Ver Fernando José Cunha Belfort, *Do empregado e do empregador doméstico*, São Luís, 1999, pp. 23 ss.

[176] Veja-se, neste mesmo sentido, o ac. de 17/05/2021 do TRP (Domingos Morais), proc. nr. 27266/18.7T8PRT.P1: "assume carácter regular, o serviço doméstico prestado todos os meses do ano, ainda que a tempo parcial de duas tardes por semana e/ou de segunda a sexta-feira, da parte da manhã". No mesmo sentido, ac. de 01/06/2022 do STJ (Mário Belo Morgado), proc. nr. 27266/18.7T8PRT.P1.S1 ("A regularidade suposta por este tipo contratual não exige que a mesma se mantenha uniforme e invariável ao longo do tempo. O horário do trabalho e os dias em que o mesmo é prestado podem mudar, tal como é indiferente a circunstância de haver outra ou outras pessoas a prestar serviços domésticos à entidade empregadora. O que releva é que haja regularidade em cada um dos períodos em que se desdobra a totalidade do vínculo contractual").

No entanto, também reconhecemos que a exigência de regularidade se concilia mal com a possibilidade, expressamente prevista na lei, de contratos de trabalho doméstico de curtíssima duração (por exemplo, uma semana). Por outras palavras, como articular a exigência de regularidade da prestação quando é o próprio regime que permite a celebração de contratos a termo de curtíssima duração, isto é, contratos talhados para satisfazer necessidades que, por definição, podem ser esporádicas[177]?

Se o RCSD exige a regularidade do trabalho doméstico, fica a dúvida de saber qual o regime aplicável ao trabalho doméstico prestado com caráter acidental. Podendo defender-se que esse trabalho é regido pelas regras reguladoras da prestação de serviços – o mesmo é dizer, pelas regras civilísticas –, fica a dúvida de saber se estes trabalhos não se regem pelo regime laboral comum, existindo subordinação jurídica, claro está, até porque a parte final da norma já contempla as situações em que o trabalho é prestado com autonomia, devendo entender-se, salvo melhor opinião, que esta referência à autonomia subentende justamente a dicotomia trabalho subordinado/trabalho autónomo. De resto, o entendimento dominante entre nós é o de que a temporalidade não é requisito para a constituição de uma relação laboral, pois o elemento determinante é o da subordinação jurídica.

§ 2.1. Cumulação de funções domésticas e extra-domésticas

Sabendo-se qual é a destinação do trabalho doméstico, ficam lançadas as bases para a sua demarcação em relação a certos trabalhos e atividades em que, na verdade, estão em causa situações estranhas à realidade doméstica.

Assim, por exemplo, se o trabalho doméstico visa satisfazer necessidades de natureza familiar ou, pelo menos, tipicamente familiares, não estamos perante uma relação de trabalho doméstico quando a trabalhadora exerce as funções de "lavadeira" com vista à satisfação de necessidades de restaurante e de uma pensão do empregador[178]. Discordamos, por isso, da

[177] Identificando muito bem este ponto, CLÁUDIA ROSA HENRIQUES, «Contrato de serviço doméstico...», cit., pp. 101-102.

[178] Ac. de 20/06/1982 do TRC (BARROS LOPES), BTE, II Série, 10-11-12/1982, pp. 1335-1336: "sendo actividade de uma pessoa a lavagem e tratamento de roupas, a sua classificação profissional depende dos destinatários cujas necessidades são satisfeitas com aquela actividade. Se a roupa se destina às necessidades de agregado familiar ou equiparado (pessoas colectivas ou outras entidades de fins não lucrativos) a trabalhador deve considerar-se empregada doméstica, mas se a roupa se destina à satisfação de necessidades de restau-

decisão da Relação do Porto, embora com a reserva de que apenas está disponível o sumário do acórdão, quando se decidiu que "existe um verdadeiro contrato de serviço doméstico se um trabalhador recebia e cumpria ordens, participando na abertura e fecho do estabelecimento e arrumava e estava à frente do café, no balcão, servia clientes à mesa e confeccionava refeições"[179]. Da mesma forma, não concordamos com a decisão que qualifica como contrato de trabalho doméstico o caso em que uma trabalhadora se obrigara a prestar serviço de limpeza ao vestíbulo, escadas e vidros de um prédio urbano, entendendo o Tribunal que "tudo conduz portanto a que a autora não possa qualificar-se como porteira e antes as tarefas que desempenhou de limpeza, por conta e por acordo com os Réus, ganham a simples tonalidade de trabalho doméstico a tempo parcial"[180]. Determinante, a nosso ver, é a realidade doméstica ou empresarial subjacente[181].

Ainda em relação a este problema, importa dar nota de que esta questão tende a surgir sobretudo na demarcação do trabalho doméstico do trabalho rural[182], especialmente se pensarmos que o RCSD concebe como tra-

rante e pensão a classificação correcta é de lavadora, prevista no C.C.T.V. para a Indústria Hoteleira".

[179] Ver ac. de 19/06/1995 do TRP (Leitão Santos), proc. nr. 9510028 (sumário).

[180] Ver ac. de 02/07/1981 do TRC (Frederico Mendes Carvalhão), CJ, 1981, IV, pp. 61-63. Excluindo os porteiros do âmbito de aplicação do trabalho doméstico, Fernando di Cerbo, *I rapporti speciali di lavoro*, CEDAM, Milão, 2000, p. 65.

[181] Assim, é de considerar como aplicável o RCSD o caso em que uma trabalhadora foi admitida ao serviço de duas empresas, mas prestava trabalho, na verdade, na casa dos gerentes: ac. de 25/11/2020 do TRL (Eduardo Sapateiro), proc. nr. 1068/16.3T8AGH-L1-4.

[182] Notando esta dificuldade, Cláudia Rosa Henriques, «Contrato de serviço doméstico – âmbito de aplicação e formas de cessação», *Questões Laborais*, 50 (2017), pp. 83-120, p. 99, n. 46: "a distinção entre o contrato de serviço doméstico e o contrato de trabalho rural é problemática, a fronteira entre ambos é, por vezes, muito ténue". Note-se que Luiz da Cunha Gonçalves, *Tratado de Direito Civil em comentário ao Código Civil português*, Vol. VII, Coimbra Editora, Coimbra, 1933, p. 542, definia que "serviço doméstico é o que uma pessoa presta à outra, na habitação ou casa desta, ou em propriedade rústica, em trabalhos de alimentação ou de arranjos da mesma, ou quaisquer outros, mediante certa retribuição". Também António Monteiro Fernandes, *Noções fundamentais de Direito do Trabalho*, Almedina, Coimbra, 1977, p. 16, informa que a modalidade do serviço doméstico previsto no Código de Seabra se estendia também ao campo da actividade agrícola (os chamados "criados da lavoura"). Lançando um olhar sobre as disposições do Código Civil de 1867, António Monteiro Fernandes, «A justa causa de despedimento entre a Constituição e

balho doméstico a "execução de serviços de jardinagem" (alínea f), do nº 1, do artigo 2º). É necessário ter presente que o trabalho rural tem um escopo lucrativo e um âmbito de aplicação que extravasa o foro doméstico e, portanto, o trabalho rural estará excluído do âmbito de aplicação do RCSD[183]. A este respeito, FILIPE FRAÚSTO DA SILVA considera como contrato de trabalho rural, e já não doméstico, o contrato mediante o qual o trabalhador se obriga a cuidar de um pomar e de uma horta na província, ainda que os frutos se destinem exclusivamente ao consumo do empregador e da sua família[184].

Reconhecemos, porém, que a determinação da natureza jurídica do vínculo nem sempre se revela linear quando o trabalhador doméstico cumula funções do foro doméstico com (outras) funções que extravasam o objeto do contrato de trabalho doméstico. Embora a questão não seja exclusiva do setor doméstico, podendo ser colocada mais em abstrato, lá onde o trabalhador cumule funções a que correspondem regimes diversos, ela coloca-se amiúde neste setor. No fundo, a questão está em saber se a relação de trabalho ainda é governada pelo RCSD quando o trabalhador, para além de exercer funções correspondentes ao âmbito de aplicação deste regime, isto é, funções domésticas, desempenha ainda funções a que corresponde, desde logo, o regime laboral comum, isto é, o CT09.

O RCSD não se pronuncia sobre esta questão. Já o diploma que rege o contrato de trabalho doméstico em Espanha, o Real Decreto nº 1620/2011, de 14 de novembro, contém uma norma precisamente vocacionada para estas situações. Diz o artigo 2º, nº 3, que "se presumirá a existência de uma única relação laboral de carácter comum e, portanto, não incluída no âmbito desta relação laboral de carácter especial [isto é, de trabalho doméstico], a relação do titular do agregado familiar que, para além de prestar

a lei...», cit., p. 5, nota que o contrato de trabalho doméstico "era definido essencialmente pelo elemento "convivência" ou coabitação do "serviçal" com o "amo", e não pela natureza dos serviços ou das necessidades a satisfazer. Assim, cobria não só o serviço propriamente doméstico (satisfação de necessidades pessoais dos elementos do agregado familiar) mas também o serviço "rústico", o trabalho dos chamados "criados de lavoura" que residiam juntamente com os donos dos campos". Ver ainda MARIA DO ROSÁRIO PALMA RAMALHO, *Tratado de Direito do Trabalho...*, cit., p. 316.

183 Sobre a natureza do trabalho rural, ver o nosso estudo VICTOR HUGO VENTURA, *Contrato de trabalho rural*, Vida Económica, Porto, 2020, pp. 17 ss.

184 FILIPE FRAÚSTO DA SILVA, «Em torno do contrato de serviço doméstico...», cit., p. 108.

serviços domésticos naquele, deva realizar, com qualquer periodicidade, outros serviços estranhos ao lar familiar em actividades ou empresas de qualquer natureza do empregador". Esta norma acrescenta que "esta presunção pode ser ilidida mediante prova de que a realização destes serviços não domésticos têm carácter marginal ou esporádico em relação ao serviço puramente doméstico"[185].

Em termos sintéticos, se o legislador espanhol faz presumir que a relação de trabalho é, nesses casos, uma relação de trabalho comum, regulada, como tal, pelo regime laboral comum, não deixa de ressalvar que a presunção pode ser colocada em crise se se demonstrar que os trabalhos de natureza não doméstica "têm carácter marginal ou esporádico em relação ao serviço puramente doméstico".

Embora o RCSD seja omisso em relação à questão, pensamos que o critério será perfeitamente aplicável e, portanto, "a distinção entre as duas figuras pode ser feita com base num critério de prevalência das actividades realizadas e sopesando o grau de integração do trabalhador na organização familiar"[186]. No fundo, e como acontece noutros contextos, a chave está em saber qual é atividade predominante do trabalhador. Dito de outra forma, se os trabalhos alheios à realidade doméstica prestados pelo trabalhador tiverem uma natureza meramente acessória ou esporádica, será de aplicar o RCSD. Pelo contrário, constatando-se que a atividade "extra-doméstica" tem natureza dominante, aparecendo já o trabalho doméstico como meramente acessório, será de considerar a aplicação do regime laboral comum, por se entender que em causa estará uma relação de trabalho comum. Assim, citando um caso real da nossa jurisprudência, não é trabalho doméstico "a actividade dominante exercida por uma trabalhadora à limpeza de um estabelecimento de restaurante e café e ao auxílio na pre-

[185] Esta norma é criticada por certa doutrina espanhola. Assim, Elena Desdentado Daroca, «La nueva regulación del trabajo doméstico...», cit., pp. 54-55, questiona qual o regime jurídico do contrato quando o trabalhador ilide a presunção fazendo prova de que aqueles trabalhos são residuais. Se a lei parece apontar no sentido de que esses trabalhos são absorvidos pela relação de trabalho doméstico, trilhando o sentido inverso à presunção, a verdade é que a autora não deixa de questionar se não estarão afinal em causa duas relações laborais autónomas, ou seja, uma relação laboral especial de trabalho doméstico e uma relação laboral comum correspondente aos serviços prestados alheios às necessidades domésticas.

[186] Maria do Rosário Palma Ramalho, *Tratado de Direito do Trabalho...*, cit., p. 275.

paração e confecção de refeições aí servidas"[187]. Também já se decidiu na nossa jurisprudência que "deve considerar-se contrato de serviço doméstico aquele que o trabalhador é contratado para prestar serviços de limpeza, lavagem de roupa e arrumo na casa do empregador, não obstando a tal qualificação o facto de, esporadicamente, e quando não tinha mais que fazer, o trabalhador fazer limpeza no estabelecimento contíguo à casa, pertencente ao mesmo empregador, pois o que interessa são as tarefas predominantemente executadas e o seu local de prestação"[188]. Tendemos a concordar com a tese. O problema é que, no caso concreto, foi dado como provado que "em julho de 1990 o Réu [empregador] passou a distribuir à Autora [trabalhadora] o trabalho de limpeza das duas lojas [comércio retalhista], o que esta recusou fazer". Parece, pois, que existia uma certa habitualidade nas tarefas que eram totalmente estranhas à especial destinação do trabalho doméstico: as necessidades familiares.

Tal não invalida, claro está, que o trabalhador possa cumular um vínculo doméstico com um outro vínculo de natureza empresarial com o mesmo empregador, pois é possível conceber um caso de duplicidade do vínculo laboral[189]. Por exemplo, é perfeitamente lícito que um trabalhador preste trabalho de natureza doméstica para um certo empregador, prestando ainda, para o mesmo empregador, trabalho de natureza "empresarial", ao abrigo de um vínculo autónomo (por exemplo, prestando autonomamente trabalho num café propriedade do empregador)[190].

[187] Ver ac. de 04/12/1995 do TRP (Castro Ferreira), proc. nr. 9540497 (sumário). No mesmo sentido, Carlos Alegre, *O contrato de serviço doméstico...* [1981], cit., p. 16.

[188] Ver ac. de 13/05/1992 do TRL (Diniz Roldão), proc. nr. 0077774 (sumário)/CJ, 1992, III, pp. 260-262.

[189] Sobre isto, em geral, ver os estudos de António Nunes de Carvalho, «Duplicidade do vínculo laboral», *Revista de Direito e de Estudos Sociais,* 1999, II-III, pp. 285-305, Id., «Apontamento sobre os limites à duração do tempo de trabalho em situação de pluriemprego», *Prontuário de Direito do Trabalho,* 2019, II, pp. 165-182, Id., «Limites à duração do tempo de trabalho e cumulação de contratos de trabalho – anotação ao acórdão do TJUE de 17 de março de 2021, *Academia de Studii Economice din Bucaresti c. Organismul Intermediar pentru Programul Operational Capital Uman – Ministerul Educatiei Nationale*», *Católica Law Review,* 2022, II, pp. 129-154 e Pedro Furtado Martins, «O pluriemprego no Direito do Trabalho» in: António Moreira [Coord.], *II Congresso nacional de Direito do Trabalho,* Almedina, Coimbra, 1999, pp. 193-210.

[190] No ac. de 20/03/1991 do STJ (Pedro Sousa Macedo), BMJ, 405 (1991), pp. 359-363, embora não fosse esse o objecto do litígio, o Tribunal disse, *en passant,* que um exemplo de

A questão da natureza "mesclada" do vínculo coloca-se muitas vezes nos casos em que o trabalhador doméstico cumula funções de natureza rural. Fazendo uso daquele critério, a nossa jurisprudência já decidiu pela qualificação de uma relação de trabalho como doméstica se "o núcleo essencial das funções estavam relacionadas com a limpeza e arrumo da casa, lavagem e tratamento de roupa da casa, confecção de algumas refeições, cultivo da horta e jardim, criação de galinhas e coelhos e um porco por ano" porque "estas funções são no fundo as desempenhadas por qualquer dona de casa da província rural"[191].

Um caso semelhante foi decidido no mesmo sentido pela Relação de Évora. No caso, uma trabalhadora cuidava da casa, preparando e confeccionando as refeições para os Réus. Acresce que a trabalhadora também se dedicava ao cuidado de uma pequena horta no quintal da casa, cuidando das flores e árvores do quintal da casa e, inclusivamente, criando aí galinhas e coelhos (num ano chegou mesmo a criar um porco). Ficou ainda provado que, após a morte de um dos Réus, "aquelas esporádicas intervenções da Autora [trabalhadora] no domínio daquela actividade agrícolo-pecuária em extinção parece não ter ido além de alguns "recados" que iam naturalmente diminuindo à medida que a exploração ia sendo desactivada". Transcrevendo as considerações do Tribunal, "e, desactivada a exploração agrícola o que ficou? Apenas a apanha da azeitona (quando acontecia) e negociação do azeite e a poda das oliveiras que, como se sabe, são actividades sazonais, com manifesta quebra de regularidade pois que a poda de oliveiras não se realiza todos os anos e a azeitona só é apanhada quando há produção". O Tribunal concluiu, pois, que, naquele caso, aquelas funções eram "actividades esporádicas, cuja duração nem sequer está estabelecida, e relativamente ás quais a intervenção da Autora não passaria de satisfazer alguns recados que os Réus lhe transmitiam, o domínio daquela relação quase familiar que entre as partes se estabeleceu"[192].

Em sentido semelhante, a Relação de Coimbra já qualificou uma relação laboral como contrato de trabalho doméstico mesmo sendo demonstrado que a trabalhadora, entre outras tarefas domésticas, também "tra-

duplicidade do vínculo laboral poderia ser o caso da "operária que também presta serviços domésticos ocacionais à entidade patronal" (p. 362).

[191] Ver ac. de 02/03/2004 do TRE (Chambel Mourisco), proc. nr. 2977/03-2.

[192] Ver ac. de 05/02/2002 do TRE (Gonçalves da Rocha), CJ, 2002, I, pp. 289-293, pp. 290-291.

tava igualmente de alguns animais domésticos que o falecido possuía, tais como galinhas, um porco, coelhos" e "ajudava e orientava o amanho da terra, bem como também ajudava a agricultar as terras que o falecido possuía, semeando, plantando, colhendo e orientando os outros trabalhadores contratados"[193].

Veja-se ainda o caso, apreciado pela Relação do Porto, onde se decidiu como sendo contrato de trabalho doméstico aquele mediante o qual o trabalhador foi admitido para "proceder à manutenção, conservação e limpeza da Quinta; confeccionava as refeições para os trabalhadores agrícolas que laboravam na Quinta e confeccionava as refeições para a Ré [empregador] quando esta se deslocava à Quinta, em norma, ao fim de semana, de quinze em quinze dias, e um mês, completo, no Verão". No entender do Tribunal, o trabalhador "desempenhava tarefas próprias do serviço doméstico"[194].

Finalmente, indique-se ainda uma decisão da Relação de Coimbra que deu como assente que seria um contrato de trabalho doméstico o caso em que uma trabalhadora prestava as seguintes funções: cuidar e tomar conta da quinta na ausência do empregador, receber o correio, abrir os portões aos contadores da água e da eletricidade, execução de serviços de jardinagem, cuidar e tratar dos cães, designadamente, alimentando-os duas vezes ao dia, ajudar na limpeza da piscina e comprar o que era necessário para desenvolver as suas tarefas na quinta. De igual modo, e esporadicamente (expressão utilizada no acórdão), o trabalhador contactava o tratorista para proceder à limpeza do terreno envolvente à parte urbana da quinta e procedia à limpeza e preparação da lareira existente na moradia do empregador[195].

§ 2.2. Trabalho familiar

Estudado o âmbito de aplicação do RCSD, é necessário separar, embora nem sempre seja fácil, o trabalho doméstico do trabalho familiar, considerando-se aqui como tal o trabalho prestado por membros do agregado

[193] Ver ac. de 20/07/2006 do TRC (António F. Martins), proc. nr. 262/06/BTE, II Série, 4-5-6/2007, pp. 744-749. Criticando esta decisão, Cláudia Rosa Henriques, «Contrato de serviço doméstico...», cit., p. 99, n. 46.

[194] Ver ac. de 26/04/2010 do TRP (Albertina Pereira), proc. nr. 112/07.0TTLMG.P1/CJ, 2010, II, pp. 235-236. Criticando esta decisão, Cláudia Rosa Henriques, «Contrato de serviço doméstico...», cit., p. 97, n. 41.

[195] Ver ac. de 08/09/2011 do TRC (Felizardo Paiva), CJ, 2011, IV, pp. 63-66.

familiar com a finalidade de satisfação de necessidades domésticas. A questão que se pretende colocar é a de saber se, nesses casos, existindo subordinação, será de aplicar o RCSD.

Em relação à questão colocada, uma coisa parece-nos certa: tratando-se da hipótese de trabalho prestado pelo cônjuge ao outro cônjuge, sai ao caminho um obstáculo porventura insuperável: o princípio constitucional da igualdade entre cônjuges é incompatível com a ideia de subordinação jurídica, isto é, não parece admissível que um dos cônjuges possa ser trabalhador subordinado do outro cônjuge, concretamente, prestando trabalho doméstico em regime subordinado.

Contudo, o que dizer no caso de outras relações de parentesco? Poderá considerar-se inconcebível a existência de um vínculo de subordinação jurídica entre familiares para a prestação de trabalho doméstico[196]? A questão transcende, claro está, o âmbito doméstico, podendo ser problematizada num horizonte de reflexão mais alargado. Em princípio, o trabalho prestado por um dos membros do agregado familiar, em proveito do próprio agregado e, portanto, também do próprio, não poderia ser considerado um contrato de trabalho. Isto porque, nesses casos, faltaria a ideia da "alienabilidade", isto é, falharia a ideia de que a prestação laboral se destina a propiciar uma vantagem ou utilidade na esfera de outrem (no caso, do empregador): o trabalhador cumularia, nesses casos, o papel de credor e devedor[197], o que, a ocorrer posteriormente à celebração do contrato, geraria até a caducidade do contrato de trabalho[198].

Havendo quem defenda, em geral, uma presunção de exclusão[199], considerando que outras Ordens Jurídicas até excluam expressamente estes

[196] Como assinala Raúl Ventura, *Teoria da relação jurídica...*, cit., p. 47, "qual deva ser o parentesco existente entre os sujeitos da relação de trabalho familiar, isto é, qual o limite de parentesco abaixo do qual deixa de poder falar-se em trabalho familiar, entrando-se no campo das relações de trabalho puras e simples, é questão duvidosa".

[197] Raúl Ventura, *Teoria da relação jurídica...*, cit., p. 46: "enquanto o trabalho doméstico é exercido para satisfazer as necessidades da família, o trabalho familiar é exercido por pessoas da família".

[198] § 12.4.2. Caducidade por impossibilidade.

[199] Mário Pinto/Pedro Furtado Martins/António Nunes de Carvalho, *Comentário às leis do trabalho...*, cit., p. 31, falam de uma "presunção prática de que quando concorra um parentesco entre quem trabalha e quem recebe o trabalho, ou quando se verifique a comunhão de mesa e habitação, estaremos diante de uma situação de trabalho familiar". Lourdes Meléndez Morillo-Velarde, «La relación laboral especial...», cit., pp. 139-140:

casos do âmbito de aplicação do regime[200], e tendo presente que a questão até enfrenta condicionantes em matéria de Segurança Social[201], também há quem defenda essa possibilidade, pelo menos quando estão em causa familiares que não compõem o agregado familiar (para efeitos de destinação da prestação, claro está). MARIA DO ROSÁRIO PALMA RAMALHO dá o exemplo de uma idosa que contrata a sobrinha como trabalhadora doméstica[202], podendo também pensar-se no trabalhador doméstico que presta serviço doméstico à sua ex-sogra ou ex-sogro quando o marido já havia falecido no momento da constituição da relação.

Na nossa jurisprudência, veja-se o caso decidido, nos finais da década de 80, pela Relação de Coimbra. A Autora fora acolhida na casa do seu padrinho com 8 anos de idade, com o qual viveu até à sua morte. Desde a sua morte, prestou trabalho para a Ré, com quem também vivia. O Tribunal considerou não existir um contrato de trabalho doméstico, pois "embora essas relações não possam classificar-se juridicamente de relações de parentesco, a verdade é que se revestiram de facto de características que lhe são próprias. A autora foi integrada no agregado familiar do padrinho, do qual fazia parte a Ré, como sua sobrinha, na qualidade de afilhada e, portanto, com base num facto religioso gerador de uma relação tida como de parentesco. (...) Deste modo, o trabalho subordinado que a Autora prestou à Ré e aos Réus derivou de factos da vida real que não são negócios jurídicos e não constituiu factualmente mais que uma relação equiparável às relações de

"para que opere a presunção de exclusão, é necessário que o vínculo parental esteja vivo no momento da prestação do serviço". Não há um laço de família mas haverá familiaridade.

200 O Decreto Presidencial nº 155/16, de 9 de agosto, que estabelece o regime do contrato de trabalho doméstico em Angola, determina que "ficam ainda excluídos do âmbito do presente Diploma os empregados domésticos que possuam alguma das seguintes relações de parentesco com o empregador: cônjuge, companheiro em união de facto, descendente, ascendente, irmão, genro ou nora, padrasto ou madrasta, sogro ou sogra" (artigo 1º, nº 3). Falando de uma "opção do legislador", MÁRCIA NIGIOLELA/FORTUNATO PAIXÃO, *Contrato de trabalho doméstico...*, cit., p. 14.

201 As normas da segurança social parecem dar a entender que é possível quando exclui do seu âmbito de aplicação – descaracteriza também o contrato? – as relações de serviço doméstico entre cônjuges, ascendentes, descendentes, etc. (artigo 117º da Lei nº 110/2009, de 16 de setembro).

202 MARIA DO ROSÁRIO PALMA RAMALHO, *Tratado de Direito do Trabalho...*, cit., p. 274.

trabalho familiar, ou seja, o trabalho que é prestado pelos parentes do chefe de família"[203].

§ 2.3. Trabalho doméstico a favor de pessoas coletivas ou entidades equiparadas

À primeira vista, a pessoalidade do trabalho doméstico suporia que a relação de trabalho doméstico seria, por natureza, uma relação entre duas pessoas singulares, o que representaria, afinal, outras das razões da especialidade desta atividade profissional. Embora semelhante afirmação devesse ser um tanto ou quanto relativizada no que diz respeito ao trabalhador, uma vez que é entendimento pacífico entre os juristas que a posição de trabalhador no contrato de trabalho não pode ser ocupada por uma pessoa coletiva, a novidade estaria na posição de empregador.

A verdade, porém, é que o RCSD admite expressamente que a atividade doméstica pode ser prestada a pessoas coletivas ou, pelo menos, a certos substratos com uma certa organização coletiva. Com efeito, nº 2, do artigo 2º, prevê que "o regime previsto no presente diploma aplica-se, com as necessárias adaptações, à prestação das actividades a pessoas colectivas de fins não lucrativos, ou a agregados familiares, por conta daquelas, desde que não abrangidas por regime legal ou convencional". Aliás, não deixa de ser curioso constatar que, ao longo do RCSD, o legislador se refira sempre, na redação das normas, à "entidade empregadora", expressão que condiz melhor com o estatuto coletivo do empregador.

Sendo certo que o RCSD admite a prestação de trabalho doméstico a favor de pessoas coletivas, é preciso considerar sempre a especial destinação do trabalho doméstico na hora de interpretar esta norma jurídica[204]. Importa ter sempre presente que a prestação de trabalho domés-

[203] Ver ac. de 08/03/1988 do TRC (António Gomes Baião), CJ, 1988, II, pp. 108-110, p. 109. O Tribunal acabou até por considerar as obrigações emergentes daquela relação como obrigações naturais. Recordamos que António Ojeda Avilés, «Trabajo familiar: una descripción del conflicto típico» in: *Trabajo Subordinado y Trabajo Autónomo en la Delimitación de Fronteras del Derecho del Trabajo – Estudios en Homenaje al Profesor José Cabrera Bazán*, Tecnos, Madrid, 1999, pp. 94-102, p. 97, critica a redação da norma espanhola porque aparentemente exclui, pelo menos a partir da sua letra, os casos das pessoas que são aceites ou acolhidas pela família.

[204] Ver, a título de exemplo, o ac. de 29/01/1985 do TRC (Frederico Mendes Carvalhão), CJ, 1985, I, pp. 134-135: "sendo a activdade de uma pessoa a lavagem e tratamento de roupas, a sua classificação profissional depende dos destinatários cujas necessidades são

tico deve ir dirigida à satisfação de necessidades tipicamente familiares[205]. Assim sendo, os nossos tribunais já decidiram, e a nosso ver bem, que não pode ser qualificado como uma relação de trabalho doméstico o contrato mediante o qual várias trabalhadoras prestavam serviços de limpeza, lavandaria, entre outros serviços, à Cruz Vermelha, porque o serviço recebido se destinava a satisfazer necessidades que são de terceiros: os utentes da Cruz Vermelha[206]. No mesmo contexto, também não é trabalho doméstico, pelo menos para efeitos de aplicação do RCSD, o prestado numa geriatria[207] ou numa Casa de Saúde[208] ou o serviço de limpeza prestado por uma trabalhadora na sede de um grupo desportivo sem fins lucrativos[209].

Pelo contrário, pode considerar-se doméstico o trabalho prestado em repúblicas de estudantes[210] ou a favor de comunidades religiosas[211]. Em sentido próximo, a Relação de Coimbra já decidiu que era contrato de trabalho doméstico a atividade de uma "empregada do Patronato de Nossa Senhora da Conceição que prestava indistintamente qualquer trabalho naquela instituição, quer ajudando no refeitório quer fazendo a limpeza das salas,

satisfeitas com aquela actividade. Se a roupa se destina âs necessidades de agregado familiar ou equiparado (pessoas colectivas ou outras entidades de fins não lucrativos) a trabalhadora deve considerar-se empregada doméstica, mas se a roupa se destina à satisfação de necessidades de restaurante e pensão a classificação correcta é a de lavadora".

205 Propondo uma interpretação restritiva, atendendo à necessidade de tutela da intimidade, CLÁUDIA ROSA HENRIQUES, «Contrato de serviço doméstico...», cit., p. 95.

206 Ver ac. de 28/01/1988 do TRE (ARLINDO DE ALMEIDA), CJ, 1988, I, pp. 293-296/BTE, II Série, 7-8-9/90, pp. 688-691.

207 LOURDES MELÉNDEZ MORILLO-VELARDE, «La relación laboral especial...», cit., p. 134.

208 Ver ac. de 10/12/1985 do STJ (CORREIA DE PAIVA), AcD, 292 (1986), pp. 487-491. No mesmo sentido, MARIA DO ROSÁRIO PALMA RAMALHO, *Tratado de Direito do Trabalho...*, cit., p. 272, n. 326.

209 Ver ac. de 31/01/2013 do TRE (PAULA DO PAÇO), proc. nr. 163/08.7TTFAR.E1.

210 MARIA DO ROSÁRIO PALMA RAMALHO, *Tratado de Direito do Trabalho...*, cit., p. 272, entende tratar-se de trabalho doméstico, o trabalho prestado por um trabalhador doméstico a favor de estudantes que partilham um apartamento. No mesmo sentido, ver ac. de 17/10/2007 do STJ (BRAVO SERRA), proc. nr. 07S2881.

211 Entendendo que não, FERNANDO DI CERBO, *I rapporti speciali di lavoro...*, cit., p. 63. Respondendo pela afirmativa, MÁRCIA NIGIOLELA/FORTUNATO PAIXÃO, *Contrato de trabalho doméstico...*, cit., p. 16.

quartos de banho, varrendo, fazendo arrumações, lavagens, quer ajudando a vestir e a despir as crianças, além de outros serviços congéneres"[212].

Ainda a este propósito, os nossos tribunais já consideraram que não é trabalho doméstico, para efeitos da aplicação do RCSD, o trabalho prestado em residência oficial de representação[213], como também não poderia ser considerado como tal o contrato de trabalho celebrado por uma trabalhadora com o Estado de Israel para exercer as suas funções de empregada doméstica na residência particular do embaixador do Estado de Israel em Lisboa[214]. O Supremo decidiu, embora com um voto de ven-

[212] Ver ac. de 20/06/1982 do TRC (Barros Lopes), BTE, II Série, 10-11-12/1982, pp. 1335-1336. Opostamente, no ac. de 05/06/1962 do STA (Henrique Mário Pereira Parreira), *Estudos Sociais e Corporativos*, 4 (1962), pp. 158-161, pp. 160-161, escreve-se que "as criadas das instituições de assistência vão constituindo cada vez mais uma classe diferenciada das serviçais das casas particulares (...) e, consequentemente, a sua actividade não se pode equiparar à do «serviço doméstico»". Referindo-se ao Direito italiano, Fernando di Cerbo, *I rapporti speciali di lavoro...*, cit., p. 63, entende que o regime não é aplicável a albergues, colégios, pensões, hospedagem.

[213] Ver ac. de 27/03/2003 do STJ (Azambuja da Fonseca), proc. nr. 03S121.

[214] Ver ac. de 13/11/2002 do STJ (Mário Torres), CJ (STJ), 2002, III, pp. 276-279. O Supremo Tribunal de Justiça reviu a decisão tomada pelo Tribunal de Relação de Lisboa que, em ac. de 07/03/2001 do TRL (Simão Quelhas), CJ, 2001, II, pp. 142-146, considerou que se "as funções exercidas pela autora, essencialmente de limpeza e de confecção de refeições, não podem ser consideradas integradas na "gestão pública" do réu" a verdade é que "ainda assim, a autora prestava serviços de apoio, necessários para o funcionamento regular da missão diplomática do réu em Portugal, porquanto entre essas funções se compreendia a confecção de refeições para o Embaixador e seus convidados, ou seja, o trabalho da autora era necessário para o regular funcionamento de serviços próprios da missão da Embaixada, integrando-se tais serviços como apoio necessário da prossecução e desempenho do direito soberano de *jus legationis* do réu. Deve, assim, concluir-se que o contrato e as funções desempenhadas pela A. também não se situam na actividade privado do Réu. Na verdade, tal contrato não se insere em qualquer actividade profissional ou comercial ou de direito privado, exercida pelo Réu como qualquer particular" (p. 145). O Supremo Tribunal de Justiça não subscreveu este entendimento pois "pela sua latitude, acabaria por abranger todo o pessoal necessário ao funcionamento regular de qualquer representação diplomática". Considerando que os Tribunais portugueses são competentes para julgar litígios emergentes de contrato de trabalho doméstico em Embaixadas em Portugal ver ac. de 30/05/1990 do TRL (Abílio Brandão), proc. nr. 0063194 (sumário), decisão confirmada pelo ac. de 30/01/1991 do STJ (Roberto Valente), proc. nr. 002927/BMJ, 403 (1991) pp. 267-270, em que se diz muito claramente que do artigo 31º da Convenção de Viena resulta que "pretendeu-se excluir todas as actividades praticadas fora da função diplomática do

cido[215], que não havia razões suficientes, tanto no plano da matéria de facto apurada como do regime legal, para considerar aquela relação como uma relação de trabalho doméstico.

§ 2.4. Trabalho doméstico *au pair*

O nº 3, do artigo 2º, do RCSD, exclui do seu âmbito de aplicação o trabalho prestado em regime *au pair*, conceito que não é definido pela lei, ao contrário do que sucede com a lei espanhola[216]. O legislador revela falta de sensibilidade legística: não só o uso de um estrangeirismo é uma opção de técnica legislativa sempre pouco recomendável mesmos nos casos em que a expressão se torna moeda corrente para designar um fenómeno social por todos reconhecível, o que não parece ser este o caso, como "teria sido preferível que o legislador, em vez da expressão estrangeira, tivesse esclarecido que o regime não se aplica a estrangeiros que, a troco de habitação e comida, para aprenderem português e permanecerem no País por um curto espaço de tempo, prestam serviços na casa onde são recebidos, em particular, cuidando de crianças"[217].

Seja como for, o fenómeno do trabalho *au pair* está em nítida expansão à medida que aumenta a mobilidade internacional (estudantil ou turística) e as plataformas *online* que divulgam hospedagem em troco de trabalho.

agente e entre essas a contratação de uma empregada doméstica para fazer serviço na residência particular do diplomata".

[215] Escreveu o Juiz Conselheiro Ferreira Neto que "a remissão operada pelo artigo 86º, nº 2, do Estatuto do Pessoal de Serviços Externos do Ministério dos Negócios Estrangeiros aprovado pelo Decreto-Lei nº 444/99, é feita para o regime jurídico respectivo do contrato de trabalho no caso o regime jurídico do contrato de serviço doméstico (Decreto-Lei nº 235/92). Na verdade, a A. não é funcionária pública e exercia as funções correspondentes à categoria de auxiliar de serviço em residências oficiais, cabendo o conteúdo funcional, na sua essência, no artigo 2º do citado Decreto-Lei nº 235/92".

[216] O artigo 2º, nº 2, do Real Decreto nº 1620/2011, de 14 de novembro, define-o como "relações de colaboração e convivência familiar mediante as quais se prestam alguns serviços como cuidado de crianças, o ensino de idiomas e outros dos compreendidos no artigo 1º, nº 4 [equivalente à norma portuguesa do artigo 2º, nº 1], sempre e quando estes últimos tenham carácter marginal, em troca de alimentação, alojamento ou simples compensações de gastos". A exclusão é criticada pela doutrina espanhola: ver, por todos, Lourdes López Cumbre, «La relación especial del servicio del hogar...», cit., p. 156.

[217] A crítica e a definição sugerida são de Pedro Romano Martinez, *Direito do Trabalho...*, cit., p. 655, n. 1492.

Dando cumprimento à Lei de Autorização[218], o RCSD trata de excluir esta forma de trabalho do seu âmbito de aplicação[219]. Várias razões podem explicar esta opção legislativa. Desde logo, escreve-se que, ao contrário do trabalho doméstico propriamente dito, prestado em moldes subordinados e sempre em troca de uma contrapartida económica, no trabalho *au pair* há sobretudo uma relação de colaboração ou de intercâmbio cultural entre as partes[220]. Ainda que o trabalhador *au pair* receba, como muitas vezes recebe, uma contrapartida económica, essa prestação, a existir, tem um carácter meramente residual[221]. De facto, as contrapartidas económicas envolvidas nestes trabalhos (alojamento e, algumas vezes, o chamado *diñero de bolsillo*) têm um valor menor quando comparadas com a verdadeira vantagem ou "contraprestação" que o trabalhador *au pair* procura: a chance e o tempo para investir na sua formação[222].

Por tudo quanto ficou dito, também se pode concluir que esta forma de trabalho, excluída do RCSD, não pode ser reconduzida ao regime laboral comum (o mesmo é dizer, ao Código do Trabalho). As mesmas razões que levaram o legislador a excluir o trabalho *au pair* do âmbito de aplicação do RCSD não permitem outra conclusão: a ausência de onerosidade impede que esta relação de "troca" seja assimilada pelos quadros do Direito do Trabalho. Assim, parece mais seguro afirmar que entre o prestador do trabalho *au pair* e o agregado familiar se gera um contrato de natureza civil, regulado, portanto, pelas regras gerais civis em matéria de contratos, por exemplo, no que diz respeito à sua cessação, ao seu incumprimento, etc.[223]

[218] Cfr. artigo 2º, alínea a), da Lei nº 12/92, de 16 de julho.

[219] Criticamente, Catarina de Oliveira Carvalho, «Trabalho no domicílio, trabalho doméstico...», cit., p. 49.

[220] Rosa Quesada Segura, «La distinción entre "au pair" y la relación laboral de trabajo al servicio del hogar familiar: Dos relaciones marginadas (STSJ Castilla y León-Burgos 18 febrero 1999; AS 1999, 628)», *Aranzadi social*, 1999, I, pp. 2656-2662.

[221] Rosa Quesada Segura, «El trabajo *au pair*: entre la laboralidad y la tutela extralaboral» in: *Trabajo subordinado y trabajo autónomo en la delimitación de fronteras del derecho del trabajo – estudios en homenaje al profesor José Cabrera Bazán*, Tecnos, Madrid, 1999, pp. 315-334, p. 316: "as prestações de trabalho e a remuneração têm um carácter marginal por comparação com a causa principal que é o intercâmbio de ajudas pessoais".

[222] Maria do Rosário Palma Ramalho, *Tratado de Direito do Trabalho...*, cit., p. 273, fala ainda da "falta de profissionalidade na prestação".

[223] Entre nós, manifestando essa posição, Filipe Fraústo da Silva, «Em torno do contrato de serviço doméstico...», cit., p. 116.

Isto não invalida, no entanto, que haja uma preocupação emergente com esta classe, algures entre o trabalhador e o estudante[224], sobretudo se pensarmos que os trabalhadores *au pair* prestam o seu trabalho num contexto de tendencial fragilidade: em regra, falamos de estudantes estrangeiros alojados num ambiente que não é o seu. Nesse contexto, têm sido aprovados vários instrumentos internacionais com vista a estimular a harmonização nesta matéria[225].

§ 2.5. Regimes próximos ou afins

Depois de definir o âmbito objetivo e subjetivo do RCSD, importa também demarcar o trabalho doméstico, sujeito a este regime, de outros regimes jurídicos em torno dos chamados "trabalhadores de cuidado"[226].

Em primeiro lugar, é preciso distinguir o trabalhador doméstico do "ajudante familiar", figura que vem prevista no Decreto-Lei nº 141/89, de 28 de abril, diploma que, estando ainda em vigor, regula a atividade das "pessoas que, em articulação com instituições de suporte, prestam serviços domiciliários imprescindíveis à normalidade da vida da família nos casos em que os mesmos serviços não possam ser prestados pelos seus membros"[227]. O artigo 4º do diploma prevê um conjunto de tarefas com uma proximidade evidente ao trabalho doméstico bastando citar a alínea a) onde se prevê que aos ajudantes familiares compete "prestar ajuda na confecção das refeições, no tratamento de roupas e nos cuidados de higiene e conforto pessoal dos utentes". Apesar deste parentesco, este regime não se pode confundir, porém, com o contrato de trabalho doméstico desde logo porque, em rigor, não nasce qualquer relação jurídica entre estes ajudantes

[224] A Recomendação nº 85/64/CE, de 20/12/1984, também nota: "as pessoas colocadas «au pair» constituem uma categoria específica onde se incluem, ao mesmo tempo, o trabalhador e o estudante".

[225] Estamos a pensar no Acordo Europeu de Colocação *au pair*, aprovado pelo Conselho da Europa, em Estrasburgo, em 24/11/1969, mas que nunca foi ratificado por Portugal, e na já referida Recomendação nº 85/64/CE, de 20/12/1984.

[226] Sobre isto, CATARINA DE OLIVEIRA CARVALHO, «Trabalho no domicílio, trabalho doméstico...», cit., p. 55.

[227] Figura paralela aos chamados "serviços de proximidade" reconhecidos no Direito espanhol. Sobre isto, remete-se para o estudo de TEREZA PÉREZ DEL RIO, «Los "servicios de proximidad": un nuevo yacimento de empleo?» in: *Trabajo subordinado y trabajo autónomo en la delimitación de fronteras del derecho del trabajo – estudios en homenaje al profesor José Cabrera Bazán*, Tecnos, Madrid, 1999, pp. 296-314.

e o agregado familiar beneficiário da sua prestação. Com efeito, a relação jurídica nasce entre o prestador e as "instituições de suporte" (cfr. artigo 3º), entidades que recrutam e contratam com estes ajudantes de acordo com critérios de idoneidade. De resto, os ajudantes não celebram sequer um contrato de trabalho com estas entidades – cfr. o artigo 10º, nº 2, onde se lê que "pela celebração do contrato os ajudantes familiares não adquirem a qualidade de empregador, funcionário ou agente das instituições de suporte" – o que já foi confirmado pela jurisprudência dos nossos tribunais[228].

Próxima do trabalhador doméstico regulado no RCSD é a figura do cuidador associado a equipas de apoio domiciliário, cujo regime jurídico consta atualmente do Decreto-Lei nº 8/2010, de 28 de janeiro[229]. Aí se define cuidador como "a pessoa adulta, membro ou não da família, que cuida da pessoa com incapacidade psicossocial, com ou sem remuneração, no sentido de realizar e proporcionar as actividades da vida diária com vista a minorar ou até mesmo suprir o deficit de autocuidado da pessoa que cuida" (alínea b) do artigo 2º). Concretamente, a alínea c) do artigo 17º prevê, como serviços a prestar, a "promoção da autonomia, através do apoio regular nos cuidados pessoais e nas actividades da vida diária, gestão doméstica e financeira, compras, confecção de alimentos, tratamento de roupas, manutenção da habitação, utilização de transportes públicos e outros recursos comunitários"[230]. Facilmente se percebe por que razão o trabalhador integrado nestas equipas se distingue do trabalhador doméstico: desde logo, e tal como acontece com a figura do ajudante familiar, o trabalhador pertencente a estas equipas de apoio domiciliário não tem qualquer vínculo com o agregado familiar ou pessoa a quem o trabalho é prestado.

O trabalhador doméstico, abrangido pelo RCSD, distingue-se ainda do cuidador informal, cujo regime jurídico foi recentemente aprovado pela Lei nº 100/2019, de 6 de setembro[231]. A lei distingue cuidadores informais

[228] Ver ac. de 02/03/2016 do TRL (Claudino Seara Paixão), CJ, 2016, II, pp. 160-164.

[229] Sobre a distinção, em Espanha, ver María Luisa Molero Marañón, «Las trabajadoras del cuidado...», cit., especialmente, pp. 54 ss.

[230] Ver ac. de 11/07/2018 do TRL (José Eduardo Sapateiro), proc. nr. 388/18.7T8PDL.L1-4.

[231] Ver ainda a Portaria nº 2/2020, de 10 de janeiro, que definiu o processo de reconhecimento dos cuidadores informais, a Portaria nº 64/2020, de 10 de março, que definiu os

principais e não principais. Os primeiros abrangem o cônjuge ou unido de facto, parente ou afim até ao 4º grau da linha reta ou da linha colateral da pessoa cuidada, que acompanha e cuida desta de forma permanente, que com ela vive em comunhão de habitação e que não aufere qualquer remuneração de atividade profissional ou pelos cuidados que presta à pessoa cuidada. Os segundos abrangem o cônjuge ou unido de facto, parente ou afim até ao 4º grau da linha reta ou da linha colateral da pessoa cuidada, que acompanha e cuida desta de forma regular, mas não permanente, podendo auferir ou não remuneração de atividade profissional ou pelos cuidados que presta à pessoa cuidada. O cuidador informal distingue-se do trabalhador doméstico desde logo porque, como vimos, a celebração de um contrato de trabalho doméstico pode ser considerada incompatível com o vínculo familiar e, mais concretamente, com a posição de cônjuge. Depois, o cuidador informal goza, em princípio, de um estatuto não remunerado – sem prejuízo da concessão de um apoio financeiro suportado pelo Estado – e o contrato de trabalho doméstico é, como teremos oportunidade de ver mais em pormenor, um contrato oneroso[232].

De separar do regime do trabalhador doméstico é ainda a "ama", figura regulada atualmente no Decreto-Lei nº 115/2015, de 22 de junho[233]. Nos termos do seu artigo 3º, "a ama é a pessoa que, mediante pagamento pela atividade exercida, cuida na sua residência de crianças até aos três anos de idade ou até atingirem a idade de ingresso nos estabelecimentos de educação pré-escolar, por tempo correspondente ao período de trabalho ou impedimento da família". Lê-se no preâmbulo que o regime pretende que "o recurso à ama consubstancie uma verdadeira alternativa à creche e que seja, de facto, uma opção à disposição dos pais ou de quem exerce as responsabilidades parentais" Do ponto de vista jurídico, o recurso à ama pro-

termos e as condições de implementação dos projetos-piloto previstos no Estatuto do Cuidador Informal, e a Portaria 256/2020, de 28 de outubro, que simplificou o processo de reconhecimento do Estatuto do Cuidador Informal.

232 Ver § 11. Retribuição.

233 Diploma legal que revoga o Decreto-Lei nº 158/84, de 17 de maio, e que resulta da Lei nº 76/2014, de 11 de novembro (Lei de Autorização). Este diploma legal foi ainda complementado pela Portaria nº 213/2015, de 17 de julho (taxas de emissão da autorização para o exercício da actividade de ama), pela Portaria nº 226/2015, de 31 de julho (regulamenta o seguro obrigatório de acidentes pessoais das crianças em amas) e pela Portaria nº 232/2015, de 6 de agosto (define os termos a que obedece o exercício da atividade de ama no âmbito de uma instituição de enquadramento).

cessa-se "mediante contratualização da prestação de serviços diretamente com os pais ou com quem exerça as responsabilidades parentais (família)" (cfr. artigo 2º). Este aspeto é concretizado no artigo 19º onde se prevê, no nº 1, que "a admissão da criança em ama é formalizada mediante celebração de contrato de prestação de serviços, sob a forma escrita, entre a família da criança e a ama, salvo nos casos em que a ama exerce a atividade no âmbito de uma instituição de enquadramento". Completa o nº 3 que "o contrato referido no número anterior define os termos e as condições da prestação de serviços". Se a distinção com o contrato de trabalho doméstico pode ser simples, pois a ama presta o seu serviço na sua própria habitação e autonomamente[234], o que se afasta do trabalho doméstico típico, a verdade é que o trabalho doméstico não tem necessariamente de acontecer no lar do agregado familiar e não falta mesmo quem considere que o trabalhador que toma conta de uma criança na sua habitação presta trabalho doméstico[235].

O trabalho doméstico distingue-se ainda do trabalho prestado em regime de voluntariado[236]. Aliás, o próprio legislador trata de excluir esta forma de trabalho nas suas disposições sobre o âmbito de aplicação (artigo 2º, nº 3). Segundo a Lei nº 71/98, de 3 de novembro, que aprovou as Bases do enquadramento jurídico do voluntariado, "voluntariado é o conjunto de acções de interesse social e comunitário realizadas de forma desinteressada por pessoas, no âmbito de projectos, programas e outras formas de intervenção ao serviço dos indivíduos, das famílias e da comunidade desenvolvidos sem fins lucrativos por entidades públicas ou privadas" (artigo 2º, nº 1). É evidente a distinção entre o trabalho doméstico e o trabalho prestado em regime de voluntariado. Ainda que, como acima se transcreve, o voluntariado possa ser prestado a famílias, o trabalho assim prestado não tem, porque por natureza não pode ter, um ânimo lucrativo. Por outro lado, ao contrário do trabalhador doméstico, que se vincula perante o agregado familiar, o voluntário tem um vínculo jurídico com a entidade promotora. Finalmente, o RCSD supõe a existência de um contrato de trabalho. Bem pelo contrário, o voluntário não pode ter um contrato de trabalho com a

[234] Qualificando como prestação de serviços por força do regime legal, ac. de 28/11/2018 do TRC (Jorge Loureiro), CJ, 2018, V, pp. 44-49.

[235] Lourdes Meléndez Morillo-Velarde, «La relación laboral especial...», cit., p. 139.

[236] Sobre o regime do voluntariado, Maria Inês Rebelo, *O trabalho voluntário – uma reflexão jurídica e social*, Chiado Editora, Lisboa, 2015.

entidade promotora[237] conforme expressamente se prevê na Lei nº 71/98, de 3 de novembro.

[237] Cfr. artigo 4º, nº 3: "a qualidade de voluntário não pode, de qualquer forma, decorrer de relação de trabalho subordinado ou autónomo ou de qualquer relação de conteúdo patrimonial com a organização promotora, sem prejuízo de regimes especiais constantes da lei".

§ 3. Forma

O RCSD contém importantes especificidades em relação à formação do contrato. Segundo o artigo 3º, que dispõe sobre a forma, o contrato de trabalho doméstico não está sujeito a forma escrita ou solene[238]. O legislador estava seguramente consciente da natureza informal da relação de trabalho doméstico[239], mas ao replicar a regra geral do Direito do Trabalho, esta norma acaba por ser de utilidade duvidosa[240], sobretudo num contexto, como é o doméstico, em que a relação se processa num quadro de informalidade.

Porém, partindo do princípio geral de que se deve assumir que o legislador não regula redundantemente, a norma pode não ser totalmente inútil porque o legislador parece ter querido esclarecer que apenas nos casos de contratação a termo é que é exigida forma[241]. Para outras situações em que as regras gerais exigem documento (como acontece, por exemplo, no con-

[238] O artigo 7º, da Convenção da OIT, refere que "todo o Membro deve tomar medidas para assegurar que os trabalhadores do serviço doméstico sejam informados das suas condições de trabalho de forma adequada, verificável e facilmente compreensível, de preferência, *se possível, mediante um contrato escrito de acordo com a legislação nacional ou com as convenções coletivas*" (sublinhado nosso). Exprimindo dúvidas quanto à compatibilidade da regra do RCSD, Catarina de Oliveira Carvalho, «Trabalho no domicílio, trabalho doméstico...», cit., p. 51.

[239] Maria do Rosário Palma Ramalho, *Tratado de Direito do Trabalho...*, cit., p. 284.

[240] Carlos Alegre, *Contrato de serviço doméstico...* [1994], cit., p. 21.

[241] Forçando a nota, ao abrigo do regime anterior, o contrato de trabalho a termo estava sujeito a forma escrita: cfr. artigo 5º, nº 3, do Decreto-Lei nº 508/80, de 21 de outubro.

trato a tempo parcial), pensamos que esta norma entra justamente em funcionamento, ou seja, não é exigida forma solene[242]. Aliás, sabendo-se que o contrato de trabalho a tempo parcial é uma realidade bastante disseminada na atividade doméstica, seria desajustado exigir a formalização dessa relação laboral. Pensamos, pois, que esta norma serve de fundamento para a ausência de forma legal nesses casos. Naturalmente, na ausência de documento escrito que titule o trabalho em regime *part time*, caberá à parte a prova de que o trabalho é prestado nesse regime[243].

A regra contida no artigo 3º conhece, contudo, uma exceção: a contratação a termo[244]. O RCSD não o afirma expressamente, mas a exigência de forma escrita pode ser inferida da norma do artigo 5º. Prevendo-se, no nº 1, que "ao contrato de serviço doméstico pode ser aposto termo, certo ou incerto, quando se verifique a natureza transitória ou temporária do trabalho a prestar", acrescenta-se, no nº 3, que "na falta de *estipulação escrita* do prazo considera-se que o contrato é celebrado pelo período em que persistir o motivo determinante" (sublinhado nosso). Por sua vez, no nº 4 acrescenta-se que "a não verificação dos requisitos de justificação, quando exigidos, *ou a falta de redução a escrito, no caso do nº 2*, tornam nula a estipulação do termo" (sublinhado nosso). Portanto, o contrato de trabalho a termo está sujeito a forma escrita.

[242] Maria do Rosário Palma Ramalho, *Tratado de Direito do Trabalho...*, cit., p. 281.

[243] Assim, exatamente, ac. de 02/12/2002 do TRP (Sousa Peixoto), proc. nr. 0211519/CJ, 2002, V, pp. 225-227. Contra, em voto de vencido ao ac. de 05/02/2002 do TRE (Gonçalves da Rocha), CJ, 2002, I, pp. 289-293, o Juiz Desembargador Acácio Proença entende que "é inquestionável que o contrato de serviço doméstico tanto pode ser celebrado a tempo inteiro como a tempo parcial (artigo 7º, nº 3 do D.L. nº 235/92); no entanto, por regra, o contrato de trabalho é celebrado a tempo inteiro, pelo que a sua celebração a tempo parcial configura uma situação de excepção e, de qualquer forma, é a entidade patronal que dispõe a possibilidade de emitir regras, observados os condicionalismos legais, sobre a disposição do tempo dos seus trabalhadores; por isso, nos termos do nº 2 do artigo 342º do CC, sobre a entidade patronal recai o ónus de alegar e provar a existência de um eventual contrato a tempo parcial, mesmo no domínio do contrato de serviço doméstico". A título complementar, no Direito Italiano, o regime legal sujeita a aplicação do regime de trabalho a tempo parcial à prestação de um mínimo de quatro horas de trabalho, entendendo-se que ao trabalho prestado com duração inferior tem aplicação o regime laboral geral. Assim, Fernando di Cerbo, *I rapporto speciali...*, cit., p. 66.

[244] Segundo o ac. de 27/02/2020 do TRE (Paula do Paço), proc. nr. 669/19.2T8FAR.E1/CJ, 2020, I, p. 311 (sumário), o contrato com trabalhador estrangeiro está sujeito ao disposto ao artigo 5º do CT09.

§ 4. Capacidade

A Lei nº 13/2023, de 3 de abril, revogou a norma respeitante à capacidade para celebrar contrato de trabalho, onde se previa que a idade mínima para celebrar contrato de trabalho doméstico eram os 16 anos de idade. O RCSD era, pois, menos permissivo do que o regime laboral comum, onde se prevê que os menores com idade superior a 14 anos podem celebrar contrato de trabalho, conquanto autorizados pelos seus representantes legais. O legislador entendeu, e a nosso ver bem, que não existiam razões para essa diferenciação. Sendo certo que os trabalhadores domésticos menores representam uma prioridade internacional, a aplicação do CT09 é compatível com as regras da OIT[245]. De resto, sendo omisso em relação aos demais aspetos, já se entendia, durante a vigência do regime anterior, que as regras gerais eram aplicáveis[246].

245 Solução que cumpre a Convenção da OIT nº 189 quando aí se prevê que "todo o Membro deve fixar uma idade mínima para os trabalhadores do serviço doméstico compatível com as disposições da Convenção (nº 138) sobre a Idade Mínima, 1973, e da Convenção (nº 182) sobre as Piores Formas de Trabalho das Crianças, 1999, e que não deve ser inferior ao estipulado na legislação nacional aplicável aos trabalhadores em geral" (artigo 4º, nº 1) e "Todo o Membro deve tomar medidas para assegurar que o trabalho efetuado pelos trabalhadores do serviço doméstico com idade inferior a 18 anos e superior à idade mínima de admissão ao emprego não os prive da escolaridade obrigatória nem comprometa as suas oportunidades de prosseguir os seus estudos ou uma formação profissional" (nº 2).

246 Maria do Rosário Palma Ramalho, *Tratado de Direito do Trabalho...*, cit., p. 285: "a resolução deste problema não pode deixar de passar pela aplicação ao contrato de serviço doméstico celebrado com menor dos requisitos gerais da contratação de menores impostos pelos arts. 66º e ss. do CT, uma vez que a protecção da saúde e segurança do menor e a garantia da sua formação académica ou equivalente correspondem a um interesse público".

Por outro lado, o nº 2, do artigo 4º, estabelecia que "a admissão de menores deve ser comunicada pela entidade empregadora, no prazo de 90 dias, à Inspecção-Geral do Trabalho", com a indicação de vários elementos. À data, o legislador impunha essa comunicação para os trabalhadores com idade inferior a 16 anos[247]. Considerando que as regras gerais atuais não impõem esta comunicação no caso de trabalhadores com idade superior a 16 anos, desde que matriculados e a frequentar o ensino secundário, andou bem o legislador na sua revogação expressa, podendo defender-se, como defendíamos, que estas normas já teriam sido tacitamente revogadas[248].

Assim, aplicando as regras gerais[249], só pode ser admitido a prestar trabalho doméstico o menor que tenha completado a idade mínima de admissão (16 anos), tenha concluído a escolaridade obrigatória ou esteja matriculado e a frequentar o nível secundário de educação e disponha de capacidades físicas e psíquicas adequadas ao posto de trabalho. No entanto, o menor com idade inferior a 16 anos que tenha concluído a escolaridade obrigatória ou esteja matriculado e a frequentar o nível secundário de educação pode prestar trabalhos domésticos leves que consistam em tarefas simples e definidas que, pela sua natureza, pelos esforços físicos ou mentais exigidos ou pelas condições específicas em que são realizadas, não sejam suscetíveis de o prejudicar no que respeita à integridade física, segurança e saúde, assiduidade escolar, participação em programas de orientação ou de formação, capacidade para beneficiar da instrução ministrada, ou ainda ao seu desenvolvimento físico, psíquico, moral, intelectual e cultural. Acresce que o menor com idade inferior a 16 anos que tenha concluído a escolaridade obrigatória ou esteja matriculado e a frequentar o nível secundário de educação mas não possua qualificação profissional, ou o menor com pelo menos 16 anos de idade mas que não tenha concluído a escolaridade obrigatória, não esteja matriculado e a frequentar o nível secundário de educação ou não possua qualificação profissional só pode ser admitido a prestar trabalho doméstico desde que frequente modalidade de educação ou formação que confira, consoante o caso, a escolaridade obrigatória, qualificação profissional, ou ambas.

[247] Cfr. artigo 3º, do Decreto-Lei nº 396/91, de 16 de outubro.

[248] VICTOR HUGO VENTURA, *O regime do contrato de serviço doméstico*, AAFDL Editora, Lisboa, 2021, p. 79.

[249] Artigos 68º e 69º do CT09.

§ 5. Modalidades do contrato de trabalho doméstico

Estudados os requisitos de forma e a capacidade para celebrar o contrato de trabalho, cumpre saber quais as modalidades que o RCSD admite.

§ 5.1. Contrato de trabalho a termo

No trabalho doméstico, a regra é, tal como no regime laboral comum, a contratação por tempo indeterminado. De resto, o regime legal anterior partia até de uma presunção nesse sentido: "o contrato de serviço doméstico considera-se celebrado sem prazo, se o contrário não resultar da natureza do trabalho, dos usos ou de acordo entre as partes"[250].

O regime anterior também já fazia referência à contratação a termo[251]. Não é de estranhar que, no seguimento da evolução da matéria no regime laboral comum, o atual RCSD inclua uma regulamentação deste ponto. Mas, a este respeito, o legislador quis introduzir uma especificidade relevante relativamente ao regime geral. Se no regime laboral comum a contratação a termo está sujeita a condicionantes, por causa do efeito de precarização laboral associado a esta forma de contratação, no trabalho doméstico, inversamente, o aprazamento da relação laboral aparece desembaraçada de alguns constrangimentos.

[250] Ver artigo 5º, nº 1, do Decreto-Lei nº 508/80, de 21 de outubro. Sobre o sentido desta regra legal, Carlos Alegre, *Contrato de serviço doméstico...* [1981], cit., pp. 20 ss. Regra exatamente oposta valia no Código Civil de 1867: o artigo 1373º estabelecia que, na falta de convenção entre as partes, se considerava que o contrato vigorava por um ano, no serviço rústico, e por um mês, em qualquer outro serviço.

[251] Cfr. artigo 5º, nº 2 do Decreto-Lei nº 508/80, de 21 de outubro.

À primeira vista, o artigo 5º, nº 1, do RCSD, parece contradizer-nos: "ao contrato de serviço doméstico pode ser aposto termo, certo ou incerto, quando se verifique a natureza transitória ou temporária do trabalho a prestar"[252]. Assim, à semelhança do que acontece, em regra, com o regime laboral comum, também o contrato de trabalho doméstico está vinculado, em princípio, à verificação de uma necessidade temporária. Contudo, o nº 2, da mesma norma, acrescenta: "o contrato de serviço doméstico pode ainda ser celebrado a termo certo quando as partes assim o convencionarem, desde que a sua duração, incluindo as renovações, não seja superior a um ano". Numa interpretação que é defendida por Maria do Rosário Palma Ramalho[253], e que é confirmada pela Autorização Legislativa[254], o nº 2 daquela norma pretende liberalizar a utilização da contratação a termo à margem da verificação de uma necessidade temporária. Este entendimento faz sentido não só atentando ao elemento literal do nº 1 ("o contrato de serviço doméstico pode *ainda*...") como sai reforçado pelo nº 4 desta disposição legal quando aí se diz que "a não verificação dos requisitos de justificação, *quando exigidos*... tornam nula a estipulação do termo": a expressão "quando exigidos" só pode querer significar que os requisitos de justificação (isto é, as razões objetivas) nem sempre serão exigíveis.

Portanto, no âmbito do trabalho doméstico, a contratação a termo não exige, necessariamente, a verificação de uma necessidade temporária, embora, verdade seja dita, este seja cada vez menos um traço diferenciador do RCSD[255]: as hipóteses de contratação a termo à margem da existência de uma necessidade temporária grassam cada vez mais na legislação laboral

[252] Estranha era a redação da norma do diploma anterior: "é lícita a celebração de contratos de serviço doméstico a prazo, certo ou incerto, desde que, neste caso, seja a termo certo [!]" (artigo 5º, nº 2).

[253] No mesmo sentido, Maria do Rosário Palma Ramalho, *Tratado de Direito do Trabalho...*, cit., p. 277.

[254] Com efeito, a Lei nº 12/92, de 15 de julho, na alínea d), do artigo 2º, autorizava o Governo a regular "a determinação das condições de admissibilidade do contrato a termo, certo ou incerto, restringindo-a aos casos de natureza transitória ou temporária do trabalho a prestar e de estipulação pelas partes de duração, incluindo as renovações, não superior a um ano".

[255] Maria do Rosário Palma Ramalho, *Tratado de Direito do Trabalho...*, cit., p. 278, escreve que "apesar de o trabalhador merecer uma protecção acrescida quando é contratado a termo, não faz sentido impor a um empregador sem estrutura empresarial as restrições gerais à contratação a termo que têm um fundamento empresarial, nem as conse-

comum. No entanto, a especificidade[256] não pode ser subestimada no seu alcance: no regime laboral comum, a contratação a termo exige sempre um motivo justificativo, ainda que ele não esteja imperativamente ligado a uma necessidade temporária, pois os motivos podem estar relacionados com escopos político-sociais (por exemplo, contratação de trabalhador à procura de primeiro emprego ou desempregados de longa duração). No contrato de trabalho doméstico, pelo contrário, a contratação a termo dispensa a invocação de qualquer motivo justificativo[257].

Sendo certo que, como vimos, o trabalhador doméstico pode ser contratado a termo sem necessidade de invocação de qualquer motivo justificativo, a verdade é que o RCSD estabelece um limite justamente para esses casos: os contratos celebrados sem motivo têm como limite de duração um ano, limite no qual se incluem renovações. O regime legal já é omisso, porém, quanto aos limites à duração dos contratos nos casos previstos no nº 1, ou seja, nos casos em que o contrato de trabalho tem subjacente uma necessidade temporária. Colocando em contraposição as duas normas, parece resultar que, ao contrário das hipóteses previstas no nº 2, não há limitações à contratação a termo desde que se verifique e subsista "a natureza transitória ou temporária do trabalho a prestar" (nº 1). Apenas se estabelece, no nº 1, do artigo 6º, que o contrato de trabalho doméstico a termo certo apenas pode ser objeto de duas renovações. Este resultado interpretativo pode tornar-se particularmente precarizador porque o contexto doméstico é rico em situações que, sendo temporárias, se prolongam no tempo, muitas vezes indefinidamente. Pense-se no trabalhador que é contratado para prestar assistência a criança em idade pré-escolar, até que ingresse na escola, ou para cuidar de idoso em estado terminal. Neste último caso, poderá falar-se de uma necessidade temporária?

quências drásticas dos vícios de forma do contrato, que pressupõem parâmetros de cuidado e de rigor técnico na contratação inexigíveis fora de um contexto empresarial".

[256] Márcia Nigiolela/Fortunato Paixão, *Contrato de trabalho doméstico...*, cit., p. 28: "a precariedade deriva da sua natureza".

[257] Francisco Liberal Fernandes, «A Directiva nº 1999/70/CE e a celebração do primeiro contrato a termo» in: José João Abrantes [Coord.], *Congresso europeu de Direito do Trabalho – comunicações apresentadas no Congresso organizado pela ELSA Nova Lisboa e pela Faculdade de Direito da Universidade Nova de Lisboa, realizado nos dias 12, 13 e 14 de Abril de 2012*, Almedina, Coimbra, 2014, pp. 27-36, especialmente, pp. 33 ss.

Previstas as condições legais para a celebração do contrato a termo, certo ou incerto[258], importa saber quais as consequências para a sua inobservância. Quanto a este ponto, o nº 3 daquela norma estatui que "nas situações previstas no nº 1, na falta de estipulação escrita do prazo considera-se que o contrato é celebrado pelo período em que persistir o motivo determinante". Em termos práticos, faltando a referência ao termo do contrato ocorre uma espécie de conversão *ope legis* do contrato para algo muito próximo da figura do contrato de trabalho a termo incerto pois o contrato vigorará "pelo período em que persistir o motivo determinante"[259].

Por sua vez, o nº 4 dispõe que "a não verificação dos requisitos de justificação, quando exigidos, ou a falta de redução a escrito, no caso do nº 2, tornam nula a estipulação do termo". Sendo obrigatória a forma escrita, determina a norma, *in fine*, que é "nula a estipulação do termo", cominação também aplicável nos casos em qua falta da indicação do motivo justificativo. O RCSD não regula os efeitos jurídicos dessa nulidade, mas parece-nos que não há razões para não aplicar as soluções constantes do regime laboral comum. Consequentemente, a nulidade do termo implica a conversão *ope legis* do contrato em contrato de trabalho por tempo indeterminado.

O RCSD é omisso em relação aos demais aspetos da contratação a termo. Por exemplo, não se dispõem regras quanto às renovações, bem como relativamente à sucessão de contratos de trabalho[260]. A nosso ver, podem e devem ser convocadas as regras do regime laboral comum, sob

[258] O regime legal anterior admitia a celebração de contratos a termo incerto, mas em moldes restritos. Cfr. artigo 5º, nº 2 do Decreto-Lei nº 508/80, de 21 de outubro: "é lícita a celebração de contratos de serviço doméstico a prazo, certo ou incerto, desde que, neste caso, seja a termo certo". Sobre o sentido desta norma, que proibia, aparentemente, a celebração de contratos cujo termo final estivesse subordinado a um evento incerto não só quanto à sua verificação, mas também quanto ao momento da sua ocorrência (por exemplo, contrato de trabalho celebrado com certo trabalhador doméstico que vigoraria até que o filho do casal contraísse casamento), ver CARLOS ALEGRE, *Contrato de serviço doméstico...* [1981], cit., pp. 22.

[259] MARIA DO ROSÁRIO PALMA RAMALHO, *Tratado de Direito do Trabalho...*, cit., p. 278: "no caso de o contrato se fundar numa necessidade transitória, a falta de redução a escrito não determina a nulidade do termo, mantendo-se o contrato enquanto tal motivo justificativo persistir".

[260] LUIZ DA CUNHA GONÇALVES, *Tratado de Direito Civil...*, cit., p. 548, era da opinião de que não existiam limites à renovação do contrato pois, dizia, "é mesmo assim que, em muitos casos, há criados rústicos e urbanos com dezenas de anos de serviço".

pena de o trabalhador doméstico ficar desamparado de qualquer forma medida legal de desincentivo à contratação a termo. Uma interpretação contrária poderia ser não só de constitucionalidade duvidosa, como poderia inclusivamente ser considerada contrária ao Direito da União Europeia[261].

[261] Partindo da premissa de que a relação de trabalho por tempo indeterminado é mais favorável, o legislador social europeu pretendeu, perante a evolução fulgurante da contratação a termo, reforçar a posição, frágil, dos trabalhadores contratados a prazo. Foi assim que, depois de um longo processo, surgiu a Diretiva nº 1999/70/CE, de 28 de junho, que estabelece um conjunto de regras gerais sobre a contratação a termo, e que toma como base um Acordo-quadro celebrado pela União das Confederações da Indústria e dos Empregadores da Europa (UNICE), o Centro Europeu das Empresas Públicas (CEEP) e a Confederação Europeia dos Sindicatos (CES). Os propósitos são dados a conhecer na primeira disposição do Acordo-quadro. Por um lado, pretende-se "melhorar a qualidade do trabalho sujeito a contrato a termo garantindo a aplicação do princípio da não discriminação", e, ao mesmo tempo, "estabelecer um quadro para evitar os abusos decorrentes da utilização de sucessivos contratos de trabalho ou relações laborais a termo" (alíneas a) e b), respetivamente). Concretizando aquela alínea b), o artigo 5º, do Acordo-quadro, determina que os Estados-Membros devem, em princípio, adotar uma das seguintes medidas para combater os abusos na utilização sucessiva de contratos de trabalho a termo ou, por outras palavras, das suas renovações: a subordinação da renovação do contrato a razões objetivas, a um limite (número) máximo ou uma duração máxima. Segundo a jurisprudência constante deste Tribunal, a exigência de um motivo objetivo deve ser entendida como visando circunstâncias precisas e concretas que caracterizam uma determinada atividade e, portanto, suscetíveis de justificar, nesse contexto específico, a utilização de contratos a termo sucessivos. Essas circunstâncias podem resultar, nomeadamente, da natureza particular das tarefas para a realização das quais esses contratos foram celebrados e das características inerentes a essas tarefas ou, tal sendo o caso, da prossecução de um objetivo legítimo de política social de um Estado Membro (cfr. ac. *Adeneler* (proc. nr. C-212/04), pontos 69 e 70). Sendo certo que há setores de atividade que podem justificar o recurso à contratação a termo porque há razões de política social que o justificam (cfr. Cfr. ac. *Rodica Popescu* (proc. nr. C-614/15)) ou porque esta modalidade contratual beneficia simultaneamente a entidade empregadora e o trabalhador (cfr. ac. *Fiamingo* (proc. nr. C-362/13) (ponto 55)), as razões objetivas, a existir, deverão estar expressamente previstas na norma ou, pelo menos, devem poder ser extraídas teleologicamente através da interpretação da norma legal que possibilita a renovação sucessiva dos contratos, por referência ao contexto a que vai dirigida. Segundo a jurisprudência do TJ, não cumpre essas exigências a disposição legal que, desamparada de qualquer suporte textual ou contextual, permite, sem mais, a renovação sucessiva dos contratos de trabalho a termo. Na primeira decisão de referência a este propósito, o TJ decidiu, na jurisprudência *Adeneler*, acima citado, que "o recurso a contratos a termo tendo por único fundamento uma disposição legal ou regulamentar

geral, sem relação com o conteúdo concreto da actividade em causa, não permite estabelecer critérios objectivos e transparentes para efeitos de verificar se a renovação desses contratos responde efectivamente a uma verdadeira necessidade e é apta e necessária para atingir o objectivo prosseguido". Afirma o TJ que "tal disposição, de natureza puramente formal e que não justifica de modo específico a utilização de contratos a termo sucessivos pela existência de factores objectivos relacionados com as particularidades da actividade em causa e com as respectivas condições de exercício, pode gerar um risco real de recurso abusivo a esse tipo de contratos, pelo que não é compatível com o objectivo e com o efeito útil do acordo quadro". No entendimento do Tribunal, "admitir que uma disposição nacional pudesse, de pleno direito e sem outra especificação, justificar contratos a termo sucessivos levaria à violação da finalidade do acordo quadro, que consiste em proteger os trabalhadores contra a instabilidade do emprego, e a esvaziar de conteúdo o princípio de que os contratos sem termo constituem a regra nas relações de trabalho". Pode dizer-se com alguma segurança que as necessidades temporárias ou excecionais representam uma das razões objetivas tipicamente consideradas pelos Estados-Membros. E, com efeito, o TJ já teve oportunidade de afirmar que uma necessidade temporária pode configurar uma razão objetiva na aceção da Diretiva. No entanto, o TJ recusa que a existência de uma necessidade temporária possa resultar, por si só, da própria natureza da atividade quando o contrário resultar das circunstâncias. Por outras palavras, o TJ rejeita que uma disposição nacional permita a renovação sucessiva de contratos de trabalho a termo partindo da premissa de que, em certos setores, a contratação a termo está tipicamente associada a necessidades temporárias quando, na verdade, podem estar em causa necessidades permanentes. No fundo, não se pode dar por demonstrado o que carece de demonstração. Assim, é considerada contrária ao Direito da União Europeia uma regulamentação nacional que prevê normas legais que se limitam a habilitar o recurso à contratação a termo quando estão em causa necessidades permanentes e duradouras (cfr. Ac. *María Elena Pérez López* (proc. nr. C 16/15) e, embora com nuances, ac. *Bianca Kücük*, proc. nr. C-586/10 (pontos 35 ss.)). No entanto, também é preciso notar que o legislador europeu parece ter querido visar apenas a sucessão de contratos de trabalho a termo e já não o primeiro contrato de trabalho propriamente dito. Como se observa Júlio Gomes, *Direito do Trabalho...*, cit., p. 585, "parece, assim, poder afirmar-se, com relativa segurança, que a Directiva não configura o contrato de trabalho a termo propriamente dito como um perigo (...) A premissa fundamental de que a Directiva parte parece ser a de que o perigo a exorcizar é o da renovação, sem restrições, do contrato a termo, e não tanto a contratação a termo, inicial". No mesmo sentido, Francisco Liberal Fernandes, «A Directiva nº 1999/70/CE e a celebração do primeiro contrato a termo» in: José João Abrantes [Coord.], *Congresso europeu de Direito do Trabalho – comunicações apresentadas no Congresso organizado pela ELSA Nova Lisboa e pela Faculdade de Direito da Universidade Nova de Lisboa, realizado nos dias 12, 13 e 14 de Abril de 2012*, Almedina, Coimbra, 2014, pp. 27-36, especialmente, pp. 33 ss.

§ 5.2. Contrato de trabalho com regime de alojamento

Uma das singularidades do contrato de trabalho doméstico é a possibilidade da sua celebração em regime de alojamento. Porventura só impropriamente se poderá falar aqui de uma "modalidade" especial do contrato de trabalho, pois o regime de alojamento mais não será do que um elemento acessório dentro do negócio jurídico global que é o contrato de trabalho doméstico. O que é certo é que o próprio RCSD encara-o como uma modalidade contratual: com a epígrafe "modalidades", o artigo 7º, nº 1, abre com a previsão de que "o contrato de serviço doméstico pode ser celebrado com ou sem alojamento e com ou sem alimentação".

A prestação de trabalho em regime de alojamento será porventura um sinal diferenciador desta relação laboral, com paralelo apenas no contrato de trabalho rural[262] ou no contrato de trabalho de porteiro, mas, na verdade, essa realidade corresponde a uma franja cada vez menor neste setor. Ainda assim, este regime não pode ser subestimado porque o trabalho em regime de alojamento está associado a certos riscos para o trabalhador, para os quais a OIT tem alertado[263].

Não foram, contudo, certamente, estas preocupações que estiveram nas cogitações do legislador quando decidiu autonomizar a figura. De facto, da análise das disposições dispersas pelo RCSD relativas a esta modalidade contratual não resulta uma proteção que se possa considerar substancialmente acrescida. Aliás, nalguns casos, o regime legal é tão mais desfavorável que até chega a ser de compatibilidade duvidosa com fontes de hie-

[262] VICTOR HUGO VENTURA, *Contrato de trabalho rural...*, cit., p. 68.

[263] A Convenção do OIT nº 189 não deixa de afirmar que "todo o Membro deve tomar medidas para assegurar que os trabalhadores do serviço doméstico: a) Possam chegar livremente a acordo com o empregador ou potencial empregador quanto ao alojamento ou não no domicílio do empregador" (alínea a) do artigo 9º). A Recomendação da OIT nº 201 prescreve, no ponto 17, um conjunto de exigências: "quando a acomodação e alimentação são fornecidas, deveriam prever-se, levando-se em consideração as condições nacionais, as seguintes condições: (a) um quarto separado e privado que seja adequadamente mobiliado e ventilado, equipado com uma maçaneta com chave, que deve ser entregue ao trabalhador doméstico; (b) acesso a instalações sanitárias em boas condições, compartilhada ou privadas; (c) iluminação suficiente e, na medida em que for necessário, calefação ou ar-condicionado, em função das condições prevalecentes do domicílio; e (d) refeições de boa qualidade e em quantidade suficiente, adaptadas, quando proceda e de maneira razoável, às necessidades culturais e religiosas particulares dos trabalhadores domésticos a que se referem".

rarquia superior como acontece com a matéria do tempo de trabalho, o que a Lei nº 13/2023, de 3 de abril, não alterou[264]. Pelo contrário, a Lei nº 13/2023, de 3 de abril, decidiu, e bem, alterar o regime dos feriados, onde se fazia referência aos trabalhadores alojados, embora, aí, em prejuízo dos trabalhadores em regime de tempo parcial[265].

Saber quando é que as partes contrataram neste regime não está isento de dúvidas[266]. Tendo em conta o espírito do regime, parece que se exige que o alojamento seja na residência do agregado familiar ou, pelo menos, no "universo residencial do empregador"[267], pois é precisamente esses casos que o trabalhador carece de tutela, por estar sob o permanente "controlo" do empregador. Pelo contrário, se o alojamento se verifica à margem daquela esfera, ainda que custeado pelo empregador, o trabalhador recupera, de alguma forma, a sua liberdade, pelo que não estaremos perante um contrato de trabalho doméstico em regime de alojamento[268]. Isto também significa que é necessário distinguir o contrato de trabalho doméstico em regime de alojamento da possível existência, em paralelo, de um contrato de trabalho doméstico e um contrato de arrendamento, algo perfeitamente possível, mas nem sempre fácil de discernir[269].

Ainda a propósito desta matéria, o Supremo decidiu, em acórdão recente, e pensamos que bem, que não existiu alojamento num caso em

[264] § 7.1. Período normal de trabalho.

[265] § 8.2. Feriados.

[266] Segundo o regime do contrato de trabalho doméstico angolano, é "proibido o contrato de trabalho doméstico em regime de alojamento entre empregador solteiro, divorciado ou viúvo e trabalhador de sexos opostos" (artigo 8º, nº 3, do Decreto Presidencial nº 155/16, de 9 de agosto). Questionando esta norma num plano constitucional, Betsabé Jamba Nunes, «Sobre a constitucionalidade do regime jurídico do trabalho doméstico – a discriminação em função do sexo e a responsabilidade do empregador nos despedimentos lícitos», *Revista Angolana de Legislação e Jurisprudência*, 2 (2020), pp. 87-101, pp. 88 ss.

[267] Maria do Rosário Palma Ramalho, *Tratado de Direito do Trabalho...*, cit., p. 282.

[268] No mesmo sentido, Maria do Rosário Palma Ramalho, *Tratado de Direito do Trabalho...*, cit., p. 282.

[269] Ver, na jurisprudência, ac. de 14/07/1983 do TRL (Ricardo da Velha), proc. nr. 0021084, em que precisamente se reconhece que "há arrendamento baseado nos serviços pessoais da inquilina quando, sendo esta empregada doméstica interna e a tempo inteiro, passa, a sua pedido a ocupar o local arrendado como complemento do seu salário, sendo o arrendamento celebrado por ela própria" (sumário) e ac. de 05/02/1991 do TRP (Alves Correia), proc. nr. 0409672 (sumário) ("não há subarrendamento quando a ocupação do local arrendado, por terceiro, tem lugar por motivo de contrato de serviço doméstico").

que uma trabalhadora pernoitava no quarto de uma senhora de idade para quem prestava assistência "pois o dever de pernoitar na casa onde trabalha está intimamente relacionado com o horário de trabalho que cumpre e não porque ali morava"[270].

[270] Ver ac. de 21/03/2012 do STJ (Sampaio Gomes), CJ (STJ), 2012, I, pp. 266-273.

§ 6. Período experimental

No âmbito da Agenda do Trabalho Digno, a Lei nº 13/2023, de 3 de abril, revogou, em parte, a norma relativa ao período experimental (artigo 8º).

Em primeiro lugar, a Lei nº 13/2023, de 3 de abril, revogou o nº 1, onde se dispunha que o período experimental tinha a duração de 90 dias[271]. Com a revogação desta norma, só pode considerar-se que ao trabalho doméstico são aplicáveis as regras gerais, mormente quanto à duração do período experimental. É certo que, perante o regime anterior, sempre se poderia dizer que o período experimental, que a lei fixava rigidamente em 90 dias, pecava por defeito. Com efeito, se o período experimental é uma fase que permite às partes se estudarem mutuamente, apreciando o seu interesse na manutenção do contrato de trabalho, pesando, nessa decisão, a componente pessoal da relação, porventura até mais do que a prestação propriamente dita, ninguém colocava em causa que o período experimental tem uma importância fundamental nesta relação especial de trabalho para testar a compatibilidade pessoal entre o trabalhador e o agregado familiar[272], até porque o trabalho doméstico exige um "maior esforço de adaptação ao convívio entre empregador e trabalhador"[273].

[271] Segundo nos informa Cláudia Campos, *O contrato de serviço doméstico...*, cit., p. 41, um dos mais longos a nível europeu. O artigo 7º, nº 1, do Decreto-Lei nº 508/80, de 21 de outubro, fixava o período experimental em 2 meses.

[272] Nesse sentido, Filipe Fraústo da Silva, «Em torno do contrato de serviço doméstico...», cit., p. 111.

[273] Carlos Alegre, *Contrato de serviço doméstico...* [1994], cit., p. 26.

A verdade é que, a nosso ver, a regra do RCSD tinha pelo menos o mérito de definir, com certeza jurídica, qual o período experimental aplicável[274]. Ao atirar a disciplina do período experimental para as regras do regime laboral comum, fica a dúvida quanto à sua duração. À partida, o período experimental será de 90 dias (artigo 112º, nº 1, alínea a), do CT09). Acontece que, bem vistas as coisas, há casos em que o trabalho doméstico pode estar sujeito a um período experimental de 180 dias, bastando pensar que há trabalhadores domésticos que efetivamente desempenham funções que se podem considerar de complexidade técnica, elevado grau de responsabilidade ou que pressuponham uma especial qualificação (artigo 112º, nº 1, alínea b), subalínea i), do CT09). Pense-se no trabalhador doméstico que tem crianças ao seu cuidado ou a quem se pede formação geriátrica para cuidar de idosos. No limite, até se poderá discutir se ao trabalho doméstico não pode ser aplicável o período experimental de 240 dias, aplicável a "cargo de direcção ou quadro superior" (artigo 112º, nº 1, alínea c), do CT09), por exemplo, para a chamada "governanta" que dirige os demais trabalhadores do agregado familiar.

De um ponto de vista da certeza jurídica, a revogação desta regra teve, porém, um mérito. É que, ao abrigo do regime legal anterior, era duvidoso qual a duração do período experimental para os contratos de trabalho a termo. De facto, o RCSD não previa qualquer regra especial nesta matéria e, portanto, uma vez que o RCSD não distinguia consoante a modalidade contratual, parecia que os 90 dias de período experimental também valeriam para os contratos de trabalho a termo[275]. Com a revogação destas regras e consequente aplicação das regras gerais, pensamos que, quanto aos contratos de trabalho a termo, valerão, pois, as regras gerais: o período experimental tem a duração de 15 ou 30 dias, consoante o contrato tenha a duração inferior a 6 meses ou igual ou superior a 6 meses (artigo 112º, nº 2, do CT09).

A Lei nº 13/2023, de 3 de abril, revogou também o nº 2, segundo o qual "durante o período experimental, qualquer das partes pode fazer cessar o contrato, sem aviso prévio ou alegação de justa causa, não havendo

[274] Ainda que, como apontava CLÁUDIA CAMPOS, *O contrato de serviço doméstico...*, cit., pp. 43 ss., o regime legal deveria porventura ser pensado de *iure condendo* porque trata indistintamente situações que mereciam porventura situações diferenciadas como os casos em que o trabalhador doméstico presta trabalho a tempo parcial.

[275] MARIA DO ROSÁRIO PALMA RAMALHO, *Tratado de Direito do Trabalho...*, cit., p. 286.

lugar a qualquer indemnização" (artigo 8º, nº 2). Aparentemente, em caso algum existia o dever de conceder pré-aviso por qualquer uma das partes, mas sempre se poderia discutir se não seriam afinal aplicáveis as regras do regime laboral comum. Com a revogação desta norma, só se pode então entender que, por via da aplicação do regime laboral comum, a denúncia durante o período experimental está sujeita a um pré-aviso de 7 ou 30 dias[276], caso seja o empregador a denunciar o contrato, se o período experimental durar, à data da denúncia, respetivamente, há mais de 60 ou 120 dias (artigo 114º, nºs 2 e 3, do CT09, na redação dada pela Lei nº 13/2023, de 3 de abril).

A Lei nº 13/2023, de 3 de abril, revogou ainda o nº 4, do artigo 8º, onde se esclarecia que "o período experimental conta para efeitos de antiguidade". Se a norma poderia ter relevância à época, quando se discutia se o período experimental era uma fase que antecedia o próprio contrato de trabalho[277], hoje está fora de discussão que o período experimental é uma fase contratual e não uma fase vestibular ou preambular do contrato de trabalho. Dada a sua inutilidade, andou bem o legislador na decisão de a revogar.

A Lei nº 13/2023, de 3 de abril, deixou intocado o nº 3 do artigo 8º. Nos termos da disposição, cessado o contrato durante o período experimental, "deve ser concedido ao trabalhador alojado um prazo não inferior a vinte e quatro horas para abandono do alojamento". Esta norma foi seguramente pensada para os casos em que a denúncia é da autoria do empregador dando assim ao trabalhador doméstico um prazo razoável para abandonar o lar, algo que, segundo pensamos, até já resultaria dos deveres laterais de boa-fé que percorrem todo o ciclo obrigacional e que, hoje, pacificamente, também podem existir depois da cessação da relação obrigacional. Seja como for, o que é certo é que a lei não distingue a proveniência da denúncia, pelo que esse período de 24 horas deve ser concedido mesmo nos casos em que é o trabalhador quem denuncia o contrato de trabalho. Curiosamente, o RCSD contém uma norma idêntica no contexto da caducidade do contrato de trabalho a termo: o artigo 28º, nº 4, estabelece que "quando se

[276] Norma também alterada pela Lei nº 13/2023, de 3 de abril.

[277] Sobre isto, ver Júlio Gomes, «Do uso e abuso do período experimental», *Revista de Direito e de Estudos Sociais*, 2000, III-IV, pp. 245-276, pp. 271 ss., afirmando que tal debate é "extremamente pobre e, quanto a nós, reforça a suspeita de que o mesmo carece, no essencial, de utilidade e traduz apenas um esforço para «civilizar» o direito do trabalho".

dê a caducidade do contrato a termo celebrado com trabalhador alojado, a este será concedido um prazo de três dias para abandono do alojamento". O período concedido durante o período experimental é menor e está seguramente relacionado com o facto de o trabalhador alojado cujo contrato de trabalho cessa no período experimental não estar tão "instalado" como o trabalhador cujo contrato de trabalho já está em "plena" execução. Pergunta diferente, que pode ser colocada pertinentemente, é a de saber se este prazo também se aplica a outras situações de cessação do contrato de trabalho[278].

[278] Ver *infra* § 12. Cessação do contrato de trabalho doméstico.

§ 7. Tempo de trabalho

Como vimos introdutoriamente, a matéria do tempo de trabalho foi um daqueles blocos normativos do qual o trabalhador doméstico foi inicialmente afastado[279], decisão que significou, na prática, à época, remeter esta classe para as regras do Código Civil. Como facilmente se compreende, a aplicação das regras civis em matéria de tempo de trabalho não era minimamente satisfatória. Não apenas pela vetustez das regras civilísticas, "estranhas" à filosofia do Direito do Trabalho, esta marginalização do trabalhador doméstico não só levantou questões de inconstitucionalidade por omissão[280], como acentuava, mais uma vez, a fragilidade destes trabalhadores, sabendo-se, como se sabe, que o contexto de informalidade desta rela-

[279] Efetivamente, a disposição inicial do Decreto-Lei nº 874/76, de 23 de dezembro, no seu artigo 1º, era claro nesse sentido: "o regime jurídico de férias, feriados e faltas definido pelo presente diploma é aplicável às relações de trabalho prestado por efeito de contrato individual de trabalho, com excepção das relações de trabalho rural, de serviço doméstico e de trabalho a bordo, as quais serão objecto de diplomas específicos".

[280] Assim, nas conclusões do Parecer nº 9/78, já citado, a Comissão Constitucional entendeu que, embora a decisão de excluir o trabalho doméstico do âmbito de aplicação do Decreto-Lei nº 874/76, de 23 de dezembro, não fosse de considerar, por si, só inconstitucional, atentas as especificidades do serviço doméstico, "o facto, porém, de a regulamentação em vigor para o serviço doméstico, segundo a doutrina dominante, não assegurar aos trabalhadores deste sector o direito ao repouso e aos lazeres, a um limite máximo da jornada de trabalho, ao descanso semana e a férias periódicas pagas, configura uma violação do artigo 53º da Constituição, por omissão de medidas legislativas necessárias para tornar exequível o preceito contido naquela disposição" (p. 35).

ção potencia abusos, em particular, relacionados com o tempo das jornadas de trabalho[281].

Não é assim de espantar que a matéria do tempo de trabalho apareça no RSCD. No essencial, o legislador recupera alguns dos traços do regime laboral comum, mas introduz, ao mesmo tempo, algumas importantes especificidades, podendo dizer-se que a matéria do tempo de trabalho é um dos aspetos em que o RCSD mais se distancia no regime laboral comum[282]. Percebe-se que assim seja: "as necessidades da comunidade familiar muitas vezes não se compadecem com os limites mais rígidos do regime laboral geral nesta matéria"[283]. Antecipando algumas conclusões, veremos, porém, que nem sempre a especialidade do trabalho doméstico pode justificar um desvio em relação às regras do regime laboral comum.

§ 7.1. Período normal de trabalho

Outra das alterações mais significativas introduzidas pela Lei nº 13/2023, de 3 de abril, diz respeito aos limites ao período normal de trabalho. O RCSD dispõe, no artigo 13º, sobre os limites ao período normal de trabalho, o que se compreende se pensarmos que a matéria do tempo de trabalho é um dos pontos mais sensíveis do regime do trabalho doméstico[284]. O artigo 13º, nº 1, do RCSD, dispõe agora, no seguimento da alteração legis-

[281] Assim, apontando o exemplo do trabalho suplementar, Cláudia Campos, *O contrato de serviço doméstico...*, cit., p. 34.

[282] Maria do Rosário Palma Ramalho, *Tratado de Direito do Trabalho...*, cit., p. 266.

[283] Maria do Rosário Palma Ramalho, *Tratado de Direito do Trabalho...*, cit., p. 287. Nas palavras de A. V. Sempere Navarro, «Empleados del hogar...», cit., p. 2179, "uma das suas magnitudes principais recebe uma normação específica". A propósito do tempo de trabalho, embora não diretamente relacionado com trabalho doméstico, ver o ac. *Hannele Hälvä, Sari Naukkarinen, Pirjo Paajanen, Satu Piik/SOS-Lapsikylä ry* (proc. 175/16), onde se decidiu que "o artigo 17.o, n.o 1, da Diretiva 2003/88/CE do Parlamento Europeu e do Conselho, de 4 de novembro de 2003, relativa a determinados aspetos da organização do tempo de trabalho, deve ser interpretado no sentido que não é aplicável a uma atividade assalariada como a que está em causa no processo principal, que consiste em tomar a cargo crianças nas condições de um ambiente familiar, em substituição da pessoa encarregada a título principal desta missão, quando não está demonstrado que a duração do tempo de trabalho, na sua totalidade, não é medida ou predeterminada ou que pode ser determinada pelo próprio trabalhador, o que cabe ao órgão jurisdicional de reenvio verificar"

[284] Cláudia Campos, *O contrato de serviço doméstico...*, cit., p. 49, fala mesmo de "um dos mais longos e imprevisíveis em todo o mundo".

lativa, que o período normal de trabalho não pode ser superior a 40 horas semanais, quando no regime anterior se previam 44 horas semanais.

A alteração é de aplaudir e vem positivar a interpretação corretiva que era proposta pela doutrina, onde nos incluíamos. Para nós, era pelo menos discutível que a norma anterior, que fixava em 44 horas semanais, continuava em vigor ou, mais rigorosamente, que o limite ao período normal de trabalho ainda se cifrasse nas 44 horas[285]. A questão colocava-se porque, atualmente, o período normal de trabalho está fixado, no CT09, nas 8 horas por dia e nas 40 horas por semana, sem prejuízo, naturalmente, dos mecanismos de flexibilização aí previstos. A nossa interpretação baseava-se na evolução histórica nessa matéria. Como se sabe, a redução do tempo de trabalho representa uma reivindicação histórica dos trabalhadores que foi conseguida progressivamente[286]. A verdade é que os diplomas legais onde ficaram vertidas essas aquisições sempre excluíram do seu âmbito de aplicação o trabalho doméstico[287]. Concretamente, quando o Direito do Tra-

[285] Victor Hugo Ventura, *O regime do contrato de serviço doméstico*, cit., pp. 91 ss. No mesmo sentido, Cláudia Rosa Henriques, «Contrato de serviço doméstico...», cit., p. 102, n. 57.

[286] A Lei nº 5516, de 10/05/1919, previa, logo no seu artigo 1º, que "o período máximo de trabalho do trabalho diário, que seja diurno, nocturno ou mixto, dos trabalhadores... não poderá ultrapassar oito horas por dia, nem quarenta e oito por semana". Posteriormente, tanto o Decreto-Lei nº 47032, de 27/05/1966, como o Decreto-Lei nº 49408, de 24/11/1969, remetiam para diploma especial a fixação dos limites ao período normal de trabalho. Cfr. artigo 45º, nº 1, de ambos os diplomas: "os limites máximos dos períodos normais de trabalho, bem como o trabalho nocturno, serão objecto de regulamentação especial". O que veio a suceder com o Decreto-Lei nº 409/71, de 14 de setembro, que fixou em 8 horas por dia e 48 horas por semana. Aquele diploma veio a ser alterado pela Lei nº 2/91, de 17 de janeiro, que impôs um novo limite: "o período normal de trabalho não pode ser superior a 44 horas por semana". Posteriormente, a Lei nº 21/96, de 23 de julho, reviu em baixa os períodos normais de trabalho para as 40 horas, o que se manteve com a Lei nº 73/98, de 10 de novembro, sem prejuízo das disposições mais flexíveis aí contidas. Sem espanto, a matéria do tempo de trabalho veio a ser integrada nas codificações do Direito do Trabalho que estabeleceram um período normal de trabalho máximo de 8 horas por dia e 40 horas por semana: cfr. artigo 163º do CT03 e o artigo 203º do CT09.

[287] A Lei nº 5516, de 10/05/1919, previa, logo no seu artigo 1º, que "o período máximo de trabalho do trabalho diário, que seja diurno, nocturno ou mixto, dos trabalhadores... com excepção dos rurais e *domésticos*... não poderá ultrapassar oito horas por dia, nem quarenta e oito por semana". Aquando da revisão deste diploma, no tocante ao tempo de trabalho, a Câmara Corporativa emitiu o Parecer nº 26/X respeitante ao Projecto de Decreto-Lei nº 5/X, consultável em *Actas da Câmara Corporativa* nº 72 (1971), disponível *online*, onde constava, p. 766, "regista-se, no entanto, que o projecto é omisso em relação ao trabalho

balho reduziu os limites ao período normal de trabalho das 44 horas para as 40 horas de trabalho, algo que aconteceu com a Lei nº 21/96, de 23 de julho, o trabalhador doméstico apareceu excluído... como sempre: "o presente diploma aplica-se às relações de trabalho abrangidas pelo Decreto-Lei nº 409/71, de 27 de Setembro", sendo que este diploma, por sua vez,

prestado por efeito do contrato de serviço doméstico (artigo 5º do Decreto-Lei nº 49408, referido). Aceita-se, sem relutância, a falta de menção do contrato de serviço doméstico: seria muito menos viável do que a Lei do Contrato de Trabalho a extensão do presente regime legal, ainda que subposto a toda a gama de imagináveis adaptações". O projecto viria a dar origem ao Decreto-Lei nº 409/71, de 27 de setembro, e o diploma excluía da sua aplicação o serviço doméstico (artigo 4º). Por esta altura ganhavam cada vez mais impacto os movimentos internacionais no sentido da redução do período normal de trabalho. Aquele diploma veio a ser alterado pela Lei nº 2/91, de 17 de janeiro, que impôs um novo limite: "o período normal de trabalho não pode ser superior a 44 horas por semana". Mas quanto às relações especiais a solução era a mesma de sempre, com excepção, parece, do trabalhador rural. Dizia o seu artigo 4º, nº 1, que "o presente diploma aplica-se às relações de trabalho abrangidas pelo Decreto-Lei nº 409/71, de 27 de setembro, bem como ao trabalhador rural". Contudo, o nº 2 dizia que "o regime previsto no presente diploma será tornado extensivo ao trabalho a bordo e ao trabalho de serviço doméstico, nos termos e condições a estabelecer em legislação própria". Ora, o diploma regulador do contrato de trabalho doméstico, que cronologicamente é imediatamente posterior a esta lei, o Decreto-Lei nº 235/92, previu um período normal de trabalho precisamente não superior a 44 horas. A verdade é que, posteriormente, a Lei nº 21/96, de 23 de julho, que previa a redução dos períodos normais de trabalho para as 40 horas, no seu artigo 8º, com a epígrafe "âmbito", dizia que "o presente diploma aplica-se às relações de trabalho abrangidas pelo Decreto-Lei nº 409/71, de 27 de setembro, bem como ao trabalho rural". Depois, a Lei nº 73/98, de 10 de novembro, no seu artigo 1º, nº 2, definia o seu âmbito de aplicação nuns termos de continuidade com o lastro normativo anterior: "a presente lei aplica-se às relações de trabalho abrangidas pelo Decreto-Lei nº 409/71, de 27 de setembro, bem como ao trabalho rural, com ressalva das actividades para as quais vigore regulamentação específica". A matéria do tempo de trabalho veio a ser integrada nas codificações do Direito do Trabalho que estabelecem um período normal de trabalho máximo de 8 horas por dia e 40 horas por semana: cfr. artigo 163º do CT03 e o artigo 203º do CT09. Sobre esta evolução, ver José João Abrantes, «A redução do período normal de trabalho – a Lei nº 21/96 em questão», *Questões Laborais*, 9-10 (1997), pp. 81-89, Luís Miguel Monteiro, «Algumas questões sobre a organização do tempo de trabalho: os regimes legais de adaptação do tempo de trabalho», *Revista de Direito e de Estudos Sociais*, 2000, III-IV, pp. 277-297, pp. 277 ss., Albino Mendes Baptista, «Tempo de trabalho efectivo, tempos de pausa e tempo de «terceiro tipo»», *Revista de Direito e de Estudos Sociais*, 2002, I, pp. 29-53 e Miguel Lopes Cardoso, «A duração e organização do tempo de trabalho – evolução de 2003 para 2009», *Revista de Ciências Empresariais e Jurídicas*, 15 (2009), pp. 285-310.

excluía do seu âmbito de aplicação o trabalhador doméstico, como, de resto, já tínhamos assinalado introdutoriamente, quando apresentámos a tendência para a marginalização do trabalhador doméstico pelo legislador ordinário.

O certo é que, com a codificação laboral, a matéria do tempo de trabalho migrou para o regime laboral comum e, consequentemente, o legislador deixou de se pronunciar sobre a aplicação dos limites ao período normal de trabalho ao contrato de trabalho doméstico (como também, de resto, às demais relações especiais cronicamente excluídas dessa legislação). Por outras palavras, a codificação laboral gerou, aparentemente, uma "preservação" da regulamentação especial: na medida em que o Código do Trabalho não é aplicável ao contrato de trabalho doméstico e este merece, por sua vez, uma regulamentação especial nesta matéria, as regras especiais contidas no RCSD estariam numa relação de especialidade em relação às regras gerais, as quais não teriam qualquer efeito derrogador daquelas regras especiais (cfr. artigo 7º, nº 3, do Código Civil).

Segundo cremos, a questão não poderia ser analisada de forma tão linear. Sabendo-se que o regime laboral comum fixa nas 40 horas semanais e nas 8 horas diárias os limites ao período normal de trabalho (artigo 203º, nº 1, do CT09), que a própria evolução internacional nesta matéria aponta para a redução dos períodos normais de trabalho para as 40 horas e que a tendência vai no sentido do encurtamento dos limites ao período normal de trabalho, pensamos que a redação anterior do RCSD deveria ser lida atualisticamente e, consequentemente, seriam aplicáveis ao trabalho doméstico os limites ao período normal de trabalho previstos no regime laboral comum. O legislador esteve bem e agora é claro que o período normal de trabalho do trabalhador doméstico tem como limite máximo 8 horas diárias e 40 horas semanais[288].

[288] Cláudia Campos, *O contrato de serviço doméstico...*, cit., p. 53, também defendia uma "revogação tácita da norma do regime especial assente numa interpretação atualista do diploma". No mesmo sentido, Maria Irene Gomes, «Contrato de trabalho doméstico...», cit., pp. 227 ss. Contra, mais recentemente, ac. de 15/11/2021 do TRP (Jerónimo Freitas), proc. nr. 4280/17.4T8MTS.P3: "concluindo, quanto a este ponto – trabalho suplementar – o recurso procede, mas parcialmente, nos termos que acima se deixaram indicados, ou seja, apenas assistindo à autora o direito a ser remunerada pela prestação de trabalho suplementar decorrente de ter prestado efectivamente trabalho, ao longo de toda a relação contratual, cumprindo um período semanal de 48 horas que excede em 4 horas o limite previsto

Acontece que a Agenda do Trabalho Digno deixa sem alteração o nº 2 do mesmo preceito. Acrescenta esta disposição legal que "no caso dos trabalhadores alojados apenas são considerados para efeitos do número anterior os tempos de trabalho efectivo". Literalmente, esta norma significa, pois, que apenas são contabilizados para efeitos dos limites ao período normal de trabalho – que, com a Agenda para o Trabalho Digno, se pretendeu assentar que são 40 horas semanais – os períodos de trabalho efetivo. Esta norma exclui, pois, o chamado "tempo de disponibilidade", ou seja, os tempos durante os quais o trabalhador não está efetivamente a trabalhar, mas está disponível para o efeito.

No contrato de trabalho doméstico, o problema do tempo de disponibilidade ou de presença ganha todo uma outra dimensão ou acume dado que "um componente-chave das longas e incalculáveis horas de trabalho doméstico é a substancial presença de tempo *on-call*"[289]. Como sabemos, no Direito do Trabalho português, por força do Direito da União Europeia, o conceito de "tempo de trabalho" é um conceito que não se esgota na noção de tempo de trabalho efetivo. Com efeito, segundo a jurisprudência consolidada do TJ, à luz da qual esta matéria deve ser compreendida e sobretudo aplicada, o conceito de tempo de trabalho abrange ainda o chamado "tempo de disponibilidade" sob a forma de presença, prontidão ou guarda no local de trabalho[290]. Partindo destas premissas, será a norma do artigo 13º, nº 2, compatível com a jurisprudência do TJ?

no artº 13º 1, do DL 235/92. Significa isso, que a sentença deve ser alterada quanto a esta questão do trabalho suplementar, na medida em partiu da consideração que o limite do período de trabalho semanal a aplicar era o estabelecido no artº 203º 1 do CT (40 horas semanais), bem assim que a autora trabalhava 24 horas por dia, nessa base concluindo que "todo o trabalho prestado pela autora para além das 8 horas diárias e das 40 horas semanais, bem como aos feriados, terá de ser considerado como trabalho suplementar (art. 226º, nº 1 do Código do Trabalho) e como tal deve ser remunerado", deve ser alterada".

[289] Deirdre Mccann, «New frontiers of regulation: domestic work working conditions, and the holistic assessement of nonstandard work norms», *Comparative Labor Law and Policy Journal*, 34 (2012), pp. 167-192, p. 187.

[290] Como sabemos, no Direito do Trabalho português, por força do Direito da União Europeia, o conceito de "tempo de trabalho" é um conceito que não se esgota na noção de tempo de trabalho efetivo, pois, segundo a jurisprudência consolidada do TJ, à luz da qual esta matéria deve ser compreendida, e sobretudo aplicada, o conceito de tempo de trabalho deve ser lido com uma amplitude que abranja o chamado "tempo de disponibilidade", sobretudo quando essa disponibilidade se revela no local de trabalho ou em local

determinado pelo empregador. Em síntese, em diversas ocasiões, o TJ foi chamado a interpretar o sentido e alcance do artigo 2º, nº 1, da Diretiva nº 2003/88/CE, de 4 de novembro de 2003 (ou de versões anteriores desta Diretiva), segundo o qual é "tempo de trabalho" "qualquer período durante o qual o trabalhador está a trabalhar ou se encontra à disposição da entidade patronal e no exercício da sua actividade ou das suas funções, de acordo com a legislação e/ou a prática nacional". Sobre este conceito, cfr. os acõrdãos *Vorel*, (proc. nr. C-437/05), *Simap* (proc. nr. C-303/98), *Jaeger* (proc. nr. C-151/02) e *Dellas* (proc. nr. C-14/04). Mais recentemente, esta jurisprudência conheceu um reforço nos acórdãos *Matzak* (proc. nr. C 518/15), *D. J. v. Radiotelevizija Slovenija* (proc. nr. C-344/19), *RJ v. Stadt Offenbach am Main* (proc. nr. C-580/19), *XR vs. Dopravní podnik hl. m. Prahy, akciová společnost* (proc. nr. C-107/19) e *MG vs. Dublin City Council* (proc. nr. C-214/20), precisando, nesta última jurisprudência, que "se resultar de uma apreciação global de todas as circunstâncias do caso, nomeadamente da amplitude e das modalidades dessa faculdade de exercer outra atividade profissional, e da inexistência de uma obrigação de participar em todas as intervenções asseguradas a partir desse quartel, que as restrições impostas ao referido trabalhador durante esse período não são de uma natureza tal que afetem objetiva e muito significativamente a faculdade de este último gerir livremente, durante o referido período, o tempo durante o qual os seus serviços profissionais enquanto sapador bombeiro não são solicitados".

Sobre isto, numa análise que, naturalmente, já vem dos regimes legais anteriores à codificação, ver Francisco Liberal Fernandes, «Sobre o conceito de tempo de trabalho no Código do Trabalho», *Questões Laborais*, 27 (2006), pp. 135-137, pp. 135 ss., Id., «Notas sobre a flexibilização do tempo de trabalho» in: *Nos 20 anos do Código das Sociedades Comerciais – Homenagem aos Profs. Doutores A. Ferrer Correia, Orlando de Carvalho e Vasco Lobo Xavier*, Vol. II, Coimbra Editora, Coimbra, 2007, pp. 705-740, Id., *O tempo de trabalho – comentários aos artigos 197 a 236º do Código do Trabalho (revisto pela Lei nº 23/2012, de 25 de Junho)*, Coimbra Editora, Coimbra, 2012, Id., «Um breve olhar sobre a Directiva Nº 2003/88/CE, relativa à organização do tempo de trabalho», *Prontuário de Direito do Trabalho*, 93 (2012), pp. 101-121, Maria de Fátima Ribeiro, «Breves notas críticas sobre a evolução de alguns aspectos do regime da duração e organização do tempo de trabalho», *Questões Laborais*, 28 (2006), pp. 219-240, Id., «O tempo de trabalho e a Lei nº 21/96» in: *Juris et de Jure – nos 20 Anos da Faculdade de Direito da Universidade Católica Portuguesa – Porto*, Publicações Universidade Católica, Porto, 1998, pp. 987-1029, Albino Mendes Baptista, «Tempo de trabalho efectivo, tempos de pausa e tempo de "terceiro tipo"», *Revista de Direito e de Estudos Sociais*, 2002, I, pp. 29-53 (também publicado em *V Congresso Nacional de Direito do Trabalho – Memórias*, Almedina, Coimbra, 2003, pp. 177-191 e *Jurisprudência do trabalho anotada – relação individual de trabalho*, 3ª ed., Quid Iuris, Lisboa, 1998, pp. 363-372), António Vilar, «Tempo de trabalho – quando o trabalhador permanece adstrito à realização da prestação, mas não está a desempenhar a actividade» in: *VIII Congresso Nacional de Direito do Trabalho – Memórias*, Almedina, Coimbra, 2006, pp.133-144, Miguel Lopes Cardoso, «A duração e organização do tempo de trabalho – evolução de 2003 para 2009», *Revista de Ciências Empresariais e Jurídicas*, 15 (2009), pp. 285-310. Mais recentemente, Catarina de Oliveira Carvalho, «Reflexões

À primeira vista, a resposta seria liminarmente negativa porque esta jurisprudência do TJ não deveria ser considerada aplicável no trabalho doméstico. Alegadamente, a Diretiva nº 2003/88/CE, de 4 de novembro, que aproxima as legislações dos Estados-Membros em matéria de tempo de trabalho e sobre a qual o TJ se debruçou no esclarecimento do conceito de tempo de trabalho, exclui do seu âmbito de aplicação o trabalhador doméstico. Dizemos alegadamente porque essa tese não resulta expressamente da Diretiva, mas antes do seguinte raciocínio: ao anunciar, logo no seu artigo 1º, nº 1, que a Diretiva "estabelece prescrições mínimas de segurança e saúde em matéria de organização do tempo de trabalho", ela revela uma ligação "genética" com a Diretiva nº 89/391/CEE, de 12 de junho, que visa promover a segurança e saúde no trabalho. Isso chegaria para afirmar que o âmbito de aplicação daquela Diretiva se filia no âmbito de aplicação da Diretiva nº 89/391/CEE, de 12 de junho[291], mais geral nesta matéria. De resto, é comum ver referida a Diretiva nº 2003/88/CE, de 4 de novembro, como uma Diretiva "derivada" da Diretiva nº 89/391/CEE, de 12 de junho, que, por sua vez, seria a Diretiva de "referência". Ora, esta Diretiva prevê, no seu artigo 3º, que "para efeitos da presente Directiva, entende-se por... trabalhador, qualquer pessoa ao serviço de uma entidade patronal e bem assim os estagiários e os aprendizes, com *excepção dos empregados domésticos*" (sublinhado nosso). Consequentemente, o trabalhador doméstico estaria excluído do âmbito de aplicação da Diretiva sobre o tempo de trabalho e, consequentemente, não relevaria para ele todo o trabalho interpretativo da jurisprudência do TJ. Será mesmo assim?

sobre o conceito de tempo de trabalho no direito europeu e respetiva articulação com o direito nacional» in: AAVV. [Coord.], *Estudos de Direito do Trabalho em Homenagem ao Professor António Monteiro Fernandes*, Parte I, Nova Causa, 2017, pp. 279-313, Francisco Liberal Fernandes, «Tempo de trabalho e tempo de descanso» in: Maria do Rosário Palma Ramalho/Teresa Coelho Moreira [Coord.], Tempo de trabalho e tempos de não trabalho, APODIT, Lisboa, 2018, pp. 11-23, João Zenha Martins, «Tempo de trabalho e tempo de repouso: qualificação e delimitação de conceitos» in: Maria do Rosário Palma Ramalho/Teresa Coelho Moreira [Coord.], *Tempo de trabalho e tempos de não trabalho*, APODIT, Lisboa, 2018, pp. 25-67 (= *Revista do CEJ*, 2017, II, pp. 209-249) e Pedro Ferreira de Sousa/Fábio Nave Moreira, «O tempo de disponibilidade do trabalhador – perspetiva laboral, fiscal e contributiva», *Prontuário de Direito do Trabalho*, 2018, II, pp. 195-216.

[291] O artigo 1º, nº 3, da Diretiva nº 2003/88/CE, de 4 de novembro, apenas diz que "a presente Directiva é aplicável a todos os sectores de actividade, privados e públicos, na acepção do artigo 2º da Directiva 89/391/CEE".

Sobre esta questão, embora não estando em causa trabalhadores domésticos, o TJ já decidiu, numa jurisprudência firmada posteriormente, que "embora o conceito de «trabalhador» seja definido no artigo 3º, alínea a), da Directiva 89/391 como designando qualquer pessoa ao serviço de uma entidade patronal e os estagiários e os aprendizes, com excepção dos empregados domésticos, a Directiva 2003/88 não faz nenhuma remissão para esta disposição da Directiva 89/391 nem para a definição do conceito de trabalhador decorrente das legislações e/ou práticas nacionais. Resulta desta última constatação que, para efeitos da aplicação da Directiva 2003/88, o conceito de trabalhador não pode ser objecto de uma interpretação que varie consoante os direitos nacionais, mas reveste um alcance autónomo, próprios do direito da União. O mesmo deve ser definido segundo critérios objectivos que caracterizam a relação de trabalho, tendo em consideração os direitos e os deveres das pessoas em causa. Ora, a característica essencial da relação de trabalho é a circunstância de uma pessoa realizar, durante certo tempo, em benefício de outra e sob a sua direcção, prestações em contrapartida das quais recebe uma remuneração"[292].

Esta jurisprudência foi mesmo reafirmada posteriormente. Com efeito, o TJ reafirmou, em acórdãos posteriores, a ideia de que a Diretiva 2003/88/CE "não faz nenhuma remissão para o conceito de «trabalhador», nos termos da Diretiva 89/391, nem para a definição desse conceito decorrente das legislações e/ou práticas nacionais" e que, para o efeito, "o conceito de «trabalhador» no contexto da Diretiva 2003/88 deve ser definido segundo critérios objetivos que caracterizam a relação de trabalho"[293]. Ora, para Vera Pavlov, jurista espanhola que tem pugnado pela extensão destas Diretivas ao trabalho doméstico, "esta concepção ampla construída sobre a dignidade dos trabalhadores, oposta a uma noção restrita à prevenção dos riscos laborais, implica a universalidade das normas adoptadas conforme a esta base. Por outras palavras, aquelas previsões, cujo objectivo é salvaguardar a

[292] Ver ac. *Union Syndicale Solidaires Isère v. Premier Ministre and O.* (proc. nr. C-428/09), parágrafos 27 e 28. Mais recentemente, ac. *Ville de Nivelles v. Rudy Matzak* (proc. nr. C-518/15).

[293] Ver ac. *Gérard Fenoll v. Centre d'aide par le travail «Le Jouvene», Association de parents et d'amis de personnes handicapées mentales (APEI) d'Avignon* (proc. nr. C-316-13), parágrafos 24 e 27.

dignidade dos trabalhadores, devem interpretar-se com um âmbito de aplicação pessoal da maior amplitude possível"[294].

Ainda no plano internacional, a Convenção da OIT nº 189 prevê, no seu artigo 10º, nº 3, que "os períodos durante os quais os trabalhadores do serviço doméstico não podem dispor livremente do seu tempo e ficam à disposição do agregado familiar para a eventual necessidade dos seus serviços devem ser considerados tempo de trabalho na medida prevista pela legislação nacional ou as convenções coletivas, tendo em conta as características específicas do trabalho doméstico". No mesmo sentido, a Recomendação da OIT nº 201, embora sem o mesmo valor vinculativo, refere que "no período de tempo durante o qual o/a trabalhador/a doméstico/a está à disposição do empregador, a legislação nacional ou os acordos colectivos devem regulamentar: o número máximo de horas semanais, mensais ou anuais em que o trabalhador doméstico poderá ser chamado a devendo estar disponível para o trabalho"[295].

É justo assinalar que o tema levanta particulares dificuldades no contexto do trabalho doméstico sobretudo no regime de alojamento, pois, nesses casos, o trabalhador, por definição, está permanentemente no local de trabalho, ainda que disponha de um espaço pessoal totalmente apartado da habitação do agregado familiar para o qual trabalha. Na prática, nem sempre será fácil discernir os tempos de trabalho e de descanso do trabalhador. Como já se fez notar, "o trabalho à disposição ou *on-call* no sector doméstico é especialmente complexo dado que os próprios conceitos de tempo de trabalho e descanso, lugar de trabalho e espaço privado se misturam e confundem com uma intensidade que não se dá em nenhum outro tipo de trabalho"[296]. Contudo, se isto é verdade, também é necessário afirmar que

[294] Vera Pavlov, «El potencial del Derecho Laboral de la UE...», cit., p. 94. Afirmando a incompatibilidade, Vera Pavlov, «El potencial del Derecho Laboral de la UE...», cit., pp. 103 ss. No contexto do Direito espanhol, que contém uma norma com efeito prático semelhante, L. Meléndez Morillo Velaverde/Carolina San Martín Mazzucconi/Pilar Palomino Saurina, «La relación laboral especial...», cit., p. 148, não detetam qualquer problema observando que os "tempos de presença" "exigem para a sua constituição o acordo das partes, o que de certa forma salva a arbitrariedade que pode dar-se nesta matéria". Igualmente sem qualquer objeção, Elena Desdentado Daroca, «La nueva regulación del trabajo doméstico cinco años después. Un análisis crítico», *Revista de Derecho Social*, 75 (2016), pp. 47-73, p. 66.

[295] Ver Parágrafo 9 (1) alínea a) da Recomendação nº 201 da OIT.

[296] Vera Pavlov, «El potencial del Derecho Laboral de la UE...», cit., p. 103.

a especial dificuldade dos problemas jurídicos não pode servir de álibi para que o jurista se demita da sua resolução em especial se tivermos presente o que está em causa nestes casos pois "uma componente chave das longas e incalculáveis horas de trabalho doméstico é a substancial presença de tempo on-call"[297].

A nosso ver, o artigo 13º, nº 2, do RCSD, é, pese embora aquela jurisprudência recente do TJ[298], incompatível com o Direito da União Europeia, pois ao contabilizar apenas o tempo de trabalho efetivo do trabalhador doméstico alojado, para efeitos dos limites ao período normal de trabalho, esta norma restringe o alcance do conceito de tempo de trabalho previsto na Diretiva nº 2003/88/CE, de 4 de novembro, tal como ele é interpretado pela jurisprudência do TJ.

Nos nossos tribunais, o problema não tem sido colocado e a norma do nº 2 do artigo 13º tem sido aplicada e compreendida nos termos literais em que está redigida. Como ilustração, pode ver-se o seguinte caso, decidido pelo Supremo Tribunal de Justiça: uma trabalhadora foi contratada para zelar e cuidar de uma senhora de idade, ao abrigo de um contrato de trabalho doméstico. Para o efeito, pernoitava no quarto da senhora a quem prestava assistência tendo sido dado como provado que a trabalhadora "tinha de tomar a refeição (almoço ou jantar) na residência, não podia se ausentar da mesma durante esse período de tempo, não obstante não estar sempre a prestar trabalho efectivo". O Supremo considerou como tempo de trabalho todo esse período sendo que a conclusão "não é afastada pelo facto de ter ficado provado que durante todo o horário de trabalho existiam "momentos mortos" que permitiam à Autora ler, ver televisão e dormir na medida em que esses "momentos" não possibilitam à Autora afastar-se de junto da

[297] Deirdre Mccann, «New frontiers of regulation...», cit., p. 187.

[298] Estamos a referir-nos, como dissemos, aos casos *D. J. v. Radiotelevizija Slovenija* (proc. nr. C-344/19), *RJ v. Stadt Offenbach am Main* (proc. nr. C-580/19), *XR vs. Dopravní podnik hl. m. Prahy, akciová společnost* (proc. nr. C-107/19) e *MG vs. Dublin City Council* (proc. nr. C-214/20), precisando-se, nesta última jurisprudência, que "se resultar de uma apreciação global de todas as circunstâncias do caso, nomeadamente da amplitude e das modalidades dessa faculdade de exercer outra atividade profissional, e da inexistência de uma obrigação de participar em todas as intervenções asseguradas a partir desse quartel, que as restrições impostas ao referido trabalhador durante esse período não são de uma natureza tal que afetem objetiva e muito significativamente a faculdade de este último gerir livremente, durante o referido período, o tempo durante o qual os seus serviços profissionais enquanto sapador bombeiro não são solicitados".

senhora a quem prestava assistência. Ou seja, esses momentos não permitiam à Autora recuperar a sua total disponibilidade".

Mas o Supremo entendeu que a trabalhadora doméstica em causa não deveria ser considerada como trabalhador doméstico alojado nos termos do Decreto-Lei nº 235/92, de 24 de outubro, pois da matéria de facto provada apenas resulta que a trabalhadora tinha sido "contratada para prestar os referidos serviços domésticos durante um período temporal, por regra, correspondente ao período nocturno". Como tal, entendeu o Supremo não ser aplicável o regime do tempo de trabalho especial do trabalhador alojado, ou seja, não lhe seria aplicável aquele artigo 13º, nº 2, sendo-lhe aplicável as normas gerais em matéria de tempo de trabalho, contidas no CT09, uma vez que o regime do contrato de trabalho doméstico é omisso nessa matéria.

O Supremo não chega a encarar a questão do tempo de trabalho do trabalhador alojado considerando o regime inaplicável ao caso, mas acaba por deixar escapar a seguinte nota: "não lhe é aplicável o regime especificamente previsto para este "tipo" de trabalhador de serviço doméstico, estabelecidos nos artigo 13º, nº 2 e 14º do DL nº 235/92, relativamente ao tempo de trabalho a que os mesmos estão adstritos e às regras específicas para a sua "medição" temporal, as quais, aliás, encontram a sua justificação na circunstância de haver, materialmente, um contínuo de permanência na habitação, impondo-se, por isso, a determinação de critérios que permitam discernir os tempos de trabalho dos tempos de descanso". Já num outro passo anterior do acórdão, o tribunal notara que "ocorre das citadas normas que o legislador teve a preocupação de definir expressamente o tempo de trabalho e o tempo de descanso do trabalhador alojado atendendo às particulares condições em que presta a sua actividade – habita no local de trabalho e por isso aí permanece a maior parte do dia. E no que respeita ao tempo de trabalho, e pelas mesmas razões, considerou que só o tempo efectivo de trabalho conta para efeitos do cálculo do período normal de trabalho semanal"[299]. Do exposto parece resultar, pois, que as respostas e a decisão seriam diferentes se aquela trabalhadora fosse um trabalhador doméstico em regime de alojamento dado que, nesses casos, o tribunal acaba por confirmar *a latere* que apenas seriam contabilizados os tempos de trabalho efetivos e já não os meros tempos de trabalho de disponibilidade.

[299] Ver ac. de 21/03/2012 do STJ (Sampaio Gomes), CJ (STJ), 2012, I, pp. 266-273.

Num outro caso, decidido pela Relação de Coimbra, e envolvendo também um tabalhador doméstico, entendeu-se que não é tempo de trabalho a actividade de "cuidar e tomar conta" de uma herdade quando a trabalhadora morava com os seus familiares numa pequena casa anexa à moradia onde residia o agregado familiar. Para o Tribunal, "como é perfeitamente natural, neste contexto, se algum (pouco) tempo podia ser despendido na vigilância ("cuidar e tomar conta"), não é menos certo que a autora, noutros momentos, podia dedicar-se à sua vida pessoal e familiar. O "cuidar e tomar conta" era assegurado pela própria presença da autora na propriedade, que nela habitava, como é corrente em situações similares. Assim sendo, tendo em conta o que acima ficou dito, a disponibilidade da autora para "cuidar e tomar conta" não pode reconduzir-se a "tempo de trabalho" sem que tenha prejudicado que tenha sido dado como provado que "a vigilância tinha de ser levada a cabo não só nas residências mas também em toda a quinta que, conforme ficou provado, era composta por cerca de 1 hectare de terreno actualmente em pousio e uma parte urbana com cerca de 0.5 hectare (nela existindo, pelo menos, três moradias)"[300].

Mais recentemente, o Supremo afinou pelo mesmo diapasão: "é certo que ao longo das 24 horas de cada dia a autora, necessariamente, tomaria as suas refeições, teria períodos em que estaria mais liberta das tarefas que lhe competia realizar e, naturalmente, dormiria. No entanto, não o é menos que durante todo essas horas estava sempre sujeita ao eventual cumprimento de qualquer tarefa e cingida à residência da Ré e de sua mãe, disponível e vigilante, o que em contraponto se traduzia numa clara compressão da sua disponibilidade pessoal, que só era recuperada nas 24 horas de folga semanais, gozadas de forma intermitente conforme as suas necessidades. Neste quadro, caso fosse aplicável o regime do artº 197º, do CT, cremos que seria de concluir que todas as 24 horas de cada dia, dia após dia, em que autora estava disponível, na habitação da Ré e de sua mãe, para assegurar o acompanhamento que fosse necessário para cuidar daquela, seria de considerar tempo de trabalho. Acontece, como ficou acima dito, ter-se concluído que a relação contratual em presença deve ser qualificada como contrato de prestação de serviço doméstico de trabalhadora alojada, a tempo inteiro,

300 Ver ac. de 08/09/2011 do TRC (Felizardo Paiva), CJ, 2011, IV, pp. 63-66.

logo, sendo aplicável o regime específico estabelecido no nº 2, do art. 13º e nos nºs 1, 2 e 3, do art. 14º"[301].

Os casos acima citados demonstram que esta é uma matéria para a qual é necessária uma maior consciencialização dos intérpretes e aplicadores do Direito o que, aparentemente, não tem acontecido. Repetindo o que já foi referido, a nosso ver, o artigo 13º, nº 2, do RCSD, é incompatível com o Direito da União Europeia, pois ao contabilizar apenas o tempo de trabalho efetivo do trabalhador doméstico alojado, para efeitos dos limites ao período normal de trabalho, esta norma restringe o alcance do conceito de tempo de trabalho previsto na Diretiva nº 2003/88/CE, de 4 de novembro, tal como ele é interpretado pela jurisprudência do TJ[302].

Finalmente, o nº 3 do artigo 13º contempla um mecanismo de flexibilização dos tempos de trabalho através de acordo com o trabalhador: "quando exista acordo do trabalhador, o período normal de trabalho pode ser observado em termos médios dentro dos limites previstos no Código do Trabalho". A disposição, já existente, não deixava de ser inovadora à época: pese embora o mecanismo da adaptabilidade tenha sido implementado no ordenamento jurídico laboral antes da entrada em vigor do RCSD, ele dependia de estipulação por parte de convenção coletiva de trabalho, não admitindo, segundo a doutrina à época, mecanismos de adaptabilidade com recurso ao contrato de trabalho ou, se quisermos, por acordo com o trabalhador[303]. Claro está que, ao prever que "quando exista acordo do trabalhador, o período normal de trabalho pode ser observado em termos médios", o RCSD já não representa, hoje, um instrumento inovador, na medida em que o regime laboral comum já contempla um regime de adaptabilidade individual. No entanto, a Lei nº 13/2023, de 3 de abril, acrescentou *in fine* "dentro dos limites previstos no Código do Trabalho", ou seja,

[301] Ac. de 15/11/2021 do TRP (Jerónimo Freitas), proc. nr. 4280/17.4T8MTS.P3.

[302] Contra, recentemente, propondo uma interpretação flexibilizadora, No mesmo sentido, Maria Irene Gomes, «Contrato de trabalho doméstico...», cit., pp. 231 ss.

[303] Sobre o Decreto-Lei nº 398/91, de 16 de outubro, Luís Miguel Monteiro, «Algumas questões sobre a organização...», cit., pp. 277 ss. Também sobre isto, António Nunes de Carvalho, «Duração e organização do tempo de trabalho no Código do Trabalho» in: António Moreira [Coord.], *IV Congresso nacional de Direito do Trabalho – Memórias*, Almedina, Coimbra, 2004, pp. 95-121, especialmente, pp. 104 ss.

com os limites impostos, nessa sede, ao regime de adaptabilidade individual[304].

§ 7.2. Horário de trabalho

O RCSD não regula a matéria do horário de trabalho. A omissão de qualquer referência legal ao horário de trabalho abre as portas à aplicação do regime laboral comum. Acontece que as normas legais e os princípios do Direito do Trabalho comum revelam-se em parte desajustados ao contrato de trabalho doméstico[305], se pensarmos que o regime do horário de trabalho é um dos domínios onde mais transparece uma ideia de organização empresarial[306].

É possível encontrar jurisprudência dos nossos tribunais aplicando acriticamente o regime laboral comum. Sirva de exemplo o seguinte caso, decidido pela Relação do Porto. Em acórdão de 2003, a Relação do Porto ajuizou como justa causa de despedimento um caso em que uma trabalhadora doméstica, que prestava serviço das 8h00 às 16h00, recusou prestar trabalho quando o empregador lhe fixou o horário das 10h00 às 18h00[307]. Afirmando "ser inquestionável que mesmo no contrato de trabalho doméstico é

[304] Sobre isto, em geral, Augusto Ferreira da Silva, «A organização e duração do tempo de trabalho» in: *A reforma do Código do Trabalho*, Almedina, Coimbra, 2004, pp. 315-328, Francisco Liberal Fernandes, «O regime de adaptabilidade do tempo de trabalho» in: *A reforma do Código do Trabalho*, Almedina, Coimbra, 2004, pp. 328-339, Luís Miguel Monteiro, «Limites da duração do trabalho» in: *Estudos do Instituto de Direito do Trabalho*, Vol. VIII, Almedina, Coimbra, 2020, pp. 91-116.

[305] Dentro da problemática do trabalho noturno, o nosso Supremo também já decidiu que não é trabalho doméstico noturno aquele que é prestado por trabalhadora que é contratada para prestar assistência durante a noite a senhora de idade, pernoitando no seu quarto. Ver ac. de 21/03/2012 do STJ (Sampaio Gomes), CJ (STJ), 2012, I, pp. 266-273, já citado, p. 270 ("improcede a pretensão da apelante na medida em que ela foi contratada predominantemente para prestar trabalho em período nocturno e o montante do seu salário mensal, ao longo dos anos, excedeu em muito o salário mínimo nacional").

[306] Sobre o regime do horário de trabalho no regime laboral comum, Joana Nunes Vicente, «Breves notas sobre fixação e modificação do horário de trabalho» in: *Para Jorge Leite – Escritos Jurídico-Laborais*, Coimbra Editora, Coimbra, 2014, Vol. I, pp. 1051-1071, pp. 1056-1057, Francisco Liberal Fernandes, «Alteração unilateral do horário de trabalho», *Questões Laborais*, 3 (1994), pp. 159-166, Francisco Liberal Fernandes, «Mudança do local de trabalho e alteração do horário de trabalho», *Questões Laborais*, 3 (1994), pp. 173-174.

[307] Ac. de 15/12/2003 do TRP (Sousa Peixoto), CJ, 2003, V, pp. 243-244.

à entidade patronal que compete estabelecer, dentro dos condicionalismos legais, o horário de trabalho do pessoal ao seu serviço, pois que tal direito cabe nos poderes de direcção e autoridade que lhe são conferidos"[308], o tribunal entendeu que a trabalhadora desobedecera ilegitimamente à ordem do empregador tornando impossível a subsistência da relação laboral, porque o seu horário inicial, das 8h00 às 16h00, não fora individualmente acordado nem resultava de qualquer instrumento de regulamentação coletiva. Fundou a decisão na norma do artigo 11º, nº 1, do Decreto-Lei nº 409/71, de 27 de setembro, cuja redação era idêntica à norma do atual artigo 212º, nº 1, do CT09, cujos termos são os seguintes: "compete ao empregador determinar o horário de trabalho do trabalhador, dentro dos limites da lei". O tribunal entendeu que aquela que é a exceção mais comum a esta faculdade do empregador não se encontrava preenchida: "não pode ser unilateralmente alterado o horário individualmente acordado" (hoje, artigo 217º, nº 4, do CT09).

Esta decisão merece o nosso comentário crítico porque estamos em crer que as normas do regime laboral comum relativas ao horário de trabalho estão pensadas para um contexto laboral bem distante dos moldes da relação de serviço doméstico sendo por isso inadequada a sua aplicação. Segundo pensamos, o regime do horário de trabalho, tal como previsto no Código do Trabalho, é um regime que reflete bem o exercício de conciliação dos interesses do empregador e do trabalhador, mas onde, apesar de tudo, tendem a prevalecer os interesses empresariais. De facto, do regime transparece a ideia de que o empregador tem de concertar as prestações dos trabalhadores, razão pela qual se justifica a flexibilização da mudança do horário de trabalho[309]. Só assim não será quando o horário de trabalho for individualmente acordado com o trabalhador, pois, nesse caso, resulta já do próprio acordo que o empregador quis (ou consentiu que) aquele con-

[308] Estamos a citar o ac. de 05/02/2002 do TRE (Gonçalves da Rocha), CJ, 2002, I, pp. 289-293, já citado, p. 291.

[309] Como aponta Bernardo da Gama Lobo Xavier, *Direito do Trabalho – ensinar e investigar*, Universidade Católica Editora, Lisboa, 2005, p. 33, "todos sabem que a organização postula regras: não se conforma com ajustes contratuais travados individualmente por cada trabalhador com o empregador. Assim, por exemplo: o empregador, constrangido a alterar as condições das pausas, do intervalo de descanso que divide a jornada (...) não pode discutir com êxito as alterações ao quadro destas condições de trabalho com cada trabalhador, pois bastaria que um não aceitasse para se tornar impossível a mudança!".

creto trabalhador fosse subtraído à lógica de uniformização e padronização da empresa.

Bem pelo contrário, no trabalho doméstico as coisas não se passam assim, como facilmente se intui. Embora seja perfeitamente concebível que um empregador possa ter ao seu serviço mais do que um trabalhador doméstico, bastando pensar em agregados familiares de grande dimensão ou naquelas associações que a lei equipara a estas, a verdade é que, neste contexto, não existe, ou não existe da mesma forma, a necessidade de coordenação das prestações de vários trabalhadores. Na esmagadora maioria dos casos, o trabalhador doméstico é um trabalhador solitário.

Reconhecemos que sempre se poderá dizer que os interesses do agregado familiar funcionam aqui como uma espécie de "equivalente funcional" do interesse empresarial. E, assim, mesmo não havendo a necessidade de concertar a prestação de diferentes trabalhadores, há, pelo menos, interesses de "ordem familiar" que podem justificar a alteração do horário de trabalho. Pense-se no agregado familiar cujo filho, de forma imprevista, sai mais tarde da escola e que, por isso, necessita de ajustar pontualmente o horário de saída do trabalhador por forma a que possa "abrir a porta" ao filho.

Contudo, a nossa divergência com a decisão da Relação do Porto tem sobretudo que ver com o entendimento do Tribunal de que a oposição do trabalhador doméstico à mudança do horário foi ilegítima porque o seu horário de trabalho não resultava nem de instrumento de regulamentação coletiva nem de acordo individual nesse sentido. Este entendimento, resultado evidente de uma aplicação acrítica das normas do regime laboral comum, ou da sua transposição para o regime especial do trabalho doméstico, é equívoco. Como se disse, o espírito da norma do artigo 217º, nº 4, do CT09, pressupõe um coletivo de trabalhadores, sujeito a um horário uniformizado, a que se vê subtraído o trabalhador que acordou individualmente com o empregador o seu horário de trabalho. No caso do trabalhador doméstico, pelo contrário, o horário de trabalho já é, por definição ou natureza, um horário que resulta de acordo individual. De facto, exigir que no contrato de trabalho doméstico conste uma cláusula que diga expressamente que o seu horário foi individualmente acordado, por forma a que o trabalhador tenha fundamento válido para se opor à modificação unilateral do seu acordo, parece-nos algo bizarro na medida em que, sublinhando novamente o ponto, o contrato de trabalho doméstico, e concretamente o horário de trabalho, já é individualmente acordado. Parafraseando Joana Nunes Vicente, o trabalho doméstico é o exemplo perfeito de que "o modo de fixar o horário de trabalho não segue o figurino dirigista e abstractizante típico, mas antes, pelo contrário, obedeça a uma determinação individualizada que atenda aos dados atomísticos de uma dada relação"[310].

Mas ainda que um concreto empregador tenha ao seu serviço um coletivo de trabalhadores domésticos – pense-se num agregado familiar que tem uma empregada doméstica para a limpeza, uma outra que se dedica exclusivamente à confeção de refeições e um outro trabalhador que se ocupa do serviço de jardinagem – não faz sentido fazer aplicar as normas que regulam a alteração do horário de trabalho, desde logo porque não existem estruturas de representação coletiva dos trabalhadores para consulta, tal como exige a lei.

§ 7.3. Intervalos de descanso

O RCSD contém uma regulamentação específica relativamente aos intervalos de descanso, mas que foi objeto de alteração pela Lei nº 13/2023, de 3 de abril.

Desde logo, onde antes se lia que "o trabalhador alojado tem direito, em cada dia, a gozar de intervalos para refeições e descanso, sem prejuízo das funções de vigilância e assistência a prestar ao agregado familiar", agora a norma refere-se, em geral, ao "trabalhador de serviço doméstico", lá onde antes se limitava ao "trabalhador alojado" (artigo 14º, nº 1). À luz do regime legal anterior, numa interpretação que, de resto, acompanhávamos[311], alguma doutrina entendia que a norma deveria ser aplicável aos trabalhadores domésticos não alojados[312]. O legislador decidiu, pois, acolher este entendimento.

Segundo cremos, os intervalos para refeições e descanso a que se refere o RCSD são, desde logo, os impostos pelo regime laboral comum: "o período de trabalho diário deve ser interrompido por um intervalo de descanso, de duração não inferior a uma hora nem superior a duas, de modo a que o trabalhador não preste mais de cinco horas de trabalho consecutivo,

[310] Joana Nunes Vicente, «Breves notas sobre fixação...», cit., pp. 1056-1057.

[311] Victor Hugo Ventura, *O regime do contrato de serviço doméstico*, cit., p. 106.

[312] Cláudia Campos, *O contrato de serviço doméstico...*, cit., p. 63.

ou seis horas de trabalho consecutivo caso aquele período seja superior a 10 horas" (artigo 211º, nº 1, do CT09).

Repare-se, porém, que o RCSD ressalva as "funções de vigilância e assistência a prestar ao agregado familiar". Sendo certo que também o regime laboral comum ressalva, a este respeito, funções de vigilância[313], e que a exceção do RCSD tem guarida na legislação comunitária[314], não deixamos de notar que as funções de vigilância e assistência podem ter uma amplitude tal que sujeitam o trabalhador doméstico a uma contínua prestação de trabalho.

Por outro lado, ressalta uma diferença fundamental quanto à duração do descanso entre jornadas de trabalho, que agora é de 11 horas (nº 2), ao contrário do regime anterior, que fixava em 8 horas[315], norma que era de compatibilidade pelo menos discutível com o Direito da União Europeia. Com efeito, a Diretiva nº 2003/88/CE, de 4 de novembro de 2003, relativa à organização dos tempos de trabalho, prevê, no seu artigo 3º, que "os Estados-Membros tomarão as medidas necessárias para que todos os trabalhadores beneficiem de um período mínimo de descanso de 11 horas consecutivas por cada período de 24 horas". É verdade que, nas suas disposições

[313] Cfr. artigo 213º, nº 5, do CT09: "não é permitida a alteração de intervalo de descanso prevista nos números anteriores que implicar mais de seis horas de trabalho consecutivo, excepto quanto a actividades de pessoal operacional de vigilância (...)". Embora noutro contexto, vale a pena citar o ac. de 11/12/1992 do STJ (Sousa Macedo), proc. nr. 003159/BMJ, 412 (1992), pp. 319-332: "a prestação por simples presença não se compreende, pois a presença deve ter uma finalidade no conjunto da actividade produtiva, que pode corresponder à previsão de uma eventual prestação ou a uma prestação passiva, o que condena a qualificação de "simples". Assim, um guarda com residência no estabelecimento pode manter durante o período nocturno a sua função de vigilância pela sua presença nas instalações, mas prevendo-se que deverá assumir a acção adequada perante qualquer ocorrência que exija uma resposta imediata, vigente, a sua comunicação a quem deva tomar as convenientes previdências".

[314] A Diretiva nº 2003/88/CE, de 4 de novembro de 2003, prevê que os Estados-Membros podem introduzir derrogações "no caso de actividades de guarda, de vigilância e de permanência caracterizada pela necessidade de assegurar a continuidade do serviço ou da produção, designadamente" (artigo 17º, nº 3, alínea b)).

[315] A este respeito, o Decreto-Lei nº 508/80, de 21 de outubro, ia mais longe ao prever, no seu artigo 8º, que "os intervalos de descanso e refeições do trabalhador alojados são concedidos sem prejuízo das funções de vigilância e assistência a prestar ao agregado familiar" (nº 2). Mas o nº 3 dizia: "o repouso nocturno não deve ser interrompido, salvo por motivos graves de carácter não regular ou de força maior".

finais, a Diretiva contempla um leque bastante extenso de derrogações, mas em nenhuma delas está previsto o caso do trabalho doméstico. Ao prever um descanso diário inferior àquele que é previsto na Diretiva, também esta norma era, salvo melhor opinião, desconforme com o Direito da União Europeia[316], posição também sufragada pela doutrina[317].

A este respeito, a Lei nº 13/2013, de 3 de abril, introduziu uma ressalva no proémio da norma, acrescentando-se "sem prejuízo do disposto no Código do Trabalho, relativamente ao trabalho de menor". A norma refere-se, pois, ao artigo 78º, nº 1, do CT09, que estabelece que "o menor tem direito a descanso diário, entre os períodos de trabalho de dois dias sucessivos, com a duração mínima de catorze horas consecutivas se tiver idade inferior a 16 anos, ou doze horas consecutivas se tiver idade igual ou superior a 16 anos". No entanto, importa reparar que este nº 3 acrescenta que "o disposto no nº 1 não se aplica a menor com idade igual ou superior a 16 anos que preste trabalho cuja duração normal não seja superior a vinte horas por semana, ou trabalho ocasional por período não superior a um mês: a) em serviço doméstico realizado em agregado familiar".

Finalmente, o nº 3 prevê que "a organização dos intervalos para refeições e descanso é estabelecida por acordo ou, na falta deste, fixada pelo empregador dentro dos limites previstos no Código do Trabalho". Também esta norma foi revista no âmbito da Agenda do Trabalho Digno, pois que, à luz do regime legal anterior, na falta de acordo, a organização dos intervalos de descanso ou para refeições seria "fixada pelo empregador dentro dos períodos consagrados para o efeito pelos usos"[318].

Em relação aos descansos semanais, o artigo 15º, do RCSD, prevê que o trabalhador não alojado a tempo inteiro e o trabalhador alojado têm direito, sem prejuízo da retribuição, ao gozo de um dia de descanso semanal, podendo ser convencionado entre as partes o gozo de meio-dia ou de um dia completo de descanso, além do dia de descanso semanal obrigatório. Tal como acontecia anteriormente com o regime dos feriados, como vere-

[316] Victor Hugo Ventura, *O regime do contrato de serviço doméstico*, cit., p. 106.

[317] No mesmo sentido, Cláudia Campos, *O contrato de serviço doméstico...*, cit., p. 64. No contexto do Direito espanhol, Vera Pavlov, «El potencial del Derecho Laboral de la UE...», cit., p. 104, considera desconforme ao Direito da União Europeia a possibilidade conferida de fixar o descanso diário em 10 horas dentro de um período de referência.

[318] Criticamente, Cláudia Campos, *O contrato de serviço doméstico...*, cit., pp. 63-64, defende a supletividade das normas do regime laboral comum.

mos, pensamos que limitar o gozo do descanso semanal obrigatório aos trabalhadores alojados a tempo inteiro, excluindo, portanto, os trabalhadores em regime de part-time, pode ser considerado incompatível com o Direito da União Europeia. Acrescenta-se ainda a especificidade de que o dia de descanso semanal deve coincidir com o domingo, podendo recair em outro dia da semana, quando motivos sérios e não regulares da vida do agregado familiar o justifiquem.

§ 7.4. Registo do tempo de trabalho

O RCSD é omisso em relação aos registos dos tempos de trabalho, podendo questionar-se a viabilidade da aplicação das regras gerais nesta matéria que mandam que o empregador mantenha um registo dos tempos de trabalho. Nos termos do artigo 202º do CT09, "o empregador deve manter o registo dos tempos de trabalho... em local acessível e por forma que permita a sua consulta imediata". Concretamente, "o registo deve conter a indicação das horas de início e de termo do tempo de trabalho, bem como das interrupções ou intervalos que nele não se compreendam, por forma a permitir apurar o número de horas de trabalho prestadas por trabalhador, por dia e por semana". O empregador deve manter o registo dos tempos de trabalho durante cinco anos. A violação de qualquer uma destas obrigações configura contraordenação grave.

Em princípio, as razões que determinam o registo estão presentes no contexto doméstico. Aliás, mais e melhores razões poderiam justificar a existência de um registo na medida em que, como assinalámos *supra*, o contexto doméstico é um domínio onde medram os abusos ou, pelo menos, a falta de consciência, quanto aos limites relativos ao período normal de trabalho. No entanto, também reconhecemos que a especial informalidade do contexto doméstico pode tornar quase bizantina a exigência de um registo documental dos tempos de trabalho, embora essa solução seja defendida na doutrina[319].

[319] Defendendo-o, Cláudia Campos, *O contrato de serviço doméstico...*, cit., pp. 69-70.

§ 8. Férias, feriados e faltas

§ 8.1. Férias

Grosso modo, a Lei nº 13/2023, de 3 de abril, revogou o regime das férias, subsistindo apenas o artigo 17º. Concretamente, o legislador revogou o artigo 16º (direito a férias), o artigo 18º (subsídio de férias), o artigo 19º (férias não gozadas por cessação do contrato), o artigo 20º (gozo e marcação de férias), o artigo 21º (violação do direito a férias) e o artigo 22º (irrenunciabilidade do direito a férias). Andou bem o legislador, pois, de uma forma geral, o regime era coincidente com o regime laboral comum, mas, noutros casos, o RCSD continha normas que introduziam desvios que não se justificavam.

Desde logo, segundo o artigo 16º, revogado,o trabalhador doméstico tinha direito, em cada ano civil, a um período de férias remuneradas de 22 dias úteis (nº 1), o que coincidia com o número de dias de férias do trabalhador comum. A norma era, pois, prescindível. Acrescentava-se, porém, que o direito a férias se venceria no dia 1 de janeiro de cada ano, salvo quando a antiguidade do trabalhador ao serviço do empregador fosse inferior a seis meses, caso em que só se venceria no fim deste período (nº 2). O legislador introduzia, pois, uma regra especial em relação ao regime laboral comum, coincidente com o regime em vigor à data[320]. Com efeito, ao passo que no regime laboral comum o trabalhador adquire 22 dias de férias no dia 1 de janeiro de cada ano, referentes ao trabalho prestado

[320] Sobre este regime de férias, ver Jorge Leite, *Direito do Trabalho*, II, Coimbra, 1998, pp. 155-156.

no ano anterior, no caso do trabalhador doméstico essa aquisição estaria dependente de uma antiguidade mínima de 6 meses. Por exemplo, caso o trabalhador doméstico fosse admitido em novembro, apenas adquiria o direito a gozar férias em maio do ano seguinte. Diferentemente, um trabalhador comum que seja admitido naquele mesmo mês, adquire o direito a gozar 22 dias de férias no dia 1 de janeiro. Apesar da diferença, a verdade é que, em termos práticos, as soluções redundavam no mesmo resultado, pois o trabalhador comum que adquire o seu direito a férias no dia 1 de janeiro, apenas as gozará, em princípio, a partir do dia 1 de maio. No entanto, pensamos que não fazia sentido fazer subsistir tal regra.

O nº 3, do artigo 16º, acrescentava outra regra especial. Determinava a disposição legal que quando o início do exercício de funções ocorresse no primeiro trimestre do ano civil, o trabalhador teria direito, após o decurso do período experimental, a um período de férias de oito dias úteis, a gozar até 31 de dezembro do ano da admissão. De acordo com o regime laboral comum, no ano de admissão o trabalhador tem direito a 2 dias de férias por cada mês completo de trabalho, até ao limite de 20 dias. O direito a férias vence-se decorridos 6 meses. A aplicação dependia da admissão do trabalhador no primeiro trimestre. Aparentemente, caso o trabalhador fosse admitido nos trimestres seguintes aplicavam-se as regras gerais, isto é, o nº 1, da norma revogada, e, portanto, o trabalhador doméstico adquiriria direito a férias no dia 1 de janeiro do ano seguinte, férias essas que, em princípio, apenas gozaria posteriormente. Caso o trabalhador fosse admitido no primeiro trimestre teria direito a um período de férias que já está pré-determinado: 8 dias úteis, após o período experimental. Estas regras, complexas e singulares, não se justificavam.

O nº 4, do artigo 16º, continha uma regra especial para os trabalhadores contratados a termo. Assim, "o trabalhador contratado a prazo inferior a um ano tem direito a um período de férias equivalente a dois dias úteis por cada mês completo". Também aqui o legislador previa uma regra distinta do regime laboral comum. Nos termos do CT09, o trabalhador contratado a termo por um prazo inferior a um ano tem direito ao proporcional dos dias de férias. Assim, se o contrato de trabalho tiver uma duração de 6 meses, o trabalhador tem direito a 11 dias de férias. Já o trabalhador doméstico teria direito, nas mesmas circunstâncias, a 12 dias (resultado da multiplicação de 6 meses por 2 dias de férias). Não fazendo sentido esta distinção, andou bem o legislador na sua revogação.

Finalmente, o nº 5, da norma revogada, estabelecia que "para efeitos de férias, a contagem dos dias úteis compreende os dias da semana de segunda a sexta-feira, com a exclusão dos feriados, não sendo como tal considerados o sábado e o domingo", norma que, em face das regras gerais (artigo 238º, nº 2, do CT09), não tinha utilidade.

A Lei nº 13/2023, de 3 de abril, revogou o artigo 19º (férias não gozadas por cessação do contrato). Concretamente, dispunha-se que cessando o contrato de trabalho, o trabalhador tinha direito a receber a retribuição e o subsídio correspondentes a um período de férias proporcional ao tempo de serviço prestado no ano da cessação (nº 1). Se o contrato cessasse antes do gozo do período de férias vencido nesse ano, o trabalhador tinha o direito a receber a retribuição e o subsídio correspondentes a esse período (nº 2). O período de férias, embora não gozado, contava para efeitos de antiguidade (nº 3). Mais uma vez estávamos perante normas vazias de utilidade, pois que já resultariam das regras gerais previstas no CT09.

A Lei nº 13/2023, de 3 de abril, revogou o artigo 20º (gozo e marcação das férias). Concretamente, dispunha-se que as férias deveriam ser gozadas no decurso do ano civil em que se vencem, podendo, por acordo, ser gozadas em dois períodos interpolados, sem que, neste caso, qualquer dos períodos possa ter duração inferior a 10 dias úteis consecutivos (nº 1). A marcação do período de férias deveria ser feita por acordo entre a entidade empregadora e o trabalhador (nº 2). Na falta de acordo, caberia à entidade empregadora fixar as férias no período que medeia entre 1 de maio e 31 de outubro (nº 3). Uma vez mais, semelhantes regras já resultariam do regime laboral comum.

No entanto, a revogação, praticamente *in totum*, do regime legal, acompanhada da introdução do artigo 37º-A, faz questionar se o legislador quis verdadeiramente que todas as regras relativas à marcação das férias sejam *qua tale* aplicáveis ao trabalho doméstico. Por exemplo, será que o empregador doméstico está obrigado a afixar o mapa de férias no local de trabalho (o lar), de acordo com o artigo 241º, nº 9, do CT09? Quando o legislador estabelece que, em regra, as férias devem ser marcadas entre 1 de maio e 31 de outubro, dela se excluindo, porém, as microempresas (artigo 241º, nº 3, do CT09), pode entender-se que o empregador doméstico pode, assim, na falta de acordo, marcar as férias para qualquer período do ano? Será possível conceber uma marcação de férias ao abrigo do artigo 242º, do CT09, relativo ao "encerramento para férias", se pensarmos num agregado familiar que, no verão, vai para a sua casa de férias, podendo assim "prescindir" dos serviços do trabalhador doméstico durante esse período, obrigando-o a gozar férias nesse período? Quando a lei permite ao empregador alterar ou interromper as férias já marcadas ou iniciadas, por "exigências imperiosas do funcionamento da empresa" (artigo 243º, nº 1, do CT09), pode equiparar-se, *mutatis mutandis*, as exigências imperiosas do agregado familiar?

A Lei nº 13/2023, de 3 de abril, revogou também a disposição sobre as situações de violação do direito a férias (artigo 21º), onde se estabelecia que "no caso de a entidade empregadora obstar ao gozo das férias nos termos previstos no presente diploma, o trabalhador tem direito a receber, a título de indemnização, o dobro da retribuição correspondente ao período em falta, que deverá, obrigatoriamente, ser gozado no 1º trimestre do ano civil subsequente" (artigo 22º).

Esta norma merecia alguns comentários. Em primeiro lugar, no plano da estatuição, o RCSD omitia à referência à culpa do empregador que surge hoje no CT09. No entanto, era nossa opinião que o legislador doméstico não teria querido distanciar-se do regime laboral comum porque, na verdade, ele replicou o regime em vigor à data onde não constava o elemento da culpa, que surge apenas no CT03. De resto, ainda antes desse aditamento já era consensual na doutrina a natureza punitiva deste regime, considerando-se redundante a complementação do CT03 com a referência à culpa do empregador[321].

Por outro lado, o CT09 prevê uma indemnização mais generosa para a generalidade dos trabalhadores, aspeto que já remonta aos regimes legais anteriores[322]. No entanto, ao contrário de outras normas onde seria possível questionar se as normas especiais tinham sido "tacitamente" revogadas pelas normas gerais, sendo "sub-rogadas" por estas, aqui a solução parecia ter sido intencional. Isto porque o Decreto-Lei nº 874/76, de 28 de dezembro, diploma onde constava o regime das férias à data da entrada em vigor do RCSD, previa, no seu artigo 13º, que "no caso de a entidade patronal obstar ao gozo das férias nos termos previstos no presente diploma, o trabalhador receberá, a título de indemnização, o *triplo da retribuição* correspon-

[321] Assim, exatamente, António Damasceno Correia, «O regime jurídico das férias no novo Código do Trabalho», *Prontuário de Direito do Trabalho*, 69 (2004), pp. 63-77, p. 65.

[322] Com um relance histórico sobre este regime, ver Isabel Vieira Borges, «Notas sobre o obstar "culposamente ao gozo das férias"» in: AAVV. [Coord.], *Estudos de Direito do Trabalho em homenagem ao Professor António Monteiro Fernandes*, I, Nova Causa, 2018, pp. 484-524.

dente ao período em falta, que deverá obrigatoriamente ser gozado no 1º trimestre do ano civil subsequente" (sublinhado nosso). Parece, assim, que o RCSD tinha decidido afastar-se da regra geral vigente à data, "revendo em baixa" o valor indemnizatório. A norma não deixava de ser contestável não só num plano de política legislativa, mas sobretudo num plano constitucional de igualdade lá onde não se justificam tratamentos diferenciados. De facto, o direito a férias do trabalhador comum e do trabalhador doméstico não é qualitativamente diferente para justificar uma discriminação no plano compensatório. Talvez nas cogitações do legislador tenha estado aquela pretensão de suavizar os impactos económicos das vicissitudes do contrato de trabalho no contexto da situação económica da generalidade das famílias portuguesas. No entanto, não só esse argumento não nos parecia suficiente para distinguir a tutela indemnizatória dos trabalhadores domésticos dos demais trabalhadores como é preciso considerar que essas razões remontam ao início dos anos 90.

Portanto, andou bem o legislador na revogação desta disposição legal. Consequentemente, vale a regra geral prevista no CT09: "caso o empregador obste culposamente ao gozo das férias nos termos previstos nos artigos anteriores, o trabalhador tem direito a compensação no valor do triplo da retribuição correspondente ao período em falta, que deve ser gozado até 30 de Abril do ano civil subsequente" (artigo 246º, nº 1). À margem do regime indemnizatório, no trabalho doméstico valem as considerações gerais nesta matéria, mas, segundo pensamos, elas devem considerar as especificidades desta atividade. Por exemplo, se há quem admita que o empregador possa ilibar-se da responsabilidade se tiver agido sem culpa, o que pode perfeitamente acontecer em complexos empresariais de grande dimensão, ela é dificilmente sustentável neste contrato[323].

Quanto ao gozo do direito a férias, em anotação ao diploma anterior, nota que se perdeu para a anotação do diploma atualmente em vigor, Carlos Alegre levantava a seguinte questão: "o facto de o agregado familiar se deslocar para férias para local diferente do da sua sede e levar consigo o trabalhador do serviço doméstico, não significa, em regra, que o trabalhador goze simultaneamente as suas férias. Tal só acontecerá quando o pró-

[323] Sobre um caso de violação do direito a férias no contexto doméstico, ver ac. de 30/08/2012 do TRP (João Nunes), CJ, 2012, IV, pp. 287-288 (sumário). Mais recentemente, ac. de 04/02/2021 do TRG (Maria Leonor Chaves dos Santos Barroso), proc. nr. 786/19.9T8VRL.G1.

prio trabalhador, embora acompanhando todos os alguns elementos do agregado familiar, deixe de prestar as actividades destinadas às necessidades próprias ou específicas daquele agregado"[324]. De resto, essa advertência resulta da própria Convenção da OIT aplicável ao setor doméstico quando aí se define que os trabalhadores "que estejam alojados no domicílio do empregador não sejam obrigados a permanecer nesse domicílio ou com os membros do agregado familiar durante os períodos de descanso diário ou semanal ou das férias anuais (alínea b) do artigo 9º)".

§ 8.2. Feriados

A Lei nº 13/2023, de 3 de abril, introduziu alterações significativas ao regime dos feriados. O regime continua a constar do artigo 24º, mas com alterações relevantes. Assim, onde antes se lia, no nº 1, que "o trabalhador alojado e o não alojado a tempo inteiro têm direito, sem prejuízo da retribuição, ao gozo dos feriados obrigatórios previstos no regime geral do contrato individual de trabalho", dispõe-se agora que "os trabalhadores do serviço doméstico têm direito, sem prejuízo da retribuição, ao gozo dos feriados previstos no Código do Trabalho".

Segundo a redação anterior, o trabalhador alojado e o não alojado a tempo inteiro tinham direito, sem prejuízo da retribuição, ao gozo dos feriados obrigatórios previstos no regime geral do contrato individual de trabalho. Esta redação era problemática porque sugeria que apenas os trabalhadores a tempo completo teriam direito a gozar feriados. Acontece que, sob pena de incompatibilidade com o Direito da União Europeia, também o gozo dos feriados deveria ser alargado aos trabalhadores a tempo parcial[325]. A nova redação assegura essa compatibilidade, garantindo o gozo dos feriados a todos os trabalhadores, na linha do regime laboral comum.

Segundo o nº 2, "sem prejuízo do disposto no Código do Trabalho quanto ao trabalho de menor, com o acordo do trabalhador pode haver prestação de trabalho nos feriados, de duração igual ao período normal de trabalho diário, conferindo o direito a um descanso compensatório remunerado, a gozar na mesma semana ou na seguinte". Em relação a

324 Carlos Alegre, *Contrato de serviço doméstico...* [1981], cit., p. 31.

325 Neste sentido, Joana Nunes Vicente, «Trabalho a tempo parcial e trabalho intermitente» in: Maria do Rosário Palma Ramalho/Teresa Coelho Moreira [Coord.], *Tempo de trabalho e tempos de não trabalho – o regime nacional do tempo de trabalho à luz do Direito Europeu e Internacional*, APODIT, Lisboa, 2018, pp. 247-274, pp. 263 ss.

esta norma, a Agenda do Trabalho Digno ressalvou apenas a aplicação do Código do Trabalho em relação ao trabalho prestado por menores. A lei refere-se, mais concretamente, ao artigo 75º, do CT09, que estabelecendo, como regra, que o menor não pode prestar trabalho suplementar (nº 1), logo ressalva, no nº 2, a sua admissibilidade se "for indispensável para prevenir ou reparar prejuízo grave para a empresa, devido a facto anormal e imprevisível ou a circunstância excepcional ainda que previsível, cujas consequências não podiam ser evitadas, desde que não haja outro trabalhador disponível e por um período não superior a cinco dias úteis". Nesses casos, acrescenta o nº 3, "o menor tem direito a período equivalente de descanso compensatório, a gozar nas três semanas seguintes".

O nº 3, da norma do RCSD, ressalva que quando, por razões de atendível interesse do agregado familiar, não seja viável o descanso compensatório, o trabalhador tem direito à remuneração correspondente. Em relação a esta norma, ocorre perguntar se não seria mais avisado diferir o gozo do descanso compensatório, ao invés do seu pagamento[326].

Finalmente, completa o nº 4 com a previsão de que os trabalhadores de serviço doméstico não podem sofrer redução na retribuição por motivo do gozo de feriados obrigatórios. Esta norma também foi alterada no seu teor, mas sem impacto significativo. O legislador decidiu suprimir a referência aos "trabalhadores de serviço doméstico cuja retribuição seja fixada com referência à semana, à quinzena ou ao mês", fazendo agora simplesmente referência aos "trabalhadores de serviço doméstico". Seja como for, esta norma não tem conteúdo inovador em relação ao que já resultaria dos princípios gerais.

Reforçado pelo espírito do artigo 37º-A, há ainda outras disposições que também se podem considerar aplicáveis ao setor doméstico. Assim, segundo o artigo 234º, nº 2, do CT09, "o feriado de Sexta-Feira Santa poderá ser observado em outro dia com significado local no período da Páscoa". Acresce que "poderão ainda ser observados como feriados a terça-feira de Carnaval e o feriado municipal, se existir" (artigo 235º, nº 1, do CT09). Também se estabelece, no regime laboral comum, que "em substituição de qualquer dos feriados referidos no número anterior, poderá ser

[326] Criticamente, no seu parecer, a UGT entende que "a UGT deve ainda salientar que as especificidades desta relação de trabalho não podem dar origem a soluções que, pela sua excessiva amplitude, abram a porta à recorrência de situações abusivas, como se nos afigura ser o caso do estabelecido no º 3 do artigo 24º".

observado, a título de feriado, qualquer outro dia em que acordem a entidade patronal e os trabalhadores".

§ 8.3. Faltas

Em relação à matéria das faltas, a Lei nº 13/2023, de 3 de abril, revogou a norma a elas respeitante (artigo 23º). Andou bem o legislador, pois a norma não só continha normas datadas[327] e de utilidade prescindível[328], como introduzia um regime discriminatório em relação aos demais trabalhadores. De facto, o nº 3, do artigo 23º, estabelecia que "as faltas podem ser descontadas na retribuição paga em dinheiro, salvo quando motivadas por casamento, falecimento do cônjuge e de parentes ou afins". Resultava desta norma que as faltas justificadas do trabalhador doméstico poderiam, em regra, ser descontadas na retribuição[329], salvo aquelas que sejam motivadas

[327] O artigo 23º, agora revogado, começava por afirmar, no nº 1, que "falta é a ausência do trabalhador durante o período normal de trabalho a que está obrigado". Esta norma deveria ser interpretada atualisticamente, configurando a ausência do trabalhador não por referência ao período normal de trabalho, mas sim ao horário de trabalho. Com efeito, é o horário de trabalho que baliza quando é que o trabalhador deve prestar trabalho e, portanto, a ausência deve ser referida a essas coordenadas temporais.

[328] O nº 2, do artigo 23º, também revogado, estabelecia que "as faltas podem ser justificadas ou injustificadas, nos termos do regime geral do contrato individual de trabalho". O RCSD remetia, assim, para os fundamentos de justificação de faltas previstos no CT09 que, segundo pensamos, seriam perfeitamente aplicáveis ao contexto doméstico. Repare-se que, à primeira vista, o RCSD remetia apenas para o regime laboral comum. No entanto, esta remissão deveria ser lida de forma "inclusiva", abrangendo também outros fundamentos de justificação previstos em legislação extravagante. Nesse sentido, Abel da Costa Ferreira, *Lei das férias, feriados e faltas – jurisprudência, maternidade e paternidade, outro tipo de faltas, trabalho doméstico, trabalho rural, trabalho temporário*, SPB Editores, Lisboa,1997, p. 105, entende que "parece-nos óbvio que as faltas previstas em legislação especial, como as dos trabalhadores-estudantes para prestação de provas e as das trabalhadoras grávidas para consultas médicas, por exemplo, também não podem ser descontadas".

[329] Durante o surto de COVID-19, o legislador decidiu estabelecer como justificadas as faltas "fora dos períodos de interrupções letivas (...) sem perda de direitos salvo quanto à retribuição (...) ao trabalho motivadas por assistência inadiável a filho ou outro dependente a cargo menor de 12 anos, ou, independentemente da idade, com deficiência ou doença crónica, decorrentes de suspensão das atividades letivas e não letivas presenciais em estabelecimento escolar ou equipamento social de apoio à primeira infância ou deficiência" (artigo 22º, nº 1, do Decreto-Lei nº 10-A/2020, de 13 de março). Essas faltas, não sendo remuneradas, como refere a norma, davam lugar a um apoio excecional, como previa a norma seguinte: "o trabalhador por conta de outrem tem direito a receber um apoio exce-

por casamento ou falecimento de familiar. Tal significava que o trabalhador que, por exemplo, faltasse por impossibilidade por causa não lhe fosse imputável (doença, acidente, cumprimento de obrigação legal...) poderia ver a retribuição correspondente a essa falta descontada na sua retribuição. Como então escrevíamos, "honestamente, não se compreende por que razão o legislador impõe tão grave desvio em relação ao regime laboral comum, ampliando o catálogo do artigo 255º, nº 2, do CT09, norma que estabelece como princípio que o caráter justificado da falta não prejudica o direito à retribuição correspondente ao(s) dia(s) de falta. A solução do legislador é tanto mais discutível se nos recordamos que o próprio legislador deixou documentado no texto preambular do diploma que um dos seus desígnios foi "a aproximação ao quadro normativo geral atinente ao regime de faltas" e também porque é sabido que ao regime retributivo das faltas justificadas, um corte ou rutura com o sinalagma contratual, está associado não só uma ideia de risco, que corre por conta do empregador, mas sobre-

cional mensal, ou proporcional, correspondente a dois terços da sua remuneração base, pago em partes iguais pela entidade empregadora e pela segurança social" (artigo 23º). Posteriormente, o legislador decidiu abranger os trabalhadores domésticos, o que fez através do Decreto-Lei nº 12-A/2020, de 6 de abril, que aditou normas àquela norma do artigo 23º, passando a prever-se, no nº 8, aditado à norma, que "para os trabalhadores do serviço doméstico, o valor do apoio corresponde a dois terços da remuneração registada no mês de janeiro de 2020, com os limites previstos no nº 2, sendo pago um terço pela Segurança Social, mantendo as entidades empregadoras a obrigação de: a) Pagamento de um terço da remuneração; b) Declaração dos tempos de trabalho e da remuneração normalmente declarada relativa ao trabalhador, independentemente da suspensão parcial do seu efetivo pagamento; e c) Pagamento das correspondentes contribuições e quotizações". A Portaria nº 94-A/2020, de 16 de Abril, veio prever que "no caso dos trabalhadores do serviço doméstico, os apoios previstos no artigo 23º do Decreto-Lei nº 10-A/2020, de 13 de março, são pagos diretamente aos beneficiários" (artigo 6º, nº 2) e que "no caso dos trabalhadores do serviço doméstico, deve ser preservada, durante o prazo referido no número anterior, a declaração de cada entidade empregadora que ateste a não prestação de trabalho e o não pagamento da totalidade da remuneração" (artigo 8º, nº 2). Em Espanha, cfr. artigo 30º do Real Decreto 11/2020, de 31 de março. Sobre este regime, Juan Carlos Álvarez Cortés, «COVID-19 y efectos en el mercado de trabajo – el subsidio extraordinario para personas empleadas del hogar familiar: una protección "asistencializada" e imperfecta. A propósito del Real Decreto-ley 11/2020 y la Resolución de 30 de abril de 2020 del Servicio Público de Empleo Estatal», *Revista Española de Derecho del Trabajo*, 233 (2020), versão *online*.

tudo a uma dimensão social ligada a certas ausências do trabalhador (o exemplo dado acima é disso uma paradigmática ilustração)"[330].

Com a revogação do regime das faltas, é de aplicar, pois, o regime laboral comum (leia-se, o CT09), até em harmonia com o novo artigo 37-ºA. Forçando a nota, o trabalhador doméstico também tem direito, claro está, às licenças previstas na lei geral, também elas objeto de alteração no âmbito da Agenda do Trabalho Digno[331].

[330] Victor Hugo Ventura, *O regime do contrato de serviço doméstico...*, cit., pp. 114-115. Carlos Alegre, *Contrato de serviço doméstico...* [1994], cit., pp. 40-41, propunha que o trabalhador poderia substituir a perda da retribuição por motivo de falta recorrendo à renúncia a certo número dos dias de férias, dentro dos limites permitidos pela lei. É a solução hoje constante do artigo 257º, nº 1, alínea a), do CT09, "cuja aplicação não repugna a este regime especial", no entender do autor. Estamos naturalmente de acordo com o Autor, mas claro está que esta solução não prejudicava a nossa crítica à regra do RCSD.

[331] De resto, a cláusula 1º, nº 2, do Anexo à Diretiva nº 2010/18/UE, de 8 de março, sobre as licenças parentais, diz muito claramente que "o presente acordo é aplicável a todos os trabalhadores, de ambos os sexos, com um contrato ou uma relação de trabalho definidos na legislação, nas convenções colectivas e/ou práticas vigentes em cada Estado-Membro". Com este entendimento, Vera Pavlov, «El potencial del Derecho Laboral de la UE...», cit., pp. 98 ss.

§ 9. Segurança e saúde no trabalho

O RCSD não é omisso em relação à segurança e saúde no trabalho, prevendo até um apreciável rol de deveres nesta matéria, tanto para o empregador[332] como para o trabalhador[333]. Ainda que assim não fosse, a Lei nº 102/2009, de 10 de setembro, que aprova o regime jurídico da promoção da segurança e saúde no trabalho, sempre se consideraria aplicável ao trabalho doméstico: o nº 3, do artigo 3º, determina muito claramente que "os princí-

332 O nº 1 prevê que "a entidade empregadora deve tomar as medidas necessárias para que os locais de trabalho, os utensílios, os produtos e os processos de trabalho não apresentem riscos para a segurança e saúde do trabalhador, nomeadamente: a) Informar o trabalhador sobre o modo de funcionamento e conservação dos equipamentos utilizados na execução das suas tarefas; b) Promover a reparação de utensílios, e equipamentos cujo deficiente funcionamento possa constituir risco para a segurança e saúde do trabalhador; c) Assegurar a identificação dos recipientes que contenham produtos que apresentem grau de toxicidade ou possam causar qualquer tipo de lesão e fornecer as instruções necessárias à sua adequada utilização; d) Fornecer, em caso de necessidade, vestuário e equipamento de protecção adequados, a fim de prevenir, na medida do possível, dos riscos de acidente e ou de efeitos prejudiciais à saúde dos trabalhadores; e) Proporcionar, quando for o caso, alojamento e alimentação em condições que salvaguardem a higiene e saúde dos trabalhadores".

333 O nº 2 prevê que "o trabalhador deve zelar pela manutenção das condições de segurança e de saúde, nomeadamente: a) Cumprir as prescrições de segurança e saúde determinadas pela entidade empregadora; b) Utilizar correctamente os equipamentos, utensílios, e produtos postos à sua disposição; c) Comunicar imediatamente à entidade empregadora as avarias e deficiências relativas aos equipamentos e utensílios postos à sua disposição".

pios definidos na presente lei são aplicáveis, sempre que se mostrem compatíveis com a sua especificidade, ao serviço doméstico".

A este respeito, aquele diploma estabelece que "a promoção e vigilância da saúde podem ser asseguradas através das unidades do Serviço Nacional de Saúde, de acordo com legislação específica aprovada pelo ministério responsável pela área da saúde, nos seguintes grupos de trabalhadores... trabalhador do serviço doméstico" (artigo 76º, nº 1, alínea d))[334].

Seja como for, a opção do RCSD não deixa de ser de aplaudir porque acomoda aquelas regras gerais às especificidades desta relação de trabalho. O artigo 26º, nº 3, do RCSD, obriga ainda o empregador à contratação de seguro contra acidentes de trabalho, norma que apenas vem sublinhar o que já resulta das regras gerais em matéria de acidentes de trabalho. Claro está, o trabalhador doméstico está abrangido pelo regime legal dos acidentes de trabalho e doenças profissionais[335], hoje contido na Lei nº 98/2009, de 4 de setembro[336].

[334] Com efeito, a possibilidade de os serviços de medicina no trabalho serem assegurados pelo SNS, mormente pela Medicina Geral e Familiar, chegou a estar prevista na Portaria nº 112/2014, de 23 de maio. Acontece que, posteriormente, esta Portaria foi revogada pela Portaria nº 121/2016, de 4 de maio. Esta revogação foi pura e simples, ou seja, não ocorreu uma substituição do regime anterior por um novo, mais actual. Este regime foi revogado com o seguinte fundamento: a responsabilidade técnica da vigilância da saúde cabe ao médico do trabalho e as consultas de vigilância da saúde devem ser efetuadas por médico que reúna os requisitos previstos na lei, considerando-se médico do trabalho o licenciado em Medicina com especialidade de medicina do trabalho reconhecida pela Ordem dos Médicos. Neste contexto, as consultas de vigilância da saúde efetuadas no Serviço Nacional de Saúde não podem ser asseguradas por especialistas de Medicina Geral e Familiar, por se tratar de funções específicas da especialidade de Medicina do Trabalho, para as quais estes profissionais não estão devidamente habilitados, assim como não pode ser emitida por estes especialistas, desde logo, a respectiva ficha de aptidão.

[335] Numa decisão recente, o Supremo Tribunal espanhol, no contexto das equipas de ajuda domiciliária, julgou que a síndrome do túnel cárpico é uma doença profissional (decisão nº 631/2022 de 06/07/2022)

[336] Exemplos de acidentes de trabalho do trabalhador doméstico podem ser encontrados no ac. de 16/09/2015 do STJ (Mário Belo Morgado), CJ (STJ), 2015, III, pp. 238-242 e no ac. de 13/07/2022 do TRP (Paula Leal de Carvalho), proc. nr. 3481/18.2T8VFR.P1. Embora tratando-se de um caso da secção cível, ver o curioso caso decidido no ac. de 21/02/1984 do TRC (Manuel Pereira da Silva), CJ, 1984, I, pp. 52-53, onde se decidiu que não é transporte gratuito o transporte da empregada doméstica para cuidar da filha do transportador.

Neste aspeto, o legislador português parece ter tomado uma decisão mais sensata do que o legislador espanhol, que fez inicialmente excluir o trabalhador doméstico do âmbito de aplicação das regras em matéria de segurança e saúde no trabalho[337]. A decisão do legislador português é tanto mais de aplaudir se pensarmos que, a nível europeu, o trabalhador doméstico ficou fora do âmbito de aplicação da Diretiva nº 89/391/CEE, de 12 de junho, relativa à aplicação de medidas destinadas a promover a melhoria da segurança e da saúde dos trabalhadores no trabalho. Se o seu artigo 2º fazia incluir "todos os sectores de actividade, privados ou públicos (actividades industriais, agrícolas, comerciais, administrativas, de serviços, educativas, culturais, de ocupação de tempos livres, etc.)", a verdade é que logo se acrescenta, no seu artigo 3º, alínea a), que, para efeitos daquela Diretiva, é considerado "trabalhador, qualquer pessoa ao serviço de uma entidade patronal e bem assim os estagiários e os aprendizes, com excepção dos empregados domésticos".

É certo que não se pode demandar do empregador doméstico o mesmo nível de prevenção que se pode exigir a uma organização empresarial[338]. Não é menos certo que é profundamente problemática a garantia do cumprimento das condições de trabalho e, mais concretamente, a intervenção dos serviços inspetivos[339] porque a lei não concede a sua fiscalização nos lares domésticos[340]. No entanto, sempre se dirá que a exceção acima referida até nem vinha esboçada na primeira proposta da Diretiva e o legislador

[337] Criticamente, Concepción Sanz Sáez, «La discriminación en contra de las empleadas de hogar como forma de manifestación de las discriminaciones múltiples», *Revista de Derecho Social*, 83 (2018), pp. 89-108, pp. 99 ss. Esta realidade foi recentemente revertida pelo Real Decreto-Ley nº 16/2022, de 6 de setembro.

[338] Vera Pavlov, «El potencial del Derecho Laboral de la UE...», cit., p. 88: "a razão explicativa da exclusão está provavelmente relacionada com a ideia de que aos lares não se pode exigir aplicar uns standards de saúde e segurança comparáveis aos das empresas e que a aplicação prática da norma não teria efectividade".

[339] Sobre as dificuldades no contexto espanhol, Concepción Sanz Sáez, «La discriminación en contra de las empleadas...», cit., pp. 102 ss.

[340] Em Espanha, Lourdes López Cumbre, «La relación especial del servicio del hogar...», cit., pp. 170-171, defende que essa possibilidade embora logo reconheça que essa solução pode ser economicamente contraproducente já que "as infracções mais habituais do empregador no trabalho doméstico – contratação de trabalhadores estrangeiros sem autorização, falta de descontos para a segurança social, etc. – coincidem com sanções economicamente elevadas".

europeu não alinha com a Convenção OIT nº 189 que prevê, no seu artigo 13º, nº 1, que "todo o trabalhador do serviço doméstico tem direito a um ambiente de trabalho seguro e saudável".

§ 10. Suspensão do contrato de trabalho

A Lei nº 13/2023, de 3 de abril, revogou a norma respeitante à suspensão do contrato de trabalho por impedimento prolongado do trabalhador (artigo 25º). Pensamos que a decisão foi acertada, pois o regime continha normas vazias de utilidade, ao mesmo tempo que, noutros casos, introduzia algumas nuances em relação ao regime laboral comum que não se justificavam.

Com efeito, o RCSD dedicava o artigo 25º à suspensão do contrato de trabalho, retomando algumas das regras gerais que já valem para a generalidade dos contratos de trabalho[341]. Assim, previa-se que "quando o trabalhador esteja temporariamente impedido de prestar trabalho por facto que não lhe seja imputável, nomeadamente doença ou acidente, e o impedimento se prolongue por mais de um mês, cessam os direitos, deveres e garantias das partes, na medida em que pressuponham a efectiva presta-

[341] Com um paralelismo com o contrato de trabalho, ver Rita Canas da Silva, *Suspensão laboral – ausência temporária da prestação de trabalho*, Almedina, Coimbra, 2017, pp. 472-473. Forçando a nota, pensamos que certos mecanismos previstos no Código do Trabalho, que permitem a suspensão dos contratos de trabalho pelo empregador, como o encerramento da empresa (artigos 309º ss. do CT09) ou o vulgarmente designado *lay off* (artigos 298º ss.), não têm aplicação no contexto doméstico. Com efeito, os requisitos exigidos para a utilização destes mecanismos – supondo a verificação de uma crise empresarial – não se compadecem com a realidade do trabalho doméstico. Como se sabe, a questão foi ventilada a propósito da aplicação do regime do chamado *lay off* simplificado (depois chamado de "apoio extraordinário à retoma progressiva da atividade"), no contexto das medidas excecionais para enfrentar a COVID19, cuja aplicação ao trabalho doméstico chegou a ser equivocamente aventada.

ção de trabalho, sem prejuízo da observância das disposições aplicáveis na legislação sobre segurança social ou outra" e "o tempo de suspensão conta para efeitos de antiguidade, mantendo-se os direitos, deveres e garantias das partes, na medida em que não pressuponham a efectiva prestação de trabalho" (nºs 1 e 2 do artigo 25º). As normas eram, pois, idênticas ao regime laboral comum e, por isso, dispensáveis.

Contudo, quanto aos efeitos da cessação do impedimento prolongado, o RCSD já se afastava do regime geral na medida em que a lei concedia, aparentemente, uma benesse ao trabalhador: "terminado o impedimento, o trabalhador deve, dentro de 10 dias, apresentar-se à entidade empregadora para retomar o serviço, sob pena de se considerar abandono do trabalho com consequente cessação do contrato de trabalho" (artigo 25º, nº 3). Recorde-se que o artigo 297º, do CT09, manda que "no dia imediato à cessação do impedimento, o trabalhador deve apresentar-se ao empregador para retomar a actividade". Não se justificava esta diferença.

A norma do RCSD suscitava ainda algumas dúvidas de interpretação. Desde logo, ficava a dúvida de saber se no interlúdio entre a cessação do impedimento e o regresso ao serviço, o trabalhador ficaria sujeito ao regime de faltas[342] ou se a intenção da lei era, na verdade, conceder ao trabalhador uma espécie de moratória legal ou, se quisermos, uma *délai de grâce*. Considerando a redação da lei e o contraste com a solução do regime laboral comum, era possível defender esta segunda interpretação, embora reconheçamos que, neste contexto, não haveria razões para distinguir: por que razão o trabalhador comum é obrigado a comparecer logo que o impedimento cesse, considerando-se que são injustificadas as suas ausências até que retome ao trabalho, mas ao trabalhador doméstico seriam concedidos 10 dias...?[343].

[342] É a opinião de Pedro Romano Martinez, *Direito do Trabalho...*, cit., p. 658.

[343] Por outro lado, também se poderia levantar a questão de saber se, verificando-se aquele período de 10 dias, o empregador estaria dispensado de qualquer formalidade para a cessação do contrato de trabalho ao abrigo desta disposição legal. A questão colocava-se porque o regime do abandono, entretanto revogado, estatuía que "a cessação do contrato só é invocável pela entidade empregadora após comunicação registada, com aviso de recepção, para a última morada conhecida do trabalhador", ao passo que o regime contido no artigo 25º, nº 3, também revogado, nada estabelecia. A este propósito, a jurisprudência já havia decidido que o decurso daquele lapso de tempo (isto é, os 10 dias) investia o empregador na possibilidade de fazer cessar o contrato de trabalho sem necessidade de comunicação formal ao trabalhador. Como entende a Relação de Coimbra, nesta norma "está prevista

Finalmente, segundo o nº 4, "sendo o contrato sujeito a termo, a suspensão não impede a sua caducidade pela verificação daquele", norma que replicava o que resulta do regime laboral comum (artigo 295º, nº 3, do CT09). Assim, nos contratos de trabalho a termo, a suspensão não impedia, por exemplo, que o contrato de trabalho doméstico caducasse no seu termo[344], mas tal já resultaria, com se vê, das regras gerais.

uma forma autónoma e automática de cessação do contrato de trabalho por abandono que se distingue nos seus pressupostos e condições do abandono de trabalho a que alude no artigo 34º do mesmo diploma legal, não sendo necessária qualquer comunicação do empregador ao trabalhador para aquele poder prevalecer-se da cessação do contrato por abandono do trabalho pelo empregador" (ac. de 14/09/2018 do TRC (Jorge Manuel Loureiro), proc. nr. 3014/17.8T8VIS.C1/CJ, 2018, IV, pp. 361-362 (sumário)).

[344] § 12.4.1. Caducidade pela verificação do termo.

§ 11. Retribuição

O contrato de trabalho doméstico é, como não poderia deixar de ser, um contrato oneroso, ou seja, o trabalhador doméstico presta o seu trabalho a troco de uma contraprestação que, no Direito do Trabalho, se convencionou chamar de retribuição[345].

Numa primeira aproximação ao estudo da matéria da retribuição[346], não é demais lembrar que o trabalhador doméstico foi precisamente uma das classes de trabalhadores que, inicialmente, foi excluído do âmbito de aplicação dos diplomas que fixaram o salário mínimo nacional[347]. Com efeito, o Decreto-Lei nº 21/74, de 27 de maio, com a primeira versão da remune-

345 A este respeito, ver o interessante ac. de 21/04/2022 do TRG (Maria Leonor Chaves dos Santos Barroso), proc. nr. 283/21.2T8VCT.G1 (onde se decidiu que "não obstante a autora residir na casa do autor da herança, aí dormindo e tomando as refeições, decorre do ponto 5 que o referido A. M. nunca pagou à A. qualquer quantia, prometendo-lhe antes que a iria compensar com um testamento. Ora, esta contrapartida não pode ser considerada retribuição para efeitos de caracterização do contrato de trabalho. Até porque a mesma, a concretizar-se, só ingressaria na esfera da autora com a morte do referido A"). Sobre a falta de idoneidade negocial de um pagamento desta natureza, ver Joana Nunes Vicente, *A invalidade parcial do contrato de trabalho*, Gestlegal, Coimbra, 2017, pp. 483-484, n. 821.

346 Sobre a retribuição do trabalhador doméstico, Belén del Mar López Insua, «Nadando entre dos aguas: salario decente "versus" economía irregular en el empleo al servicio del hogar familiar», *Revista Española de Derecho del Trabajo*, 231 (2020), consultado *online*.

347 O artigo 11º da Convenção da OIT nº 189 proclama que "todo o Membro deve tomar medidas para assegurar que os trabalhadores do serviço doméstico beneficiem do regime

ração mínima mensal garantida, afastava o trabalhador doméstico (bem como, de resto, os trabalhadores rurais)[348]. A sorte dos trabalhadores agrários viria a mudar em 1977, ano em que o legislador decidiu fixar um salário mínimo para essa classe de trabalhadores, ainda que de valor inferior à generalidade dos trabalhadores[349]. Já a sorte dos trabalhadores domésticos mudaria no ano seguinte, pela mão do Decreto-Lei nº 113/78, de 29 de maio, mas, como se previa, também para eles o legislador estabeleceu uma espécie de salário mínimo a "duas velocidades".

Esse sistema viria a perdurar, pois aquando da atualização anual do salário mínimo, o legislador tratava sempre de "rever em baixa" o valor relativo aos trabalhadores domésticos (e, de resto, também dos trabalhadores agrários), criando um desnível que, do ponto de vista percentual, chegou a atingir dois dígitos. No ano de 1987, o legislador assumiu o compromisso de corrigir esse desnível traçando como objetivo a uniformização salarial[350]. No RCSD, na sua versão originária, previa-se justamente que "a remuneração mínima garantida para o trabalhador de serviço doméstico é a fixada em diploma especial" (artigo 10º, nº 2). Essa correção gradual foi obtida, para os trabalhadores rurais, no ano de 1991[351], mas ainda se manteve para os trabalhadores domésticos durante largo período, até ao ano de 2004, altura em que "é alcançada e assegurada, pela primeira vez, a uniformização do salário mínimo nacional para o serviço doméstico com o salário mínimo nacional para as outras actividades"[352]. Desde então, mantém-se uma igualdade salarial[353], o que, de resto, explica que o referido artigo 10º, nº 2, tenha sido revogado no âmbito da Agenda do Trabalho Digno:

do salário mínimo, onde tal regime exista, e que retribuição seja fixada sem discriminação baseada no sexo".

[348] Para Maria do Rosário Palma Ramalho, *Tratado de Direito do Trabalho...*, cit., p. 289, "na matéria remuneratória, há um conjunto de regras que se afastam do regime geral e que, no seu conjunto, revelam a preocupação de não onerar excessivamente a posição negocial do empregador, o que bem se compreende perante o contexto não empresarial".

[349] Sobre isto, Victor Hugo Ventura, *Contrato de trabalho rural...*, cit., pp. 64 ss.

[350] Decreto-Lei nº 69-A/87, de 9 de fevereiro.

[351] Decreto-Lei nº 14-B/91, de 9 de janeiro.

[352] Decreto-Lei nº 19/2004, de 20 de janeiro.

[353] Os valores em escudos ($) foram convertidos para euro (€).

Ano	Salário Mínimo Doméstico	Salário Mínimo Nacional
1974	-	16,5
1975	-	20,0
1976	-	20,0
1977		22,4
1978	17,5	28,4
1979	22,4	37,4
1980	28,4	44,9
1981	33,9	53,4
1982	33,9	53,4
1983	41,4	64,8
1984	49,9	77,8
1985	64,8	95,8
1986	75,8	112,2
1987	87,29	125,7
1988	97,3	135,7
1989	111,7	149,6
1990	139,7	174,6
1991	167	200,0
1992	189,5	222,0
1993	204,5	236,4
1994	214,5	245,9
1995	228	259,4
1996	244,4	272,3
1997	256,6	282,8
1998	269,85	293,8
1999	283,82	305,8
2000	299,3	318,2
2001	320,7	334,2
2002	341,25	348,0
2003	353,20	356,6
2004	365,6	365,6
2005	374,7	374,7
2006	385,9	385,9
2007	403,0	403,0
2008	426,0	426,0
2009	450,0	450,0
2010	475,0	475,0
2011	485,0	485,0
2012	485,0	485,0
2013	485,0	485,0
2014	485,0	485,0
2015	505,0	505,0
2016	530,0	530,0

2017	557,0	557,0
2018	580,0	580,0
2019	600,0	600,0
2020	635,0	635,0
2021	665,0	665,0
2022	705,0	705,0
2023	760,0	760,0

Fechando a nota histórica e lançando agora um olhar sobre o regime legal vigente, o artigo 9º, nº 1, do RCSD, afirma o princípio de que "só se considera retribuição aquilo a que o trabalhador tem direito como contrapartida do seu trabalho, nos termos da lei ou do contrato". Esta norma corresponde, em traços gerais, à noção de retribuição presente, hoje, no artigo 258º, nº 1, do CT09. Afirmando a obrigatoriedade como nota distintiva da retribuição, não deixamos de constatar que a norma não faz referência aos usos, ao contrário do que acontece com a regra codicística acima apontada. A decisão do legislador terá sido, aparentemente, intencional, dado que o Decreto-Lei nº 49408, de 24/11/1969, fazia referência aos usos nesta matéria (artigo 82º, nº 1). A ablação da referência aos usos pode estar relacionada com a frequência com que certas benesses são prestadas ao trabalhador doméstico e que se compreendem num plano de proximidade entre as partes. No entanto, sabendo-se que os usos estão frequentemente próximos do sinalagma contratual[354], como é o caso da retribuição, também o trabalhador doméstico não deveria ser tutelado em relação à expetativa quanto ao pagamento de uma prestação com natureza retributiva?

O trabalho doméstico é uma relação de trabalho onde é bastante comum a retribuição mista, ou seja, uma retribuição que agrega uma componente pecuniária e outra em espécie, por regra, alimentação e alojamento[355]. Essa evidência é confirmada pelo artigo 9º, o nº 2, onde se estatui

[354] Sobre isto, ver, por todos, Júlio Gomes, «Dos usos da empresa em Direito do Trabalho» in: *Novos estudos de Direito do Trabalho*, Coimbra Editora, Coimbra, 2010, pp. 9-88.

[355] Ver ac. de 20/07/2006 do TRC (António F. Martins), proc. nr. 262/06/BTE, II Série, 4-5-6/2007, pp. 744-749, e ac. de 11/11/2002 do TRP (Macedo Domingues), proc. nr. 0251080 (sumário) ("no contrato de arrendamento urbano, para habitação, a renda ou contraprestação devida pelo arrendatário pode consistir na prestação ao senhorio de serviços de natureza pessoal, como os serviços domésticos"). Referindo o trabalho doméstico com um dos casos em que é mais comum o pagamento de parte da retribuição em espécie, António Jorge da Motta Veiga, *Lições de Direito do Trabalho*, 6ª ed., Lisboa, 1995, p. 477. Sobre o alojamento como retribuição em espécie, ver Nuno Marques Agostinho, *As pres-*

que "a retribuição do trabalhador pode ser paga parte em dinheiro e parte em espécie, designadamente pelo fornecimento de alojamento e alimentação ou só alojamento ou apenas alimentação". Aliás, é tão comum que, como vimos, o RCSD decidiu mesmo autonomizar a modalidade do contrato de trabalho com regime de alojamento.

A este respeito, a Lei nº 13/2023, de 3 de abril, afinou a norma do artigo 17º, nº 3. Onde antes se lia que "os valores do alojamento e da alimentação são os determinados por referência ao valor da remuneração mínima garantida para os trabalhadores do serviço doméstico, nos termos da respectiva legislação", o legislador decidiu, e bem, suprimir a parte final ("... remuneração mínima garantida para os trabalhadores do serviço doméstico, nos termos da respectiva legislação"), pois que, como vimos, já não existe uma remuneração mensal mínima especificamente aplicável aos trabalhadores domésticos. Portanto, os valores são determinados por referência à remuneração mensal mínima aplicável à generalidade dos trabalhadores.

Concretamente, os valores da alimentação e do alojamento devem ser apurados segundo os valores correntes na região[356], mas o RCSD não estabelece quaisquer limites nesta matéria, pelo que, à partida, ficaria à discrição das partes a definição da parte que cabe ao trabalhador em dinheiro e a parte paga em espécie sob a forma de alojamento ou alimentação. No entanto, pensamos que não há razões para deixar de aplicar os limites gerais previstos no CT09, concretamente a normal legal que prevê que "o valor das prestações retributivas não pecuniárias não pode exceder o da parte em dinheiro, salvo o disposto em instrumento de regulamentação colectiva de trabalho" (artigo 259º, nº 2). Assim, e até porque não existe contratação coletiva no setor doméstico, a parte paga em alojamento e/ou alimentação não pode ser superior ao montante pago em dinheiro. De resto, estamos em crer que esta é a interpretação que melhor sai em defesa do trabalhador doméstico evitando abusos por parte do empregador que, sobretudo nas relações de trabalho doméstico de menor visibilidade, proporcionaria apenas alojamento e alimentação ao trabalhador doméstico, desonerando-se, na prática, de pagamento de qualquer valor

tações em espécie – à luz dos conceitos de retribuição e de retribuição base, Nova Causa, Lisboa, 2017, pp. 143 ss.

356 Ver ac. de 09/12/2013 do TRP (Eduardo Petersen Silva), proc. nr. 170/12.5TTVNF.P1, já citado.

em dinheiro[357]. Em relação à exigência do nº 1 do artigo 259º ("a prestação retributiva não pecuniária deve destinar-se à satisfação de necessidades pessoais do trabalhador ou da sua família e não lhe pode ser atribuído valor superior ao corrente na região"), pensamos que o contrato de trabalho doméstico é precisamente um dos casos em que o regime de alojamento e alimentação mais se acomoda ao seu preenchimento.

A respeito da alimentação, o nº 3, do artigo 9º, prevê que "sempre que no dia de descanso semanal ou feriado a entidade empregadora não conceda refeição ao trabalhador alojado, nem permita a sua confecção com géneros por aquela fornecidos, o trabalhador tem direito a receber o valor correspondente à alimentação em espécie, que acrescerá à retribuição em numerário".

Seja em dinheiro ou espécie, o regime prevê ainda uma forma especial de cálculo da retribuição diária do trabalhador: "a determinação do valor diário da retribuição deve efectuar-se dividindo o montante desta por 30, por 15 ou por 7, consoante tenha sido fixada com referência ao mês, à quinzena ou à semana, respectivamente". Como se vê, a fórmula de cálculo é diferente – e, diga-se, mais simples – do que a fórmula utilizada pelo legislador no regime laboral comum.

O RCSD contém ainda disposições sobre o vencimento: "a obrigação de satisfazer a retribuição em dinheiro vence-se, salvo estipulação em contrário, no termo da unidade de tempo que servir de base para a sua fixação". Assim, caso o salário do trabalhador tiver sido fixado à quinzena, a obrigação de pagar a retribuição vence-se quinzenalmente. Em termos práticos, o

[357] Segundo o artigo 12º da Convenção da OIT nº 189, "os trabalhadores do serviço doméstico devem ser pagos diretamente em dinheiro, a intervalos regulares e pelo menos uma vez por mês. A menos que a forma de pagamento esteja prevista na legislação nacional ou convenções coletivas, o pagamento pode fazer-se por transferência bancária, por cheque bancário ou vale postal, por ordem de pagamento, ou outro meio legal de pagamento monetário, com o consentimento dos trabalhadores interessados". Acrescenta o nº 2 que "a legislação nacional, as convenções coletivas ou as sentenças arbitrais podem prever o pagamento de uma percentagem limitada da retribuição dos trabalhadores do serviço doméstico, sob a forma de pagamentos em espécie que não sejam menos favoráveis que os aplicáveis geralmente a outras categorias de trabalhadores, na condição de que sejam tomadas medidas para assegurar que os pagamentos em espécie tenham a concordância do trabalhador, se destinam ao seu uso e benefício pessoais, e que o valor monetário que lhes é atribuído seja justo e razoável".

empregador deve pagar a retribuição ao trabalhador a cada 15 dias de execução do contrato.

O regime é omisso quanto ao trabalho suplementar. Como tivemos ocasião de dar nota na introdução, o trabalhador doméstico foi historicamente excluído nos primeiros regimes reguladores desta matéria. O RCSD apenas refere, quanto aos feriados, que "com o acordo do trabalhador pode haver prestação de trabalho nos feriados, de duração igual ao período normal de trabalho diário, conferindo o direito a um descanso compensatório remunerado, a gozar na mesma semana ou na seguinte" e "quando, por razões de atendível interesse do agregado familiar, não seja viável o descanso compensatório nos termos do número anterior, o trabalhador tem direito à remuneração correspondente" (nº 2 e 3 do artigo 24º).

Segundo pensamos, até porque não há razão para julgar o contrário, devem ser aplicáveis as regras do regime laboral comum. Diga-se, aliás, que, durante a vigência do Decreto-Lei nº 508/80, de 21 de outubro, que nesta matéria era essencialmente idêntico, a Relação de Lisboa chegou a decidir que o trabalho prestado em dia de feriado seria retribuído a 100 %, tendo em mente o regime laboral comum que, prevendo esse acréscimo remuneratório, entretanto reduzido, seria aplicável ao trabalhador doméstico. Decisão fundamentada "já por esta regra ter sido adoptada noutros contratos e não colidir com a essência específica do contrato de serviço doméstico, já por ser a norma que se criaria para legislar dentro do sistema"[358].

§ 11.1. Férias

Como se adiantou, a Lei nº 13/2023, de 3 de abril revogou, grosso modo, o regime das férias. De pé ficou, porém, e sem alterações na sua redação, o artigo 17º. Segundo esta disposição legal, "a retribuição correspondente ao período de férias não pode ser inferior à que o trabalhador perceberia se estivesse em serviço efectivo". O critério utilizado pelo legislador coincide, *ipsis verbis*, com o que vem previsto no regime laboral comum[359]. Uma vez que o legislador decidiu revogar várias normas que replicavam o regime laboral comum, não se vendo nelas qualquer utilidade, também esta norma

[358] Ver ac. de 25/01/1989 do TRL (Roberto Valente), CJ, 1989, I, pp. 172-174, p. 173/proc. nr. 0004246 (sumário).

[359] Cfr. artigo 264º, nº 1, do CT09: "a retribuição correspondente ao período de férias não pode ser inferior à que o trabalhador perceberia se estivesse em serviço efectivo".

deveria ter sido revogada, pelas mesmas razões. Acrescenta o nº 2 que "o trabalhador contratado com alojamento e alimentação ou só com alimentação tem direito a receber a retribuição correspondente ao período de férias integralmente em dinheiro, no valor equivalente àquelas prestações, salvo se, por acordo, se mantiver o direito às mesmas durante o período de férias". A este respeito, o nº 3 estabelece que "os valores do alojamento e da alimentação são os determinados por referência ao valor da remuneração mínima garantida". A Lei nº 13/2023, de 3 de abril, suprimiu apenas a referência à legislação especial, que já não é aplicável[360].

Relativamente ao subsídio de férias, a Lei nº 13/2023, de 3 de abril, decidiu revogar a respetiva norma legal, o artigo 18º. O RCSD previa que "o trabalhador tem direito a receber um subsídio em numerário de montante igual ao valor da remuneração correspondente ao período de férias" (artigo 18º)[361]. O regime era não só mais generoso do que o regime anterior ("os trabalhadores têm direito a receber, na altura das férias, um subsídio de montante não inferior a 50% do valor da remuneração em numerário correspondente ao período de férias"[362]), como, aparentemente, também era mais favorável, na prática, do que o regime laboral comum que estabelece que o subsídio de férias integra a "retribuição base e outras prestações retributivas que sejam contrapartida do modo específico da execução do trabalho" (artigo 264º, nº 2, do CT09)[363].

[360] § 11. Retribuição.

[361] Por outro lado, a norma do artigo 18º deveria ser lida atualisticamente quando aí se referia que o trabalhador doméstico teria direito a receber um subsídio "em numerário". Na verdade, o pagamento do subsídio de férias, como, aliás, o pagamento de qualquer componente remuneratória paga em dinheiro, poderia ser feito por qualquer um dos meios hoje admitidos por lei, como por transferência bancária ou cheque (artigo 276º, nº 2, do CT09).

[362] Cfr. artigo 10º, nº 8, do Decreto-Lei nº 508/80, de 21 de outubro.

[363] Assinalando este aspeto, Catarina de Oliveira Carvalho, «Trabalho no domicílio, trabalho doméstico...», cit., p. 50. A nosso ver, o subsídio de férias até abrangeria todas as componentes da retribuição. Esse parece ser o sentido que resulta da utilização da expressão "remuneração", sem mais, ou seja, sem distinguir a componente em dinheiro ou em espécie. A redação parece tanto menos inocente se fizermos o contraste com o regime legal anterior que, como vimos, apontava como referência de cálculo o valor da remuneração paga em dinheiro. Contra, aparentemente, Bernardo da Gama Lobo Xavier, «Alguns problemas das chamadas "obras sociais" e outras vantagens – conexões contratuais na relação de trabalho» in: *Estudos dedicados ao Prof. Doutor Mário Júlio de Almeida Costa*, Publicações Universidade Católica, Lisboa, 2002, pp. 329-359, p. 355, n. 71, considera que "nem pensamos esclarecido que, por exemplo, nos casos das empregadas domésticas "internas",

Assim, e em síntese, por aplicação do artigo 17º, que subsiste, em conjugação com as regras gerais, aplicáveis subsidiariamente, a retribuição do período de férias corresponde à que o trabalhador receberia se estivesse em serviço efetivo. Além da retribuição mencionada atrás, o trabalhador doméstico tem direito a subsídio de férias, compreendendo a retribuição base e outras prestações retributivas que sejam contrapartida do modo específico da execução do trabalho, correspondentes à duração mínima das férias.

§ 11.2. Natal

A Lei nº 13/2023, de 3 de abril, revogou a norma a respeitante ao subsídio de Natal, decisão que não surpreende. O artigo 12º, nº 1, estabelecia que "o trabalhador doméstico tem direito a um subsídio de Natal não inferior a 50% da parcela pecuniária da retribuição correspondente a um mês". Fixando um subsídio mínimo, o montante em concreto dependeria, pois, do acordo entre as partes, se bem que, no limite, poderia corresponder a apenas 50% da parcela pecuniária da remuneração.

Éramos da opinião de que esta norma já se encontrava tacitamente revogada. Com efeito, o Decreto-Lei nº 88/96, de 3 de julho, diploma que consagrou o direito ao subsídio de Natal para a generalidade dos trabalhadores, afirmou muito claramente, no seu artigo 1º, nº 1, norma delimitadora do seu âmbito de aplicação, que o regime seria "aplicável a trabalhadores vinculados por contrato de trabalho a quaisquer entidades empregadoras, incluindo os trabalhadores rurais, a bordo e de *serviço doméstico*" (sublinhado nosso). Salvo melhor opinião, desta norma parecia resultar a revogação do nº 1 e do nº 2, do artigo 12º, do RCSD, entendimento que sufragávamos[364], sendo essa também a opinião da nossa doutrina[365] e dos nossos tribunais[366].

os subsídios de Natal e de férias incorporam – pelo menos não é assim na prática corrente – o valor do alojamento e das refeições".

[364] Victor Hugo Ventura, *O regime do contrato de serviço doméstico...*, cit., pp. 127-128.

[365] Maria do Rosário Palma Ramalho, *Tratado de Direito do Trabalho...*, cit., p. 289.

[366] Cfr. ac. de 18/12/2013 do TRP (Paula Maria Roberto), proc. nr. 282/12.5TTPRT.P1: "sendo óbvia a intenção de estender o subsídio de Natal a todos os trabalhadores e de valor igual a um mês de retribuição, não se vislumbra qualquer justificação para que aos trabalhadores do serviço doméstico continuasse a ser aplicado o disposto no citado artigo 12º. Conhecendo o legislador a existência de um regime específico para o serviço doméstico,

Com a Lei nº 13/2023, de 3 de abril, a questão ficou definitivamente sanada: por aplicação das regras gerais (artigo 263º, nº 1, do CT09) o trabalhador doméstico tem direito a um subsídio de Natal correspondente à sua retribuição, o qual deve ser pago até ao dia 15 de Dezembro.

O RCSD não prevê qualquer norma quanto a pagamentos proporcionais do subsídio de Natal, por exemplo, no ano da cessação do contrato. Mas tal como escreveu a Relação de Lisboa essas regras valem também para o trabalho doméstico "de acordo com os princípios constitucionais, os princípios gerais do direito laboral e por não ir contra os princípios específicos do contrato de serviço doméstico"[367].

não sendo sua intenção abranger os respetivos trabalhadores, então não o teria dito, como efetivamente o fez, no citado nº 1, do artigo 1º do Decreto-Lei nº 88/96".

[367] Assim, novamente, ac. de 25/01/1989 do TRL (Roberto Valente), CJ, 1989, I, pp. 172-174, p. 173/proc. nr. 0004246 (sumário), já citado.

§ 12. Cessação do contrato de trabalho doméstico

À semelhança do que se afirma no contexto de outras relações especiais de trabalho, não andará muito longe da verdade a afirmação de que são sobretudo as especificidades no capítulo da cessação que fazem da relação de trabalho doméstico uma relação laboral especial[368]. Com efeito, o RCSD apresenta, nesta matéria, um "bloco normativo que, no confronto com a lei geral, apresenta visível e significativa especificidade"[369]. Pese embora a existência de importantes especificidades, também nos parece

[368] Di-lo Juan Antonio Ruiz Calderón, «Puntos críticos de la nueva regulación de la relación laboral especial de servicio del hogar familiar: regimen de extinción del contrato y desprotección por desempleo» in: *Cuestiones Laborales de Actualidad – Estudios Jurídicos en Homenaje al Profesor Dr. Feliciano González Pérez*, Dkyinson, Madrid, 2013, pp. 377-389, p. 388. Semelhantemente, para María de Sande Pérez-Bedmar, «La relación laboral especial de los empleados de hogar...», cit., p. 150, "todas as considerações que podem fazer-se acerca da regulação da cessação do contrato de trabalho no sentido de sublinhar a intensidade de interesses contrapostos e a necessidade de harmonização dos mesmos, são evidentes de maneira particularmente intensa no momento da cessação da relação de trabalho especial dos trabalhadores domésticos. Os argumentos esgrimidos para justificar a existência de uma regulação especial deste tipo de trabalho, manifestam-se vigorosamente no momento da cessação". No mesmo sentido, Maria Irene Gomes, «Contrato de trabalho doméstico...», cit., p. 224 e Id., «Cessação do contrato de trabalho doméstico – comentário...», cit., p. 28.

[369] Citando o ac. de 06/11/2017 do TRP (Nelson Fernandes), proc. nr. 22377/16.6T8PRT.P1/CJ, 2017, V, pp. 228-234. Nestes termos, David Falcão/Sérgio Tenreiro Tomás, *Lições de Direito do Trabalho*, 4ª ed., Almedina, Coimbra, 2016, p. 145: "a cessação do contrato de serviço doméstico apresenta um número considerável de diferenças relativamente ao

correto dizer que, numa primeira aproximação ao regime legal em matéria de cessação, a arquitetura fundamental do Direito do Trabalho – o mesmo é dizer, o Direito Constitucional laboral e as regras do regime laboral comum – alicerça o regime da cessação do contrato de trabalho doméstico, sem prejuízo da necessidade de ter presente que o regime da cessação do contrato de trabalho desenhado no CT09, e infiltrado pelos princípios constitucionais, está naturalmente pensado para estruturas empresariais e para fazer face a crises contratuais que ocorrem por motivos que, como facilmente se compreende, são estranhos à realidade doméstica[370]. Donde a aplicação subsidiária do regime laboral comum aconselhe sempre cautela[371].

O artigo 27º elenca as causas de cessação do contrato de serviço doméstico. Assim, ele pode cessar por acordo entre as partes, por caducidade, por "rescisão" de qualquer uma das partes, ocorrendo justa causa, ou por "rescisão" unilateral do trabalhador, com pré-aviso. Não deixamos de reparar que, no contexto da Agenda do Trabalho Digno, o legislador perdeu a oportunidade de polir a linguagem utilizada, uma vez que a referência à "rescisão" não só é datada, como junta, qual crisol, fenómenos de desvinculação bastante diversos: basta constatar que, sob o mesmo termo, o legislador se refere à resolução com justa causa ("rescisão com justa causa") e à denúncia ("rescisão com pré-aviso").

Nesta sede, aproveitamos para referir que a Lei nº 13/2023, de 3 de abril, revogou uma norma que era comum às várias formas de cessação do contrato de serviço doméstico: o artigo 35º. Aí se estabelecia que "ao cessar o contrato de trabalho por qualquer das formas previstas no presente diploma, a entidade empregadora deve passar ao trabalhador, caso este o solicite, certificado donde conste o tempo durante o qual esteve ao seu serviço e a retribuição auferida". Por comparação com o regime laboral

regime geral do Código do Trabalho". Em termos próximos, MARIA DO ROSÁRIO PALMA RAMALHO, *Tratado de Direito do Trabalho...*, cit., p. 293.

[370] Como refere MARIA IRENE GOMES, «Contrato de trabalho doméstico...», cit., p. 224: "no contrato de trabalho doméstico, a concordância entre a segurança no emprego e a liberdade da iniciativa económica privada subjacente à relação laboral comum é substituída pela articulação entre a segurança no emprego e a reserva da intimidade privada e familiar".

[371] MARIA IRENE GOMES, «Cessação do contrato de trabalho doméstico – comentário...», cit., p. 33, escreve mesmo que no regime do contrato de serviço doméstico "se justifica um menor garantismo da posição jurídica do trabalhador doméstico em face do trabalhador comum".

comum, o RCSD parecia introduzir uma nuance: ao passo que no regime laboral comum, parece que o empregador deve sempre entregar ao trabalhador este certificado (alínea a), do nº 1, do artigo 341º, do CT09), no âmbito do RCSD esse documento era facultativo ("caso este [o trabalhador] o solicite"). Acrescentava o nº 3 que "o certificado só poderá conter outras referências quando tal for expressamente requerido pelo trabalhador", o que, aliás, também corresponde ao que decorre do regime laboral comum (cfr. artigo 341º, nº 2, do CT09). No essencial, estas normas correspondiam às normas gerais do CT09 (artigo 341º, nºs 1 e 2). O RCSD não fazia referência, porém, a "outros documentos destinados a fins oficiais, designadamente os previstos na legislação de segurança social, que deva emitir mediante solicitação" (alínea b), do nº 1, da norma acima referida). No entanto, deveria considerar-se perfeitamente aplicável ao trabalho doméstico. O legislador andou bem na sua revogação, pois estas normas, mormente com aquela nuance diferenciadora, não se justificavam. Portanto, e em síntese, aplicando-se agora o preceituado no artigo 341º, do CT09, cessando o contrato de trabalho doméstico, o empregador deve entregar ao trabalhador um certificado de trabalho, indicando as datas de admissão e de cessação, bem como o cargo ou cargos desempenhados, bem como outros documentos destinados a fins oficiais, designadamente os previstos na legislação de segurança social, que deva emitir mediante solicitação[372].

Numa incursão sobre os princípios gerais subjacentes à cessação do contrato de trabalho doméstico, segundo o nº 4, do artigo 28º, pensado para as situações de caducidade por verificação do termo, o trabalhador doméstico em regime de alojamento dispõe de um prazo de três dias para abandonar o lar doméstico. Tal como MARIA DO ROSÁRIO PALMA RAMALHO, entendemos que esta norma legal se deve aplicar por via analógica a todos os casos em que o contrato cessa por razões estranhas à vontade do trabalhador[373],

[372] Forçando a nota, um dos documentos que tipicamente é entregue ao trabalhador no ato da cessação, o Modelo 5044, não está preparado para a realidade do trabalho doméstico. Concretamente, fica a dúvida de saber onde enquadrar as situações de "manifesta insuficiência económica do empregador, superveniente à celebração do contrato" ou de "alteração substancial das circunstâncias de vida familiar do empregador que torne imediata e praticamente impossível a subsistência da relação de trabalho". Quanto a nós, estas situações devem ser assinaladas na opção de impossibilidade superveniente, absoluta e definitiva de o trabalhador prestar o seu trabalho ou de o empregador o receber (campo 22).

[373] MARIA DO ROSÁRIO PALMA RAMALHO, *Tratado de Direito do Trabalho...*, cit., p. 296.

interpretação que sai confortada pela Recomendação da OIT[374] e que até chegou a constar do regime espanhol[375].

Embora tal possa corresponder a situações meramente académicas, pode colocar-se a questão de saber qual o meio que o empregador tem à sua disposição para a entrega coerciva do imóvel, isto é, caso o trabalhador não proceda abandone o lar doméstico por força da cessação do contrato de trabalho. A este propósito, e aprendendo com a jurisprudência dos nossos tribunais no contexto do contrato de trabalho de portaria, onde também é comum que o contrato de trabalho preveja um regime de alojamento para o porteiro, a ação adequada em caso de incumprimento da obrigação de desocupar o locado parece ser a ação de reivindicação e não a ação de despejo[376]. Esta parece ser a solução que melhor se adapta ao elemento histórico da lei e ao espírito do regime do arrendamento[377].

Ainda a este propósito, segundo a jurisprudência dos nossos tribunais, a reivindicação do imóvel supõe uma cessação lícita do contrato do traba-

[374] Segundo o ponto 18 da Recomendação da OIT nº 201, "no caso do término da relação de trabalho por iniciativa do empregador, por motivos que não sejam faltas graves, aos trabalhadores domésticos que moram no domicílio no qual trabalham deveria ser concedido um período razoável de aviso prévio e tempo livre suficiente durante este período para buscar um novo emprego e alojamento".

[375] Cfr. artigo 10º, nº 3, do Real Decreto nº 1424/1986, de 1 de agosto, onde se previa que no caso dos trabalhadores alojados, a dissolução do contrato não prejudicaria o alojamento do trabalhador entre as 17h e as 8h do dia seguinte, "salvo se a extinção do contrato for motivada por violação muito grave dos deveres de lealdade e confiança".

[376] Problema diferente é o de saber se os proprietários poderão reivindicar a coisa, ainda que o contrato de trabalho não tenha cessado. Ver ac. de 28/07/1987 do STJ (Pinheiro Farinha), BMJ, 369 (1987), pp. 546-548 e ac. de 13/06/2000 do TRP (Emídio Costa), proc. nr. 0020671 (sumário), já citado.

[377] Assim, F. A. Pires de Lima, «Anotação ao Acórdão...», p. 94, entendia que "é por demais evidente que não pode pôr-se fim ao contrato mediante uma acção de despejo, se o serviçal não quizer [sic] abandonar o prédio, rescindido o contrato de prestação de serviços". Na jurisprudência, ver o ac. de 12/01/1995 do TRP (Alves Barata), BMJ, 443 (1995), p. 442 (sumário) ("no caso de contrato misto de trabalho e de arrendamento, em que o elemento dominante é o derivado do contrato de trabalho, não são aplicáveis as normas proteccionistas insertas na legislação sobre arrendamento habitacional, terminando, assim, com o termo da relação laboral, o direito à ocupação com o consequente dever de restitui o prédio") e ac. de 11/11/2002 do TRP (Macedo Domingues), proc. nr. 0251080 (sumário) ("esse contrato de arrendamento, porém, não está sujeito ao regime especial ou proteccionista que é próprio dos arrendamentos urbanos e extingue-se com a cessação dos aludidos serviços domésticos").

lho[378], não podendo o empregador exigir o imóvel enquanto a apreciação da validade e regularidade do despedimento estiver pendente nos tribunais[379]. No entanto, também se conhecem decisões dos nossos tribunais que, revelando algum sentido prudencial, têm considerado abusivo o comportamento do trabalhador que, alegando a ilicitude do seu despedimento, recusa a entrega do imóvel[380].

[378] Nesse sentido, ac. de 27/10/2011 do STJ (Granja da Fonseca), proc. nr. 6160/03.1TBOER.L1.S1, onde se reitera que "numa acção de reivindicação, havendo título legítimo para a ocupação do imóvel e não tendo sido provocada previamente a cessação pela forma legalmente prevista da relação contratual que lhe está subjacente, não pode ser ordenada a sua restituição ao proprietário". Com interesse, ver também o ac. de 11/01/1990 do TRE (António Manuel Pereira), CJ, 1990, I, pp. 281-283 (secção cível). No contexto do contrato de trabalho de portaria, José Carlos Brandão Proença, *A resolução do contrato no Direito Civil – do enquadramento e do regime*, Coimbra Editora, Coimbra, 2006 (reimpressão), pp. 106-107, não deixa de observar que "as vicissitudes do contrato de trabalho (v.g., um despedimento com justa causa, uma rescisão pelo trabalhador) influenciam o destino do arrendamento" abrindo nessa altura uma nota de pé-de-página para concretizar que "a afirmação legal de que o dono do prédio fornecerá o alojamento, como remuneração parcial, parece afastar a ideia de um arrendamento, mas deixa de pé o problema de se saber se o dono do prédio terá de recorrer aos tribunais comuns (para exercer a acção de depejo ou recorrer aos meios possessórios) ou aos tribunais de trabalho (propondo uma acção de despejo adaptada às normas processuais do contencioso laboral). A resolução do problema não pode deixar de passar por uma interpretação do contrato (a solução tem de ser pontual), por uma extensão ou restrição do alcance do art. 66º, b), da Lei nº 82/77, de 6 de Dezembro, e pela possibilidade de o trabalhador requerer a suspensão da cessação de funções ou poder ser reintegrado" (n. 289).

[379] No ac. de 07/06/1994 do TRL (Almeida Amaral), proc. nr. 0080881 (sumário), decidiu-se que "estando pendente acção no Tribunal de Trabalho para declaração da nulidade do despedimento movida pela porteira de prédio constituído em regime de propriedade horizontal, não pode o condomínio, enquanto aquela acção não for decidida, reivindicar a casa da porteira uma vez que o contrato de trabalho não se encontra ainda extinto".

[380] Assim, estando em causa o contrato de trabalho de um porteiro, ac. de 31/01/2012 do STJ (Paulo Sá), proc. nr. 6704/09.5TVLSB.L1.S1. O Tribunal reconhece que "na acção de reivindicação, provado o requisito da propriedade da coisa reivindicada, a restituição será uma consequência directa", mas percebendo imediatamente que "a não ser que se prove ter o seu detentor um direito real ou obrigacional que obste ao pleno exercício da propriedade e à restituição peticionada". E assim parecia no caso concreto pois "provado que o contrato de trabalho celebrado entre o autor, como entidade patronal, e a ré, como trabalhadora, com funções de porteira, não cessou por qualquer das causas legais aplicáveis, subsiste o título para a ré continuar a ocupar a habitação que, nos termos contratuais, lhe fora atribuída". Sucede que o contrato não cessou por nenhuma das causas previstas na

§ 12.1. Despedimento com justa causa subjetiva

Tal como qualquer outra entidade patronal, o empregador doméstico está munido de poder disciplinar para reagir a infrações disciplinares praticadas pelo trabalhador. Embora já se tenha escrito que "o poder disciplinar do empregador corresponde a um instituto próprio de industrialização"[381], ninguém discute que também o trabalhador doméstico deve conviver com a disciplina do empregador[382], pois só assim se dá efetividade e garantia ao seu poder de direção que também existe, claro está, na prestação laboral doméstica[383]. No entanto, tratando-se de uma relação de trabalho que

lei. Em primeiro lugar, porque o Direito do Trabalho não reconhece a figura da revogação ou distrate tácito uma vez que ela deve constar de documento escrito sendo essa uma formalidade *ad substantionem*. Em segundo lugar, porque em rigor não se deu o abandono de trabalho porque faltou a declaração do empregador extintiva da relação jurídica nos termos das normas que regem esse instituto. Aparentemente, aquela relação contratual ainda produzia os seus efeitos e, assim sendo, a porteira conservava o direito à habitação, nos termos contratuais estipulados. Mas o Supremo discerniu bem: "esta poderia ser a decisão formalmente correcta, mas não a decisão justa". O Tribunal entendeu que "no que respeita ao direito invocado, de titular de direito de habitação com base na subsistência de um contrato que a ré deixou de cumprir, sem justificação, menos de um ano volvido sobre o início do contrato e que, apesar de decorridos, desde então, mais de 10 anos, continua a sustentar ser produtor de efeitos restritos à habitação, não pode, senão, reputar-se gravemente violador da boa-fé, dos bons costumes e dos respectivos fins económico e social". O tribunal também teve a oportunidade de esclarecer que "não fora estarmos no domínio do direito de trabalho, com a sua típica característica de protecção do trabalhador como parte mais fraca e apenas se discutisse a existência ou não de um contrato de arrendamento ou de um contrato misto, não teríamos dúvidas em entender que estaríamos perante um caso de revogação real, isto é, de um acordo mútuo das partes para porem fim ao mesmo, pelo que a manutenção da ocupação da casa da porteira, mesmo sem recurso à figura do abuso de direito, quedaria sem fundamento".

[381] António Menezes Cordeiro, *Manual de Direito do Trabalho*, Almedina, Coimbra, 1991, p. 747.

[382] Assim, no exemplo dado por António Monteiro Fernandes, «Sobre o fundamento do poder disciplinar», *Estudos Sociais e Corporativos*, 18 (1966), pp. 60-83, p. 72, "dificilmente se poderá destacar, mesmo no caminho das ficções, algo como o «interesse da empresa» ou exigências organizativas particulares no quadro das relações de trabalho entre um jardineiro e o dono do jardim". Sublinhando também que a ausência de uma empresa vem colocar em causa as teses "institucionalistas" do poder disciplinar, sendo o seu fundamento mais contratual, Maria Malta Fernandes, *Os limites à subordinação jurídica do trabalhador...*, cit., pp. 32-33.

[383] Assim, exatamente, Alberto de Sá e Mello, «Extinção dos contratos de trabalho...», cit., p. 377.

se desenvolve fora do quadro de uma "organização" propriamente dita, o poder disciplinar aparece, de certa forma, reduzido ou rarefeito, para usar a expressão que MONTEIRO FERNANDES/JOÃO FRANCISCO ALMEIDA POLICARPO usam para descrever o poder disciplinar nos contextos extraempresariais[384].

O exercício do poder disciplinar pode conduzir à aplicação de sanções conservatórias e, no limite, à aplicação da sanção disciplinar máxima: o despedimento. Nesta matéria, é preciso ter presente que o imperativo da justa causa de despedimento "é, obviamente, também válido para os trabalhadores do serviço doméstico"[385]. A exigência de justa causa para o despedimento pode talvez parecer hoje um truísmo, mas não deixa de ser uma das conquistas emblemáticas do trabalhador doméstico[386] no contexto do Direito português, pois esta relação especial de trabalho foi excluída do âmbito de aplicação de diplomas protetores contra o despedimento, embora, como veremos, a proibição dos despedimentos sem justa causa perca algum do seu valor prático no contexto doméstico por força da exclusão, em regra, da reintegração do trabalhador em caso de ilicitude do despedimento[387].

[384] JOÃO FRANCISCO ALMEIDA POLICARPO/ANTÓNIO MONTEIRO FERNANDES, «Fundamento do poder disciplinar», *Estudos Sociais e Corporativos*, 24 (1967), pp. 17-51, especialmente pp. 30 ss. Entendem os autores que, nestes contextos, caracterizados por uma relação pessoal mais estreita entre as partes (empregador e trabalhador) as únicas sanções disciplinares que fazem sentido são a repreensão e o despedimento.

[385] CARLOS ALEGRE, *Contrato de serviço doméstico...* [1994], cit., p. 46. BERNARDO DA GAMA LOBO XAVIER, *O despedimento colectivo no dimensionamento da empresa*, Verbo, Lisboa, 2000, p. 34, n. 86, não deixa de escrever que "a segurança no emprego e o controlo do despedimento têm sobretudo a ver com o sistema empresarial, já que os poderes de despedir são claramente mais amplos nas outras formas de trabalho (*v. g.*, serviço doméstico)".

[386] MARIO NAPOLI, «Contratto e rapporti di lavoro...», cit., p. 1064.

[387] Uma das originalidades do regime espanhol era a concessão, ao empregador, da possibilidade de denunciar o contrato de trabalho doméstico, isto é, de fazer cessar o contrato sem necessidade de invocar motivo e muito menos de justa causa. O artigo 11º, nº 3, do Real Decreto nº 1620/2011, de 14 de novembro, previa uma faculdade de "*desistimiento*", estatuindo que "o contrato pode cessar durante o período de vigência do contrato por denúncia do empregador, que deverá comunicar por escrito ao trabalhador onde conste, de modo claro e inequívoco, a vontade do empregador de cessar o contrato de trabalho por esta via". No entanto, a denúncia deveria ser acompanhada de uma compensação equivalente a doze dias por cada ano de trabalho com um limite máximo de seis meses. Esta opção permitiu acabar com os despedimentos de "fachada" ou dissimulados onde o empregador pretendia pura e simplesmente colocar um ponto final na relação laboral sabendo que não corria

Segundo o artigo 29º, nº, nº 1, do RCSD, que permaneceu inalterado no âmbito da Agenda do Trabalho Digno, "constitui justa causa de rescisão qualquer facto ou circunstância que impossibilite a manutenção, atenta a natureza especial da relação em causa, do contrato de serviço doméstico". Acontece que o artigo 30º, revisto pela Lei nº 13/2023, de 3 de abril, trata de enumerar um conjunto de situações que configuram justa causa de despedimento, referindo-se no proémio da norma a "comportamentos culposos por parte do trabalhador". A Lei nº 13/2023, de 3 de abril, subjetivou a noção de justa causa ao fazer referência à culpa do trabalhador, elemento que não aparecia no regime anterior (a lei falava laconicamente em "factos e comportamentos do trabalhador"). A justa causa doméstica aparecia desenhada, na redação anterior, com traços objetivos típicos de certos contratos civis ou comerciais de natureza associativa[388]. Parecendo admitir a cessação com fundamento em qualquer "facto objectivo e até extrínseco ao contrato"[389], fonte de desconfiança por parte do empregador[390], tal como prevê agora o legislador espanhol[391], a formulação legal era "de tal forma

o risco de ver o trabalhador reintegrado uma vez que, no Direito espanhol, a reintegração está, salvo acordo entre as partes, afastada na relação de trabalho doméstico, tal como acontece no Direito português, como veremos. Acontece que o legislador espanhol decidiu revogar este normativo, através do Real Decreto-Ley nº 16/2022, de 6 de setembro. Defendendo, entre nós, a possibilidade de denúncia *de iure constituendo*, MARIA IRENE GOMES, «Cessação do contrato de trabalho doméstico – comentário...», cit., p. 33, n. 22.

[388] Também MÁRIO PINTO/PEDRO FURTADO MARTINS/ANTÓNIO NUNES DE CARVALHO, *Comentário às leis do trabalho...*, cit., p. 17, falam aqui de "um conceito de justa causa de despedimento com conotações objectivas".

[389] Nas palavras de MARIA DO ROSÁRIO PALMA RAMALHO, *Tratado de Direito do Trabalho...*, cit., p. 297.

[390] Em comentário à disposição do regime do contrato de trabalho doméstico de Angola que permite que "qualquer das partes pode fazer cessar unilateralmente e a todo o tempo a relação jurídica quando exista a perda de confiança entre si" (artigo 26º, nº 1), MÁRCIA NIGIOLELA/FORTUNATO PAIXÃO, *Contrato de trabalho doméstico...*, cit., p. 59, assinalam que "é muito difícil avaliar a perda de confiança, pelo que é bastante que o empregador se sinta desconfiado para a relação de trabalho cessar". Os Autores defendem, p. 60, que a norma acima referida será dificilmente compatível com as normas constitucionais, defendendo, como solução corretora, que "a perda da confiança deve ter como fundamento a prática de um ato de «infração» que se reconduzisse a fundamentos de despedimento".

[391] ROSA QUESADA SEGURA, «Sobre los derechos que mejoran las condiciones de trabajo...», cit., p. 213, não deixa de sublinhar o carácter "inapreensível" deste conceito, tornando esta norma "conflituosa".

ampla que abarca toda e qualquer situação que aflija um empregador mais sensível"[392].

Pode ainda assim dizer-se que a nova formulação (ainda) não é ainda totalmente coincidente com aquela que é oferecida pelo CT09[393], onde se lê que "constitui justa causa de despedimento o comportamento culposo do trabalhador que, pela sua gravidade e consequências, torne imediata e praticamente impossível a subsistência da relação de trabalho" (artigo 351º, nº 1, do CT09)[394]. No entanto, como já escrevíamos em relação ao regime legal anterior, "a norma deveria ser lida em sintonia com os princípios fundamentais do Direito do Trabalho, sob pena de esvaziar, desde logo, a proibição capital dos despedimentos sem justa causa que, salvo melhor opinião, e como já dissemos, também tutela, ainda que limitadamente, o trabalhador doméstico"[395].

Seja como for, o legislador não prescinde de recordar o julgador que "a existência de justa causa será apreciada tendo sempre em atenção o carácter das relações entre as partes, nomeadamente a natureza dos laços de convivência do trabalhador com o agregado familiar a que presta serviço" (artigo 29º, nº 4). Na verdade, esta diretriz enviada ao intérprete não representa qualquer originalidade, uma vez que parece um dado pacífico que a avaliação da justa causa deve sempre valorar a natureza da relação entre as partes.

A propósito do despedimento com justa causa, um dos aspetos práticos mais delicados do ambiente doméstico é a dificuldade na prova de cer-

392 Nestes termos, Cláudia Rosa Henriques, «Contrato de serviço doméstico...», cit., p. 110. Também Maria do Rosário Palma Ramalho, *Tratado de Direito do Trabalho...*, cit., p. 298, sugeria que a norma parecia "integrada por um conjunto de comportamentos (nomeadamente, comportamentos da esfera pessoal das partes) que, num vínculo laboral comum, não configurariam justa causa".

393 Perante o regime legal anterior, com esta opinião, Filipe Fraústo da Silva, «Em torno do contrato de serviço doméstico...», cit., p. 125. No mesmo sentido, Maria do Rosário Palma Ramalho, *Tratado de Direito do Trabalho...*, cit., p. 298 e Id., «Cessação do contrato de trabalho doméstico – comentário...», cit., p. 29, defendendo uma "menor exigência na densificação do conceito de justa causa de despedimento".

394 E até com a noção geral de justa causa vigente à data: cfr. artigo 9º, nº 1, do Decreto-Lei nº 64-A/89, de 27 de fevereiro, segundo o qual "o comportamento culposo do trabalhador que, pela sua gravidade e consequências, torne imediata e praticamente impossível a subsistência da relação de trabalho constitui justa causa de despedimento".

395 Victor Hugo Ventura, *O regime do contrato de serviço doméstico...*, cit., p. 135.

tos comportamentos lesivos do trabalhador doméstico quando pensamos que eles não são facilmente detetáveis ou rastreados ou, pelo menos, não o são com a mesma facilidade com que os comportamentos dos trabalhadores que prestam trabalho em empresas, dotadas de mecanismos de controlo eficazes, o são. Esses mecanismos de controlo – que se convertem depois em "prova" objetiva para sustentar a sanção expulsiva do empregador – podem ser tão simplesmente os sistemas de videovigilância[396], de revistas[397] ou os próprios colegas de trabalho ou superiores hierárquicos que muitas vezes são testemunhas oculares de certas condutas dos trabalhadores que consubstanciam justa causa de despedimento.

De facto, casos há em que inexistem, no contexto doméstico, esses mecanismos e, para citar a Relação de Lisboa, "isso acontece mormente quando as coisas se passam dentro de casa, em que assistem apenas os beligerantes". Vem isto a propósito de dois litígios que chegaram à apreciação dos nossos Tribunais em que os trabalhadores domésticos foram despedi-

[396] Em relação à utilização de sistemas de videovigilância em contexto doméstico, ver o recente estudo de Olga Lenzi, «La vídeo-vigilancia de las empleadas al servicio del hogar a la luz de la sentencia de la audiência provincial de Pontevedra de 9 de Enero de 2019, rec. 618/2018», *Revista de Derecho Social*, 88 (2019), pp. 167-177, defendendo que a instalação de meios de vídeo-vigilância, sendo possível no contexto doméstico, deve tomar em consideração que, no caso das trabalhadores em regime de alojamento, a captação de imagens não pode ocorrer em locais que pertencem à intimidade do trabalhador como acontece com o seu quarto. Uma vez que um empregador doméstico dificilmente colocará um "dístico" em sua casa, informando o trabalhador de que são captadas imagens através de sistema de videovigilância, a Autora sugere, pp. 174 ss., que a informação deve, pelo menos, ser prestada oralmente, na presença de testemunhas, ou através da menção no contrato de trabalho. Da mesma Autora, embora num tom mais dubitativo, Olga Lenzi, «El control de la prestación laboral...», cit., pp. 159-184. Mais recentemente, veja-se o estudo de Josune López Rodríguez, «La videovigilancia en el trabajo doméstico: especial atención a la posible instalación de cámaras ocultas», *Revista General de Derecho del trabajo y de la Seguridad Social*, 63 (2022), pp- 421-457, Autora que considera lícita a utilização de meios ocultos de videovigilância se existirem suspeitas fundadas de que o trabalhador doméstico pratica ilícitos disciplinares (p. 452), e Susana Ruiz Tarrías, «Videovigilancia de la relación laboral prestada en domicilio particular», *Derecho Digital e Innovación*, 14 (2022), 8 pp.

[397] Em geral, admitindo as revistas aos trabalhadores, mas com caráter excecional, dependendo das circunstâncias, do contexto empresarial e dos bens em causa, ver o estudo de Teresa Alexandra Coelho Moreira, «Das revistas dos trabalhadores e aos seus bens em contexto laboral» in: *Estudos em comemoração do 10º aniversário da Licenciatura em Direito da Universidade do Minho*, Almedina, Coimbra, 2004, pp. 817-838.

dos quando não foi perfeita ou rigorosa a imputação dos factos aos trabalhadores.

Num primeiro caso, de onde é extraída aquela citação, uma trabalhadora doméstica foi despedida com justa causa tendo sido dado como provado o seguinte quadro factual: no dia 17 de novembro de 2005, o empregador, ao entrar em casa, encontrou a trabalhadora a fazer a limpeza da sala em clima de aparente normalidade. Acontece que, precisamente atrás do sofá da sala, estava o seu gato sangrando abundantemente da boca, tendo sido apurado, na clínica veterinária para onde o gato foi prontamente transportado, que o animal sofrera um "traumatismo crâneo-encefálico com hemorragias intracraneanas" (*sic*!). Foi inclusivamente dado como assente que já anteriormente havia morrido outro dos gatos do empregador, então alegadamente por queda da janela. A verdade é que, nesse caso, a trabalhadora doméstica se encontrava sozinha em casa...[398].

Noutro caso, também ele submetido à apreciação do coletivo de juízes da Relação de Lisboa, o quadro factual era o seguinte: uma trabalhadora foi contratada para cuidar de um menor de 2 meses de idade. Em 2006, quando a criança já tinha 5 anos, a criança revelou comportamentos anómalos como choro repetido e dificuldade em conciliar o sono, recusando-se mesmo a estar presente diante da trabalhadora, um quadro comportamental que levou a que fosse clinicamente diagnosticado um *stress* pós-traumático. O Tribunal concluiu que "destes factos resulta ter havido uma violação grave do seu dever de cuidar devidamente do filho menor de idade dos recorridos, sendo legítimo concluir que estes perderam a confiança que tinham na autora para poder continuar a cuidar e assistir o seu filho"[399].

Num outro caso, julgado pelo Supremo, uma trabalhadora doméstica foi despedida devido ao desaparecimento súbito, mas repetido, de dinheiro de vários membros do agregado familiar. O Tribunal considerou lícito o despedimento pelo "sentimento de desconfiança e o ambiente de mal-estar e insegurança gerados pela suspeição relativamente à honorabilidade da trabalhadora". O Tribunal deu precisamente relevância ao desaparecimento constante de dinheiro em todos os membros do agregado familiar "até porque não é normal, segundo as regras de experiência comum, que desapareçam continuamente grandes quantidades de numerário do interior a casa

[398] Ver ac. de 01/06/2011 do TRL (Natalino Bolas), proc. nr. 3310/06.0TTLSB.L1-4.

[399] Ver ac. de 01/10/2008 do TRL (Paula Sá Fernandes), proc. nr. 4551/2008-4.

de morada da família por simples descaminho ou extravio, e sem directa interferência de terceiros". Nesse caso, foi considerado ainda como provado que, no dia 29 de janeiro de 1998, a Ré deixou a água a correr como se estivesse a tomar banho, *mise-en-scène* que engendrou por forma a surpreender a trabalhadora no hall com a sua carteira na mão tendo esta ficado "lívida e silenciosa"[400].

Revertendo para a análise do regime, o RCSD arrola um conjunto de situações que podem configurar justa causa de despedimento do trabalhador doméstico[401]. É possível desde já avançar que um primeiro conjunto de situações, que percorre as alíneas a) a i) do artigo 30º, é, no essencial, comum ao regime laboral comum. O legislador decidiu prescindir do bom exemplo de técnica legislativa do legislador de 1980 que, certamente por razões de economia, para além dos fundamentos específicos do contexto doméstico, tratava de remeter para as causas "gerais" previstas no regime laboral comum[402]. O RCSD, pelo contrário, decidiu-se pela enumeração das situações que já estavam previstas, e continuam hoje previstas, na legislação laboral comum.

Assim, reproduzindo hipóteses já previstas no regime laboral comum, configura justa causa de despedimento a desobediência ilegítima às ordens

[400] Ver ac. de 09/03/2004 do STJ (Fernandes Cadilha), proc. nr. 03S3781. A verdade é que o Juiz Conselheiro Ferreira Neto votou vencido com a justificação de que "não pode, por si só o facto de a Ré ter visto a Autora com a sua carteira na mão, em circunstâncias não completamente esclarecidas, justificar a ruptura da relação laboral. Isto pese embora a ambiência em que se move o contrato de trabalho doméstico, mas que não deve servir para justificar despedimentos perante meras desconfianças e/ou comportamentos do trabalhador de escassa ou nula gravidade". Naturalmente que estes casos não são de todo exclusivos do trabalho doméstico. Merece nota que a nossa jurisprudência já considerou indigno o comportamento do empregador de "agente provocador" para averiguar o desvio de bens patrimoniais. Ver, a este propósito, o ac. de 20/05/1992 do TRL (César Teles), CJ, 1992, III, pp. 262-263. Em matéria de furtos, a nossa jurisprudência já afirmou que "a apropriação pode ser dada como provada com base nas regras da experiência comum" (ac. de 02/06/2003 do TRP (Sousa Peixoto), CJ, 2003, III, pp. 236-238).

[401] Pedro Romano Martinez, *Direito do Trabalho*..., cit., p. 659, não deixa de advertir que os específicas causas de cessação do contrato de trabalho devam ser sempre relacionadas com o imperativo de justa causa.

[402] O Decreto-lei nº 508/80, de 21 de outubro, previa, no seu artigo 17º, o rol exemplificativo de fundamentos de justa causa, remetendo, na alínea a), para as situações já contempladas no regime laboral comum, embora "com as adaptações devidas às características do serviço doméstico".

dadas pelo empregador ou outros membros do agregado familiar, o desinteresse repetido pelo cumprimento, com a diligência devida, das obrigações inerentes ao exercício das funções que lhe estejam cometidas, a provocação repetida de conflitos com outro ou outros trabalhadores ao serviço da entidade empregadora, a lesão de interesses patrimoniais sérios do empregador ou do agregado familiar[403], as faltas não justificadas ao trabalho que determinem prejuízos ou riscos sérios para o empregador ou para o agregado familiar ou, independentemente de qualquer prejuízo ou risco, quando o número de faltas injustificadas atingir em cada ano 5 seguidas ou 10 interpoladas[404], a falta culposa da observância de normas de segurança e saúde no trabalho, a prática de violências físicas, de injúrias ou de outras ofensas sobre a entidade empregadora, membros do agregado familiar, outros trabalhadores ao serviço do empregador e pessoas das relações do agregado familiar[405], as reduções anormais da produtividade do trabalhador, e as falsas declarações relativas à justificação de faltas ou as redu-

[403] Numa decisão que pode interessar aqui, embora não ocorrida num contexto doméstico, o ac. de 25/06/1996 do TRE (Paiva de Carvalho), CJ, 1996, III, pp. 300-301, onde se decidiu que "não integra justa causa de despedimento o comportamento de um trabalhador consistente em ter deixado aberta uma torneira, por esquecimento, o que originou uma inundação nas instalações da entidade patronal".

[404] Sobre um caso de despedimento de trabalhador doméstico por faltas injustificadas ver ac. de 13/12/2011 do TRE (Paulo Amaral), proc nr 327/10EVR. O tribunal julgou ilícito o despedimento porque o empregador apenas referiu na comunicação que o trabalhador havia faltado cinco dias consecutivos injustificadamente sem, contudo, fazer aquela descrição circunstanciada que é exigida pela lei. Noutro caso, já se julgou lícito o despedimento de uma trabalhadora que faltou durante um largo período, valorando o facto de se tratar de um contrato de trabalho doméstico onde as faltas injustificadas podem ter um efeito mais danoso para o agregado familiar (ac. de 14/06/2018 do TRE (Moisés Silva), proc. nr. 1260/17.3T8TMR.E1).

[405] Embora não num contexto doméstico, ver, com interesse, o ac. de 18/10/2021 do TRP (Teresa Sá Lopes), CJ, 2021, IV, p. 341 (sumário), onde se decidiu que "consubstancia uma situação de justa causa de despedimento o comportamento da trabalhadora, Educadora de Infância responsável pelas crianças da sala de crianças com idades de 2/3 anos, conhecendo e assentido que uma dessas crianças estivesse numa das sanitas de adultos, apoiada com as duas mãos, a chorar, com lágrimas a cair pela face e com a boca cheia de papel higiénico, confrontada no imediato com tal situação, revelou indiferença e falta de juízo autocrítico". No mesmo contexto, ver o ac. de 07/05/2018 do TRP (Rita Romeira), CJ, 2018, III, p. 366 (sumário), o Tribunal considerou justa causa de despedimento a palmada, sem qualquer justificação, a uma criança por parte de uma educadora de infância.

ções anormais de produtividade do trabalhador. Estas causas estão devidamente exploradas pela literatura laboral e, salvo melhor opinião, pensamos que o trabalho doméstico não tem especificidades que justifiquem qualquer nota ou esclarecimento adicional. Remete-se assim para o lastro doutrinal e jurisprudencial relativo a estas matérias.

Mas a acrescer a essas hipóteses, o RCSD prevê outras situações que, pela sua singularidade, ou porque se levantam com maior assiduidade e delicadeza no contexto doméstico, mereceram previsão expressa. São aquelas que se perfilam nas alíneas j) a p).

Cumpre agora passá-las em revista.

Em primeiro lugar, configura justa causa de despedimento a "quebra de sigilo sobre qualquer assunto de que [o trabalhador] tenha conhecimento em virtude da convivência decorrente da natureza do contrato e de cuja revelação possa resultar prejuízo para a honra, bom nome ou património do agregado familiar". Este fundamento de despedimento merece, desde já, o seguinte apontamento: embora isso não esteja previsto expressamente na lei, parece defensável, a partir justamente desta disposição legal, que o trabalhador doméstico está vinculado a um dever de sigilo[406], o que se percebe com naturalidade porque, como já dissemos, o ambiente de intimidade é uma nota dominante do trabalho doméstico, o qual "tem como transfundo o respeito devido pelos direitos constitucionalmente protegidos à intimidade familiar e inviolabilidade do domicílio"[407]. Não vamos tão longe ao ponto de dizer que "todas as percepções do trabalhador doméstico estão sujeitas a sigilo", mas, por exemplo, de certa forma, estão cobertas pelo sigilo "todas as coisas mesquinhas, neutras ou grandiosas que integram a vida de cada qual e se revelam, expressa ou implicitamente, a recato do mundo exterior, nos domínios da sua privacidade"[408]. Dada a delicadeza do bem jurídico a proteger, é natural que a violação desse dever de sigilo possa configurar justa causa de despedimento[409].

[406] Assim, Maria do Rosário Palma Ramalho, *Tratado de Direito do Trabalho...*, cit., p. 291.

[407] Lourdes López Cumbre, «La relación especial del servicio del hogar...», cit., p. 154.

[408] Estamos a citar Filipe Fraústo da Silva, «Em torno do contrato de serviço doméstico...», cit., p. 122.

[409] Em relação à violação do dever de sigilo, repare-se que o legislador faz depender a verificação de um "prejuízo para a honra, bom nome ou património do agregado familiar". A este propósito, há quem defenda uma interpretação restritiva da norma, abdicando do

Determina-se ainda como justa causa de despedimento "a manifesta falta de urbanidade no trato habitual com os membros do agregado familiar, designadamente as crianças e os idosos, ou com outras pessoas que, regular ou acidentalmente, sejam recebidas na família", da mesma forma que, como já dissemos *supra*, é justa causa de despedimento a "prática de violências físicas, de injúrias ou de outras ofensas sobre a entidade empregadora, membros do agregado familiar, outros trabalhadores ao serviço do empregador e pessoas das relações do agregado familiar"[410]. Não surpreende que o ambiente doméstico exija, por parte do trabalhador, decoro e respeito no trato pessoal, cujo incumprimento, no limite, quando grave, pode configurar justa causa de despedimento[411].

O dever de respeito não se limita, porém, ao empregador, estendendo-se a terceiros "designadamente as crianças e os idosos, ou com outras pessoas que, regular ou acidentalmente, sejam recebidas na família". A solução não é, seguramente, inovadora, pois também na relação de trabalho comum, o trabalhador deve respeito e urbanidade para com empregador, colegas (outros trabalhadores) e terceiros que entram em contacto com a empresa. No ambiente doméstico, também é imposto o cumprimento do dever de respeito do trabalhador para com terceiros, sobretudo quando esses terceiros são nada mais nada menos do que o agregado familiar do empregador[412]

elemento do dano. Assim, Maria do Rosário Palma Ramalho, *Tratado de Direito do Trabalho...*, cit., p. 291 e Filipe Fraústo da Silva, «Em torno do contrato de serviço doméstico...», cit., pp. 123 ss., este Autor entendendo que a norma é inconstitucional precisamente no segmento onde se exige "prejuízo para a honra, bom nome ou património do agregado familiar". Para o Autor, "a conduta é em si mesmo danosa, independentemente de perigo para a honra ou a fazenda".

410 Com interesse, ver ac. de 10/09/2014 do STJ (Mário Belo Morgado), proc. nr. 1016/12.0T4AVR.C1.S1/CJ (STJ), 2014, III, pp. 233-235, onde o tribunal considerou lícito o despedimento de uma educadora de infância por ter dado um estalo "com as costas da mão" numa criança na faixa etária dos 3 aos 5 anos.

411 Já Luiz da Cunha Gonçalves, *Tratado de Direito Civil...*, cit., pp. 564-565, escrevia que é justa causa de resolução do contrato, pelo amo, "tôda a espécie de actos imorais, ilícitos, ou simplesmente incorrectos: as respostas insolentes, ou *ofensivas da dignidade ou honra dos amos*, as faltas de respeito, – as injúrias, a agressão ou tentativa dela contra o amo, os conflitos com outros serviçais, os mexericos e intrigas com os vizinhos (...) os abusos de namoros à janela, as ausências freqüentes" (itálicos do autor).

412 De resto, há razões para defender que, no contexto doméstico, os familiares do empregador representam algo de qualitativamente diverso dos familiares do "empregador comum". Por exemplo, Júlio Gomes, *Direito do Trabalho...*, cit., p. 530, não se revê na tese

(quando esses membros do agregado familiar não assumam, claro está, a qualidade de empregadores, como vimos[413]).

Como sempre acontece nos casos em que está em causa o cumprimento do dever de respeito, a valoração da justa causa deve sempre atender à natureza da relação entre as partes, considerando o seu nível e meio social, bem como os seus hábitos. Assim mesmo, é possível encontrar decisões da nossa jurisprudência que não configuram como justa causa de despedimento "o facto de a trabalhadora ter dado uma resposta pouco delicada, mas não ofensiva"[414], como, inversamente, ser considerado justa causa de despedimento o comportamento de uma trabalhadora doméstica que omitia cumprimentos e saudações à chegada e na despedida dos familiares do empregador e das "visitas" porque, para usar a expressão do Tribunal, "o local de trabalho não se reveste da mesma frieza tipificada que o caracteriza quando estão em causa relações laborais desenvolvidas num contexto meramente empresarial"[415].

Considera-se ainda justa causa de despedimento a "introdução abusiva no domicílio do agregado familiar de pessoas estranhas ao mesmo, sem autorização ou conhecimento prévio do empregador ou de quem o substitua". Esta hipótese percebe-se também no contexto daquela intimidade que acima se referiu. Repare-se que o legislador fala na introdução abusiva. Assim, a adequação social tem aqui uma palavra a dizer. Por exemplo, dificilmente dará origem a justa causa de despedimento o caso da trabalhadora doméstica que, sem possibilidade de ir buscar o seu filho à escola, recebe-o na casa onde presta trabalho, para depois seguir com ele para sua casa, no fim da jornada de trabalho.

"que considera que o facto de se incluírem como sujeitos passivos das ofensas disciplinares os familiares do empregador que pressupõe toda uma teoria tradicional da honra pessoal e familiar, de tal modo que a falta de consideração relativamente a uma pessoa do grupo, "dentro do jogo das antigas solidariedades", um ataque a todo o grupo, seria, em suma, uma visão atávica" porque "em certos contextos um ataque à dignidade e à honra dos familiares mais próximos do empregador pode ser um ataque indirecto a este último, mas e, sobretudo porque se deve considerar que o trabalhador tem o dever de tratar com urbanidade todos os que entram em contacto lícito com a empresa".

[413] § 2. Âmbito e objeto do RCSD.

[414] Ac. de 25/01/1989 do TRL (Roberto Valente), proc. nr. 0004246/CJ, 1989, I, pp. 172-174.

[415] Ac. de 02/12/1999 do TRC (Bordalo Lema), CJ, 1999, V, pp. 66-68, pp. 67-68/BMJ, 492 (2000), pp. 494-495 (sumário).

Constitui ainda justa causa de despedimento a "recusa em prestar contas de dinheiros que lhe tenham sido confiados [ao trabalhador] para compras ou pagamentos ou infidelidade na prestação dessas contas"[416]. Esta norma, manifestação óbvia do dever de lealdade a que está vinculado o trabalhador doméstico[417], vai ao encontro do entendimento jurisprudencial, dominante entre nós, de que o furto ou sonegação de dinheiro do empregador, mais do que um dano patrimonial (até porque muitas vezes estão em causa valores bagatelares), gera um dano na própria confiança no trabalhador, minando a relação de fidúcia. O dano é tanto mais significativo se pensarmos que o furto do trabalhador doméstico pode ser mais alarmante do que um furto realizado numa empresa uma vez que o trabalhador doméstico está em condições mais propícias para o fazer e reiterar[418]. A título de exemplo, num caso que chegou à apreciação da Relação de Lisboa, uma trabalhadora foi despedida no seguimento de ter adquirido numa mercearia 40 litros de leite, ovos e alfaces em quantidades excessivas para um consumo normal[419]. No entanto, cenário diferente, a nosso ver, é o da apropriação pelo trabalhador doméstico de materiais ou bens que o empregador deita ao lixo[420].

Valem ainda como justa causa de despedimento "hábitos ou comportamentos que não se coadunem com o ambiente normal do agregado familiar ou tendam a afectar gravemente a respectiva saúde ou qualidade de vida". No contrato de trabalho comum, o comportamento boémio ou degradante do trabalhador pode, por vezes, justificar o seu despedimento nos casos em que o comportamento, sendo ilícito, afete colateralmente a imagem da empresa junto de parceiros comerciais ou da própria clientela.

[416] Luiz da Cunha Gonçalves, *Tratado de Direito Civil...*, cit., p. 564, entendia como justa causa de resolução pelo amo "os pequeninos furtos [e] as contas sem probidade".

[417] Maria do Rosário Palma Ramalho, *Tratado de Direito do Trabalho...*, cit., p. 291, refere que o dever de lealdade "tem uma importância acrescida pelo carácter fiduciário do contrato".

[418] Ver, a este propósito, o ac. de 09/03/2004 do STJ (Fernandes Cadilha), proc. nr. 03S3781.

[419] Ver ac. de 25/01/1989 do TRL (Roberto Valente), CJ, 1989, I, pp. 172-174, já citado.

[420] Ver, no contexto doméstico, o ac. de 02/12/1999 do TRC (Bordalo Lema), CJ, 1999, V, pp. 66-68, já citado. Neste caso, a trabalhadora veio a ser licitamente despedida por falta de decoro no trato pessoal. Contudo, o Tribunal começou por esclarecer que não era justa causa de despedimento o comportamento da trabalhadora, dado como provado, que "utilizou água e produtos dos patrões para lavar a sua viatura" (p. 67).

No contrato de trabalho doméstico, parece que o trabalhador está sujeito a uma malha mais apertada, consoante o que for o "ambiente norma do agregado família"[421].

Nesta norma, o legislador também tutela a saúde e o bem-estar do agregado familiar. Por exemplo, num agregado familiar com crianças parece perfeitamente legítimo que o empregador possa proibir o trabalhador de fumar[422], podendo servir de justa causa de despedimento o comportamento do trabalhador que, contra as indicações do empregador, fume em casa, ainda que nos seus intervalos de descanso. Ainda dentro do "espírito" desta norma, segundo a nossa jurisprudência, configura também justa causa de despedimento a trabalhadora que se envolve sexualmente com o marido da empregadora[423].

[421] Maria do Rosário Palma Ramalho, *Tratado de Direito do Trabalho...*, cit., p. 293, diz que "o padrão de normalidade é o que for estabelecido pelo empregador".

[422] Assim, Maria do Rosário Palma Ramalho, *Tratado de Direito do Trabalho...*, cit., p. 292. João Leal Amado, *Contrato de trabalho...*, cit., p. 221, n. 304 (começa na p. 220), em comentário à longa lista de espaços onde o legislador, pela Lei nº 37/2007, de 14 de Agosto, proíbe o fumo, refere que "lendo esta quase interminável lista proibitiva constante do artigo 4º poder-se-ia pensar que não há, no território nacional, praticamente lugar algum onde seja permitido fumar, com excepção do lar doméstico (mas note-se que o próprio lar doméstico pode ser palco de execução do contrato de trabalho doméstico e, daí, converter-se em local de trabalho...)" (= Id., «A Lei nº 37/2007, o tabaco e o trabalho: algumas questões», *Revista de Legislação e de Jurisprudência*, 3947 (2007), pp. 117-126, p. 119, n. 5).

[423] Ver ac. de 13/12/2000 do STJ (Mário Torres), proc. nr. 00S125, onde se julgou ilícito o despedimento de uma trabalhadora doméstica porque "não tendo os Réus provado que a Autora adoptara qualquer comportamento que pudesse objectivamente fundamentar suspeita de relacionamento sexual com o Réu marido não se pode dar como verificada a justa causa de despedimento, que não pode assentar em mera desconfiança dos factos que o fundamentaram". O Tribunal dá a entender que este acontecimento, sendo feita a competente prova, é justa causa de despedimento. Foi, aliás, o que aconteceu no caso do ac. de 12/04/2011 do TRE (João Luís Nunes), proc. nr. 17/10.7TTEVR.E1, onde uma trabalhadora foi apanhada nas traseiras da cafetaria (onde trabalhava) em envolvimento sexual com o marido da empregadora. O Tribunal considerou que "perante tal quadro fáctico não era possível à Ré manter mais a Autora como sua trabalhadora. Na verdade, com o referido comportamento, a Autora violou não só o dever de respeito para com a Ré, como também o dever de lealdade e boa fé que deve presidir às relações de trabalho". Esta decisão foi depois confirmada pelo Supremo no ac. de 07/03/2012 do STJ (Fernandes da Silva), proc. nr. 17/10.7TTEVR.E1.S1 (em comentário concordante, João Leal Amado, «Amor, sexo e tentações: que papel para o Direito do Trabalho», *Revista do CEJ*, 2020, II, pp. 289-315, pp. 310-312). No âmbito doméstico, embora sem discutir a validade do despedimento, ver o

Finalmente, é ainda encarada como justa causa para despedir a "negligência reprovável ou reiterada na utilização de aparelhagem electrodoméstica, utensílios de serviço, louças, roupas e objectos incluídos no recheio da habitação, quando daí resulte avaria, quebra ou inutilização que impliquem dano grave para o empregador".

§ 12.1.1. Procedimento disciplinar conducente ao despedimento

Como se sabe, o Direito do Trabalho moderno não se contenta com a verificação de uma situação de justa causa. É ainda necessário, para que o despedimento se tenha por lícito, que o empregador siga um procedimento disciplinar e que cumpra as formalidades que lhe estão associadas. De forma esquemática, e pensando agora no despedimento por razões disciplinares, é necessário que o empregador notifique o trabalhador com a nota de culpa, cumpra a audiência prévia e, no final, comunique a decisão por escrito. Acontece que este regime, aqui sumariado, pode revelar-se frustre no caso do trabalho doméstico: por vezes, a infração disciplinar pode criar uma situação tão insuportável que o empregador pode não estar em condições de conviver com o trabalhador durante o tempo necessário para levar a cabo as diligências procedimentais previstas no regime laboral comum[424]. De facto, se o agregado familiar considerar que uma sanção conservatória (por exemplo, repreensão) não é adequada para sanar a crise contratual, pode ser gravemente lesivo para o bem-estar familiar que o trabalhador continue a trabalhar no seio familiar até que o procedimento disciplinar esteja concluído[425].

ac. de 14/03/2007 do TRL (Hermínia Marques), CJ, 2007, II, pp. 143-145, já citado, onde uma trabalhadora doméstica foi despedida após ter sido encontrada pela mulher do empregador na casa de banho com o marido desta em pijama (!).

[424] Maria do Rosário Palma Ramalho, *Tratado de Direito do Trabalho...*, cit., p. 302.

[425] Ainda que se pudesse ensaiar a aplicação subsidiária da figura da suspensão preventiva do trabalhador, ela não deixaria de colocar sobre o empregador um ónus formal, pois o artigo 354º, do CT09, estabelece que "com a notificação da nota de culpa, o empregador pode suspender preventivamente o trabalhador cuja presença na empresa se mostrar inconveniente, mantendo o pagamento da retribuição". O nº 2 acrescenta que "a suspensão a que se refere o número anterior pode ser determinada nos 30 dias anteriores à notificação, *desde que o empregador justifique, por escrito*, que, tendo em conta indícios de factos imputáveis ao trabalhador, a presença deste na empresa é inconveniente, nomeadamente para a averiguação de tais factos, e que ainda não foi possível elaborar a nota de culpa" (sublinhado nosso).

O ambiente informal e familiar justifica, pois, o aligeiramento das formalidades em matéria de despedimento tal como também acontece, de resto, com as microempresas. Consciente destas especificidades, o primeiro regime regulador do contrato de trabalho doméstico decidiu aligeirar o procedimento disciplinar conducente ao despedimento. Com efeito, no regime legal constante do Decreto-Lei nº 508/80, de 21 de outubro, para a licitude do despedimento bastaria que "no momento da rescisão do contrato [fossem] referidos pela parte que o rescinde, expressa e inequivocamente, os factos e circunstâncias que a fundamentem". Em face do teor desta norma, não seria sequer necessária qualquer comunicação final escrita, bastando que empregador doméstico verbalizasse o despedimento com os fundamentos subjacentes à decisão[426]. A solução adotada deixava-se facilmente explicar porque, neste contexto, o despedimento é muitas vezes feito sob a forma oral ("estás despedido") devido ao desconhecimento da lei e também devido ao ambiente de intimidade[427]. Colocar os agregados familiares com um ónus formal redundaria, no fim de contas, em despedimentos ilícitos e oneraria os agregados familiares[428]. Numa palavra, "a procedimentalização deve ser exígua e, sobretudo, não deve sobrepor-se à verdade material"[429].

Em traços gerais, a informalidade do procedimento disciplinar em contexto doméstico foi preservada no regime aprovado pelo Decreto-Lei nº 235/92, de 24 de outubro. No entanto, na transição para o regime atualmente em vigor, o legislador decidiu introduzir uma exigência de forma relativamente à comunicação final de despedimento, pois, nos termos do artigo 29º, nº 3, a declaração de despedimento deve constar de documento escrito[430].

[426] De resto, nessa altura os nossos tribunais consideraram perfeitamente válido o despedimento verbal de uma trabalhadora doméstica conquanto com a referência inequívoca e expressa dos factos e circunstâncias que o fundamentavam, no momento do despedimento. Ver ac. de 16/01/1990 do TRE (Loureiro Pipa), CJ, 1990, I, pp. 317-318/BTE, II Série, 1-2-3/92, pp. 259-261.

[427] Filipe Fraústo da Silva «Sobre a exigência de forma...», cit., p. 233.

[428] Invocando também este argumento, Maria Irene Gomes, «Cessação do contrato de trabalho doméstico – comentário...», cit., p. 29.

[429] Maria Irene Gomes, «Contrato de trabalho doméstico...», cit., p. 243.

[430] Com efeito, o Decreto-lei nº 235/92, de 24 de outubro, acrescentou a referência à forma escrita, que não constava do artigo 16º, nº 3, do Decreto-lei nº 508/80, de 21 de outubro.

Aparentemente, o legislador considerou que a informalidade da relação de trabalho doméstico não poderia prevalecer sobre certas exigências de segurança jurídica e, sobretudo, hipotecar o controlo dos fundamentos do despedimento[431].

Se as razões parecem compreensíveis, a verdade é que, num plano formal, esta norma tem sido considerada, por Filipe Fraústo da Silva, como inconstitucional. No entender do Autor, a competência para introduzir uma exigência de forma não constava da Lei nº 12/92, de 16 de julho, que concedia autorização ao Governo para aprovar o RCSD. Assim, o Governo, no uso da autorização legislativa, teria excedido o âmbito e limite dessa autorização, razão pela qual o diploma legal autorizado seria, naturalmente apenas nesse segmento, inconstitucional[432]. Repare-se que não seria possível invocar o argumento de que esta matéria cai no âmbito da competência legislativa concorrente, entre Governo e Parlamento, porque "a regulação normativa do formalismo do despedimento é matéria que se reflecte, por

[431] Sem prejuízo, claro está, da possibilidade da utilização da figura do despedimento tácito. A este propósito, já se considerou que "o facto da empregadora retirar, do porta-chaves da trabalhadora, as chaves da sua residência, que a Autora usava para entrar até aí, não é susceptível de revelar, inequivocamente, à trabalhadora, enquanto declaratária normal, colocada na posição do real declaratário, a vontade da empregadora de fazer cessar o contrato, ou seja, de a despedir. De igual modo, o facto da trabalhadora, passados dois dias, de lhe terem sido retiradas as chaves, comparecer no local de trabalho e não lhe ser aberta a porta, após tocar à campainha, configura qualquer comportamento ou intenção da empregadora que revele inequivocamente uma vontade de despedir" (ac. de 26/10/2017 do TRP (Rita Romeira), proc. nr. 19318/16.4T8PRT.P1). O STJ confirmou esta decisão (ac. de 11/04/2018 do STJ (Ferreira Pinto), proc. nr. 19318/16.4T8PRT.P1.S1). Sobre o despedimento tácito no âmbito doméstico, ver também o ac. de 30/06/2022 do TRE (Paula do Paço), proc. nr. 1135/20.9T8BJA.E1 (considerando existir num caso em que o empregador comunicou verbalmente à trabalhadora que já não estava interessado na manutenção do contrato de trabalho) e ac. de 14/03/2022 do TRP (Domingos Morais), proc. nr. 1699/20.7T8MTS.P1 (recusando ter existido um despedimento num caso em que "a autora, ao dizer, perante a ré mulher, que "se ia embora daquela casa", recolheu a roupa que usava no exercício das funções de serviço doméstico, entregou a chave de casa dos réus e "dirigindo-se para a colaboradora, EE pediu-lhe que, caso se esquecesse de algo, enviasse pelo seu marido, porque nunca mais punha os pés naquela casa" e "nunca mais contactou os Réus.").

[432] Ver Filipe Fraústo da Silva, «Sobre a exigência de forma escrita para o despedimento no contrato de serviço doméstico», *Questões Laborais*, 16 (2000), pp. 232-237 (Id., «Em torno do contrato de serviço doméstico...», cit., pp. 125 ss.).

natureza, no tema da segurança do emprego"[433]. Seja como for, a verdade é que a norma nunca fui questionada em sede de fiscalização abstrata da sua constitucionalidade[434] e, numa interpretação visando salvar a norma, há quem defenda que a forma exigida pelo RCSD seria meramente *ad probationem*[435].

Repare-se que a norma não exige apenas que a comunicação seja feita por escrito. É ainda necessário que contenha a descrição circunstanciada dos factos que ditaram a decisão de despedir[436], até porque só dessa forma o trabalhador tem um suporte para atacar os fundamentos do empregador. No fundo, o RCSD comunga aqui das exigências presentes no regime laboral comum, a saber, que a decisão contenha uma descrição circunstanciada dos factos que suportam a convicção do empregador da impossibilidade de subsistência da relação laboral[437].

[433] FILIPE FRAÚSTO DA SILVA, «Em torno do contrato de serviço doméstico...», cit., p. 128.

[434] Mas já foi avaliada pelo TC em sede de fiscalização concreta da constitucionalidade que julgou a norma não inconstitucional. Dá-se nota do ac. de 02/05/2007 do TC (PAMPLONA DE OLIVEIRA), proc. nr. 75/2002. Tal como se escreve na decisão, naturalmente com efeitos circunscritos àquele caso concreto, "na verdade, ainda que possa entender-se que o contrato de serviço doméstico toca em matéria relativa a direitos, liberdades e garantias dos trabalhadores, isso não significa que toda a regulamentação deste tema se deva considerar incluída na dita reserva legislativa; nomeadamente, a obrigatoriedade de esclarecer, por escrito, os motivos que levam o empregador a achar que há justa causa de rescisão do contrato não viola os requisitos exigidos pelo nº 2 do artigo 165º da Constituição para as leis de autorização: respeita o objecto (alínea o) do artigo 2º da Lei nº 12/92) e o sentido da autorização (corpo do artigo 2º), desde logo porque protege o trabalhador, facilitando-lhe uma eventual impugnação do despedimento; e também respeita a extensão da lei de autorização, porque não regula substancialmente a rescisão do contrato, mas apenas aspectos de forma ou de prova de fundamentos previstos na lei de autorização como servindo de motivo de rescisão pelo empregador (isto é, os factos que consubstanciam a justa causa alegada por ele)".

[435] Parece ser essa a posição de CLÁUDIA ROSA HENRIQUES, «Contrato de serviço doméstico...», cit., p. 112. No ac. de 30/08/2012 do TRP (JOÃO NUNES), CJ, 2012, IV, pp. 287-288, já citado, entendeu-se que esta forma legal seria *ad substantionem*.

[436] Ver ac. de 06/05/1987 do TRL (ROLÃO PRETO), CJ, 1987, III, p. 143 (página única)/BTE, II Série, 4-5-6/90, pp. 450-451, onde se decidiu naturalmente pela ilicitude de um despedimento pois apenas ficou provado que "no início de Setembro de 1985 os Réus dispensaram os serviços da Autora, deixando de lhe dar trabalho".

[437] Ver ac. de 29/02/2016 do TRP (DOMINGOS MORAIS), proc. nr. 1206/14.0T8MTS-A.P1. Embora não se faça referência ao trabalho doméstico, o que se desconhece por estar disponível apenas o sumário da decisão, no ac. de 04/07/1990 do TRP (MANUEL NUNES FER-

Por outro lado, o regime do despedimento do trabalhador doméstico introduz um desvio em relação ao regime geral uma vez que não é necessária a observância de processo disciplinar bastando apenas uma comunicação escrita em que o empregador revele de forma expressa (não subentendida) e inequívoca (de forma a não deixar dúvidas) a intenção de despedir[438]. Perante esta exigência formal, a Relação do Porto já se decidiu pela ilicitude do despedimento de uma trabalhadora cuja comunicação lhe fora enviada por mensagem de telemóvel, vulgo, SMS[439]. Tratando-se de um requisito de validade, também já se decidiu que o empregador não pode, após ter proferido um despedimento oralmente, enviar uma carta confirmativa[440].

A frugalidade do RCSD deixa algumas outras questões em aberto. Desde logo, é pelo menos duvidoso que, em qualquer caso, o despedimento de um trabalhador doméstico apenas exija uma comunicação final escrita do empregador (abstraindo, por ora, do problema da sua inconstitucionalidade), prejudicando todas as demais formalidades que, em regra, o regime laboral comum exige à generalidade dos empregadores. Tal significaria, aparentemente, e para concretizar, que o trabalhador doméstico não teria direito a uma audiência prévia ou possibilidade de contraditar as razões invocadas pelo empregador, entendimento que seria dificilmente defensável. Em primeiro lugar, é preciso ter presente que o direito à audiência prévia representa uma espécie de travejamento do regime disciplinar e que, no regime laboral comum, deve ser respeitado mesmo no caso da aplicação de sanções disciplinares conservatórias ou singelas (como uma mera repreensão). Em segundo lugar, importa não esquecer que o direito de defesa e de audiência prévia representa mesmo uma garantia constitucional que se irradia a qualquer processo de natureza sancionatória (artigo 32º, nº 10, da

REIRA), BMJ, 399 (1990), p. 565 (sumário), diz-se que não é suficiente dizer-se, para dar como verificada a justa causa de despedimento, que "a partir de data indeterminada a qualidade do serviço de limpeza começou a diminuir".

438 No ac. de 26/10/2018 do TRC (FELIZARDO PAIVA), proc. nr. 121/07.0T8FIG.C1, observa-se que a norma do RCSD acaba por ser próxima das exigências formais que o regime laboral comum impõe à nota de culpa.

439 Ac. de 21/02/2011 do TRP (FERNANDA SOARES), proc. nr. 996/08.4TTPRT.P1.

440 Assim, ver ac. de 25/09/2013 do TRL (ALDA MARTINS), CJ, 2013, IV, p. 315 (sumário).

CRP), podendo ainda apontar-se os instrumentos internacionais[441]. Assim, estamos com CLÁUDIA ROSA HENRIQUES quando a Autora escreve que a ablação de procedimento disciplinar não deve prejudicar o direito ao contraditório ou audiência prévia pois "mesmo atendendo às especificidades deste contrato de trabalho, parece-nos não haver razões para negar ao trabalhador a oportunidade de defesa apresentando a sua versão dos factos e resolvendo, eventualmente, algum mal-entendido, antes da decisão de despedimento"[442].

As nossas dúvidas consideram-se ainda extensíveis a outras formalidades que o nosso ordenamento jurídico considera particularmente vitais na construção do exercício do poder disciplinar. É o que acontece, mais concretamente, com a exigência de parecer prévio da CITE para o despedimento de trabalhadora doméstica grávida, puérpera ou lactante, ou em gozo de licença parental, questão que, pela sua complexidade, merece autonomização.

§ 12.1.2. Despedimento de trabalhadora doméstica grávida, puérpera ou lactante[443]

Estudado o procedimento conducente à sanção de despedimento, pensamos que merece autonomização a questão relativa ao despedimento de trabalhadora doméstica grávida, puérpera ou lactante. O ponto merece autonomização porque a nossa jurisprudência já decidiu que o empregador que pretenda despedir trabalhadora doméstica grávida, puérpera ou lactante está dispensado de pedir parecer prévio favorável à CITE. É certo que a jurisprudência é escassa, mas o seu sentido tem grande importância social

[441] Cfr. artigo 7º, da Convenção nº 158 da OIT: "um trabalhador não deverá ser despedido por motivos ligados ao seu comportamento ou ao seu trabalho antes de lhe terem facultado a possibilidade se defender contra as alegações formuladas, salvo se não se puder razoavelmente esperar que o empregador lhe faculte essa oportunidade". Sublinhando este aspeto, MARIA MALTA FERNANDES, *Os limites à subordinação jurídica do trabalhador – em especial, ao dever de obediência*, Quid Iuris, Lisboa, 2008, p. 38.

[442] CLÁUDIA ROSA HENRIQUES, «Contrato de serviço doméstico...», cit., p. 111.

[443] Este capítulo corresponde, no essencial, ao ensaio distinguido com o Prémio Teresa Rosmaninho – Direitos Humanos, Direitos das Mulheres (edição de 2018) e posteriormente publicado em VICTOR HUGO VENTURA/CLÁUDIA CAMPOS, «A insustentável leveza do contrato de trabalho doméstico ou o caso da (in)exigibilidade de pare-cer da CITE para o despedimento de trabalhadora doméstica grávida, puérpera ou lactante», *Questões Laborais*, 56 (2020), pp. 33-52.

e é tanto mais importante pois este entendimento jurisprudencial vem firmar a interpretação da própria CITE que, chamada a pronunciar-se previamente ao despedimento de trabalhadora doméstica grávida, puérpera ou lactante, tem emitido decisões no mesmo sentido[444].

São sobretudo dois os argumentos que têm justificado este entendimento.

Em primeiro lugar, a Relação de Lisboa extrai essa ilação da configuração legal do procedimento disciplinar no âmbito do contrato de trabalho doméstico. Como vimos, o procedimento disciplinar neste sector é visivelmente mais aligeirado e informal por comparação com o regime laboral comum, como vimos no ponto imediatamente anterior. De onde se deveria concluir, segundo o ponto de vista da Relação de Lisboa, que a exigência de parecer prévio da CITE redundaria num agravamento das formalidades do *iter* conducente à cessação do contrato de trabalho, o que, aparentemente, seria incompatível com a frugalidade do regime de despedimento do trabalhador doméstico, tal como desenhado pelo legislador. Nas próprias palavras do Tribunal, "no regime do serviço doméstico não existe a obrigatoriedade do procedimento disciplinar, sendo suficiente a sua comunicação por escrito em que se mencionem os respectivos fundamentos. Deste modo, a prolação do parecer prévio da CITE, que se segue à elaboração do processo disciplinar, nos termos do artigo 51º, do CT [agora, artigo 63º do CT09], não é compatível com o regime do serviço doméstico que não contempla o processo disciplinar"[445].

Em segundo lugar, e servindo-se de outro argumento formal, o Tribunal entende que esta tese é "confirmada" pelo próprio regime laboral comum uma vez que a norma do regime geral menciona expressamente em que momento procedimental deve ser requerido o parecer da CITE, sendo que em nenhuma das alíneas do artigo 63º, nº 3, do CT09, se refere o despedimento no âmbito contrato de trabalho doméstico. Citando novamente o acórdão aqui em estudo, o Código do Trabalho define o "momento processual após o qual se deve solicitar o parecer à Comissão para a igualdade, CITE, e nele não se menciona o regime especial do serviço doméstico".

Verdadeiramente, a Relação de Lisboa mais não faz do que subscrever e avalizar uma argumentação que, originariamente, pertence à CITE. Inclu-

[444] Assim, tomando como referência o Parecer nº 77/CITE/2007 (disponível *online*).

[445] Ver ac. de 01/10/2008 do TRL (Paula Sá Fernandes), proc. nr. 4551/2008-4.

sivamente, a CITE serve-se de um outro argumento que a Relação de Lisboa não chega a considerar. O argumento funda-se em razões pragmáticas: uma vez que o próprio regime do trabalho doméstico exclui a reintegração do trabalhador – que apenas funciona por acordo, como veremos[446] – de nada vale, na prática, defender a obrigatoriedade do parecer prévio da CITE. Por outras palavras, ainda que concluíssemos pela obrigatoriedade do parecer, a ilicitude do despedimento em resultado da falta do parecer da CITE nenhum efeito teria no plano prático para a trabalhadora ilicitamente despedida[447].

Estas são, fundamentalmente, as razões que têm justificado as decisões de recusa da CITE e que a Relação de Lisboa tomou como boas. No entanto, e antecipando já as conclusões, este entendimento baseia-se numa frágil linha de argumentação, se não mesmo equívoca, contribuindo, mais em profundidade, para o fenómeno de marginalização social e jurídica do trabalhador doméstico, de que já demos conta.

Em primeiro lugar, o elemento literal da lei é um argumento que prova demais. Como se usa dizer, este é um argumento de plano inclinado. Como entende a CITE – num raciocínio sufragado depois pela Relação de Lisboa – da omissão de qualquer referência ao contrato de trabalho doméstico no

[446] § 12.3.1. Tutela reintegratória.

[447] Transcrevendo um longo passo do Parecer 77/CITE/2007, "... atendendo a que o artigo 98º da Lei nº 35/2004, de 29 de Julho, que regulamenta o artigo 51º do Código do Trabalho, e especifica as modalidades de despedimento e o momento processual após o qual se deve solicitar o parecer a esta comissão, não menciona este regime especial, deve entender-se que nos casos de rescisão de contrato de trabalho do serviço doméstico em que a prestadora do trabalho se encontre grávida, seja puérpera ou esteja a amamentar, ainda que ocorra invocação de justa causa, não carece parecer prévio emitido pela CITE. De facto, é o próprio legislador que expressamente no preâmbulo do diploma regulamentar afirma entender necessário que este regime do trabalho continue especial em certas matérias, estando aí expressamente previstas as formas de cessação da relação laboral, designadamente a rescisão com invocação de justa causa, prevista no artigo 29º do Decreto-Lei, nº 235/92, de 24 de Outubro, de onde se destacam, quanto a esta matéria, a circunstância especial de não se exigir um processo disciplinar, conforme resulta do nº 3 do artigo 29º, e a circunstância de que mesmo que judicialmente venha a ser declarada insubsistente a alegação de justa causa para o despedimento, a reintegração do trabalhador só possa ocorrer por acordo, nos termos indicados no artigo 31º. (...) Com base nos argumentos supra descritos, a CITE delibera não emitir parecer prévio ao despedimento de trabalhadoras titulares de um contrato de trabalho do serviço doméstico e que se encontrem grávidas, puérperas ou sejam lactantes".

regime laboral comum só poderia resultar a exclusão do trabalho doméstico do seu âmbito de aplicação. Acontece que este argumento, levado às suas últimas consequências, significa que o empregador também está dispensado de pedir parecer prévio à CITE se pretender despedir trabalhadora grávida com a qual esteja ligado por contrato especial de trabalho, pois a norma acima citada não refere qualquer dos contratos especiais de trabalho que tradicionalmente se apontam. Por exemplo, o empregador que pretenda despedir uma praticante desportiva, uma trabalhadora rural ou uma jornalista grávida não necessita de requerer parecer prévio à CITE, pois os respetivos regimes legais são omissos na exigência de parecer da CITE como também a norma do Código do Trabalho não se refere expressamente a estes contratos. Tão pouco serve de contra-argumento alegar que os regimes legais dessas relações especiais de trabalho tratam de remeter em bloco, nalguns casos, para o regime da cessação do regime laboral comum, o que não acontece no regime do contrato de trabalho doméstico. Na verdade, essa remissão já se encontra antecipada e genericamente estabelecida e garantida no artigo 9º do CT09, o qual manda aplicar o regime laboral comum em tudo quanto ultrapasse com sucesso o "juízo de compatibilidade" aí contido.

Por outro lado, o elemento literal da lei pode facilmente reverter a favor da tese contrária, bastando para isso trazer para a discussão o Decreto-Lei nº 76/2012, de 26 de março, diploma que aprova o estatuto da CITE. É que segundo este diploma legal, compete à CITE emitir parecer prévio para o despedimento de trabalhadora grávida, puérpera ou lactante sendo que aí não se distingue tipos ou classes de trabalhadores[448]. Portanto, os argumentos literais utilizados pela CITE e avalizados pela Relação de Lisboa, podem ser facilmente explorados em sentido inverso.

Como vimos, a CITE também funda o seu entendimento no carácter aligeirado do regime da cessação do contrato de trabalho doméstico. Indiscutivelmente, a cessação do contrato de trabalho doméstico não depende do cerimonial que rodeia tipicamente a cessação de um contrato de trabalho. Mas esta argumentação acaba por não ser totalmente coerente pois, se é certo que o legislador configura aligeiradamente o processo discipli-

[448] De acordo com o Decreto-Lei nº 76/2012, de 26 de março, mais concretamente o seu artigo 3º, alínea c), cabe à CITE "emitir parecer prévio ao despedimento de trabalhadoras grávidas, puérperas e lactantes, ou de trabalhador no gozo de licença parental". O legislador não distingue, pois, entre diferentes "classes" ou "categorias" de trabalhadores.

nar conducente ao despedimento de trabalhadora doméstica, também se pode dizer que algo de muito semelhante se passa no regime aplicável às microempresas, onde as formalidades para as formas de cessação do contrato de trabalho são também mais suaves, e essa especificidade não tem impedido que a CITE se pronuncie sobre despedimentos de trabalhadoras grávidas, puérperas ou lactantes que prestam trabalho em microempresas[449]. De resto, o paralelismo é pleno de sentido pois, como alguma doutrina já notou, existe uma certa proximidade estrutural ou homologia entre o contexto informal e familiar do trabalho prestado em microempresas e o ambiente doméstico.

Mas a formalidade destes argumentos peca sobretudo por desligar a exigência do parecer da CITE das razões de justiça material que lhe estão subjacentes. Mais em profundidade, a exigência de parecer da CITE não é apenas mais um mero trâmite ou passo protocolar do procedimento disciplinar, mas um reforço das garantias materiais do trabalhador. E – sublinhe-se – de todos os trabalhadores. Percebe-se mal a exclusão das trabalhadoras domésticas grávidas, puérperas ou lactantes, mais ainda atendendo à enormíssima feminização do setor e demais características identificadas.

Aliás, importa ter presente que a proteção das trabalhadoras grávidas, puérperas ou lactantes – de que a exigência de parecer prévio da CITE é uma manifestação óbvia – é uma preocupação social do legislador europeu. Com efeito, a Diretiva nº 92/85/CEE do Conselho, de 19 de outubro, prevê justamente que "os Estados-membros tomem as medidas necessárias para proibir que as trabalhadoras, na acepção do artigo 2º, sejam despedidas durante o período compreendido entre o início da gravidez e o termo da licença de maternidade referida no nº 1 do artigo 8º, salvo nos casos excepcionais não relacionados com o estado de gravidez admitidos pelas legislações e/ou práticas nacionais e, se for caso disso, na *medida em que a autoridade competente tenha dado o seu acordo*"[450].

[449] De resto, já se escreveu na nossa jurisprudência que a CITE se limita a controlar os aspetos procedimentais do despedimento o que, salvo melhor opinião, não corresponde verdadeiramente à filosofia da necessidade de parecer prévio da CITE. Na verdade, a CITE não se foca (apenas) nos aspetos procedimentais, mas sim nas intenções persecutórias ou discriminatórias reveladas nos motivos invocados para o despedimento.

[450] Nuno Rijo, «Período experimental e parentalidade – denúncia do contrato de trabalho de trabalhadora grávida, puérpera ou lactante durante o período experimental», *Questões*

O que significa que uma interpretação como aquela que propõem a CITE e os Tribunais, interpretando o Direito Português no sentido de excluir a exigência de parecer prévio da CITE no caso de trabalhadora doméstica, só pode ser encarada como contrária ao Direito da União Europeia porque ele não consente qualquer distinção ao contrário do que, infelizmente, acontece noutros lugares, como vimos[451]. E também não valerá de argumento invocar uma pretensa "ligação genética" da Diretiva nº 92/85/CEE com a Diretiva nº 89/391/CEE, de 12 de junho, relativa à segurança e saúde no trabalho[452]. Recapitulando algo que já foi desenvolvido a propósito do regime do tempo de trabalho, como o TJ já teve oportunidade de esclarecer, essa filiação não é motivo suficiente para dar como afastada a sua aplicação aos trabalhadores domésticos[453]. De resto, estamos mesmo em crer que mais e melhores razões há para não excluir o trabalhador doméstico do âmbito de aplicação da Diretiva nº 92/85/CEE. É que a Diretiva refere expressamente que a proteção contra o despedimento pretende reforçar as garantias das trabalhadoras grávidas, puérperas ou lactantes na aceção do artigo 2º. Ora, das noções aí previstas só pode caber a trabalhadora doméstica[454]. Portanto, de lugar algum se pode legitimamente concluir que uma trabalhadora doméstica grávida, puérpera ou lactante não o é para efeitos da Diretiva.

Como se não bastassem os argumentos acima referidos, pensamos que o trajeto legislativo português na implementação desta Diretiva, e das suas alterações, é, quanto a nós, a derradeira evidência do caráter equívoco deste entendimento da CITE e dos Tribunais. De facto, antes daquela Diretiva, o Direito português já detinha um corpo normativo autónomo, vocacionado para a proteção da maternidade e parentalidade: estava contido na Lei nº 4/84, de 5 de abril. Inicialmente, esse diploma legal não previa que

Laborais, 52 (2018), pp. 75-103, p. 93, n. 50, não parece seguro de que a obrigatoriedade resulte da Diretiva embora pareça inclinar-se para essa interpretação.

451 § 1.1. Razões da especialidade.

452 Como se diz logo no artigo 1º, nº 1, "a presente directiva, que é a décima directiva especial na acepção do nº 1 do artigo 16º da Directiva 89/391/CEE, tem por objecto a adopção de medidas tendentes a promover a melhoria da segurança e da saúde das trabalhadoras grávidas, puérperas ou lactantes no trabalho".

453 Remetemos para o que ficou dito relativamente à matéria do tempo de trabalho: § 7.1. Período normal de trabalho.

454 Que o Direito Português incorpora no artigo 36º do CT09.

o despedimento de trabalhadora grávida, puérpera ou lactante deveria ser precedido de parecer prévio do organismo responsável pela igualdade no trabalho e no emprego. Por força da Diretiva, a situação altera-se em 1995, com o aditamento nesse sentido ao regime legal[455]. Acrescentou-se um preceito passando então a prever-se que "a cessação do contrato de trabalho promovida pela entidade empregadora carece sempre, quanto às trabalhadoras grávidas, puérperas e lactantes, de parecer favorável dos serviços do Ministério do Emprego e da Segurança Social com competência na área da igualdade"[456]. Ficou assim consagrada obrigatoriedade de parecer favorável para que o despedimento prosseguisse de forma lícita.

A norma foi arrumada no Capítulo III da Lei nº 4/84, de 5 de abril, onde o legislador sistematizava os normativos relativos à proteção do trabalho. A disposição inicial deste capítulo, o artigo 8º, sob a epígrafe "âmbito de aplicação", esclarecia categoricamente que esse mesmo Capítulo III seria aplicável "aos trabalhadores abrangidos pelo regime do contrato individual de trabalho, incluindo *os trabalhadores agrícolas e do serviço doméstico*" (sublinhado nosso)[457]. Estamos em crer que esta norma do regime legal pretérito é plena de significado e dela só pode ser retirada uma consequência argumentativa: o próprio legislador reconheceu, no passado, que o parecer prévio da CITE não é incompatível com a natureza especial do trabalho doméstico. Acreditamos que este elemento histórico nunca foi, nem aparentemente é, devidamente valorado pelos intérpretes e aplicadores do Direito.

Com alguma probabilidade, a CITE e nossos tribunais foram traídos pela flutuação dos regimes legais, fenómeno tão típico no Direito do Trabalho: o regime protetor das trabalhadoras grávidas, puérperas ou lactantes, que no início vigorou em diploma legal próprio – o que se percebe num momento em que o Direito do Trabalho ainda não era codificado –, acabou por transitar para o Código do Trabalho e aquela indicação do legislador, mandando expressamente aplicar esse mesmo regime ao trabalhador

[455] Por via da Lei nº 17/95, de 9 de junho.

[456] Cfr. artigo 18º-A do diploma.

[457] Em linha, aliás, com o anterior Decreto-Lei nº 112/76, de 7 de fevereiro, que concedia a todas as trabalhadoras o direito à licença de noventa dias no período da maternidade e que se considerava aplicável às trabalhadoras domésticas (artigo 1º, nº 2: "para efeitos de aplicação deste diploma, consideram-se trabalhadoras as mulheres abrangidas pelo regime de contrato individual de trabalho, as trabalhadoras rurais e do serviço doméstico...").

doméstico, acabou por perder-se na cláusula aberta prevista, num primeiro momento, no artigo 11º, do CT03, e, atualmente, no artigo 9º, do CT09. Por outras palavras, a referência localizada ao trabalhador doméstico acabou por "extraviar-se" com o fenómeno da codificação do Direito do Trabalho, ficando agora "refém" do "juízo de compatibilidade" imposto pelo artigo 9º do CT09. Na verdade, e como dissemos, a questão da compatibilidade do parecer prévio da CITE com a natureza do trabalho doméstico encontrava-se já resolvida pelo legislador que, de forma inequívoca, mandava aplicar a exigência de parecer prévio ao trabalhador doméstico. Portanto, importa reter que o legislador já deu mostras, no passado, da compatibilidade da exigência de parecer prévio com o trabalho doméstico. E, repare-se, fê-lo no contexto de um regime legal que ainda está hoje em vigor: a Lei nº 17/95, de 9 de junho, que aditou aquela norma, é posterior ao RCSD, aprovado pelo Decreto-lei nº 235/92, de 24 de outubro. Esse elemento histórico da lei não pode ser escamoteado, devendo lançar luz sobre a interpretação dos dados legais. Ele reforça a convicção de que o empregador que pretenda despedir trabalhadora doméstica grávida, puérpera ou lactante não está dispensado de pedir parecer prévio à CITE.

Finalmente, entende a CITE, num argumento que não foi considerado pela Relação de Lisboa, que a exigência de parecer prévio representaria, no fim de contas, uma espécie de vitória pírrica para as trabalhadoras domésticas porque no regime do contrato de trabalho doméstico a reintegração do trabalhador está dependente de acordo. Na prática, ainda que se entenda que o parecer prévio é obrigatório, a reintegração da trabalhadora dependerá sempre da anuência do empregador. Daí que o parecer da CITE funcionaria sempre como uma espécie de "tigre de papel" para o empregador pois, na prática, este estaria sempre confortável com a violação dessa exigência legal.

Este argumento não só é derrotista como esquece que a exigência de parecer da CITE pode ter efeitos noutra vertente da proteção do trabalhador ilicitamente despedido. De facto, a CITE parece esquecer que a tutela reintegratória é apenas uma das facetas da tutela de um trabalhador ilicitamente despedido. Embora a reintegração do trabalhador represente, na verdade, o ponto capital da tutela do trabalhador ilicitamente despedido, importa não esquecer que, ao lado da reintegração, o legislador prevê uma não subestimável dimensão indemnizatória. E, aqui, salvo melhor opinião, a obrigatoriedade de parecer prévio da CITE jogaria um papel relevante.

Não raro, o despedimento de uma trabalhadora grávida, puérpera ou lactante esconde propósitos discriminatórios. Pois bem, a obrigatoriedade do parecer da CITE não só protegeria a trabalhadora doméstica – lembramos: particularmente vulnerável –, levantando uma "barreira" ou "resistência" às intenções do empregador, como ajudaria o intérprete a fazer funcionar a norma do nº 2, do artigo 31º, do RCSD, no sentido de agravar o teto indemnizatório para o dobro em caso de dolo ou culpa grave do empregador, fazendo coincidir, de resto, a moldura indemnizatória com aquela prevista no artigo 63º, nº 8, do CT09, ou seja, como a moldura prevista no regime laboral comum para o despedimento de trabalhadora grávida, puérpera ou lactante ilicitamente despedida[458]. Dito de outra forma, vincular o empregador à obrigação de pedir parecer prévio à CITE não só colocaria um obstáculo psicológico a eventuais propósitos discriminatórios e persecutórios no despedimento de trabalhadora doméstica grávida, puérpera ou lactante como proporcionaria ao tribunal, em conjunto com outros elementos, e com apoio em presunções naturais, uma evidência para concluir pela finalidade discriminatória da trabalhadora, fazendo elevar o *plafond* indemnizatório.

O acórdão da Relação de Lisboa foi objeto de recurso e, por isso, o caso concreto chegou ao conhecimento e à apreciação do Supremo Tribunal de Justiça. Sucede que o Supremo Tribunal de Justiça, chamado a avaliar o mérito da causa, em sede de recurso, foi mais cauteloso e encarou o problema de outro ponto de vista: "no âmbito de uma acção de impugnação de despedimento, os vícios procedimentais relevantes são apenas aqueles pelos quais deva ser responsabilizado o empregador, pois não faria o menor sentido penalizá-lo por um comportamento omissivo de terceiros (...) no caso concreto, aliás, essa penalização corresponderia à invalidade do procedimento disciplinar sendo de todo insustentável que um eventual comportamento ilegítimo da "CITE" pudesse tão gravosamente repercutir-se na esfera jurídica dos Réus [empregador]. Não queremos com isto significar que é incorrecto o entendimento da "CITE": queremos apenas dizer que esse entendimento não pode ter a virtualidade de inquinar o trajecto pro-

[458] O artigo 63º, nº 8, do CT09, prevê que "se o despedimento for declarado ilícito, o empregador não se pode opor à reintegração do trabalhador nos termos do nº 1 do artigo 392º e o trabalhador tem direito, em alternativa à reintegração, a indemnização calculada nos termos do nº 3 do referido artigo".

cedimental dos Réus que culminou no despedimento da Autora [trabalhadora doméstica]"[459].

É necessária uma atenção redobrada para perceber que a Relação de Lisboa e o Supremo disseram coisas qualitativamente distintas: como vimos, a Relação de Lisboa entende que no contrato de trabalho doméstico, o despedimento de trabalhadora grávida, puérpera ou lactante não exige pedido de parecer prévio da CITE, pelas razões acima já analisadas. Diferentemente, o Supremo apenas diz que a recusa da CITE em emitir o parecer não deve repercutir-se na validade do despedimento. Infelizmente, o Supremo não se pronuncia sobre a obrigatoriedade, ou não, da intervenção da CITE. Aquilo que os Juízes Conselheiros entendem é que a recusa na emissão do parecer não se pode repercutir na validade do despedimento uma vez que a formalidade foi preterida por factores que não são imputáveis ao empregador. Estamos de acordo com o Supremo: é da mais elementar gramática do Direito que o valor negativo da invalidade não seja assacável a quem não controla, nem de facto nem de direito, os factores que determinam validade de um acto jurídico[460]. Mas, a pergunta subsiste: a obrigatoriedade mantém-se?

Da nossa parte, e tal como já deixámos avançado na parte geral desta obra, somos da opinião de que a tese sufragada pela Relação de Lisboa é mais uma interpretação ostracizadora dos trabalhadores domésticos, marginalizando esta classe profissional da tutela que os demais trabalhadores merecem sem que haja – e aqui está o ponto – razões materiais válidas ou fundamentadoras dessa interpretação. Por isso, somos da opinião de

[459] Ver ac. de 09/09/2009 do STJ (Sousa Grandão), proc. nr. 09S0155.

[460] Até porque, salvo melhor opinião, a letra do artigo 63º, nº 4, do CT09, não contempla os casos de inércia ou recusa da CITE quando aí se diz que "a entidade competente [leia-se, a CITE] deve comunicar o parecer ao empregador e ao trabalhador, nos 30 dias subsequentes à receçãodo processo, *considerando-se em sentido favorável ao despedimento quando não for emitido dentro do referido prazo*" (sublinhado nosso). Não parece suficiente dizer, como sugerem Bernardo da Gama Lobo Xavier/António Nunes de Carvalho, «Reflexões sobre a intervenção da CITE no âmbito da cessação do contrato de trabalho», *Revista de Direito e de Estudos Sociais*, 2013, IV, 7-55, falam na "relevância da intervenção da CITE em aspectos fundamentais da gestão das empresas" (p. 15), "intervenção da CITE nos processos decisionais da empresa" (p. 23) que se ficou a dever com prerrogativas "relacionadas com o processo de decisão empresarial em matéria de cessação de contratos de trabalho" (p. 20). Parece mais, como enfatizam os autores, que a intervenção da CITE "correspondeu, também, ao avolumar da tendência para a procedimentalização dos poderes patronais" (p. 21).

que o despedimento de trabalhadora grávida, puérpera ou lactante também exige o pedido de parecer prévio da CITE. Este entendimento partilhado pelos nossos Tribunais e pela CITE é profundamente criticável por várias razões. Desde logo, pensamos que estes argumentos são meramente formais e, sobretudo, não satisfazem aquele ónus de fundamentação que deve estar ligado à implementação de regimes mais desfavoráveis aos trabalhadores com regime especial, sendo esse um encargo que onera não só o legislador, mas também as entidades a quem compete interpretar o Direito, como os tribunais e, num certo sentido, a CITE. Estamos em crer que os argumentos são, a nosso ver, meramente formais e, por isso, não preenchem aquelas *rationes materiae* que devem legitimar a introdução de regimes jurídicos mais desfavoráveis aos trabalhadores pertencentes às chamadas relações especiais de trabalho, como é o caso do trabalhador doméstico[461].

§ 12.2. Despedimento por justa causa objetiva

O RCSD é omisso em relação ao despedimento por causas objetivas. A omissão compreende-se, pois o despedimento coletivo ou o despedimento por extinção do posto de trabalho, para referir as formas mais frequentemente utilizadas, são figuras desadequadas a este contexto[462]. Fundamentalmente, por duas razões. Por um lado, estas formas de despedimento estão assumidamente pensadas para estruturas empresariais o que, por tudo quanto já se disse, se revela desadequado no contexto doméstico[463]. Por outro lado, em termos operativos, pelo menos o despedimento coletivo seria dificilmente pensável neste contexto, pois, segundo o CT09, o recurso ao despedimento coletivo depende da intenção de fazer cessar pelo menos dois contratos de trabalho, o que, no caso do trabalho doméstico, seria dificilmente concebível. É certo que não é impossível conceber um agregado familiar particularmente grande com vários trabalhadores domésticos ao seu serviço. Pense-se num agregado familiar particularmente numeroso e abastado que contrata vários trabalhadores domésti-

[461] Defendendo esta solução, mas, aparentemente, *de iure condendo*, Maria Irene Gomes, «Cessação do contrato de trabalho doméstico – comentário...», cit., p. 33, n. 23 (com início na p. 32).

[462] No mesmo sentido, Maria Irene Gomes, «Contrato de trabalho doméstico...», cit., p. 224.

[463] Com o mesmo argumento, Maria do Rosário Palma Ramalho, *Tratado de Direito do Trabalho...*, cit., p. 293.

cos, distribuindo entre eles vários serviços. Também é possível pensar num agregado familiar que tem ao seu serviço não só um trabalhador doméstico, mas também outros trabalhadores (por exemplo, porteiros, jardineiros, *chauffeur*). De resto, como prova disso mesmo, a própria lei prevê que constitui justa causa de despedimento "prática de violências físicas, de injúrias ou de outras ofensas sobre a entidade empregadora ... [ou] *outros trabalhadores ao serviço do empregador*" (cfr. artigo 30º, alínea *g*)), precisamente daí se subentendendo que o âmbito doméstico pode requisitar vários trabalhadores. Contudo, o que não se enquadra bem são aquelas razões económicas, técnicas, organizativas e de produção que justificam o despedimento por razões objetivas[464].

Verdade seja dita que o RCSD não ignora que há razões objetivas que podem, num contexto doméstico, levar à cessação do contrato de trabalho, mormente de ordem económica. Acontece que esses motivos já merecem uma valoração autónoma do legislador podendo motivar, mais concretamente, a caducidade do contrato de trabalho[465]. É o caso, como veremos, das situações de "caducidade por manifesta insuficiência económica do empregador"[466] e dos casos de "alteração substancial das circunstâncias familiares"[467].

§ 12.3. Tutela do trabalhador doméstico ilicitamente despedido

§ 12.3.1. Tutela reintegratória

Se a cessação do contrato de trabalho é uma das matérias onde são mais evidentes os traços de especialidade desta relação laboral, essa afirmação muito se deve, seguramente, à posição do legislador em relação à tutela reintegratória. Ele representa, nas palavras de CLÁUDIA ROSA HENRIQUES, "o corolário máximo da especialidade deste regime"[468]. A especificidade pode dizer-se radical em relação ao regime laboral comum: no RCSD, a tutela do trabalhador ilicitamente despedido resume-se, em regra, a uma

[464] LOURDES MELÉNDEZ MORILLO-VELARDE/CAROLINA SAN MARTÍN MAZZUCCONI/PILAR PALOMINO SAURINA, «La relación laboral especial...», cit., p. 152.

[465] Nas palavras de MARIA IRENE GOMES, «Contrato de trabalho doméstico...», cit., pp. 224-225, aquelas situações "reconfiguram-se situações de caducidade".

[466] § 12.4.3. Manifesta insuficiência económica do empregador.

[467] § 12.4.4. Alteração substancial das circunstâncias familiares.

[468] As palavras são de CLÁUDIA ROSA HENRIQUES, «Contrato de serviço doméstico...», cit., p. 114.

tutela ressarcitória, pois a reintegração do trabalhador está, em princípio, afastada.

Com efeito, segundo o nº 1, do artigo 31º, com a epígrafe "indemnização por despedimento com alegação insubsistente de justa causa", "o despedimento decidido com alegação de justa causa e que venha a ser judicialmente declarado insubsistente, *não havendo acordo quanto à reintegração do trabalhador*, confere a este o direito a uma indemnização correspondente à retribuição de um mês por cada ano completo de serviço ou fracção, decorrido até à data em que tenha sido proferido o despedimento, nos casos de contrato sem termo ou com termo incerto, e às retribuições vincendas, nos casos de contrato com termo certo" (sublinhado nosso). Resulta da norma que se transcreveu que a reintegração do trabalhador doméstico ilicitamente despedido necessita de acordo entre as partes[469], prevalecendo sobre as regras gerais substantivas ou adjetivas[470].

Em abono da verdade, a solução do RCSD não é, bem vistas as coisas, caso único, uma vez que o Direito do Trabalho também prevê casos em que a reintegração do trabalhador ilicitamente despedido pode ser excluída. Importa lembrar que o legislador decidiu incluir, desde o CT03, nas disposições relativas à cessação do contrato de trabalho, um direito de oposição do empregador à reintegração nas microempresas ou tratando-se de trabalhador que ocupe cargos particularmente sensíveis. No entanto, e como

[469] Por essa razão, pensamos que Júlio Gomes, *Direito do Trabalho...*, cit., p. 1028, não escreve rigorosamente quando, referindo-se à faculdade de oposição do empregador à reintegração do trabalhador no caso das micro-empresas, no regime laboral comum, diz que "tendo-se inclusive chegado a traçar um paralelo quanto ao serviço doméstico em que o empregador pode opor-se à reintegração do trabalhador despedido sem justa causa, não necessitando sequer de invocar um motivo atendível". Na verdade, não se trata de um direito de oposição, pois, logo à partida, a reintegração depende do acordo do empregador.

[470] Concretamente, prevalece sobre o artigo 98º-J, nº 3, alínea a), do Código de Processo do Trabalho, onde se prevê que "se o empregador não apresentar o articulado referido no número anterior, ou não juntar o procedimento disciplinar ou os documentos comprovativos do cumprimento das formalidades exigidas, o juiz declara a ilicitude do despedimento do trabalhador, e: a) Condena o empregador a reintegrar o trabalhador no mesmo estabelecimento da empresa, sem prejuízo da sua categoria e antiguidade, ou, caso o trabalhador tenha optado por uma indemnização em substituição da reintegração, a pagar-lhe, no mínimo, uma indemnização correspondente a 30 dias de retribuição base e diuturnidades por cada ano completo ou fração de antiguidade, sem prejuízo do disposto nos nºs 2 e 3 do artigo 391º do Código do Trabalho". Sobre isto, ver o acórdão inédito publicado em Diogo Ravara, «Anotação ao acórdão...», cit., pp. 39 ss.

facilmente se pode intuir, a solução do RCSD foi, pelo menos, percursora, na medida em que foi o primeiro caso em que se positivou, no ordenamento jurídico, um desvio à reintegração do trabalhador ilicitamente despedido.

É a especialidade do trabalho doméstico que justifica – e, porventura, demanda – esta solução. Facilmente se compreende que a reintegração do trabalhador, ainda que ilicitamente despedido, pode ser fonte de perturbação da paz familiar. Um "dano" que, segundo se crê, superaria, até em larga medida, o benefício que dele se pretende realizar: a realização do princípio da segurança no emprego. De certa forma, a justificação entronca um pouco naquela razão que apresentámos para justificar a informalidade do procedimento disciplinar tendente ao despedimento: da mesma forma que um procedimento disciplinar demasiado formal poderia conduzir a um resultado intolerável, obrigando o empregador a conviver, até ao culminar do procedimento, com um trabalhador com quem os laços já estariam irremediavelmente degradados, também a reintegração imperativa do trabalhador significaria fazer regressar ao lar doméstico uma pessoa com quem o agregado familiar já se poderá ter incompatibilizado. Se os resultados podem já ser intoleráveis em empresas com certa tipologia (microempresas) ou relativamente a trabalhadores que ocupam cargos de confiança, mais e melhores razões há para acreditar que semelhante resultado perverso se produziria em relação a trabalhadores domésticos. Afinal, como já disse a Relação de Lisboa, "é no lar que se descansa, se convive, se permanece quando se está doente, etc. Daí a necessidade de se estar em paz e "de bem" com todas as pessoas, nomeadamente as que para nós trabalham nesse espaço" sob pena de, como também diz o tribunal, "transformar num inferno o tempo de permanência no lar"[471]. Em síntese, o legislador quis privilegiar a paz e a intimidade domésticas em detrimento do princípio da segurança no emprego[472]. De resto, a solução do RCSD parece tão pacifica-

[471] Com estas palavras, ac. de 14/03/2007 do TRL (Hermínia Marques), CJ, 2007, II, pp. 143-145, p. 144, já citado

[472] Pedro Furtado Martins, *Despedimento ilícito, reintegração na empresa e dever de ocupação efectiva – contributo para o estudo dos efeitos da declaração da invalidade do despedimento*, Suplemento Direito e Justiça, Lisboa, 1992, pp. 29-30: "o despedimento ilícito apresenta-se como um acto extintivo válido e eficaz, muito embora a ilicitude acarrete para o seu autor a obrigação de pagar uma compensação pecuniária. Estamos certos que a proibição constitucional do despedimento sem justa causa vale também para as relações de serviço

mente aceite que o Tribunal Constitucional, quando foi chamado a apreciar as exceções do regime laboral comum, fez mesmo referência ao RCSD para ilustrar que a reintegração do trabalhador não é um absoluto categórico do Direito do Trabalho[473].

No entanto, a solução normativa do RCSD não deixa de ser mais agressiva para com os interesses do trabalhador. Por um lado, a reintegração depende de acordo entre as partes ao passo que no regime laboral comum a exclusão da reintegração, sendo naturalmente requerida pelo empregador, nasce por decisão do Tribunal, devendo ser confirmada por este, ainda que respeitando o contraditório. Por outro lado, no âmbito do regime laboral comum, o direito de oposição do empregador está dependente da verificação de requisitos substantivos (é necessário alegar e, claro está, provar, "...factos e circunstâncias que tornem o regresso do trabalhador gravemente prejudicial e perturbador do funcionamento da empresa..."), ao passo que, à luz do RCSD, o empregador que não pretenda a reintegração do trabalhador basta que não dê o seu acordo, sem que tenha de justificar a sua decisão.

doméstico... simplesmente tal não põe em causa a legitimidade da exclusão da invalidade do despedimento ilícito nestas situações. A diferenciação de regimes justifica-se plenamente em razão da especial natureza destas relações de trabalho e da necessidade de reconhecimento da existência de limites extrínsecos ao direito à segurança no emprego... Eis pois uma situação em que se reconhece que a proibição constitucional de despedimentos sem justa causa não tem necessariamente associada a invalidade do despedimento realizado contra o disposto no artigo 53º da CRP. Por aqui se confirma que a regra geral da tutela reintegratória não é absoluta, podendo comportar excepções, desde que justificadas. O caso do serviço doméstico é uma dessas excepções". No mesmo sentido, Luís Gonçalves da Silva, «O Código do Trabalho face à Constituição» in: *Estudos de Direito do Trabalho (Código do Trabalho)*, Almedina, Vol. I, Coimbra, 2004, pp. 9-105, pp. 68-69, afirma que "tal posição do legislador assenta também, desde logo, no carácter fiduciário deste tipo de relação, situação que não foi objecto de qualquer censura jurídico-constitucional e que encontra similitude nos fundamentos da opção do legislador. Tal facto demonstra, por um lado, se dúvidas existissem, que o legislador expressamente reconheceu – e o Tribunal Constitucional não censurou – que há relações laborais que possuem características próprias e, por outro lado, que a regra geral da reintegração não é mais do que isso mesmo: uma regra geral com excepções".

473 Cfr. ac. de 25/06/2003 do TC (Mário Torres), proc. nr. 382/03: "a tutela reintegratória só poderá ser afastada em situações em que outros valores constitucionalmente relevantes o justifiquem, como é o caso do contrato de serviço doméstico, em que a imposição da reintegração poderia atentar contra a intimidade da vida familiar".

Posto isto, será que a obrigação de reintegração do trabalhador está afastada mesmo naqueles casos em que a tutela do trabalhador ilicitamente despedido é mais enérgica? Estamos a pensar, concretamente, no despedimento ilícito respeitante a trabalhadora grávida, puérpera ou lactante ou a trabalhador no gozo de licença parental (artigo 63º, nº 8, do CT09), no despedimento fundado em motivo político, ideológico, étnico ou religioso, ainda que com invocação de motivo diverso (artigo 392º, nº 2, primeira parte, do CT09)[474] ou nos casos em que o fundamento da oposição à reintegração tenha sido culposamente criado pelo empregador (artigo 392º, nº 2, *in fine*, do CT09). Em todos estes casos, prevê o regime laboral comum que o empregador não se pode opor à reintegração do trabalhador com os fundamentos que o Direito do Trabalho, em regra, considera legítimos, isto é, aquelas razões previstas no nº 1, do artigo 392º, do CT09.

A questão que se pode colocar é a de saber se o trabalhador doméstico ilicitamente despedido naquelas circunstâncias previstas na lei – nomeadamente, a trabalhadora doméstica grávida, puérpera, lactante, o trabalhador doméstico em gozo de licença parental ilicitamente despedida ou o trabalhador doméstico despedido por razões políticas ou ideológicas, étnicas ou religiosas – pode impor um direito à reintegração ao empregador. À primeira vista, estas normas só entram no jogo de especialidade/generalidade com as normas gerais que regem a cessação do contrato de trabalho. Por outras palavras, não se pode afirmar que as normas citadas têm uma excecionalidade que irradia para lá do regime geral, prevalecendo também sobre as regras do RCSD, porque ela configura uma exceção à exceção (direito de oposição à reintegração) à regra (direito à reintegração) ao passo que essa matéria está liminarmente resolvida no contexto doméstico.

A questão tem, porém, potencial para debate, sobretudo porque em Espanha os tribunais já decidiram que o direito à reintegração nesses casos

[474] Um ponto debatido no Direito espanhol, com opiniões doutrinais e jurisprudenciais divergentes: ver, por todos, Javier Fernández-Costales Muñiz, «Relación laboral de carácter especial del servicio del hogar familiar – extinción del contrato por despido de una trabajadora embarazada al servicio del hogar familiar con vulneración de derechos fundamentales», *Nueva Revista Española de Derecho del Trabajo*, 173 (2015), pp. 303-313, pp. 305 ss. e María Luisa Rodríguez Copé, «Limitaciones del derecho ao desistimiento en la relación laboral especial del personal al servicio del hogar familiar: cuantía indemnizatoria y reparación por daños morales de la trabajadora embarazada – comentario a la STSJ de Asturias de 27 de septiembre de 2018», *Temas Laborales*, 146 (2019), pp. 211-222.

prevalece sobre a especialidade do regime do serviço doméstico[475], sobretudo se pensarmos que, na linha do que defendemos em relação à exigência de parecer da CITE[476], estas normas são especialmente "enérgicas" e devem tutelar todos os trabalhadores, sem exceção.

Ainda no contexto da tutela reintegratória, consideramos que o trabalhador doméstico não tem direito à indemnização substitutiva da reintegração. Nos termos gerais, um trabalhador ilicitamente despedido pode optar por uma indemnização em substituição da reintegração (artigo 391º, nº 1, do CT09). Tal pode acontecer porque, por hipótese, o trabalhador, ainda que se considerando ilicitamente despedido, pode não ter interesse em ser reintegrado. O legislador confere-lhe assim uma alternativa: a reintegração ou uma indemnização (dita "substitutiva" daquela). Do ponto de vista técnico-jurídico, a indemnização substitutiva da reintegração aparece como uma prestação de faculdade alternativa para o trabalhador. Segundo o entendimento da nossa doutrina e dos nossos tribunais, que acompanhamos, nos casos em que não se verifica ou desaparece um dos elementos da alternativa, o trabalhador já não poderá recorrer à indemnização substitutiva da reintegração. Tal acontece, por exemplo, nos casos em que, na pendência da ação, o trabalhador se reforma ou falece: inexistindo a obrigação de reintegração – porque o contrato de trabalho sempre cessaria por reforma ou pelo falecimento – inexiste a obrigação de indemnização (substitutiva)[477]. Portanto, faltando a alternativa – o direito à reintegração – deixa de fazer sentido essa faculdade.

Lançado o ponto nestes moldes, só se pode chegar à conclusão de que, no contrato de trabalho doméstico, não há lugar a indemnização substi-

[475] Cfr. decisão nº 2108/2022 do TSJ da Andaluzia (Diario LA LEY, nº 10132, de 16 de septiembre de 2022, Nº 10132, 16 de sep. de 2022).

[476] § 12.1.2. Despedimento de trabalhadora doméstica grávida, puérpera ou lactante.

[477] Para mais desenvolvimentos, com indicações jurisprudenciais, Pedro Furtado Martins, *Cessação do contrato de trabalho*, Principia, 3ª ed., Cascais, 2012, pp. 496 ss. No mesmo sentido, João Leal Amado, «Despedimento ilícito, opção indemnizatória e morte do trabalhador», *Questões Laborais*, 19 (2002), pp. 116-120 e Id., «Anotação ao Acórdão de 4 de Maio de 2011 do Supremo Tribunal de Justiça», *Revista de Legislação e de Jurisprudência*, 3967 (2011), pp. 258-264. Exprimindo dúvidas em relação a este entendimento, argumentando que esta indemnização tem uma função reparadora, Júlio Gomes, «Acção de impugnação de despedimento. Reforma. Indemnização de antiguidade», *Questões Laborais*, 19 (2002), pp. 96-109.

tutiva da reintegração, precisamente porque não há lugar, em princípio, a reintegração do trabalhador.

§ 12.3.2. Tutela indemnizatória

Como já demos conta *supra*, segundo o artigo 31º, nº 1, do RCSD, "o despedimento decidido com alegação de justa causa e que venha a ser judicialmente declarado insubsistente, não havendo acordo quanto à reintegração do trabalhador, confere a este o direito a uma indemnização correspondente à retribuição de um mês por cada ano completo de serviço ou fracção, decorrido até à data em que tenha sido proferido o despedimento, nos casos de contrato sem termo ou com termo incerto, e às retribuições vincendas, nos casos de contrato com termo certo"[478]. Repare-se que, de acordo com a nossa leitura da lei, parece ser de entender, à semelhança do que acontece com o regime laboral comum, que a fração de antiguidade é contabilizada como um ano completo e, portanto, o trabalhador tem direito a receber mais um mês completo de retribuição, não havendo lugar a um cálculo proporcional[479].

[478] Ver ac. de 14/09/2010 do TRE (Gonçalves Rocha), CJ, 2010, IV, pp. 263-264. Numa decisão que, hoje, não merece acolhimento, devido a uma alteração do conceito de retribuição, no ac. de 25/01/1989 do TRL (Roberto Valente), CJ, 1989, I, pp. 172-174/proc. nr. 0004246 (sumário), julgou-se que seria de incluir no montante base da retribuição para efeitos de cálculo da indemnização do trabalhador o subsídio de alimentação.

[479] Cfr., ac. de 05/04/2016 do TRL (Alves Duarte), proc. nr. 325/13.5TTFUN.L1-4 ("a indemnização deve corresponder a um mês de indemnização por cada ano ou fracção e esta corresponde a um mês de retribuição e não ao valor apurado do seu cálculo proporcional") e, no mesmo sentido, o ac. de 29/02/2016 do TRP (Domingos Morais), proc. nr. 1206/14.0T8MTS-A.P1 ("em caso de ilicitude do despedimento, a indemnização deve corresponder a um mês de indemnização por cada ano ou fracção, fracção que corresponde a um mês de retribuição (e não ao valor apurado do seu cálculo proporcional))". No âmbito do regime laboral comum, com uma leitura semelhante, cfr. ac. de 14/05/2012 do TRP (Paula Leal de Carvalho), proc. nr. 243/10.9TTPRT.P1 ("a indemnização devida em consequência da ilicitude do despedimento é fixada por cada ano completo ou fração de antiguidade, devendo, à fracção, corresponder mais um ano de antiguidade (e não ser calculada proporcionalmente)", ac. de 03/09/2015 do TRP (Eduardo Petersen Silva), proc. nr. 384/12.8TTGDM.P1 ("no cômputo da indemnização por antiguidade em caso de despedimento ilícito a fracção de ano é contada como se de ano se tratasse") e, aderindo a este entendimento, ac. de 16/01/2017 do TRP (Nelson Fernandes), proc. nr. 2311/14.9T8MAI.P1.

Por seu turno, o nº 2 acrescenta que "quando se prove dolo do empregador, o valor da indemnização prevista no número anterior será agravada até ao dobro"[480]. Sobre esta norma, a Relação de Lisboa já esclareceu que "a indemnização agravada por despedimento ilícito prevista no artigo 31º, nº 2º, do D.L. 235/92, só tem lugar quando se registar uma actuação do empregador dolosa ou de má-fé, que se verifica quando para sustentar a justa causa de despedimento o empregador invocou factos que sabia não serem verdadeiros. Não existe actuação dolosa ou de má-fé quando o empregador invoque determinados factos que não são manifestamente idóneos e suficientes para sustentar a alegada justa causa, mas têm correspondência na realidade"[481].

Ainda que o legislador tenha decidido agravar a responsabilidade do empregador em caso de dolo, estas normas acabam por limitar a responsabilidade do empregador, fugindo assim da regra geral, contida no regime laboral comum, que prevê uma tutela indemnizatória plena no caso de ilicitude do despedimento. De resto, a norma não está em sintonia com certos princípios do Direito da Responsabilidade Civil, que parte do princípio da reparação integral dos danos, sobretudo se pensarmos que do despedimento ilícito podem resultar danos não patrimoniais que ultrapassam aquele *plafond* indemnizatório. É preciso recordar que, pese embora o Direito admita cláusulas de limitação da responsabilidade por danos, sejam elas de fonte convencional ou legal, todas essas cláusulas devem subentender uma interpretação restritiva no sentido de que a indemnização não deve conhecer teto ou limites quando os danos são causados com dolo ou culpa grave[482].

Pelo contrário, o RCSD limita o ressarcimento do dano mesmo tratando-se de casos de dolo do empregador. A partir do momento em que, como dissemos, o legislador parte, no regime laboral comum, de uma tutela

480 Embora apenas com acesso ao sumário, ver, na jurisprudência, o ac. de 08/05/2018 do TRC (Felizardo Paiva), CJ, 2018, III, pp. 362-363 (sumário), num caso em que "o despedimento do trabalhador do serviço doméstico foi promovido dolosamente de modo a obter um resultado alheio à relação laboral".

481 Ver ac. de 19/06/2013 do TRL (Jerónimo Freitas), CJ, 2013, III, p. 296 (sumário).

482 Embora focando-se nas cláusulas de fonte convencional, António Pinto Monteiro, *Cláusulas limitativas e de exclusão da responsabilidade civil*, Coimbra, 1985, p. 234, fala na "generalizada proibição da cláusula de irresponsabilidade por dolo, directamente por lei, umas vezes, ou, sendo esta omissa, por via jurisprudencial".

plena, sem teto, e que, dentro desse espírito, outros contratos de trabalho com regime especial também romperam com esse espartilho indemnizatório (estamos a pensar no caso do contrato de trabalho do praticante desportivo[483]), será que este regime, à margem de quaisquer críticas que possam ser dirigidas no plano do mérito, pode ser questionada do ponto de vista da sua constitucionalidade, por violação do princípio da igualdade? De que forma é que as especificidades do trabalho doméstico podem justificar uma diferença de tratamento relativamente ao sistema indemnizatório pela ilicitude do despedimento? Tal como nos perguntámos a propósito da violação do direito a férias, a ilicitude do despedimento é um fenómeno menos digno de tutela no caso do trabalho doméstico? Aliás, sabendo-se que a reintegração até depende de acordo, quedando-se o trabalhado doméstico apenas com a tutela indemnizatória, será adequado balizar o montante indemnizatório?

Ainda neste contexto, uma questão que se pode colocar é a de saber se esta tutela indemnizatória consome outras formas de tutela indemnizatória agravada previstas no regime laboral comum. Estamos a pensar, mais concretamente, na tutela de trabalhador grávida, puérpera ou lactante cujo despedimento ilícito pode dar lugar, segundo as regras gerais, a uma indemnização correspondente a 30 a 60 dias por cada ano completo de antiguidade ou fração, não podendo ser inferior a seis meses de retribuição base e diuturnidades. Uma vez que a regra geral estabelece um limite mínimo (seis meses de retribuição base e diuturnidades), a trabalhadora doméstica grávida, puérpera ou lactante pode sair prejudicada pela aplicação da regra do artigo 31º, do RCSD, ainda que, no caso concreto, seja aplicável o agravamento previsto no nº 2[484]. A nosso ver, a regra do artigo 31º, nº 2, do RCSD, não está pensada para estas situações para as quais a lei prevê um reforço extraordinário na tutela indemnizatória por ato discriminatório[485], deixando em aberto a aplicação do aparelho indemnizatório previsto no regime laboral comum.

[483] Sobre isto, mais em detalhe, VICTOR HUGO VENTURA, *O regime do contrato de trabalho do praticante desportivo*, AAFDL Editora, Lisboa, 2020, pp. 251 ss.

[484] Sobre isto, MARÍA LUISA RODRÍGUEZ COPÉ, «Limitaciones del derecho ao desistimiento...», cit., pp. 216 ss.

[485] Sobre isto, no contexto espanhol, dando lugar a uma indemnização agravada, ver a nota de LOURDES SÁNCHEZ PUJALTE, «El sistema especial de empleados del hogar tras la

§ 12.3.3. Salários intercalares

Ocorrendo o despedimento ilícito, ocorre perguntar se o trabalhador tem direito aos chamados salários intercalares, ou seja, às remunerações que auferiria desde o momento do despedimento até ao trânsito em julgado da decisão, nos mesmos termos em que semelhante direito assiste à generalidade dos trabalhadores[486].

Segundo pensamos, a resposta é negativa e é uma consequência lógica dos efeitos que o RCSD associa à ilicitude do despedimento. Segundo as regras gerais aplicáveis à generalidade dos contratos de trabalho, o despedimento, sendo ilícito, não produz o seu efeito extintivo. Sendo nulo, tudo se passa como se o contrato de trabalho estivesse a vigorar desde a data em que o despedimento foi proferido. Não produzindo os seus efeitos, tal equivale a dizer, desde logo, que o trabalhador deve ser reintegrado. E, uma vez que, do ponto de vista jurídico, o contrato de trabalho nunca chegou a cessar, o trabalhador tem também o direito a receber os montantes remuneratórios que deixou de receber desde a data do despedimento até ao trânsito em julgado da decisão.

Lançada a questão nestas bases, e mesmo considerando a *ratio* dos salários intercalares que se discutia à data da entrada em vigor do RCSD[487], pode concluir-se que o trabalhador doméstico não terá direito aos salários intercalares, como têm entendido os nossos tribunais[488] e também da doutrina maioritária[489]. Com efeito, essa é a solução lógica que se impõe em

reforma operada por el Real Decreto-Ley 16/2022», *Diario La Ley*, 10196 (2022), pp. 1-8, p. 7 e María Gema Quintero Lima, «Las modificaciones introducidas...», cit., pp. 136-137.

486 Cfr. artigo 390º, nº 1, do CT09.

487 Sobre isto, desenvolvidamente, Joana Vasconcelos, «Despedimento ilícito, salários intercalares e deduções [Art. 13º-2 do DL 64A/89]», *Revista de Direito e de Estudos Sociais*, 1990, I-II-III-IV, pp. 157-223.

488 Neste sentido, ac. de 11/03/2020 do TRL (José António Santos Feteira), CJ, 2020, II, pp. 125-129, ac. de 08/05/2018 do TRC (Felizardo Paiva), CJ, 2018, III, pp. 362-363 (sumário), já citado, ac. de 04/05/2016 do TRL (Alves Duarte), proc. nr. 325/13.5TTFUN.L1-4, ac. de 01/06/2011 do TRL (Natalino Bolas), proc. nr. 3010/06.5TTLSB.L1-4 e ac. de 26/04/2010 do TRP (Albertina Pereira), proc. nr. 112/07.0TTLMG.P1/CJ, 2010, II, pp. 235-236, já citado.

489 Com essa opinião, Filipe Fraústo da Silva, «Em torno do contrato de serviço doméstico...», cit., p. 126. No mesmo sentido, Maria do Rosário Palma Ramalho, *Tratado de Direito do Trabalho...*, cit., p. 305. Contra, Cláudia Rosa Henriques, «Contrato de serviço doméstico...», cit., p. 116: "o regime das retribuições intercalares é suscetível de aplicação

resultado do afastamento da tutela reintegratória, como vimos. No contexto doméstico, o contrato de trabalho está destinado a cessar, ainda que o despedimento seja declarado ilícito. Não há lugar a reintegração, salvo se o empregador nisso consentir. Se assim é, então não serão devidos os salários que se foram vencendo no decurso da pendência do processo porque, a não ser que o empregador consinta no contrário, o contrato de trabalho cessa com o despedimento, seja ele lícito, ou não[490].

§ 12.3.4. Tutela jurisdicional

Tendo sido despedido ilicitamente, o trabalhador doméstico pode contestar a validade do seu despedimento nos tribunais[491]. Sendo certo que a declaração da ilicitude do despedimento não significa a reintegração do trabalhador, o trabalhador pode querer discutir a licitude do seu despedimento para efeitos indemnizatórios.

Seja como for, a impugnação do despedimento não conhece especificidades do ponto de vista do seu regime jurídico. No entanto, é preciso considerar que em contexto doméstico é comum, por desconhecimento das partes, que o despedimento seja proferido oralmente. Claro está que a exigência legal de que o despedimento deve ser proferido por escrito resulta de uma norma cuja constitucionalidade já foi colocada em causa. No entanto, a norma nunca foi afastada do ordenamento jurídico, ou seja, nunca foi declarada inconstitucional com força obrigatória geral. O ponto é da maior importância porque, como se sabe, o ordenamento jurídico associa um diferente regime processual consoante a declaração de despedimento seja feita por escrito ou oralmente. Assim, e como já se decidiu na

aos trabalhadores domésticos dado que o facto de não ser possível impor ao empregador a reintegração do trabalhador em nada impede o pagamento das retribuições intercalares, pois se o empregador não tivesse alegado justa causa insubsistente, o contrato teria sido executado, pelo menos, até ao trânsito em julgado da decisão que declara o despedimento ilícito, logo serão devidas essas retribuições ao trabalhador".

[490] Caso o empregador consinta na reintegração, já haverá lugar ao pagamento de salários intercalares. Com este entendimento, Filipe Fraústo da Silva, «Em torno do contrato de serviço doméstico...», cit., pp. 125-126.

[491] A Convenção da OIT nº 189 afirma que "todo o Membro deve tomar medidas para assegurar, de acordo com a legislação e a prática nacionais, que todos os trabalhadores do serviço doméstico, pessoalmente ou através de um representante, tenham acesso efetivo aos tribunais ou a outros mecanismos de resolução de conflitos, em condições não menos favoráveis do que as previstas para os trabalhadores em geral".

nossa jurisprudência, a impugnação do despedimento com invocação de justa causa, se escrita, deve ser feita através da ação especial de impugnação da regularidade e licitude do despedimento[492], de acordo com os prazos aí previstos (60 dias contados da receção da comunicação). Pelo contrário, se o despedimento for feito por via oral, aquele prazo já não será aplicável[493], uma vez que, nesses casos, deve seguir-se a ação de processo comum[494], cujo prazo de propositura é de 1 ano a contar da data em que o despedimento tiver sido proferido.

Ainda no contexto da tutela jurisdicional do trabalhador ilicitamente despedido, importará notar que o trabalhador doméstico não poderá requerer a providência cautelar de suspensão dos efeitos do despedimento. A justificação encontramo-la aproveitando a explicação já desenvolvida quanto à exclusão dos salários intercalares. A providência cautelar de suspensão dos efeitos do despedimento tem natureza conservatória. Na prática, é um instrumento de bloqueio ou congelamento dos efeitos jurídicos do despedimento, no caso, a dissolução do vínculo, por forma a que o trabalhador possa continuar provisoriamente ao serviço do empregador. Em termos práticos, esta providência cautelar pretende garantir o pretenso efeito útil da decisão definitiva que venha a ser tomada a final. Concretamente, pretende garantir que o trabalhador continue a prestar trabalho, obtendo os respetivos rendimentos, assegurando que a pretensa decisão final que declare a ilicitude do despedimento não represente uma vitória pírrica para o trabalhador.

Ora, se o RCSD parte do princípio de que não há reintegração do trabalhador ilicitamente despedido, pois essa reintegração depende de acordo, então a providência de suspensão dos efeitos do despedimento perde sentido neste contexto[495]. Nas palavras certeiras da Relação de Lisboa, "o procedimento cautelar de suspensão de despedimento exige, como suporte,

[492] Ver ac. de 07/11/2012 do TRL (JERÓNIMO FREITAS), CJ, 2012, V, p. 305 (sumário) e ac. de 15/01/2020 do TRL (FRANCISCA MENDES), proc. nr. 12703/19.1T8LSB. L1-4.

[493] Ver ac. de 25/09/2013 do TRL (ALDA MARTINS), CJ, 2013, IV, p. 315 (sumário), já citado.

[494] Ac. de 15/12/2016 do TRL (ALVES DUARTE), proc. nr. 2693/15.5T8CSC-A.L1-4. Sobre isto, em geral, ver, por todos, ALCIDES MARTINS, *Direito do Processo Laboral*, Almedina, 4ª ed., Coimbra, 2020, pp. 185 ss.

[495] Com esta posição, MARIA DO ROSÁRIO PALMA RAMALHO, *Tratado de Direito do Trabalho...*, cit., p. 304. No mesmo sentido, MARIA IRENE GOMES, «Contrato de trabalho doméstico...», cit., pp. 243 ss.

um nexo com a acção de impugnação de despedimento, já instaurada ou a instaurar, na qual seja viável a imposição da reintegração do trabalhador. E só se for viável e legalmente possível impor essa reintegração na acção é que se pode requerer a suspensão do despedimento. Não podendo obter-se através da providência cautelar mais do que aquilo que se pode vir a obter com acção de que depende, tem obviamente que concluir-se que não pode decretar-se a suspensão de um despedimento no âmbito de um contrato de serviço doméstico"[496].

§ 12.4. Caducidade do contrato de trabalho doméstico

A regulamentação da caducidade do contrato de trabalho é talvez o aspeto onde é mais marcante a intervenção da Agenda do Trabalho Digno. É certo que o RCSD continua a prever que o contrato de trabalho doméstico pode cessar por caducidade (cfr. alínea b) do artigo 27º). Acontece que a Lei nº 13/2023, de 3 de abril, decidiu suprimir três das hipóteses, a saber, a caducidade pela verificação do termo, por impossibilidade e por reforma por invalidez ou velhice.

Como sabemos, a caducidade é um fenómeno que agrega situações diferenciadas[497], afirmação que faz ainda mais sentido no contexto doméstico. De facto, as razões que podem determinar a caducidade do contrato de trabalho estão arroladas no artigo 28º e às situação que tipicamente determinam a caducidade, previstas já no regime laboral comum (como a verificação do termo, a impossibilidade superveniente, absoluta e definitiva de o trabalhador prestar o seu trabalho ou de o empregador o receber ou a reforma do trabalhador por velhice ou invalidez), o RCSD acrescenta ainda a manifesta insuficiência económica do empregador, superveniente à celebração do contrato, e a alteração substancial das circunstâncias de vida familiar do empregador que torne imediata e praticamente impossível a subsistência da relação de trabalho. Deixando por ora de lado a caducidade por reforma ou invalidez, que não apresenta especificidades em relação às regras gerais[498], importa estudar os restantes casos.

[496] Ver ac. de 26/06/2002 do TRL (Ferreira Marques), proc. nr. 0012864. No mesmo sentido, ac. de 21/04/1993 do TRL (Andrade Borges), CJ, 1993, III, p. 166 (página única).

[497] António Menezes Cordeiro, *Manual de Direito do Trabalho...*, cit., pp. 789 ss.

[498] Aplicando o regime laboral comum ao contrato de serviço doméstico, mormente, a conversão do contrato de trabalho num contrato de trabalho a termo, cfr. ac. de 17/05/2021 do TRP (Domingos Morais), proc. nr. 27266/18.7T8PRT.P1.

Em relação às duas formas de caducidade que continuam previstas, a lei não dá uma resposta cabal quanto à exigência de forma da comunicação[499]. O regime estabelece agora que "a cessação do contrato deve ser comunicada ao trabalhador, com a indicação dos motivos em que a mesma se fundamenta" (artigo 28º, nº 5). A lei não diz expressamente que a comunicação deve ser feita por escrito, mas entendemos que o espírito que presidiu à alteração legislativa sugere essa interpretação, sob pena de a exigência de uma comunicação se tornar redundante. Por outras palavras, embora o regime anterior não o dissesse, a invocação destas formas de caducidade supunha, como facilmente se compreende, alguma forma de comunicação ao trabalhador, sobretudo considerando o ambiente de proximidade que caracteriza o trabalho doméstico. De facto, não seria concebível que, por hipótese, um agregado familiar invocasse dificuldades económicas sem disso informar o trabalhador. Ora, parece-nos que o legislador quis justamente impor uma comunicação formal, de onde constem as razões que fundamentam a causa invocada.

§ 12.4.1. Caducidade pela verificação do termo

Sendo possível a celebração do contrato de trabalho doméstico a termo, como vimos[500], é natural que uma das formas de cessação seja precisamente a caducidade pela verificação do termo. Na sua versão originária, o RCSD estatuía expressamente que a verificação do termo era uma causa de cessação do contrato (cfr. alínea a), do nº 1, do artigo 28º, na sua versão originária). Acontece que o legislador, no contexto da Agenda do Trabalho Digno, a Lei nº 13/2023, de 3 de abril, decidiu suprimir esta referência legal.

Segundo pensamos, tudo leva a crer que o legislador quis estender ao regime do contrato de serviço doméstico as regras gerais, designadamente, a forma como se processa a caducidade e o regime da compensação, convicção que é reforçada pelo novo artigo 37º-A, que manda aplicar as regras gerais previstas no CT09 em relação a tudo quanto não esteja previsto no RCSD.

[499] No quadro da reforma do regime espanhol, María Gema Quintero Lima, «Las modificaciones introducidas...», cit., p. 129, entende que estas formas de cessação dependem de comunicação escrita.

[500] Cfr., supra, § 5.1. Contrato de trabalho a termo.

Em relação à necessidade de comunicação, era uma questão discutível à luz do regime legal anterior[501], mas pensamos que agora é inequívoco que a caducidade por verificação do termo depende de comunicação de qualquer uma das partes. No caso dos contratos de trabalho a termo certo, essa comunicação deve ser feita com 15 ou 8 dias antes de o prazo expirar, consoante a comunicação seja do empregador ou do trabalhador respetivamente. No caso dos contratos de trabalho a termo incerto, com uma antecedência mínima de 7, 30 ou 60 dias conforme o contrato tenha durado até seis meses, de seis meses a dois anos ou por período superior. E, conse-

[501] Com efeito, o RCSD era omisso quanto à forma como se processava a caducidade. Não era claro, desde logo porque nada resultava expressamente da lei, se a caducidade operaria automaticamente ou se necessitaria de invocação pelas partes. À primeira vista, na ausência de uma norma especial sobre a matéria, poderiam ser convocadas as regras gerais, previstas no CT09, segundo as quais a parte interessada na caducidade (empregador ou trabalhador) teria o ónus de comunicar à contraparte que o contrato não se renovaria, caducando no seu termo. No entanto, parecia-nos, salvo melhor, que era possível concluir que o RCSD se posicionava sobre esta matéria, afastando-se das regras gerais que regem a generalidade das regras laborais. O artigo 28º, nº 1, alínea a), parecia perentório quando dizia que "o contrato de serviço doméstico caduca... verificando-se o seu termo". Acresce que a referida norma previa, no seu proémio, que o contrato cessa "nos termos gerais de Direito", o que, pelo menos quanto à caducidade pela verificação do termo, sugeria que ela operaria nos mesmos termos em que opera, em geral, a caducidade de um qualquer contrato, ou seja, automaticamente. Reconhecemos, porém, que o argumento não era determinante, pois que o legislador reproduz as normas gerais em vigor à data, onde o legislador se exprimia nos mesmos termos e onde, por sinal, o legislador exigia uma comunicação do empregador para a caducidade do contrato de trabalho a termo (cfr. o artigo 4º, alínea a) ("o contrato de trabalho caduca nos termos gerais de direito, nomeadamente: a) verificando-se o seu termo, quando se trate de contrato a termo regulado no capítulo VII)" e o artigo 46º, nº 1 ("o contrato caduca no termo do prazo estipulado desde que a entidade empregadora comunique ao trabalhador até oito dias antes de o prazo expirar, por forma escrita, a vontade de o não renovar") do Decreto-Lei nº 64-A/89, de 27 de fevereiro, que aprovava o regime jurídico da cessação do contrato individual de trabalho, incluindo as condições de celebração e caducidade do contrato de trabalho a termo). Pesando, porém, a informalidade da relação de trabalho doméstico, éramos da opinião de que, ao contrário do que sucede no regime laboral comum, a caducidade do contrato de trabalho doméstico não necessitaria de invocação pelas partes, operando automaticamente. No mesmo sentido, Maria Irene Gomes, «Contrato de trabalho doméstico...», cit., p. 240; defendendo que a caducidade do contrato de trabalho doméstico dependia de invocação, Cláudia Rosa Henriques, «Contrato de serviço doméstico...», cit., p. 105.

quentemente, por aplicação das regras gerais do CT09, essa comunicação deve também ser feita por escrito[502].

Em relação à compensação, o RCSD também não oferecia uma resposta, mas defendíamos que o trabalhador doméstico teria direito à compensação[503]. A Agenda do Trabalho Digno parece ter dissipado quaisquer dúvidas: a pretensa assimilação do RCSD ao regime laboral comum, bem como o artigo 37º-A aditado, ordenando a aplicação das regras do CT09, em tudo quanto não esteja previsto, garantem ao trabalhador doméstico o direito à compensação legal que agora se cifra nos 24 dias de retribuição base e diuturnidades por cada ano de antiguidade, na nova redação do artigo 344º, nº 2, também ela saída da Lei nº 13/2023, de 4 de abril[504]. E ainda que defendamos que as regras do regime laboral comum devem ser sujeitas a um teste de compatibilidade com a natureza desta relação especial de trabalho[505], pensamos que a compensação não é incompatível com as especificidades com o trabalho doméstico.

502 Defendendo, na vigência do regime anterior, a exigência de forma escrita, Carlos Alegre, *Contrato de serviço doméstico...* [1981], cit., pp. 21.)

503 Victor Hugo Ventura, *O regime do contrato de serviço doméstico...*, cit., pp. 174 ss. Diga-se, aliás, que parecia ser esse o entendimento da Autoridade para as Condições no Trabalho, quando dá conta de que "sobre a aplicabilidade das regras do Código do Trabalho no que concerne à caducidade dos contratos a termo, foi emitido pelo GTCOD parecer veiculado para os serviços deconcentrados da ACT, através do ofício circular nº 24/GDIGT/06 de 05/04/06, que, em conclusão, considerou que nada obsta à aplicabilidade das regras do Código quanto à compensação devida pela caducidade do contrato a termo, no âmbito do contrato de trabalho de serviço doméstico" (Ofício Circular da ACT nº 24/DirACT/2008). Contra, Maria Irene Gomes, «Cessação do contrato de trabalho doméstico – comentário...», cit., p. 29, n. 10, para quem "as valorações subjacentes ao regime do trabalho doméstico, designadamente a natureza não empresarial do empregador e a necessidade de acautelar causa mais económicas de cessação" justificavam uma leitura contrária. No ac. de 17/05/2021 do TRP (Domingos Morais), proc. nr. 27266/18.7T8PRT.P1, o tribunal decidiu que "a caducidade do contrato de serviço doméstico a termo não determina o pagamento de qualquer compensação ao trabalhador", mas nesse caso estava em causa um contrato de trabalho a termo de trabalhador reformado por velhice.

504 Cfr. artigo 11º, nº 1, do Real Decreto nº 1620/2011, de 14 de novembro, ao remeter para as hipóteses do artigo 49º, do Estatuto dos Trabalhadores (importando, para este efeito, o disposto na alínea c)). Já o artigo 9º, nº 3, do Real Decreto nº 1424/1985, de 1 de agosto, ao invés de recorrer à técnica da remissão, previa expressamente a compensação pela caducidade.

505 Cfr. as nossas considerações em § 1.2.1. Agenda do Trabalho Digno.

Com efeito, segundo a tese dominante na doutrina, a compensação pela caducidade do contrato de trabalho a termo surge como um efeito de anestesia ou paliativo à precarização associada à contratação a termo: no comum dos contratos de trabalho a termo, o empregador beneficia da possibilidade de assumir um compromisso temporário – desde que, naturalmente, se verifiquem os correspondentes pressupostos de ordem formal e substancial –, mas ficaria obrigado a abonar ao trabalhador uma compensação. A compensação surgiria como uma espécie de moeda de troca pela precariedade do vínculo, escolhida e determinada pelo empregador[506]. Por outro lado, perante a hipótese de fazer caducar o contrato, o empregador encontraria na compensação uma certa forma de incentivo à manutenção do trabalhador. Por outras palavras, o cenário de ter de pagar uma compensação ao trabalhador levaria o empregador a, pelo menos, considerar a hipótese de "oferecer" um contrato de trabalho por tempo indeterminado (*ex novo* ou automaticamente, com a continuidade do trabalhador após o termo) ou, pelo menos, a permitir a renovação do vínculo, se ainda fosse legalmente possível[507].

[506] Defendendo que a compensação visa compensar o trabalhador pela precariedade do vínculo, PAULA PONCES CAMANHO, «Algumas reflexões sobre o regime jurídico do contrato de trabalho a termo» in: *Juris et de Jure – Nos 20 anos da Faculdade de Direito da Universidade Católica Portuguesa – Porto*, Universidade Católica Portuguesa, Porto, 1998, pp. 969-986, p. 985 ("o estabelecimento daquele direito destina-se a compensar o trabalhador pela situação de precariedade em que se encontra(ou)"), PEDRO ROMANO MARTINEZ, *Direito do Trabalho...*, cit., p. 943 ("trata-se de uma situação excecional resultante da precariedade do vínculo"), MARIA DO ROSÁRIO PALMA RAMALHO, *Tratado de Direito do Trabalho, Parte II – Situações Laborais Individuais*, Almedina, Coimbra, 6ª ed., 2016, p. 766 (ela visa "compensar os trabalhadores pela maior incerteza da sua situação juslaboral"), LUÍS MANUEL TELES DE MENEZES LEITÃO, «Formas de cessação do contrato de trabalho e procedimentos» in: *Temas Laborais – Estudos e Pareceres*, Vol. I, Almedina, Coimbra, 2006, pp. 107-122, p. 111 ("trata-se de uma compensação pela natureza precário do vínculo (...) através da qual se visa tornar mais onerosa para o empregador a contratação a termo"), ID., «Natureza jurídica da compensação decorrente da caducidade do contrato a termo e sua elegibilidade no âmbito do Fundo Social Europeu – Parecer» in: *Temas Laborais – Estudos e Pareceres*, Vol. I, Almedina, Coimbra, 2006, pp. 189-203, especialmente, pp. 195-197, ANTÓNIO MENEZES CORDEIRO, *Manual de Direito do Trabalho...*, cit., p. 639, fala de um "suplemento de tutela ao trabalhador contratado a termo e ainda, em geral, desincentivar a contratação precária".

[507] Neste sentido, apontando estas duas finalidades, ALICE PEREIRA DE CAMPOS, *Contrato de trabalho a termo – uma forma de trabalho precário?*, Universidade Católica Editora, Lisboa, 2013, pp. 203 ss., JÚLIO GOMES, *Direito do Trabalho...*, cit., p. 924 e ID., «O contrato de traba-

Se for de aceitar estas premissas como válidas, a regra que prevê o pagamento de uma compensação pela verificação do termo seria incompatível com esta relação especial de trabalho[508]. É que, como vimos, o legislador parece que quis liberalizar o recurso ao contrato de trabalho a termo, isto é, a sua celebração livre. Embora limitado ao período de um ano, as partes podem celebrar um contrato de trabalho a termo sem necessidade de invocação de motivo. Ora, essa abertura do ordenamento jurídico não parece compatível com uma ideia de "penalização" do empregador.

Acontece que este entendimento tem sido questionado ou, pelo menos, relativizado. Por um lado, a tese de que a compensação legal visa reparar as expectativas frustradas do trabalhador é uma tese que tem sido disputada por importante doutrina. De facto, há quem saia em defesa do entendimento de que a compensação legal visa, na verdade, compensar o trabalhador pela perda do emprego, não faltando quem veja aqui uma simples compensação pelo exercício lícito de uma faculdade[509]. Aliás, a redação do artigo 344º, do CT09, segundo a qual "em caso de caducidade de contrato

lho a termo ou a tapeçaria de Penélope» in: *Estudos do Instituto de Direito do Trabalho*, vol. IV, Almedina, Coimbra, 2003, pp. 35-99, p. 71. Contra, Pedro Furtado Martins, *Cessação do contrato de trabalho...*, cit., p. 64 ("se este estiver configurado de modo a prescrever a obrigação de pagamento da compensação em todos os casos de caducidade do contrato de trabalho a termo, será congruente afirmar que essa obrigação visa compensar o trabalhador pela precariedade do vínculo. Mas se o concreto regime jurídico em vigor só atribui a compensação quando a declaração decorre de declaração do empregador, ter-se-á de encontrar outra explicação ou outro fundamento para o instituto, pois o mesmo, tal como está estruturado, deixou de ser compatível com a ideia de que se pretendeu compensar o trabalhador pela precariedade do vínculo").

508 Com esta opinião, Maria do Rosário Palma Ramalho, *Tratado de Direito do Trabalho...*, cit., p. 280, dizendo que "é o argumento teleológico que, a nosso ver, melhor alicerça este entendimento. A indemnização por caducidade não se justifica no contrato a termo para a prestação de serviço doméstico porque a razão de tal indemnização é ainda e sempre uma razão empresarial – trata-se, como se viu no lugar próprio, de uma indemnização/custo, que é imposta ao empresário pelo facto de ele ter optado por recorrer a um vínculo de trabalho precário, quando podia ter celebrado um contrato por tempo indeterminado. Ora, no caso do serviço doméstico, não só estamos fora do contexto empresarial como o contrato ou assenta exclusivamente no acordo das partes (não havendo assim que tutelar especiais expectativas do trabalhador) ou assenta numa necessidade objectiva transitória e não há propriamente uma "opção" do empregador em contratar noutros moldes".

509 Assim, Filipe Fraústo da Silva, «30 anos de contrato de trabalho a termo» in: *A Reforma do Código do Trabalho*, Coimbra Editora, Coimbra, 2004, pp. 215-275, p. 273.

de trabalho a termo certo por verificação do seu termo, o trabalhador tem direito a compensação correspondente a 24 dias de retribuição base e diuturnidades por cada ano completo de antiguidade, calculada nos termos do artigo 366º, *salvo se a caducidade decorrer de declaração do trabalhador nos termos do número anterior*" (sublinhado nosso), reforça esta ideia[510]. De facto, se o trabalhador sabe, de antemão, que o contrato caducará no seu termo, porque assim a cláusula de não renovação o estipula, não há qualquer expetativa a tutelar. De resto, que a compensação não tem esse fim é ainda reforçado pelo regime do contrato de trabalho a termo incerto[511].

Diga-se, aliás, que mesmo que se considere que a compensação visa estimular a contratação por tempo indeterminado, sendo essa a sua função essencial, esse escopo não é incompatível com a natureza da relação de trabalho doméstico. É certo que o empregador pode, de facto, recorrer ao contrato de trabalho a termo com relativa liberdade, ou seja, a contratação a termo parece ser olhada com outros olhos pelo legislador no setor doméstico. No entanto, pensamos que a contratação por tempo indeterminado sempre será a forma de contratação que, pelo menos aos olhos dos princípios fundamentais do ordenamento jurídico-constitucional laboral, tem preferência em relação ao contrato de trabalho a termo, motivo pelo qual também aqui a compensação jogaria o seu papel de estímulo à contratação por tempo indeterminado ou, se quisermos, de desincentivo à contratação aprazada.

[510] Sobre isto, ver o nosso estudo, Alexandra Marques Sequeira/Victor Hugo Ventura, «O impacto da nova redação do artigo 344º, nº 2, do Código do Trabalho, no conceito de "desemprego involuntário" para efeitos de atribuição do subsídio de desemprego», *Questões Laborais*, 55 (2019), pp. 169-178.

[511] Nas palavras de João Leal Amado, «De novo sobre uma velha questão: a compensação por caducidade nos contratos a termo certo», *Revista da Ordem dos Advogados*, 2014, II, pp. 411-424, p. 419, "a lei não criou esta compensação em ordem a ressarcir o trabalhador que despertou e viu o seu sonho renovatório desvanecer-se bruscamente; tudo visto e ponderado, parece que a lei concebeu esta figura em moldes mais latos e abrangentes, como forma de compensar o trabalhador pela perda do seu emprego. É isso que explica, parece-nos, que tal compensação seja devida no âmbito de contratos a termo não renováveis (...) os quais se extinguem automaticamente aquando da verificação do evento resolutivo e nos quais, portanto, o trabalhador não depositou nem poderia depositar quaisquer expectativas de renovação. esse trabalhador, contudo, perde o emprego e, por isso mesmo, a lei entendeu compensá-lo, constituindo o empregador na obrigação de satisfazer esse crédito suplementar ao trabalhador".

Finalmente, tão pouco nos parece de defender, como contra-argumento, que a compensação representa um pesado encargo para os agregados familiares, sobretudo se pensarmos que é o próprio legislador que, na nota preambular no RCSD, afirmava que certos aspetos da regulamentação desta relação especial de trabalho deveriam ser revistos em face d"a melhoria das condições de vida dos agregados familiares". Estamos em crer que esse argumento económico não pode servir para excluir a aplicação do instituto da compensação pela caducidade da mesma forma que também não é argumento suficiente, por exemplo, para excluir esse dever no caso de microempresas. Aliás, o ponto de comparação com as microempresas até é pleno de significado se atentarmos que estas têm, muitas vezes, uma estrutura familiar que, pelo menos de certa forma, as aproxima do modelo de trabalho prestado num agregado familiar, como é o caso do trabalho doméstico.

Portanto, e em síntese, o trabalhador doméstico o direito à compensação legal que agora se cifra nos 24 dias de retribuição base e diuturnidades por cada ano de antiguidade, segundo a redação do artigo 344º, nº 2, saída da Lei nº 13/2023, de 4 de abril.

Finalmente, segundo o nº 4, do artigo 28º, do RCSD, norma que se manteve, "quando se dê a caducidade do contrato a termo celebrado com trabalhador alojado, a este será concedido um prazo de três dias para abandono do alojamento".

§ 12.4.2. Caducidade por impossibilidade

Na sua versão originária, a alínea b), do nº 1, do artigo 28º, do RCSD, previa uma forma de caducidade comum a qualquer contrato de trabalho: a impossibilidade superveniente, absoluta e definitiva de o trabalhador prestar o seu trabalho ou de o empregador o receber[512].

[512] De enquadrar eventualmente na figura da impossibilidade está o caso do trabalhador que se torna cônjuge ou parente do empregador. Como vimos, é discutível se a qualidade de trabalhador é compatível com o vínculo familiar (cfr. § 2.2. Trabalho familiar), tendo nós concluído que, pelo menos quando à posição do cônjuge, essa compatibilidade seria dificilmente concebível. Ora, se a aquisição da qualidade de cônjuge for superveniente à celebração do contrato, este estaria destinado a caducar por impossibilidade. O mesmo se passa em relação ao vínculo familiar que, no caso concreto, se revele incompatível com o contrato de trabalho doméstico, por na pessoa do trabalho se cumularem as posições de devedor e credor. De certa forma, o contrato de trabalho caducaria com recurso à figura civilística da confusão. No ac. de 26/03/1963 do STJ (Pereira Parreira), AcD, 18 (1963), pp. 859-864, colocou-se a questão de saber qual o destino da relação laboral em caso de

Acontece que, no contexto da Agenda do Trabalho Digno, o legislador decidiu suprimir esta referência legal. Segundo pensamos, o legislador terá entendido que esta referência é redundante, na medida em que ela já resulta das regras gerais (alínea b) do artigo 343º do CT09). Mas isso só pode significar, claro está, que o contrato de trabalho doméstico continua a poder cessar quando se verifique justamente uma impossibilidade superveniente, absoluta e definitiva de o trabalhador prestar o seu trabalho ou de o empregador o receber.

Desde logo, a impossibilidade pode ocorrer na esfera do trabalhador. Para além dos casos típicos de morte, pense-se no acidente[513] ou doença que determine a perda da capacidade para prestar trabalho[514].

A impossibilidade também pode ocorrer por banda do empregador. Paradigmaticamente, o contrato de trabalho doméstico poderá cessar por morte do empregador, solução que, aliás, estava prevista no Código de Seabra[515]. Importa dar nota de que a morte do empregador equivale à extin-

concubinato entre o empregador e trabalhador. O STJ entendeu que "é possível a simultaneidade das situações de criada e de amante, desde que inicialmente tenha havido contrato de trabalho e se não mostre que tenha havido alteração no nível social da autora" (p. 859). Sobre a questão, com interesse histórico, ver NUNO DE SALTER CID, *A comunhão de vida à margem do casamento: entre o facto e o direito*, Almedina, Coimbra, 2005, p. 366, n. 462, com referências jurisprudenciais.

513 O trabalhador não tem qualquer direito a compensação em caso de caducidade do contrato de trabalho por incapacidade superveniente resultante de acidente de trabalho. Ver ac. de 07/09/2015 do TRP (ANTÓNIO JOSÉ RAMOS), proc. nr. 628/14.1TTPRT.P1.

514 Embora não diretamente relacionado com o contrato de trabalho doméstico, já considerou legítima a decisão de um empregador de fazer caducar um contrato de trabalho porque um trabalhador, cozinheiro, era seropositivo. Em comentário crítico à decisão judicial, JOANA NUNES VICENTE/MILENA ROUXINOL, «Entre o direito à saúde e o direito a estar doente – comentário ao Acórdão do Tribunal da Relação de Lisboa, de 29 de Maio de 2007», *Questões Laborais*, 31 (2008), pp. 89-114. TERESA ALEXANDRA COELHO MOREIRA, *Da esfera privada do trabalhador e o controlo do empregador*, Coimbra Editora, Coimbra, 2004, p. 207, considera "discutível o caso dos trabalhadores em contacto com substâncias alimentares". No entanto, é preciso considerar que, no contexto doméstico, a Recomendação nº 201 da OIT declara expressamente que "no momento de adotar medidas para a eliminação da discriminação em matéria de emprego e ocupação, os Membros, em conformidade com as normas internacionais do trabalho, deveriam, entre outras coisas... garantir que não se exija que os trabalhadores domésticos se submetam a exames de diagnóstico de HIV ou gravidez, ou que revelem seu estado quanto ao HIV ou gravidez" (alínea c) do ponto 3).

515 Cfr. artigo 1385º. Nesse caso, o serviçal teria direito a uma compensação correspondente a 15 dias uma compensação, que se julgava de "tempo julgado suficiente para o ser-

ção da pessoa coletiva naqueles casos, excecionais, em que é possível a prestação de serviço doméstico a certas coletividades que existem à imagem e semelhança de um agregado familiar[516].

No entanto, é necessário relembrar que o regime laboral comum estabelece que o contrato cessa "salvo se o sucessor do falecido continuar a actividade para que o trabalhador se encontra contratado" (cfr. artigo 346º, nº 1, do CT09), ressalva com potencial aplicação no trabalho doméstico. Basta pensar que a especificidade deste contrato está precisamente na circunstância de o trabalhador prestar trabalho em prol de um agregado familiar, agregado esse que pode perfeitamente subsistir à morte do empregador (formal) e que, em muitos casos, até pode manter o interesse na prestação[517]. Pense-se, por exemplo, no trabalhador doméstico que vai "transitando" pelas várias gerações da família, à medida que os seus membros vão falecendo[518]. Vai daí que faça todo o sentido, neste contexto, fazer precisamente aplicar a parte final da norma geral[519].

viçal alcançar outra colocação, nesses bons tempos em que o desemprêgo não era epidemia universal e de bem difícil cura, como nos meados do século XX" (Luiz da Cunha Gonçalves, *Tratado de Direito Civil...*, cit., p. 567).

[516] Assim, já na vigência do Código Civil de 1867, Luiz da Cunha Gonçalves, *Tratado de Direito Civil...*, cit., p. 568: "quando o amo ou patrão fôr uma sociedade civil ou comercial, a dissolução dela produzirá também a rescisão imediata do contrato, porque essa dissolução equivale à morte duma pessoa singular, ainda que seja involuntária, ou mesmo quando a sociedade seja substituída por outra". Lembre-se que a alusão às sociedades comerciais ou civis deve perceber-se porque este autor concebia latamente o serviço doméstico, como vimos.

[517] Na jurisprudência, ver, com interesse, o ac. de 03/11/2004 do TRL (Guilherme Pires), proc. nr. 6109/2004-4 (sumário), estando em causa um problema processual, os herdeiros assumiram a posição de empregadores perante a morte do empregador.

[518] Sem prejuízo da aplicação da figura da cedência da posição contratual, que é perfeitamente compatível com a natureza do trabalho doméstico: ac. de 25/11/2020 do TRL (Eduardo Sapateiro), proc. nr. 1068/16.3T8AGH -L1-4.

[519] O regime espanhol não contempla qualquer norma reguladora destes casos, mas prevê que a sub-rogação contratual por modificação da pessoa do empregador só procede com prévio acordo entras as partes, presumindo-se esse acordo quando o trabalhador doméstico continue prestando serviço por pelo menos sete dias no mesmo domicílio. Embora a norma não o diga frontalmente, parece-nos que o legislador espanhol tinha precisamente em mente aquelas situações em que o trabalhador doméstico permanece ao serviço do agregado familiar pese embora a morte do seu titular ou daquele que o havia contratado. Nesse caso, há uma sucessão no sentido próprio do termo de tal forma que o(s) parente(s) "sub-entra(m)" na posição jurídica de empregador do *de cujus* (cfr. artigo 10º, nº 1, do Real

Ainda que o contrato de trabalho esteja sentenciado a caducar por morte do empregador também é preciso recordar novamente a norma do regime laboral comum, pois, em bom rigor, o contrato de trabalho não cessa na data da morte do empregador, mas sim na "data de encerramento da empresa". Esta precisão pode revelar-se relevante *mutatis mutandis* no contexto doméstico, pois a morte do empregador justifica muitas vezes um trabalho de recolha dos haveres em função de uma reorganização familiar, etc., motivo pelo qual o falecimento do empregador nem sempre determinará, imediatamente, a caducidade do contrato.

Segundo o regime laboral comum, a morte do empregador atribui ao trabalhador o direito a compensação pela caducidade do contrato de trabalho[520]. No entanto, segundo a interpretação dos nossos tribunais, a norma que o prevê é incompatível com a natureza do trabalho doméstico[521],

Decreto nº 1620/2011, de 14 de novembro). Tal equivale a dizer que se mantêm os direitos e obrigações entre as partes, de fonte legal ou que tiverem sido acordados em sentido mais favorável, ainda que o "novo" empregador possa reorganizar certos aspetos da execução do contrato, como é natural. Forçando a nota, é neste contexto que nasce a expressão "no tempo da outra senhora" que se popularizou e que veio mesmo a ganhar outros sentidos.

[520] Uma questão levantada preteritamente, e que até continha previsão normativa nas longínquas Ordenações Filipinas, está relacionada com o legado deixado pelo *de cujus* ao trabalhador doméstico, mais concretamente, saber se poderiam ser considerados pagamentos dos créditos laborais e como tal computados. Em primeiro lugar, importa lembrar que a proibição constante do artigo 2194º, do Código Civil, que regula a disposição testamentária a favor de médicos, enfermeiros e sacerdotes, não abrange, salvo melhor opinião, o trabalhador doméstico ainda que este seja contratado para prestar assistência ao testador doente e a disposição testamentária, a favor do trabalhador doméstico, seja lavrada durante esse período (Luiz da Cunha Gonçalves, *Tratado de Direito Civil...*, cit., p. 567). De resto, a norma imediatamente seguinte, o artigo 2195º, prevê um desvio àquela ilegitimidade quando estabelece que essa proibição "não abrange... os legados remuneratórios de serviços recebidos pelo doente" (alínea a)). O artigo 1386º, do Código Civil de 1867, dispunha que "não se entenderá que o legado é por conta ou em pagamento das soldadas senão quando isso fôr expresso no testamento". O contrário "deturparia a função do testamento, que é meio de fazer liberalidades e não pagar dívidas não-declaradas" (Luiz da Cunha Gonçalves, *Tratado de Direito Civil...*, cit., p. 567). Embora não se debruce sobre a questão, ver ac. de 03/11/2004 do TRL (Guilherme Pires), proc. nr. 6109/2004-4, onde o trabalhador doméstico era herdeiro testamentário do seu empregador.

[521] Ver ac. de 08/02/2006 do TRL (Paula Sá Fernandes), proc. nr. 6085/2005-4/BTE, II Série, 1-2-3/2007, pp. 281-284/CJ, 2006, I, pp. 151-152 (por lapso, indica-se a data de 15/02/2006), decidindo que o contrato de trabalho doméstico é incompatível com a norma do artigo 390º, nº 5, do CT03 (atual artigo 346º, nº 5, do CT09), embora admita a solu-

havendo quem vá mesmo mais longe, na doutrina, e refira que "um direito generalizado à indemnização por caducidade do contrato é totalmente incompatível com a especificidade do contrato de serviço doméstico"[522]. Não vemos por que razão a compensação pela caducidade seja incompatível com a natureza especial de trabalho[523]. Da nossa parte, não encontramos nesta compensação qualquer "cunho" empresarial que a torne inconcebível com o trabalho doméstico[524].

Aparentemente, na hipótese de impossibilidade reentram as situações em que o cumprimento da prestação se tornou impossível por falta de utilidade da prestação para o empregador. Por exemplo, a Relação de Lisboa reconheceu a caducidade do contrato devido ao internamento de uma senhora idosa, pelo seu estado senil, de quem a trabalhadora doméstica cuidava[525]. CARLOS ALEGRE dá também como o exemplo o caso do trabalhador que é contratado para cuidar de uma criança que, atingindo certa idade, vai para o colégio[526]. Repare-se que nem sempre será fácil distinguir estes casos da "alteração substancial das circunstâncias familiares que determinaram a celebração do contrato", que também é causa de caducidade do contrato de trabalho, mas que atribui ao trabalhador o direito a uma compensação. Segundo pensamos, o critério está justamente em avaliar em que a medida a prestação ainda é possível, considerando o interesse do credor,

ção *de iure condendo*. Antes, ac. de 30/05/2005 do TRE (CHAMBEL MOURISCO), proc. nr. 342/05-3/CJ, 2005, III, pp. 273-274 ("a manutenção e a criação de novos postos de trabalho depende muito da capacidade das famílias para suportarem os encargos com os respectivos trabalhadores do serviço doméstico... Nesta linha, o regime mais restritivo na atribuição do direito à compensação que consta no artigo 28º do DL nº 235/92, de 24/10, encontra a sua justificação na natureza especial do serviço doméstico") e ac. de 26/01/2000 do TRL (SIMÃO QUELHAS), proc. nr. 0069364 (sumário)/CJ, 2000, I, pp. 163-164/BTE, II Série, 1-2-3/2002, pp. 463-465.

522 MARIA DO ROSÁRIO PALMA RAMALHO, *Tratado de Direito do Trabalho*..., cit., p. 296, n. 353.

523 Com esta posição, MARIA IRENE GOMES, «Contrato de trabalho doméstico...», cit., pp. 238-239.

524 CLÁUDIA ROSA HENRIQUES, «Contrato de serviço doméstico...», cit., p. 109, afirma mesmo a inconstitucionalidade desta interpretação por violação do princípio constitucional da igualdade.

525 Ver ac. de 25/09/2013 do TRL (LEOPOLDO SOARES), proc. nr 3013/06.5TTLSB.L1-4. Criticamente, Criticando esta decisão, CLÁUDIA ROSA HENRIQUES, «Contrato de serviço doméstico...», cit., p. 106, n. 69, considera que esta situação deveria ser integrada na alínea d), ou seja, na alteração substancial das condições familiares.

526 CARLOS ALEGRE, *Contrato de serviço doméstico*... [1981], cit., p. 39.

motivos pelos quais temos dúvidas em suportar os exemplos acima referidos[527].

A Agenda do Trabalho Digno também eliminou a regra, constante do anterior nº 2, onde se esclarecia que "considera-se definitivo o impedimento cuja duração seja superior a seis meses ou, antes de expirado este prazo, quando haja a certeza ou se preveja com segurança que o impedimento terá duração superior". Esta norma era interessante porque apontava um critério para valorar a perda do interesse do empregador na prestação[528], recuperando um critério que era oferecido, ainda que sectorialmente, na pretérita lei laboral[529].

§ 12.4.3. Manifesta insuficiência económica do empregador

O RCSD estabelece que o contrato de trabalho pode cessar verificando-se manifesta insuficiência económica do empregador, superveniente à celebração do contrato[530]. No entendimento de Carlos Alegre, "substancialmente, a norma é aceitável, pois quem não tem dinheiro não pode ter empregados a quem possa pagar salários; formalmente todavia, nem sempre pode ser fácil determinar ou reconhecer a insuficiência económica, a menos que seja tão manifesta que roce a indigência. A insuficiência eco-

[527] No ac. de 24/10/2022 do TRP (Nelson Fernandes), proc. nr. 900/20.1T8AVR.P1, embora aplicando as regras do CT09, decidiu o tribunal que "sendo objeto do contrato de trabalho o acompanhamento de pessoa idosa e/ou doente, mas tendo sido o contrato de trabalho celebrado não com essa e sim por outrem, o óbito daquela, ainda que retire a razão de ser ao contrato, não tem como efeito imediato a caducidade do contrato, por depender essa de comunicação expressa do empregador ao trabalhador nesse sentido, sendo assim a data de tal comunicação que releva para efeitos da data da caducidade".

[528] No contexto desta norma legal, a nossa jurisprudência já decidira que se tratava de uma presunção ilidível pelo que o trabalhador poderia fazer prova de que a sua situação de impedimento por um período superior a 6 meses não gera uma situação de caducidade do contrato por impossibilidade definitiva: ac. de 26/05/1997 do TRP (Sousa Peixoto), CJ, 1997, III, pp. 253-254.

[529] Cfr. artigo 78º, nº 5, do Decreto-Lei nº 49408, de 24/11/1969, previa, a propósito do encerramento do estabelecimento, que "os contratos de trabalho caducam ao fim de seis meses, salvo se antes de decorrido este prazo a entidade patronal declarar o carácter definitivo do impedimento, caso em que se aplicará o regime da denúncia unilateral".

[530] De notar que esse fundamento também vem agora previsto no Direito espanhol: artigo 11º, nº 2, alínea a), na redação que lhe foi dada pelo Real Decreto-ley nº 16/2022, de 6 de setembro ("disminución de los ingresos de la unidad familiar o incremento de sus gastos por circunstancia sobrevenida").

nómica é uma expressão de sentido plúrimo: pode não ter-se dinheiro para pagar um empregado, porque ele é utilizado noutras despesas e estas, eventualmente, podem não ser de primeira necessidade. Além disso, cabe perguntar quem deve verificar a insuficiência económica do empregador: basta que este a alegue para que seja manifesta ou é necessário que o empregador verifique factos ou atitudes que traduzam, sem dúvida, essa insuficiência?"[531].

Para além destas observações pertinentes, que acompanhamos, não deixamos de notar que as situações de impossibilidade económica do empregador merecem, no âmbito do trabalho doméstico, uma solução completamente à margem das regras gerais. Desde logo, a solução deveria ser talvez tratada como um caso de resolução do contrato por causas objetivas e não como um caso de caducidade do contrato de trabalho[532]. Questões sistemáticas à parte, o legislador quis aqui reconhecer a possibilidade de invocação, pelo empregador doméstico, de uma "exceção de ruína", o que representa, de certa forma, um desvio às regras gerais sobre o risco económico do contrato. O que se justifica porque "a vida de um agregado familiar é dinâmica e, seguramente, imprevisível, podendo, naturalmente, a incapacidade económica ser apenas superveniente à contratação do trabalhador doméstico"[533].

Apesar de o legislador permitir que o empregador possa fazer caducar o contrato de trabalho por manifesta insuficiência económica, como, por exemplo, uma situação de desemprego[534] ou a perda de apoios do Estado, como prestações sociais[535], essa insuficiência deve ser, portanto, manifesta,

[531] Carlos Alegre, *Contrato de serviço doméstico...* [1994], cit., pp. 47-48. Em anotação ao regime anterior, o autor apontava (Id., *Contrato de serviço doméstico...* [1981], cit., p. 39): "manifesta, no sentido de ser ou dever ser facilmente cognoscível pelo próprio trabalhador". Acompanhando a posição do autor, frisando que a insuficiência deve ser alegada e demonstrada, embora, aparentemente, apenas de uma perspetiva de *iure condendo*, Cláudia Rosa Henriques, «Contrato de serviço doméstico...», cit., pp. 105-107.

[532] Com a mesma opinião, Maria do Rosário Palma Ramalho, *Tratado de Direito do Trabalho...*, cit., pp. 294-295.

[533] Maria Irene Gomes, «Cessação do contrato de trabalho doméstico – comentário...», cit., p. 30, n. 13.

[534] Maria Irene Gomes, «Cessação do contrato de trabalho doméstico – comentário...», cit., p. 31, n. 15.

[535] Para dar o exemplo de María Gema Quintero Lima, «Las modificaciones introducidas...», cit., p. 128.

não bastando, salvo melhor opinião, um acréscimo na onerosidade. Assim, e como já se decidiu na nossa jurisprudência, despesas avultadas, mas temporárias, não se subsumem à previsão desta norma[536]. Claro está que,

[536] A este propósito ver o caso narrado no ac. de 06/11/2017 do TRP (Nelson Fernandes), proc. nr. 22377/16.6T8PRT.P1/CJ, 2017, V, pp. 228-234. A trabalhadora alegou, em síntese, que tinha sido admitida ao serviço da Ré no ano de 1997 para prestar trabalho doméstico sob as ordens, direção e fiscalização da Ré, e na residência desta, competindo-lhe, no desempenho de tais funções, efetuar a limpeza da casa, proceder ao tratamento das roupas (lavar e passar a ferro) e preparar refeições. Acontece que, no dia 31/08/2016, a Ré comunicou-lhe que prescindia dos seus serviços, a partir desse dia. No essencial, o empregador invocou que os custos com a educação escolar das filhas iriam agravar-se de forma substancial a partir de setembro de 2016. Concretamente, a filha mais velha tinha sido admitida no Programa Erasmus, tendo ido estudar para a República Checa, o que implicaria elevadas despesas com estadia e deslocações. Acresce que a filha mais nova, no 12º ano, decidiu alterar o percurso académico que havia escolhido o que a obrigava a ter explicações para poder fazer exame final de acesso à faculdade, a uma disciplina que não havia frequentado. Assim, em face das despesas acrescidas com a educação das filhas, e constatando que não teria condições financeiras para continuar a manter a Autora ao seu serviço, fez cessar do contrato por caducidade por manifesta insuficiência económica do empregador, superveniente à celebração do contrato e por alteração substancial das circunstâncias de vida familiar do empregador que torne imediata e praticamente impossível a subsistência da relação de trabalho. Contudo, os argumentos não convenceram o Tribunal. Na opinião da Relação do Porto, "muito embora... o acréscimo com as despesas das filhas, não se provou qualquer circunstância definitiva (desemprego de longa duração, por exemplo) que tornasse impossível o cumprimento da contraprestação a cargo do empregador, e que é a retribuição. Pelo contrário, até se apurou que a ré no verão de 2016 fez obras de reparação de um telhado na sua habitação e esteve ausente vários dias, em férias com as suas filhas, o que evidencia uma realidade económica relativamente desafogada, que não se compagina com a insuficiência económica legitimadora da cessação do contrato, por caducidade". O Tribunal recusou também a caducidade com fundamento em alteração substancial das condições familiares. No entendimento da Relação do Porto, "a factualidade em causa permite desde logo "concluir que o agravamento das despesas com a educação das filhas da autora é transitório, prevendo-se que perdurará, nos moldes que se apuraram, apenas alguns meses", como ainda que, "sendo assim, e até no que respeita à filha mais velha, concluídos os meses de integração no Erasmus, é previsível que a mesma regresse a casa, cessando as despesas invocadas". Do mesmo modo, também se concordando com a afirmação de que "a necessidade de explicações da filha mais nova durará apenas alguns meses", daí resulta, como mais uma vez na sentença se afirma, a conclusão de que as dificuldades alegadas pela Ré serão "meramente temporárias". Discordando da posição deste acórdão, Maria Irene Gomes, «Cessação do contrato de trabalho doméstico – comentário...», cit., especialmente, pp. 30 ss.

acompanhando Maria Irene Gomes, não será necessário "a quase mendicidade" do agregado familiar, embora a afirmação da Autora de que "a regulamentação do trabalho doméstico não pode cercear de forma desrazoável legítimas opções do empregador quanto à gestão do seu orçamento para fazer face às necessidades e às do seu agregado familiar" deva ser encarada com cautela[537].

No contexto da Agenda do Trabalho Digno, acrescenta-se agora um pré-aviso de 7, 15 ou 30 dias, consoante o contrato de trabalho tenha durado até 6 meses, entre 6 meses e 2 anos, ou mais de 2 anos, respetivamente (nº 5). O nº 5 também acrescenta que "a cessação do contrato deve ser comunicada ao trabalhador... com a indicação dos motivos em que a mesma se fundamenta". Parece-nos que, nesta norma, mais do que se impor um dever de fundamentação, o legislador está a impor a forma escrita à comunicação.

§ 12.4.4. Alteração substancial das circunstâncias familiares

Outras das matérias alteradas pela Lei nº 13/2023, de 3 de abril, diz respeito à caducidade do contrato de trabalho por alteração substancial das circunstâncias familiares. A este respeito, o RCSD prevê, tal como já previa a versão originária, que o contrato caduca "ocorrendo alteração substancial das circunstâncias de vida familiar do empregador que torne imediata e praticamente impossível a subsistência da relação de trabalho", mas agora acrescenta-se "designadamente quanto tenha cessado a necessidade de assistência para a qual o trabalhador foi contratado".

Pode dizer-se que, de certa forma, este fundamento é um sucedâneo, no plano doméstico, das razões objetivas, mormente de natureza organizativa, que, no regime laboral comum, permitem ao empregador resolver o contrato de trabalho com recurso ao despedimento coletivo ou por extinção do posto de trabalho. No entanto, o legislador decidiu enquadrar estes casos, no RCSD, na caducidade do contrato de trabalho quando, no rigor dos princípios, estaremos perante um caso que ficaria enquadrado com mais propriedade como uma situação de resolução por causas objetivas[538]. Suspeitamos que o legislador quis porventura escapar à controvérsia constitu-

[537] Maria Irene Gomes, «Cessação do contrato de trabalho doméstico – comentário...», cit., p. 30.

[538] Maria do Rosário Palma Ramalho, *Tratado de Direito do Trabalho...*, cit., pp. 294-295.

cional que, à época, girava em torno do alargamento do conceito de justa causa por forma a abranger motivos objetivos.

Seja qual for o enquadramento dogmático da figura, o legislador quis prevenir aquelas situações em que, desde logo, deixam se verificar as circunstâncias pessoais ou familiares que determinaram a contratação do trabalhador. E, de facto, várias circunstâncias da vida pessoal do agregado familiar podem ditar que a prestação do trabalhador se venha a revelar inútil.

Havendo quem enquadre alguns destes casos nas hipóteses de impossibilidade, como vimos[539], podem ver-se aqui os casos do trabalhador doméstico contratado para a "lida doméstica" de um casal que se divorcia ou se separa de pessoas e bens[540], para cuidar de criança que atinge a idade escolar ou de idoso que vem a ser internado[541] ou do empregador que vem a gozar de uma licença laboral de longa duração[542].

Como já tínhamos adiantado, nem sempre será fácil distinguir estas situações dos casos de impossibilidade superveniente de o empregador receber o trabalho. Repare-se que a questão não tem interesse meramente teórico porque, pese embora ambos os casos sejam configurados como situações de caducidade, a caducidade por alteração substancial das circunstâncias familiares dá lugar ao pagamento de uma compensação. Pensamos que a destrinça estará precisamente na possibilidade de continuar a prestação[543].

Para estes casos, prevê a lei que "o trabalhador terá direito a uma compensação de valor correspondente à retribuição de um mês por cada três anos de serviço, até ao limite de cinco, independentemente da retribuição por inteiro do mês em que se verificar a caducidade do contrato". A letra da lei sugere que a compensação do trabalhador não é calculada proporcionalmente. Ou seja, caso o trabalhador doméstico tenha, por hipótese, cinco anos de antiguidade, terá direito a receber apenas um mês de retribuição.

539 § 12.4.2. Caducidade por impossibilidade.

540 Exemplo dado por Carlos Alegre, *Contrato de serviço doméstico...* [1981], cit., p. 39.

541 Recorrendo ao exemplo sugerido por Maria do Rosário Palma Ramalho, *Tratado de Direito do Trabalho...*, cit., p. 295.

542 Dando um exemplo próximo, María Gema Quintero Lima, «Las modificaciones introducidas...», cit., p. 128.

543 Maria Irene Gomes, «Cessação do contrato de trabalho doméstico – comentário...», cit., p. 31, entende que a alteração pode ser temporária.

Ao contrário do que acontece no regime laboral comum, não há lugar a uma prorratização do tempo de trabalho proporcional.

No contexto da Agenda do Trabalho Digno, acrescenta-se agora um pré-aviso de 7, 15 ou 30 dias, consoante o contrato de trabalho tenha durado até 6 meses, entre 6 meses e 2 anos, ou mais de 2 anos, respetivamente (nº 5).

O nº 5 também acrescenta que "a cessação do contrato deve ser comunicada ao trabalhador... com a indicação dos motivos em que a mesma se fundamenta". Como já adiantámos, parece-nos que, nesta norma, mais do que se impor um dever de fundamentação, o legislador impõe forma escrita à comunicação.

§ 12.5. Cessação do contrato promovida pelo trabalhador doméstico

§ 12.5.1. Denúncia

Como manifestação fundamental da liberdade de trabalho, e embora utilizando uma linguagem datada, que a Agenda do Trabalho Digno poderia ter revisto, o RCSD prevê que o contrato de trabalho pode cessar mediante denúncia. Aliás, pode mesmo dizer-se que a relação de serviço doméstico foi uma grande impulsionadora do princípio fundamental da proibição dos pactos perpétuos.

Essa faculdade prevista, desde logo, na enumeração das formas de cessação do contrato[544], é reiterada no artigo 33º, embora numa redação criticável ou, pelo menos, pouco rigorosa. Desde logo, pela utilização da expressão "rescisão", designação que, tendo caído também em desuso, a dogmática moderna do Direito do Trabalho reserva para a desvinculação motivada. E, em segundo lugar, quando se diz que "o trabalhador tem o direito a rescindir o contrato, devendo propô-lo por escrito...". Na verdade, a denúncia do contrato não é uma proposta contratual sujeita a aceitação por parte do empregador, mas sim um negócio jurídico unilateral integrado por uma declaração negocial recetícia que dissolve o vínculo contratual no momento em que se torna eficaz ou, seja, no momento em que chega ao poder ou conhecimento do seu destinatário. Não há, por isso, necessidade de qualquer aceitação por parte do destinatário, no caso, o empregador.

[544] Cfr. artigo 27º, alínea d): "o contrato de serviço doméstico pode cessar... por rescisão unilateral do trabalhador, com pré-aviso".

Quanto ao exercício do direito de denúncia, o nº 1 da norma prevê um prazo de pré-aviso que, segundo nos parece, pode ser superior àquele a que está obrigado o trabalhador comum. Com efeito, o trabalhador doméstico que pretenda denunciar o contrato deve fazê-lo com "com aviso prévio de duas semanas por cada ano de serviço ou fracção, não sendo, porém, obrigatório aviso prévio superior a seis semanas". Segundo pensamos, a fração é calculada como se equivalesse a um ano completo. Assim, um trabalhador que preste o seu serviço há um ano e um mês para um empregador deve dar um pré-aviso de quatro semanas, um prazo mais dilatado por comparação com um trabalhador comum colocado na mesma posição. Em todo o caso, esse período de pré-aviso jamais pode ser superior a seis semanas. O prazo mais alargado justifica-se talvez pela especial "infungibilidade" do trabalhador doméstico por comparação com um trabalhador "anónimo" de empresa, porventura substituível com outra facilidade.

A violação do pré-aviso está sujeita à lógica que domina o regime laboral comum: "se o trabalhador não cumprir, total ou parcialmente, o prazo do aviso prévio, pagará ao empregador, a título de indemnização, o valor da retribuição correspondente ao período do aviso prévio em falta" (nº 2)[545]. No entanto, é interessante constatar que o RCSD não reproduz integralmente a regra paralela do artigo 401º, do CT09, onde, para além da retribuição correspondente ao pré-aviso em falta, também se faz responsabilizar o trabalhador "por danos causados pela inobservância do prazo de aviso prévio". Repare-se que essa omissão parece ter sido intencional porque o regime da cessação do contrato de trabalho, em vigor à data, já previa uma norma com semelhante teor[546]. Da nossa parte, não vemos por

[545] Ver ac. de 04/10/2000 do TRL (Gomes da Silva), proc. nr. 0026444 (sumário), em que se responsabilizou uma trabalhadora doméstica que "de sopetão [sic], sem qualquer antecedência, tenha dado formal conhecimento à entidade patronal da rescisão do contrato de trabalho, sem ter obtido dispensa desse pré-aviso".

[546] Cfr. artigo 39º do Decreto-Lei nº 64-A/89, de 27 de fevereiro, que aprovava o regime jurídico da cessação do contrato individual de trabalho, incluindo as condições de celebração e caducidade do contrato de trabalho a termo: "se o trabalhador não cumprir, total ou parcialmente, o prazo de aviso prévio estabelecido no artigo anterior, fica obrigado a pagar à entidade empregadora uma indemnização de valor igual à remuneração de base correspondente ao período de aviso prévio em falta, sem prejuízo da responsabilidade civil pelos danos eventualmente causados em virtude da inobservância do prazo de aviso prévio ou emergentes da violação de obrigações assumidas nos termos do nº 3 do artigo 36º do

que razão o trabalhador doméstico pode ser ilibado da responsabilidade, até porque, no caso do serviço doméstico, a denúncia do contrato de trabalho pode ser particularmente lesiva para o agregado familiar. Aliás, não deixa ainda de ser interessante constatar que o legislador decidiu revogar o regime do abandono de trabalho previsto no RSCD[547], pelo que, relativamente às consequências indemnizatórias, passam a valer as regras gerais – remetendo-se, aí, para o artigo 401º, do CT09, que pode responsabilizar o trabalhador "por danos causados pela inobservância do prazo de aviso prévio" –, ao passo que, para a denúncia propriamente dita, o RCSD parece querer limitar a responsabilidade do trabalhador...

A respeito da dedução dos valores, o nº 3 acrescenta uma originalidade: "a obrigação a que se refere o número anterior poderá ser satisfeita por compensação com créditos de retribuição". Como se sabe, o Direito do Trabalho tem uma assumida cautela com a compensação de créditos na relação laboral, limitando os casos em que essa compensação é possível[548]. No entanto, segundo o entendimento que se tem por estabilizado, a proibição vale apenas durante a vigência do contrato o que equivale a dizer que, cessando o contrato de trabalho, é possível a compensação de créditos[549].

Em termos práticos, uma vez que o prazo de pré-aviso é calculado por referência a semanas ("... duas semanas por cada ano de serviço ou fracção..."), pensamos que o valor a deduzir é apurado através do cálculo do valor diário de remuneração (nos termos do artigo 11º do RCSD) a multiplicar pelo número de dias correspondentes às semanas de pré-aviso em falta. Assim, se um trabalhador está obrigado a conceder um pré-aviso de 6 semanas e denuncia o seu contrato com efeitos imediatos, o valor que o empregador pode deduzir aos créditos finais corresponde ao valor diário (apurado de acordo com aquela norma legal: em regra, a remuneração a dividir por 30 dias) a multiplicar pelo número total de dias (6 semanas a multiplicar por 7 dias, ou seja, 42 dias de remuneração).

Regime Jurídico do Contrato Individual de Trabalho, aprovado pelo Decreto-Lei nº 49408, de 24 de Novembro de 1969".

547 § 12.5.3. Abandono do trabalho.

548 Sobre isto, em geral, João Leal Amado, *A protecção do salário*, Coimbra, 1993.

549 Assim, na doutrina, Pedro Romano Martinez, *Direito do Trabalho...*, cit., p. 580 e João Leal Amado, *Contrato de trabalho...*, cit., p. 320.

§ 12.5.2. Resolução do contrato com justa causa

Para além da denúncia, o trabalhador doméstico pode resolver o contrato de trabalho com justa causa. À semelhança do que acontece com a resolução com justa causa promovida pelo empregador, o RCSD prevê fundamentos de resolução específicos, mas, como seria de esperar, há também um conjunto de hipóteses coincidente com o regime laboral comum[550]. Assim, também em contexto doméstico, o trabalhador pode resolver o contrato por "necessidade de cumprir obrigações legais incompatíveis com a continuação ao serviço"[551], por "falta culposa de pagamento pontual da retribuição, na forma devida"[552], pela "lesão culposa de interesses patrimoniais do trabalhador ou ofensa à sua honra ou dignidade", por "falta culposa quanto às condições proporcionadas ao trabalhador, nomeadamente alimentação, segurança e salubridade, em termos de acarretar prejuízo sério para a sua saúde" ou por causa da "aplicação de sanção abusiva".

Em relação aos fundamentos específicos, a Lei nº 13/2023, de 3 de abril, introduziu apenas uma alteração à alínea i), onde agora se lê que é justa causa de resolução do contrato de trabalho a "violação culposa das garantias legais ou constantes do contrato de trabalho, designadamente a prática de assédio pelo empregador, outros membros do agregado familiar ou por outros trabalhadores". Anteriormente, a lei referia-se à "violação culposa das garantias do trabalhador previstas no presente diploma ou no contrato de trabalho". Segundo pensamos, o trabalhador doméstico já poderia resolver o seu contrato de trabalho com os fundamentos que o legislador quis expressamente incluir a título exemplificativo ("prática de assédio pelo empregador, outros membros do agregado familiar ou por outros trabalhadores"), mas, na senda de uma sensibilização jurídica quanto às matérias do assédio e direitos de personalidade, que se pode dizer transversal

[550] Também aqui o legislador se afastou da técnica do Decreto-lei nº 508/80, de 21 de outubro, que remetia para os fundamentos previstos no regime laboral comum, acrescentando fundamentos específicos, considerando a realidade doméstica.

[551] Por essa razão, também se coloca no âmbito do trabalho doméstico o problema detectado pela doutrina. É que a "impossibilidade de cumprir pelo cumprimento de obrigações legais" é, simultaneamente, um motivo de justificação de faltas previsto expressamente na lei e de suspensão do contrato de trabalho. Aparentemente, também o trabalhador doméstico tem a possibilidade de resolver o contrato ou, em alternativa, valer-se do regime das faltas justificadas ou, se o impedimento tiver uma duração prevista de mais de um mês, do regime da suspensão do contrato de trabalho.

[552] Ac. de 05/07/2018 do TRL (Duro Cardoso), proc. nr. 2578/16.8T8CSC.L1-4.

às várias relações especiais de trabalho[553], o legislador quis expressamente referir essa possibilidade[554].

Em relação às situações que se mantêm nos mesmos termos, a alínea f) continua a prever que o trabalhador pode resolver o contrato em caso de "mudança de residência permanente do empregador para outra localidade". Esta norma transita do regime anterior[555], remontando já ao Código de Seabra[556], e merece várias observações.

[553] Basta tomar como exemplo a necessidade do legislador em prever expressamente na Lei nº 54/2017, de 14 de julho, que aprova o regime do contrato de trabalho do praticante desportivo, que "a entidade empregadora deve respeitar os direitos de personalidade do praticante desportivo, sem prejuízo das limitações justificadas pela especificidade da atividade desportiva" (artigo 12º, nº 1) e que "é proibido o assédio no âmbito da relação laboral desportiva, nos termos previstos na lei geral do trabalho" (nº 2), o mesmo se passando no Estatuto dos Profissionais da Área da Cultura, aprovado pelo Decreto-Lei nº 105/2021, de 29 de novembro, onde se estabelece que "é proibida qualquer prática de assédio no acesso ou execução do trabalho, nomeadamente o assédio sexual, não podendo o empregador condicionar o acesso ou a participação em espetáculo ou evento cultural ou o desempenho de determinada atividade de interpretação artística à prática de comportamentos indesejados de caráter sexual" (artigo 16º, nº 4).

[554] Sobre os direitos de personalidade, ver, em geral, José João Abrantes, «Contrato de trabalho e direitos fundamentais» in: António Moreira [Coord.], *II Congresso nacional de direito do trabalho – memórias*, Almedina, Coimbra, 1999, pp. 105-114, Id., «O novo Código do Trabalho e os direitos de personalidade do trabalhador» in: *Estudos sobre o Código do Trabalho*, Coimbra Editora, Coimbra, 2004, pp. 145-167 (= *A reforma do Código do Trabalho*, Coimbra Editora, Coimbra, 2004, pp. 139-160), Id., «Princípio da proporcionalidade e tutela da personalidade do trabalhador» in: *Estudos dedicados ao Professor Doutor Bernardo da Gama Lobo Xavier*, Universidade Católica Editora, Vol. II, Lisboa, 2015, pp. 319-332, Id., «Labour contract and fundamental rights» in: *Estudos sobre o Código do Trabalho*, Coimbra Editora, Coimbra, 2004, pp. 169-187 e Maria Regina Redinha, «Os direitos de personalidade no Código do Trabalho: actualidade e oportunidade da sua inclusão» in: *A reforma do Código do Trabalho*, Almedina, Coimbra, 2004, pp. 161-171, Id., «Da protecção da personalidade no Código do Trabalho» in: João Reis/João Leal Amado/Francisco Liberal Fernandes/Maria Regina Redinha [Org.], *Para Jorge Leite – Escritos Jurídico-Laborais*, Vol. I, Coimbra Editora, Coimbra, 2014, pp. 819-853.

[555] Como já antes o artigo 20º, alínea a), do Decreto-Lei nº 508/80, de 21 de outubro.

[556] No Código de Seabra, artigo 1377º, nº 5: "diz-se justa causa a que provém... de mudança de residência do amo para logar que não convenha ao serviçal". Em anotação à norma, José Dias Ferreira, *Codigo Civil Portuguez Annotado*, Vol. III, Lisboa, 1872, pp. 394-395, dava o exemplo do amo que vivia em Lisboa e queria que o seu serviçal o acompanhasse para Trás-os-Montes ou para o Algarve.

Em primeiro lugar, pode dizer-se que esta norma tem ínsita uma garantia de inamovibilidade do trabalhador: o trabalhador tem o dever de prestar o seu trabalho no local acordado – no caso, o lar familiar –, mas também o direito e a garantia de apenas prestar nesse local. Salvo melhor opinião, pensamos que as garantias previstas no regime geral são aplicáveis aos trabalhadores domésticos. Nada impede, porém, que as partes acordem num novo local de trabalho. Pense-se nos casos típicos em que o agregado familiar muda de habitação e o trabalhador pretende acompanhá-lo e continuar a prestar o seu trabalho[557]. Por outro lado, também pensamos que a aplicação do regime geral implica a obrigação, a cargo do empregador, de custear as despesas, não só em transporte, mas por uma eventual mudança de residência do próprio trabalhador[558].

Esta hipótese é uma espécie de equivalente funcional da norma do regime laboral comum que permite a resolução do contrato de trabalho, pelo trabalhador, em caso de transferência definitiva do local de trabalho. Com efeito, lê-se no artigo 194º, nº 5, CT09, que "no caso de transferência definitiva, o trabalhador pode resolver o contrato se tiver prejuízo sério, tendo direito à compensação prevista no artigo 366º". No entanto, do confronto das duas normas é possível constatar diferenças relevantes. Desde logo, a solução do RCSD não exige, aparentemente, a verificação de um "prejuízo sério". Repare-se que não estamos perante um daqueles casos em que o RCSD reproduz uma solução que constava do regime legal comum em vigor à data, pois as normas gerais exigiam já um prejuízo sério para efeitos de resolução do contrato[559]. No entanto, pensamos que não há razões para não exigir uma "uniformização" desta matéria. Em relação às consequências no plano indemnizatório, ver *infra*.

[557] O artigo 10º, nº 2, do Real Decreto nº 1620/2011, de 14 de novembro, presume mesmo a aceitação do trabalhador, e a continuação da relação laboral, quando o trabalhador se mantém ao serviço, no novo domicílio, por sete dias.

[558] Estaria em causa a aplicação do artigo 194º, nº 4, do CT09: em caso de transferência para outro local de trabalho "o empregador deve custear as despesas do trabalhador decorrentes do acréscimo dos custos de deslocação e da mudança de residência". Sobre a questão, com uma interpretação mais generosa do normativo geral, durante a vigência do CT03, Júlio Gomes, *Direito do Trabalho...*, cit., pp. 646-647.

[559] Cfr. artigo 24º, nº 2, do Decreto-Lei nº 49408, de 24 de novembro.

O trabalhador pode ainda resolver o contrato de trabalho com fundamento em "quebra de sigilo sobre assuntos de carácter pessoal do trabalhador" (alínea g)). Esta norma, que já estava presente no regime legal anterior[560], representa um fundamento simétrico do fundamento resolutivo que também assiste ao empregador doméstico, como vimos. De facto, se o trabalho doméstico gera uma certa comunhão de intimidade que permite ao trabalhador conhecer aspetos da esfera privada e até íntima dos membros do agregado familiar, é preciso considerar, em sentido inverso, que também o agregado familiar estará em condições de conhecer os mesmíssimos aspetos em relação ao trabalhador, sobretudo nos caso de trabalho em regime de alojamento, motivo pelo qual também essa privacidade ou intimidade também deve ser tutelada pelo Direito, mormente no plano da resolução do contrato.

Pelos mesmos motivos, também a "manifesta falta de urbanidade no trato habitual com o trabalhador por parte do empregador ou dos membros do agregado familiar" (alínea h)) é fundamento de resolução do contrato.

Resolvido o contrato de trabalho com justa causa, o RCSD não deixa de conter algumas previsões quanto aos seus efeitos. Desde logo, o artigo 32º, nº 2, objeto de alteração pela Lei nº 13/2023, de 3 de abril, estabelece agora que "a cessação do contrato nos termos das alíneas b) a e) e g) a i) confere ao trabalhador o direito a indemnização de valor correspondente a um mês de retribuição por cada ano completo de serviço ou fracção"[561]. O grupo de casos foi alargado, pois, à luz do regime anterior, apenas estavam abrangidas as alíneas b) a e). De fora, permanecem as alíneas a) ("necessidade de cumprir obrigações legais incompatíveis com a continuação ao serviço") e f) ("Mudança de residência permanente do empregador para outra localidade").

Segundo pensamos, a alteração legislativa está relacionada com uma crítica que então dirigíamos à distinção. Como então escrevíamos "não era perfeitamente claro o que estava nas cogitações da *mens legis* porque

[560] Cfr. artigo 20º, alínea b), do Decreto-Lei nº 508/80, de 21 de outubro.

[561] Na secção de "correspondência" do *Prontuário de Direito do Trabalho – Compilação de textos incluídos nas actualizações 31 a 40*, p. 82, à pergunta se "tem o trabalhador [doméstico] direito a indemnização, quando rescinde o contrato com justa causa?" respondeu o consulente pela afirmativa, citando aliás o artigo 801º, nº 1, do Código Civil.

a norma não era coerente ao discriminar, sem razão aparente, situações que mereciam, bem ou mal, o mesmo regime[562]. De facto, para os casos listados nas alíneas b) a e) o legislador previa uma indemnização calculada nos termos do nº 2. Para os restantes casos, parece poder deduzir-se que o método de cálculo deveria ser outro, possivelmente o que decorre do regime laboral comum[563]. A distinção não se compreende porque, aos nossos olhos, existe uma certa identidade substancial entre algumas das hipóteses inventariadas: exemplificando, se o trabalhador resolver o contrato com fundamento em "ofensa à sua honra e dignidade" (alínea c)) a indemnização é aquela que decorre do nº 2 da norma. Mas se o trabalhador doméstico invocar uma "manifesta falta de urbanidade no trato habitual" (alínea h)) ou a "violação culposa das garantias previstas no diploma ou no contrato de trabalho" (alínea i)), fica no ar a dúvida quanto ao regime aplicável quando até nos parece que todas estas circunstâncias cabem numa tipologia comum"[564].

Acontece que, como se vê, a lei continua a deixar de fora as hipóteses das alíneas a) ("necessidade de cumprir obrigações legais incompatíveis com a continuação ao serviço") e f) ("mudança de residência permanente do empregador para outra localidade"). Em relação ao primeiro caso, pensamos que é de considerar que o trabalhador doméstico que resolve o seu contrato de trabalho com esse fundamento não tem direito a qualquer indemnização, da mesma forma que o trabalhador comum que resolve o seu contrato de trabalho com esse fundamento – cfr. artigo 394º, nº 3, alínea a), do CT09 – também não tem.

Dúvidas já merecem os casos em que o trabalhador doméstico resolve o seu contrato de trabalho com fundamento numa mudança de residência permanente do empregador para outra localidade. A questão faz tanto

[562] Criticamente, Cláudia Rosa Henriques, «Contrato de serviço doméstico...», cit., pp. 117 ss. Nas palavras enfáticas da autora, "estas soluções são absurdas, discriminatórias e potenciadoras do agravamento do nível de desigualdade entre as partes que já é característica do contrato de trabalho, pois se atentarmos nas alíneas *j*) e *l*) do artigo 30º verificamos que as mesmas condutas quando praticadas pelo trabalhador contra o empregador configuram justa causa de despedimento. Parece que só o empregador tem dignidade humana".

[563] Criticamente, Maria do Rosário Palma Ramalho, *Tratado de Direito do Trabalho...*, cit., p. 302, n. 363.

[564] Victor Hugo Ventura, *O regime do contrato de serviço doméstico...*, cit., p. 194.

mais sentido se pensarmos que, no regime laboral comum, verificando-se prejuízo sério, uma mudança no local de trabalho confere ao trabalhador o direito a resolver o contrato com direito a compensação, calculada nos termos do artigo 366º do CT09. À primeira vista, o legislador quis excluir qualquer tutela indemnizatória no caso do trabalhador doméstico, mas esse entendimento poderia levantar dúvidas quanto à sua constitucionalidade, por discriminar situações que são materialmente idênticas. Porventura a solução mais adequada passa por aplicar, subsidiariamente, o regime laboral comum, na linha do novo artigo 37-ºA, aditado pela Lei nº 13/2023, de 3 de abril.

Seja, como for, a lei continua a sujeitar hipóteses muito diversificadas a um sistema indemnizatório rígido e abstrato, mormente reunindo situações onde ocorre um juízo de censura sobre o comportamento do empregador e onde, portanto, o legislador limita a responsabilidade a um teto indemnizatório. De certa forma, o problema aqui em causa é o mesmo que gerou controvérsia durante a vigência do CT03[565]: será legítimo que um sistema indemnizatório fique balizado de forma abstrata e em função da remuneração do trabalhador? De facto, a norma discrimina trabalhadores que, lesados na mesma medida, têm direito a uma indemnização distinta bastando para isso que o salário seja diferente. Nas palavras de Júlio Gomes, "a dignidade das pessoas – por incrível que pareça – não se mede pelo seu salário, devendo entender-se, quanto a nós, que a compensação pelos danos morais sofridos nunca deveria estar balizada pela retribuição auferida pelo contrato de trabalho"[566]. Também pensamos que, mormente quanto estão em causa direitos de personalidade, deveria haver lugar a uma tutela indemnizatória plena, paradigma que, segundo a nossa jurisprudência, também se deveria aplicar ao contrato de trabalho doméstico[567]. Reforçando o ponto, o ressarcimento dos danos patrimoniais e não patrimoniais não deveria ficar balizado pelo método de cálculo fixo e abs-

[565] Cfr. artigo 443º, nº 1, previa que "a resolução do contrato com fundamento nos factos previstos no nº 2 do artigo 441º [que o regime do trabalho doméstico reproduz praticamente *ipsis verbis*] confere ao trabalhador o direito a uma indemnização por todos os danos patrimoniais e não patrimoniais sofridos, devendo esta corresponder a uma indemnização a fixar entre 15 e 45 dias de retribuição base e diuturnidades por cada ano completo de antiguidade".

[566] Júlio Gomes, *Direito do Trabalho*..., cit., p. 1061.

[567] Ac. de 25/09/2019 do TRL (Duro Cardoso), proc. nr. 2910/18.0T8PDL.L1-4.

trato previsto na norma. Sobretudo nos casos de dolo ou quando estão causa direitos fundamentais do trabalhador, caso em que é incompatível, até com o Direito Comunitário, sistemas de indemnização fixos e abstratos[568]. Faria pelo menos sentido o alargamento da hipótese legal do artigo 31º, nº 2, aos casos em que o motivo que desencadeia a resolução do contrato tenha sido provocado com dolo do empregador. Nesses casos, "quando se prove o dolo do empregador, o valor da indemnização será agravado até ao dobro".

Relativamente à indemnização, repare-se que o legislador confere ao trabalhador uma indemnização de um mês por cada ano completo de serviço ou fração. Fica a dúvida de saber se, neste caso, a fração é contabilizada como um ano completo ou se uma fração é contabilizada proporcionalmente, nos mesmos termos em que o é a resolução com justa causa no regime laboral comum (cfr. artigo 396º, nº 2, do CT09).

Em relação à forma da comunicação, o trabalhador doméstico deve fazê-lo por escrito, uma vez que, como dissemos *supra*, o artigo 29º parece ser uma norma comum à resolução promovida por empregador e trabalhador doméstico. Como tal, é de lembrar que "no momento da rescisão do contrato devem ser referidos pela parte que o rescinde, expressa e inequivocamente, por escrito, os factos e circunstâncias que a fundamentem" (artigo 29º, nº 3)[569].

§ 12.5.3. Abandono do trabalho

A Lei nº 13/2023, de 3 de abril, revogou a norma respeitante ao abandono de trabalho[570], decisão que se compreende, pois a norma introduzia desvios ao regime laboral comum que não se justificavam. O legislador retomava, no essencial, a definição de abandono do regime laboral comum, ao

[568] Assim, no contexto do trabalho doméstico, Javier Fernández-Costales Muñiz, «Relación laboral de carácter especial...», cit., pp. 309 ss.

[569] Lembramos que o Decreto-lei nº 235/92, de 24 de outubro, acrescentou a referência à forma escrita, que não constava do artigo 16º, nº 3, do Decreto-Lei nº 508/80, de 21 de outubro. Na jurisprudência, ver ac. de 23/02/2022 do TRL (Duro Cardoso), proc. nr. 2182/19.9T8BRR.L1-4 ("na comunicação escrita em que se anuncie a intenção de rescindir o contrato deve o trabalhador indicar sucinta e claramente, os factos que o levam a tomar essa atitude, tendo em especial atenção que só os factos indicados na comunicação é que são atendíveis para a justificar judicialmente").

[570] § 10. Suspensão do contrato de trabalho.

prever que se considerava abandono do trabalho "a ausência do trabalhador ao serviço acompanhada de factos que, com toda a probabilidade, revelem a intenção de o não retomar". Acrescentava: "presume-se abandono do trabalho a ausência do trabalhador ao serviço num período de 10 dias sem que a entidade empregadora tenha recebido comunicação do motivo da ausência".

Embora a semelhança com o regime laboral comum fosse evidente[571], ressaltava uma diferença: a norma falava em 10 dias ao passo que a norma do CT09 fala em 10 dias úteis. Parece que o legislador teria querido intencionalmente desviar-se do regime laboral comum que, à data da entrada em vigor, previa inclusivamente um lapso de tempo mais alargado: 15 dias úteis[572]. Carlos Alegre defendia que a norma do RCSD deveria ser entendida como 10 dias úteis, tal como a regra geral[573]. Um pouco como acontece noutros lugares, onde o legislador utiliza conceitos numéricos (por exemplo, em matéria de tempo de trabalho), a questão era delicada porque essa interpretação não tinha correspondência com a letra da lei e não era consentânea com outros lugares paralelos onde o legislador não refere dias úteis, mas sim dias consecutivos[574]. Andou bem o legislador em revogar, pois, a norma.

[571] Sobre a figura do abandono de trabalho, ver, em geral, Bernardo da Gama Lobo Xavier, «Notas sobre o abandono do lugar nas relações de trabalho privadas», *Revista de Direito e de Estudos Sociais*, 1978, I-II, pp.149-154 e João Leal Amado, «Abandono do trabalho: um instituto jurídico em remodelação» in: Catarina de Oliveira Carvalho/Júlio Vieira Gomes [Coord.], *Direito do Trabalho + Crise = Crise do Direito do Trabalho? – Actas do Congresso de Direito do Trabalho*, Coimbra Editora, Coimbra, 2011, pp. 13-27.

[572] O Decreto-Lei nº 64-A/89, de 27 de fevereiro, em vigor à data, falava de 15 dias úteis (artigo 40º, nº 2).

[573] Carlos Alegre, *Contrato de serviço doméstico...* [1994], cit., p. 54.

[574] Com efeito, com exceção do regime das férias, que se refere, como é comum, a dias úteis ("o trabalhador de serviço doméstico tem direito, em cada ano civil, a um período de férias remuneradas de 22 dias úteis"), esclarecendo-se inclusivamente que "para efeitos de férias, a contagem dos dias úteis compreende os dias da semana de segunda a sexta-feira, com a exclusão dos feriados, não sendo como tal considerados o sábado e o domingo" (artigo 16º, nº 5), o legislador segue o mesmo critério noutros locais da lei porque também nos arts. 25º, nº 3, e 28º, nº 4, se fala apenas, em singelo, em "dez dias" e "três dias", respetivamente.

Consequentemente, é aplicável ao trabalho doméstico o instituto do abandono de trabalho, tal como disciplinado no CT09[575]. Assim, de forma semelhante ao que se sucedia com a norma revogada, e fazendo aplicar a regra do artigo 403º, do CT09, considera-se abandono do trabalho a ausência do trabalhador do serviço acompanhada de factos que, com toda a probabilidade, revelam a intenção de não o retomar. Para esse efeito, presume-se o abandono do trabalho em caso de ausência de trabalhador do serviço durante, pelo menos, 10 dias úteis seguidos, sem que o empregador seja informado do motivo da ausência[576].

§ 12.6. Créditos laborais

O RCSD é omisso em relação à disciplina dos créditos laborais, abrindo a porta à aplicação do regime laboral comum, cujas regras nos parecem perfeitamente aplicáveis a esta relação especial de trabalho. Assim, também o trabalhador doméstico está investido na prerrogativa de exigir quaisquer

[575] Embora o Tribunal não tenha invocado expressamente a figura do abandono de trabalho, ver o ac. de 23/06/1999 do TRL (Gomes da Silva), proc. nr. 0023354 (sumário), que "constitui rescisão unilateral da trabalhadora doméstica interna o facto de, sem nada dizer ou justificar, de improviso, emalar os seus bens e sair de vez de casa dos empregadores; o facto de haver-se declarado muito cansada, com precisão de férias [sic], e de, quando abordada pelo empregador, pelo menos quatro dias depois, ter invocado encontrar-se em gozo de férias, sem acordo deles, não justifica a sua conduta; não tendo sido prestado o prévio aviso, a ausência de justa causa para a rescisão fá-la constituir na obrigação de indemnizar os empregadores; sendo eles muito iodoso e doentes e tendo ficado abandonados à sua sorte, sem ajuda de ninguém, durante mais de dois dias, até arranjarem nova empregada, são credores de indemnização por dano não patrimonial atendível". Ver ainda ac. de 28/11/2011 do TRP (Fernandes Isodoro), proc. nr. 43/08.6TTLMG.P1. Criticando esta decisão, Cláudia Rosa Henriques, «Contrato de serviço doméstico...», cit., p. 103, n. 60.

[576] Sobre esta figura, ver João Leal Amado, «Abandono do trabalho: um instituto jurídico em remodelação» in: Catarina de Oliveira Carvalho/Júlio Vieira Gomes [Coord.], *Direito do Trabalho + Crise = Crise do Direito do Trabalho? – Actas do Congresso de Direito do Trabalho*, Coimbra Editora, Coimbra, 2011, pp. 13-27 (= *Revista de Legislação e de Jurisprudência*, 3961 (2010), pp. 235-241).

créditos nos termos gerais do artigo 337º do CT09[577], ou seja, um ano após a cessação do contrato de trabalho[578].

Forçando a nota, é curioso constatar que o Código Civil atualmente em vigor dispõe que "a prescrição não começa nem corre... entre quem presta o trabalho doméstico e o respectivo patrão, enquanto o contrato durar" (alínea e) do artigo 318º). Trata-se manifestamente de um resquício da época em que a relação de serviço doméstico era regulada pelas normas civilísticas, o que aconteceu, como vimos, durante a vigência do Código de Seabra[579]. Seja como for, a verdade é que, na prática, a solução é a mesma que decorre do regime laboral comum, pois também o CT09 dispõe que o prazo de prescrição apenas se inicia com a cessação do contrato de trabalho. Se a propósito daquela norma do Código Civil se escreve na nossa doutrina que "a fundamentação para esta causa de suspensão será a relação de especial intimidade e de forte componente pessoal entre o empregador e o trabalhador doméstico"[580], a verdade é que, a nosso ver, a razão de ser daquela disposição civil estará mais próxima do fundamento que, tipicamente, está subjacente à regra do regime laboral comum: uma vez que durante a vigência do contrato de trabalho o trabalhador está naturalmente inibido a discutir judicialmente com o seu empregador, sob pena de represálias, ou, pelo menos, mal estar, a solução mais razoável é a de diferir o início do prazo de prescrição para o momento da cessação do contrato de trabalho, isto é, para um momento em que aquele efeito inibitório já terá, em princípio, evanescido.

577 Com interesse, ac. de 31/05/2017 do TRL (Sérgio Almeida), proc. nr. 27891/16.0T8LSB.L1-4: "se uma trabalhadora portuguesa se propõe cobrar créditos laborais vencidos e não pagos no âmbito de um contrato de trabalho doméstico com empregadores que têm domicílio na Áustria, onde vivem, a competência pertence aos Tribunais austríacos, mesmo que os empregadores sejam também portugueses e o contrato tenha sido celebrado em Portugal".

578 Expressamente, cfr. artigo 42º do Decreto Presidencial nº 155/16, de 9 de agosto.

579 § 1.2. Evolução legislativa e fontes. Sobre a prescrição das "soldadas", durante a vigência do Código de Seabra, ver a consulta publicada na *Revista de Legislação e de Jurisprudência*, 2591 (1937), pp. 70-76. Com interesse histórico, ac. de 12/11/1917 (José de Sousa Mendes), BFD, 41-42-43 (1918-1919), p. 139 (sumário).

580 Ana Cristina Ribeiro Costa, «Notas sobre o prazo para a impugnação judicial da sanção disciplinar distinta do despedimento – a eterna lacuna da legislação laboral?», *Questões Laborais*, 42 (2013), pp. 265-290, p. 268, n. 14.

Em relação à tutela dos créditos laborais do trabalhador doméstico, importa ter presente que o trabalhador doméstico não goza, aparentemente, do recurso aos fundos de compensação salarial. Em relação ao Fundo de Compensação do Trabalho e ao Fundo de Garantia de Compensação do Trabalho, ele não é aplicável à atividade doméstica uma vez que a Lei nº 70/2013, de 30 de agosto, refere que o regime jurídico "é aplicável às relações de trabalho reguladas pelo Código do Trabalho"[581]. Seja como for, foi determinada a suspensão das contribuições para estes fundos.

Diferente parece ser o caso do Fundo de Garantia Salarial, criado para a proteção dos trabalhadores assalariados em caso de insolvência do empregador, uma vez que o Decreto-Lei nº 59/2015, de 21 de abril, ao contrário da lei espanhola[582], não exclui do seu âmbito o trabalhador doméstico[583]. Diga-se, aliás, que a Diretiva nº 2008/94/CE, de 22 de outubro, transposta para o nosso ordenamento jurídico por aquele diploma, permite a exclusão do trabalhador doméstico[584], o que, como se vê, não foi a decisão tomada pelo legislador português.

Ainda a propósito dos créditos laborais, importa recuperar uma norma que diz respeito ao regime das férias onde se determina que "cessando o

[581] Segundo o artigo 2º, nº 1, da Lei 70/2013, de 30 de agosto, "a presente lei é aplicável às relações de trabalho reguladas pelo Código do Trabalho, aprovado pela Lei nº 7/2009, de 12 de fevereiro". Confirmando que este regime não é aplicável às relações especiais de trabalho, Catarina Gomes Santos, «Breve análise (e algumas interrogações)...», cit., p. 171.

[582] Cfr. artigo 3º, alínea b), do Real Decreto nº 1620/2011, de 14 de novembro. Esta opção do legislador é criticada pela doutrina: ver Elena Desdentado Daroca, «La nueva regulación del trabajo doméstico...», cit., pp. 55-56.

[583] Como também, aliás, embora não fosse expectável que a exclusão viesse aí prevista, o artigo 336º, do CT09, onde se lê que "o pagamento de créditos de trabalhador emergentes de contrato de trabalho, ou da sua violação ou cessação, que não possam ser pagos pelo empregador por motivo de insolvência ou de situação económica difícil, é assegurado pelo Fundo de Garantia Salarial, nos termos previstos em legislação específica". De resto, na opinião de Maria Adelaide Domingos, «A tutela dos créditos laborais através do Fundo de Garantia Salarial» in: António Moreira [Coord.], *XI-XII Congresso Nacional de Direito do Trabalho – Memórias*, Almedina, Coimbra, 2009, pp. 247-270, especialmente, pp. 254 ss., uma vez que, no momento da adesão, o legislador português não excecionou qualquer categoria de trabalhadores, também não o poderia fazer, dado que as novas Diretivas apenas permitem a continuação das exclusões já existentes.

[584] Cfr. artigo 1º, nº 3: "caso tal disposição seja já aplicável na sua legislação nacional, os Estados-Membros podem continuar a excluir do âmbito de aplicação da presente directiva: a) os trabalhadores domésticos contratados por uma pessoa singular".

contrato de trabalho, o trabalhador tem direito a receber a retribuição e o subsídio correspondentes a um período de férias proporcional ao tempo de serviço prestado no ano da cessação" (artigo 19º, nº 1). Acrescenta o nº 2 que "se o contrato cessar antes do gozo do período de férias vencido nesse ano, o trabalhador tem direito a receber a retribuição e o subsídio correspondentes a esse período". Em termos práticos, estas normas replicam o que já resulta do regime geral: cessando o contrato de trabalho, o trabalhador não só tem direito a receber as férias vencidas e não gozadas relativas ao ano anterior como também o proporcional das férias relativas ao ano em que o contrato de trabalho cessa.

§ 13. Relações coletivas de trabalho[585]

O RCSD é omisso em relação à regulamentação das relações coletivas de trabalho, mas sempre se poderá dizer que, ao contrário do que chegou a acontecer com o Direito italiano[586], o Direito português não quis afastar o estatuto coletivo dos trabalhadores domésticos pelo que, pelo menos em tese, estes direitos, previstos para a generalidade dos trabalhadores, serão, à partida, aplicáveis aos trabalhadores domésticos, salvo se se revelarem incompatíveis com a natureza desta relação laboral.

Segundo pensamos, a falta de regulamentação deste ponto é porventura sintomática da escassa importância desta matéria no setor doméstico. De facto, e como avançámos introdutoriamente, a força coletiva dos trabalhadores domésticos é praticamente inexistente, o que se compreende se pensarmos que o contexto doméstico está muito longe de oferecer as condições ideais: ao contrário da generalidade dos trabalhadores que, pelo menos no âmbito da empresa, desenvolvem um espírito coletivista capaz de fazer nascer uma união de interesses profissionais, no caso do trabalho doméstico é difícil formar uma consciência ou espírito coletivo num contexto profissional que se processa num quadro de completo isolamento. Como observa

585 Sobre a luta coletiva no trabalho doméstico, ver a obra A. Celeste Vieira, *Mulheres em Luta: a educação e a dinâmica de auto-organização das empregadas domésticas portuguesas do sindicato do serviço doméstico (1960-1986)*, Edições Afrontamento, Lisboa, 2018.

586 O artigo 2068º, nº 2, do *Codice Civile* italiano, dispunha que as relações laborais que dissessem respeito ao serviço pessoal ou doméstico estavam subtraídas à autonomia coletiva. Esta norma foi declarada inconstitucional. Sobre isto, Fernando di Cerbo, *I rapporti speciali...*, cit., pp. 69-71.

Fernanda Agria, "aqui reside, sem dúvida, uma das causas que impediu, ou pelo menos retardou, o aparecimento do sindicalismo neste sector. Dispersos pelos lares dos empregadores e absorvidos pelos agregados familiares, onde vivem por imposição da própria actividade, não dispõem os trabalhadores domésticos da coesão indispensável para se organizar. Sem organização classista torna-se extremamente difícil consciencializar os problemas comuns e pràticamente inviável adoptar as soluções colectivas que se lhes ajustariam"[587]. Em suma, "talvez por serem os mais sacrificados e por isso mesmo os menos reivindicativos"[588], a individualização das relações laborais tornou-se o único prisma ou ponto de vista para a análise do trabalho doméstico[589]. Como não poderia deixar de ser, este estado de coisas prejudica as mais variadas dimensões da luta coletiva. Desde logo, desconhece-se a existência de qualquer convenção coletiva aplicável aos trabalhadores domésticos, ao contrário do que acontece com outros países.

O que é certo é que a Convenção da OIT exorta os Estados signatários a implementar medidas (legislativas ou administrativas) para tornar efetiva e real o exercício de direitos coletivos de trabalho por parte dos trabalhadores domésticos[590]. Naturalmente, há certas armas que só fazem sentido em contexto empresarial ou organizacionais complexos. A título de exem-

[587] Fernanda Agria, «Serviço doméstico...», cit., pp. 58 ss.

[588] Na opinião de José Gil de Jesus Roque, *Da justa causa do despedimento...*, cit., p. 83.

[589] Guillermo Garcia González, «Derechos sociales y empleados del hogar...», cit., p. 103, fala justamente de "um sector que é um paradigma secular de uma indesejável individualização das relações laborais". No mesmo sentido, dando nota da falta de sindicalização neste setor, Silvia Borelli, «Le diverse forme dello...», cit., pp. 292-293.

[590] Cfr. artigo 3º, nº 2, alínea a), da Convenção da OIT nº 189, estabelece que "todo o Membro deve tomar, relativamente aos trabalhadores do serviço doméstico, as medidas previstas pela presente convenção para respeitar, promover e pôr em prática os princípios e direitos fundamentais no trabalho, a saber: a) A liberdade de associação e o reconhecimento efetivo do direito de negociação coletiva". O nº 3 acrescenta que "ao tomar medidas para assegurar que os trabalhadores do serviço doméstico e os empregadores dos trabalhadores do serviço doméstico beneficiem do direito à liberdade sindical e ao reconhecimento efetivo do direito de negociação coletiva, os Membros devem proteger o direito de os trabalhadores do serviço doméstico e de os empregadores dos trabalhadores do serviço doméstico constituírem as suas próprias organizações, federações e confederações e, na condição de se conformarem com os respetivos estatutos, se filiarem nas organizações, federações e confederações da sua escolha". Na opinião de Catarina de Oliveira Carvalho, «Trabalho no domicílio, trabalho doméstico...», cit., p. 50, "é inequívoco o cumprimento da Convenção da OIT".

plo, não fará sentido falar, no contexto doméstico, de comissões de trabalhadores ou do crédito de horas porque estes institutos apenas fazem sentido numa organização empresarial[591]. Nesses casos, fazem pleno sentido as palavras de FILIPE FRAÚSTO DA SILVA de que "a organização sindical dos trabalhadores domésticos fica à porta de casa"[592].

[591] JORGE LEITE, *Direito do Trabalho...*, cit., p. 140, afirma mesmo que os trabalhadores domésticos estão excluídos do âmbito de aplicação do artigo 55º, nº 2, alínea d), da CRP76. No mesmo sentido, FILIPE FRAÚSTO DA SILVA, «Em torno do contrato de serviço doméstico...», cit., p. 118. Este Autor não deixava de admitir, porém, o recurso às faltas previstas no pretérito artigo 23º, nº 2, do Decreto-Lei nº 874/76, de 28 de dezembro, nomeadamente, a alínea c), quando aí se contemplavam as "as motivadas pela prática de actos necessários e inadiáveis, no exercício de funções em associações sindicais ou instituições de previdência e na qualidade de delegado sindical ou de membro de comissão de trabalhadores".
[592] FILIPE FRAÚSTO DA SILVA, «Em torno do contrato de serviço doméstico...», cit., p. 118.

§ 14. Regime contraordenacional

O RCSD comina como contraordenação alguns comportamentos das partes, sobretudo do empregador (artigo 36º do RCSD). Também esta matéria foi revista pela Lei nº 13/2023, de 3 de abril.

O RCSD cominava como contraordenação muito grave a admissão de menores com idade inferior a 16 anos, mas a norma relativa à capacidade foi revogada e, portanto, a norma ficou vazia de aplicação. Acontece que o legislador decidiu substituir a infração em causa. Com a Lei nº 13/2023, de 3 de abril, passa a ser contraordenação grave a violação do artigo 9º, nº 1, onde se dispõe que "só se considera retribuição aquilo a que o trabalhador tem direito como contrapartida do seu trabalho, nos termos da lei ou do contrato". Não se compreende bem a que infração é que o legislador se está a referir, até porque a norma equivalente no regime laboral comum (artigo 258º, nº 1, do CT09) não contém disposição semelhante (antes ou depois da Lei nº 13/2023, de 3 de abril). Uma vez que a norma do RCSD apenas aponta para um conceito de remuneração, parecendo até querer limitar as prestações elegíveis (ao excluir, aparentemente, os usos)[593], a que infração se está a referir o legislador?

No artigo 36º, nº 2, o RCSD comina como contraordenação grave o não cumprimento da obrigação de satisfazer a retribuição em dinheiro nos prazos definidos para o seu vencimento (artigo 10º, nº 2), o direito do trabalhador a um período normal de trabalho semanal não superior a quarenta horas (artigo 13º, nº 1), o direito a intervalos e descanso diários (artigos

[593] § 11. Retribuição.

14º, nºs 1 e 2), o direito ao gozo de um dia de descanso semanal (artigo 15º, nº 1), o direito ao gozo dos feriados obrigatórios previstos na lei (artigo 24º, nºs 1 e 2), a violação da obrigação de tomar as medidas necessárias para que os locais de trabalho, os utensílios, os produtos e os processos de trabalho não apresentem riscos para a segurança e saúde do trabalhador, bem como a obrigação de transferir a responsabilidade pela reparação dos danos emergentes de acidente de trabalho para uma entidade seguradora (artigo 26º, nºs 1 e 3), a violação do direito a uma compensação de valor correspondente à retribuição de um mês por cada três anos de serviço, até ao limite de cinco, independentemente da retribuição por inteiro do mês em que se verificar a caducidade do contrato, em caso de cessação do contrato de trabalho por alteração substancial das circunstâncias de vida familiar do empregador (artigo 28º, nº 3) e o não cumprimento da obrigação de referir, expressa e inequivocamente, por escrito, pelo empregador, os factos e circunstâncias que fundamentem a resolução do contrato (artigo 29º, nº 3). O RCSD cominava como contraordenação grave a violação de outras regras que foram revogadas pela Lei nº 13/2023, de 3 de abril. No entanto, uma vez que, grosso modo, essas normas resultam já do CT09, só se pode entender que a responsabilidade contraordenacional é aquela que resulta do CT09.

O RCSD cominava como contraordenação leve a admissão de menores sem comunicação pela entidade empregadora, no prazo de 90 dias, à Autoridade para as Condições do Trabalho, e a não entrega, ao trabalhador, do certificado de trabalho aquando da cessação do contrato de trabalho. Acontece que estas normas foram revogadas pelo que, consequentemente, a Lei nº 13/2023, de 3 de abril, também revogou esta responsabilidade contraordenacional, isto é, revogou o nº 3 do artigo 36º.

Importa ainda considerar que, em regra, o regime contraordenacional faz depender o valor das coimas do "volume de negócios da empresa" e do "grau de culpa do infrator" (artigo 554º, nº 1). Facilmente se percebe que este regime não à adequado à realidade doméstica. Se este segundo requisito é perfeitamente aplicável ao domínio doméstico, o mesmo já não acontece com o primeiro, como facilmente se intui.

Acontece que o legislador não deixa de acautelar as situações em que o trabalho é prestado fora de ambientes empresariais. Concretamente, o artigo 555º, do CT09, estabelece regras especiais para os casos em que o agente não tenha trabalhadores ao serviço ou, sendo pessoa singular, não exerça uma catividade com fins lucrativos[594]. A contraordenação leve corresponde coima de 1 UC a 2 UC, em caso de negligência, e de 2 UC a 3,5 UC, em caso de dolo. A contraordenação grave corresponde coima de 3 UC a 7 UC em caso de negligência ou de 7 UC a 14 UC em caso de dolo. A contraordenação muito grave corresponde coima de 10 UC a 25 UC em caso de negligência ou de 25 UC a 50 UC em caso de dolo. A UC (ou "Unidade de Conta") está atualmente fixada nos € 102,00.

[594] Dando o exemplo do trabalho doméstico como um caso subsumível a esta norma, Pedro Romano Martinez, *Código do Trabalho anotado*, Almedina, Coimbra, 2020, p. 1173.

§ 15. Segurança social[595]

Como vimos, um dos aspetos que mais ressalta no regime aplicável ao contrato de trabalho doméstico é a constante marginalização desta classe. A matéria da Segurança Social não tem uma história diferente.

Na sua génese, os esquemas públicos de proteção social estavam sobretudo pensados para os contratos de trabalho em contexto empresarial. Efetivamente, as doenças profissionais ou os sinistros laborais são intuitivamente pensáveis por referência a fatores de risco associados ao trabalho fabril ou industrial. O próprio problema do desemprego, um flagelo que ataca todos os quadrantes profissionais, sempre esteve associado à possibilidade de o empregador poder destruir emprego, com recurso a formas de despedimento objetivas, e não à figura do trabalho doméstico[596]. Embora essas eventualidades também pudessem atingir o trabalho doméstico, sempre existiu a perceção que ele não seria atingido na mesma medida.

Por outro lado, a ausência de uma proteção previdencial era compensada pela existência de formas de proteção especiais ou alternativas, nascidas da própria natureza da relação entre as partes. De facto, a especial relação de intimidade fazia muitas vezes gerar, de forma espontânea, um esquema de solidariedade porventura até mais garantista e generoso do que a proteção social oferecida pelo Estado. Perante a ausência de resposta

[595] Ver as nossas anotações aos artigos 116º a 121º do *Código dos regimes contributivos do sistema previdencial de Segurança Social anotado e comentado*, Almedina, Coimbra, 2022, pp. 292 ss.

[596] Assim, exatamente, Bernardo da Gama Lobo Xavier, *O despedimento colectivo...*, cit., p. 2.

pública, como aponta João Carlos Loureiro, "os mecanismos de protecção social eram, em regra, internalizados, havendo a expectativa de que, em troca da sua dedicação para com os patrões, não seriam abandonados na enfermidade e na velhice"[597]. De resto, como prova desse espírito da benevolência, que se acreditava ser um traço característico desta relação de trabalho, o artigo 1384º, nº 3, do Código Civil de 1867, colocava o amo sob a obrigação de "socorrer ou mandar tratar o serviçal à custa da sua soldada, se o não fizer por caridade". E, como até já demos conta para outro propósito, por vezes o trabalhador doméstico via mesmo premiado o trabalho de uma vida através de um legado deixado pelo empregador.

Sucede que estas formas de proteção, nascidas da espontaneidade e benevolência, não poderiam nunca, no entanto, ser suficientes. Não só porque essas gratificações nem sempre correspondem à regra, como a relação de trabalho doméstico, como qualquer outra relação laboral, pode ter um final menos feliz no plano das relações pessoais entre as partes, desamparando o trabalhador doméstico de qualquer proteção que poderia aspirar receber do seu empregador. Como é evidente, o trabalhador doméstico jamais teria um verdadeiro direito subjetivo, mas uma mera expetativa. Impunha-se, pois, que o trabalhador doméstico se visse enquadrado nas garantias oferecidas à generalidade dos trabalhadores, ainda que sujeito a um regime especial[598].

Constatando-se a necessidade evidente de integrar os trabalhadores domésticos nos esquemas gerais da Segurança Social, e dentro do espírito da universalização e unificação do regime, o trabalhador doméstico veio a migrar para os diplomas reguladores da Segurança Social[599], mantendo-se

597 João Carlos Loureiro, «Servindo a vários(as) senhores(as)...», cit., pp. 230-231.

598 Com interesse histórico, ver o pequeno apontamento, sem identificação do Autor, «Uma mutualidade para a previdência da invalidez e velhice das serviçais domésticas», *Estudos Sociais e Corporativos*, 1 (1962), p. 144 (página única).

599 Após o 25 de Abril lançaram-se as bases para um sistema previdencial unificado desde logo através da Constituição da República Portuguesa de 1976, mais concretamente o seu artigo 63º. Deu-se com o Decreto-Lei nº 180-C/78, de 15 de julho, onde se dava conta da "substituição gradual de regimes especiais de previdência social por esquemas completos de cobertura de riscos sociais aplicáveis a toda a população em termos de uniformidade". É o Decreto-Lei nº 81/73, de 2 de março, que integra no âmbito previdencial os trabalhadores domésticos. Segundo nos informa A. Celeste Vieira, *Mulheres em luta...*, cit., p. 140, este diploma foi objeto de críticas pelo movimento sindical dos trabalhadores domésticos que então se ia formando.

no Código Contributivo, atualmente em vigor. A integração do trabalhador doméstico no regime geral[600], uma exortação da própria OIT[601], não significou, porém, que o legislador desconhecesse a especificidade desta atividade. Bem pelo contrário, o Código Contributivo, em linha, aliás, com os regimes legais anteriores, trata de lhe dedicar uma disciplina especial.

Não andaremos muito longe da verdade se dissermos que a Segurança Social é um dos setores onde mais se faz sentir o peso da informalidade e "opacidade" do trabalho doméstico, motivo pelo qual o legislador teve a necessidade de introduzir desvios em relação às regras gerais, mormente no que diz respeito à formalização e ao regime contributivo propriamente dito.

As especificidades começam, desde logo, na própria comunicação da admissão do trabalhador[602]. A este respeito, o Orçamento de Estado para o ano de 2013 tratou de alterar o artigo 29º do Código Contributivo. Ora, afirmando-se o princípio de que "a inscrição na Segurança Social incumbe

[600] Recuperando uma definição próxima do RCSD, o artigo 116º do Código Contributivo vem prever que "são abrangidos pelo regime geral, com as especificidades previstas na presente subsecção, os trabalhadores que prestem a outrem, de forma remunerada, com caráter regular, sob a sua direção e sua autoridade, atividades destinadas à satisfação das necessidades próprias ou específicas de um agregado familiar, ou equiparado, nos termos definidos em legislação própria". Segundo o artigo 117º, "são excluídas do âmbito de aplicação da presente subsecção as pessoas ligadas à entidade empregadora pelos seguintes vínculos familiares: a) o cônjuge; b) Os descendentes até ao 2º grau ou equiparados e afins; c) os ascendentes ou equiparados e afins; d) os irmãos e afins". Acrescenta o nº 2 que "são igualmente excluídas as pessoas que em relação à entidade empregadora se encontrem em regime de união de facto, por com ela viverem há mais de dois anos em condições análogas às dos cônjuges".

[601] Segundo o artigo 14º, nº 1, "todo o Membro deve adotar medidas adequadas, de acordo com a legislação nacional e tendo em devida consideração as características específicas do trabalho doméstico, para assegurar que os trabalhadores do serviço doméstico beneficiem de condições não menos favoráveis do que as aplicáveis aos trabalhadores em geral em matéria de segurança social".

[602] Como observa A. Celeste Vieira, *Mulheres em luta*..., cit., p. 291, numa relação que é marcadamente informal, "o vínculo legal é sobretudo firmado através dos descontos para a Segurança Social". Seja como for, como observa, Maria Irene Gomes, «Cessação do contrato de trabalho doméstico – comentário...», cit., p. 33, "a tutela do trabalhador doméstico deve procurar-se, sobretudo, a montante, promovendo-se e fiscalizando-se a inscrição deste trabalhador em regimes de previdência social".

à entidade patronal e não ao trabalhador"[603], obrigação cuja violação até pode configurar justa causa de resolução do contrato pelo trabalhador[604], introduziu-se uma especificidade, especialmente reveladora da natureza informal desta relação jurídica. Com efeito, segundo o nº 1, na sua versão alterada, "a admissão dos trabalhadores é obrigatoriamente comunicada pelas entidades empregadoras à instituição de segurança social competente, no sítio da Internet da segurança social, *com exceção dos trabalhadores do serviço doméstico, em que aquela pode ser efetuada através de qualquer meio escrito*" (sublinhado nosso). Assim, o empregador doméstico[605] deverá apresentar a comunicação no Centro Distrital do seu domicílio[606], o que poderá fazer presencialmente, por via postal ou inclusivamente via *email*. A especificidade justifica-se porque, atualmente, a comunicação da admissão dos trabalhadores processa-se através de plataforma online (vulgo, *Segurança Social Direta*), que supõe um registo e um processamento que apenas fará sentido em contextos e organizações empresariais. Seja como for, a verdade é que o formulário não deixa de ser o mesmo[607], prevendo-se justamente um campo específico para os trabalhadores domésticos:

7 SITUAÇÃO PROFISSIONAL DO TRABALHADOR DE SERVIÇO DOMÉSTICO

Início da prestação de trabalho [ano | mês | dia] Tipo de remuneração: ☐ Mensal ☐ Horária

Opção por retribuição efetiva: Se foi celebrado acordo escrito entre a entidade empregadora e o trabalhador, indique o valor da retribuição mensal: ☐.☐☐☐,☐☐

A respeito do dever de comunicação, é relevante notar que, no âmbito da Agenda do Trabalho Digno, foi aditado o artigo 106º-A ao Regime Geral das Infrações Tributárias, aprovado pela Lei nº 15/2001, de 5 de junho, nos

603 Ver o ac. de 25/02/2010 do TCAS (Coelho da Cunha), proc. nr. 04871/09.

604 Ac. de 20/11/2019 do TRL (Eduardo Sapateiro), proc. nr. 5987/19.7T8LSB.L1-4.

605 Fazemos notar que o formulário não está preparado para que sejam indicadas duas ou mais pessoas como "titulares" da posição de empregador (o que pode acontecer quando, como vimos, o trabalhador doméstico seja contratado, por exemplo, por um casal). Pensamos que, nesses casos, apenas a pessoa que figurará, segundo nos quer parecer, como o "representante", ficando responsável pelo cumprimento das obrigações perante a Segurança Social.

606 E, agora, com a alteração introduzida ao Código Contributivo pelo Orçamento do Estado para 2022, "nos 15 dias anteriores ao início da produção de efeitos do contrato de trabalho" (artigo 269º da Lei nº 24-D/2022, de 30 de dezembro).

607 Modelo RV1009/2018.

termos do qual o não cumprimento dessa obrigação passa a ser configurado como crime, punível com pena de prisão ou multa. Sendo certo que a norma diz respeito ao dever de comunicação aplicável à generalidade das relações de trabalho, a criminalização conduta abrange, pois, os empregadores domésticos.

No que diz respeito à base de incidência contributiva, depois de um regime transitório[608], é preciso distinguir duas hipóteses: no caso dos trabalhadores contratados ao mês em regime de tempo completo, ela corresponde a uma vez o valor do IAS[609], ainda que, mediante acordo escrito, possa ser considerada como base de incidência a remuneração efetivamente auferida. Nestes últimos casos, o empregador deve remeter à instituição de segurança social competente cópia do acordo para o efeito celebrado e do atestado de capacidade para o exercício da actividade (cfr. artigo 49º, nº 1, do Decreto Regulamentar nº 1-A/2011, de 3 de janeiro). Fazemos notar que, no âmbito da Agenda do Trabalho Digno, o CT09 prevê agora que o empregador deve prestar informação ao trabalhador sobre "os regimes de proteção social, incluindo os benefícios complementares ou substitutivos dos assegurados pelo regime geral de segurança social" (artigo 106º, nº 3, alínea r), introduzido pela Lei nº 13/2023, de 3 de abril). Consideramos, pois, que também o empregador doméstico deve prestar esta informação ao trabalhador.

Nas situações em que os trabalhadores com contrato mensal não prestem serviço durante todo o mês, por motivo de admissão, cessação de contrato de trabalho, baixa por doença ou qualquer outra causa, é considerada a remuneração correspondente ao número de dias de trabalho efetivamente prestado (artigo 120º, nº 3).

Estando integrado no sistema geral da Segurança Social, o trabalhador doméstico "tem direito à proteção nas eventualidades de doença, parentalidade, doenças profissionais, invalidez, velhice e morte" bem como "na eventualidade de desemprego"[610], mas neste caso apenas se "a base de inci-

[608] Cfr. artigo 278º do Código Contributivo.

[609] De acordo com a Portaria nº 298/2022, de 16 de dezembro, o valor cifra-se nos € 480,43. Fazemos notar que este valor é atualizado anualmente.

[610] A este respeito, o TJ já decidiu que "o artigo 4º, nº 1, da Diretiva 79/7/CEE do Conselho, de 19 de dezembro de 1978, relativa à realização progressiva do princípio da igualdade de tratamento entre homens e mulheres em matéria de segurança social, deve ser interpretado no sentido de que se opõe a uma disposição nacional que exclui as prestações de

dência contributiva corresponder a remuneração efetivamente auferida em regime de contrato de trabalho mensal a tempo completo"[611] (cfr., também, no mesmo sentido, o artigo 19º, nº 2, do Decreto-Lei nº 220/2006, de 3 de novembro). Portanto, e como a experiência demonstra, o trabalhador doméstico não tem, em regra, acesso ao subsídio de desemprego[612].

Quanto à proteção social nas eventualidades acima descritas, uma vez que a remuneração de referência é, em regra, nesses casos, calculada tendo por base a remuneração efetivamente recebida, a única conclusão só pode ser a de que a remuneração de referência tem como base de cálculo o valor do IAS no caso dos trabalhadores domésticos sujeito ao regime convencional. Em primeiro lugar, porque, tratando-se de um trabalhador sujeito ao regime convencional, não há lugar ao reporte das remunerações efetivamente recebidas pelo trabalhador, pelo que, logo à partida, a Segurança Social não está em condições de apurar uma remuneração de referência com base nas remunerações efetivamente recebidas. Em segundo lugar, e por outro lado, essa é a única conclusão adequada tendo em conta que o trabalhador em regime convencional tem uma carga contributiva inferior aos trabalhadores que descontam de acordo com as remunerações efetivamente recebidas. O que também significa, no fim de contas, que, para além, do acesso ao subsídio de desemprego, o trabalhador doméstico sujeito ao

desemprego das prestações de segurança social concedidas aos trabalhadores do serviço doméstico por um regime legal de segurança social, uma vez que esta disposição prejudica particularmente os trabalhadores do sexo feminino em relação aos trabalhadores do sexo masculino e não é justificada por fatores objetivos e alheios a qualquer discriminação em razão do sexo" (ac. *CJ contra Tesorería General de la Seguridad Social (TGSS)* (proc. nr. C-389/20)). No contexto da pandemia COVID19, foi aprovada a Portaria nº 250-B/2020, de 23 de outubro, que regulamentou as condições e os procedimentos de atribuição do apoio extraordinário de proteção social para trabalhadores em situação de desproteção económica e social e que não tenham acesso a qualquer instrumento ou mecanismo de proteção social, abrangendo expressamente os trabalhadores domésticos (artigo 2º, nº 1).

611 Criticamente, Catarina de Oliveira Carvalho, «Trabalho no domicílio, trabalho doméstico...», cit., p. 51, observando que este requisito redunda no afastamento de uma massa substancial dos trabalhadores domésticos.

612 Repare-se que, segundo o 19º, nº 1, do Código Contributivo, "a proteção social conferida pelos regimes do sistema previdencial integra a proteção nas eventualidades de doença, maternidade, paternidade e adoção, desemprego, doenças profissionais, invalidez, velhice e morte, de acordo com o especificamente regulado para cada eventualidade".

regime convencional também é penalizado, se bem pensamos, nas proteções previdenciais acima referidas.

Quanto ao subsídio de desemprego, e forçando a nota, sublinhamos que o documento necessário para o efeito, o Modelo 5044, entregue ao trabalhador no ato da cessação, não está preparado para a realidade do trabalho doméstico. Concretamente, fica a dúvida de saber onde enquadrar as situações de "manifesta insuficiência económica do empregador, superveniente à celebração do contrato"[613] ou de "alteração substancial das circunstâncias de vida familiar do empregador que torne imediata e praticamente impossível a subsistência da relação de trabalho"[614], que o legislador configura como situações de caducidade. Quanto a nós, estas situações devem ser assinaladas na opção de impossibilidade superveniente, absoluta e definitiva de o trabalhador prestar o seu trabalho ou de o empregador o receber (campo 22), a qual, salvo melhor opinião, confere o direito ao subsídio de desemprego, nos termos da lei (cfr. artigo 9º, nº 1, alínea b), do Decreto-Lei nº 220/2006, de 3 de novembro, quando se prevê que "o desemprego considera-se involuntário sempre que a cessação do contrato de trabalho decorra de... caducidade do contrato não determinada por atribuição de pensão").

O nº 5, do artigo 119º, do Código Contributivo, acrescenta que "o número mensal de horas a declarar não pode, em qualquer circunstância, ser inferior a 30 por cada trabalhador e respetiva entidade empregadora". Foram razões pragmáticas que estiveram na base desta norma. Num setor profundamente marcado por uma forte informalidade – quando não mesmo uma verdadeira clandestinidade –, é comum que o trabalho doméstico seja prestado à margem de qualquer registo ou enquadramento previdencial[615]. Com esta norma "é manifesto que se pretendeu evitar situações em que um número reduzido de horas declaradas – a que não seriam

[613] Cfr. § 12.4.3. Manifesta insuficiência económica do empregador.

[614] Cfr. § 12.4.4. Alteração substancial das circunstâncias familiares.

[615] Como se diz no Decreto-Lei nº 124/84, de 18 de abril, "a dificuldade de cabal verificação do efectivo exercício de actividade, principalmente quando referida a períodos afastados no tempo, permitia claras situações de fraude, mais frequentes nos esquemas de menor peso contributivo, como o do serviço doméstico" até por causa de "a natureza da actividade de serviços domésticos e a extrema mobilidade dos trabalhadores que a exercem, a fraca incidência contributiva, fundada em remunerações convencionais, e ainda a impossibilidade de recurso a alguns meios de prova, como é o caso das declarações para o imposto profissional".

alheias práticas de evasão contributiva, num sector marcado pela informalidade e a invisibilidade – permitiria fácil acesso às prestações diferidas, nomeadamente à pensão de velhice, a mais pretendida"[616].

Esta norma, que, em rigor, remonta já aos regimes anteriores[617], tem sido questionada no plano da sua constitucionalidade nos casos de pluriemprego que, por sinal, é uma realidade bastante comum no setor. De facto, o trabalhador que presta trabalho para mais do que um agregado familiar, em regime de trabalho a tempo parcial para cada um deles, pode encontrar-se numa posição profundamente desfavorável. Com efeito, ao exigir que o número mensal de horas a declarar não pode ser inferior a 30 "por cada trabalhador e respetiva entidade empregadora", a norma legal parece sugerir um de dois sentidos: ou se quis desconsiderar do ponto de vista contributivo os casos em que o trabalhador presta menos do que 30 horas de trabalho para cada um dos empregadores ou se quis ficcionar que, em qualquer caso, o número de horas a declarar deve sempre ser, no mínimo, correspondente a 30. No primeiro caso, o trabalhador pode ver-se simplesmente arredado do sistema contributivo bastando para isso que não totalize uma densidade mínima de 30 horas em cada um dos agregados familiares. Já no segundo caso, o trabalhador doméstico é como que canibalizado pelo sistema previdencial: ainda que a densidade laboral não atinja o limiar mínimo de 30 horas por cada entidade empregadora, podendo até revelar-se residual (10 ou 15 horas, por exemplo), seria necessário declarar aquelas 30 horas, com a correspondente (e pesada) carga contributiva. Perante os resultados a que pode chegar esta norma, estamos com João Carlos Loureiro quando defende a inconstitucionalidade do segmento normativo que exige que o limiar se refira a cada empregador, devendo ser "aferido pelo lado do trabalhador, no quadro de uma multiplicidade fragmentária de relações"[618].

[616] João Carlos Loureiro, «Servindo a vários(as) senhores(as)...», cit., p. 237.

[617] Artigo 11º do Decreto-Lei nº 284/82, de 22 de julho: "o número mensal de horas a declarar para efeitos contributivos não pode, em qualquer circunstância, ser inferior a 30 por cada beneficiário e respectiva entidade patronal, ou cada uma delas, se houver mais do que uma".

[618] João Carlos Loureiro, «Servindo a vários(as) senhores(as)...», cit., pp. 246 ss. propunha a inconstitucionalidade do segmento normativo que exigia trinta horas de trabalho por conta de outrem por cada entidade patronal, sem proceder à sua agregação.

Quanto à taxa contributiva, se o âmbito material da proteção não integrar a eventualidade de desemprego, é de 28,3%, sendo, respetivamente, de 18,9% e de 9,4% para as entidades empregadoras e para os trabalhadores. Quando o âmbito material de proteção integrar a eventualidade de desemprego, a taxa contributiva é de 33,3%, sendo, respetivamente, de 22,3% e de 11% para as entidades empregadoras e para os trabalhadores.

Na generalidade das relações de trabalho, compete ao empregador submeter, mensalmente, a declaração mensal de remunerações até ao dia 10 de cada mês. Tratando-se de um formalismo que não se justifica no âmbito doméstico, esse "reporte" considera-se feito com o pagamento das contribuições: "a declaração de remunerações relativa aos trabalhadores do serviço doméstico é efectuada com o pagamento das contribuições e quotizações devidas" (artigo 18º do Decreto Regulamentar nº 1-A/2011, de 3 de janeiro).

Uma nota final para referir que, em relação ao pagamento propriamente dito, e sintomático da informalidade de processos que se quis implementar no setor, é relevante considerar que o pagamento das contribuições é possível através de qualquer terminal multibanco:

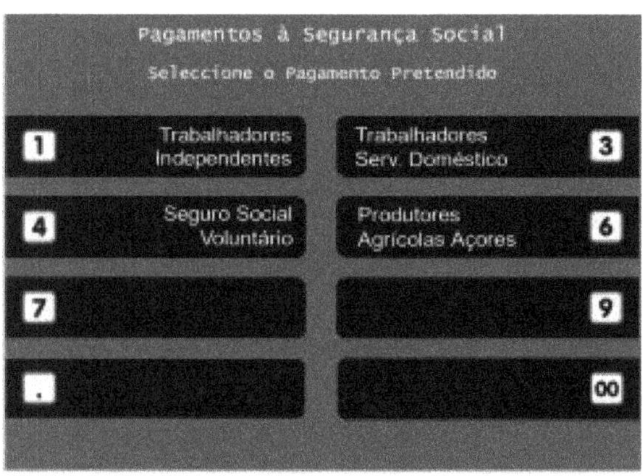

§ 16. Fiscalidade

Os rendimentos do trabalho doméstico estão sujeitos, naturalmente, a imposto sobre o rendimento das pessoas singulares (categoria A).

Ao contrário do que acontece com os rendimentos de categoria B, o legislador parece não condicionar a retenção na fonte à existência de contabilidade organizada, pelo que, à primeira vista, há lugar a retenção na fonte de imposto a pagar (cfr. artigo 99º do Código do IRS)[619]. A verdade, porém, é que a norma também se refere a "entidades" e, por outro lado, há quem defenda que a retenção na fonte supõe justamente a existência de uma contabilidade organizada[620], o que não aconteceria no caso do empregador doméstico. Por outro lado, ainda que o sistema de retenção na fonte garanta mais facilmente a coleta do imposto e o efeito de anestesia fiscal, os baixos salários praticados no setor estão tendencialmente isentos de IRS e,

[619] Neste sentido, Paula Rosado Pereira, *Manual de IRS*, 4ª ed., Almedina, Coimbra, 2022, p. 336, n. 424. Cfr. a Ficha Doutrinária nº 461/2018 da Autoridade Tributária.

[620] Rui Morais, *Sobre o IRS*, 3ª ed., Almedina, Coimbra, 2016, p. 191: "porque a retenção na fonte implica a prática, por terceiros, de tarefas de verdadeira "administração fiscal", só pode ser exigida quando a entidade pagadora tenha condições para tal. O que é suposto acontecer quando esta seja um sujeito passivo com contabilidade organizada (p. ex., as sociedades; os empresários em nome individual a partir de um determinado volume de negócios), uma vez que ela implica a existência de uma estrutura com capacidade para dar cumprimento a tal tipo de obrigações (desde logo, a feitura de uma contabilidade organizada tem de ser da responsabilidade de um técnico oficial de contas). Ou seja, não é apenas a natureza dos rendimentos, mas também as circunstâncias (fiscais) da entidade remuneradora que determinarão se a retenção na fonte deve ou não ter lugar".

por isso, as situações de trabalho doméstico que dão lugar ao pagamento de imposto nesta categoria de rendimentos são residuais.

No entanto, o empregador doméstico continua obrigado a entregar ao trabalhador doméstico, até 20 de janeiro de cada ano, documento comprovativo das importâncias devidas no ano anterior, incluindo, quando for caso disso, as correspondentes aos rendimentos em espécie que lhes hajam sido atribuídos, do imposto retido na fonte e das deduções a que eventualmente haja lugar (alínea a), do nº 1, do artigo 119º, do Código do IRS).

BIBLIOGRAFIA

A. Celeste Vieira, *Mulheres em Luta: a educação e a dinâmica de auto-organização das empregadas domésticas portuguesas do sindicato do serviço doméstico (1960-1986)*, Edições Afrontamento, Lisboa, 2018.

A. de Bizando, *Mistérios da vida sexual*, Vol. II, Edições Inéditas, Montijo.

A. V. Sempere Navarro, «Empleados del hogar (Dº del Trabajo y Seguridad Social)» in: *Enciclopédia Laboral Básica «António Montoya Melgar»*, Thomson Reuters, Civitas, Madrid, 2009, pp. 2717-2720.

Abel da Costa Ferreira, *Lei das férias, feriados e faltas – jurisprudência, maternidade e paternidade, outro tipo de faltas, trabalho doméstico, trabalho rural, trabalho temporário*, SPB Editores, Lisboa, 1997.

Alberto de Sá e Mello, «Extinção dos contratos de trabalho por dissolução da pessoa colectiva empregadora», *Revista de Direito e de Estudos Sociais*, 1997, IV, pp. 369-400.

Albino Mendes Baptista, «Tempo de trabalho efectivo, tempos de pausa e tempo de «terceiro tipo», *Revista de Direito e de Estudos Sociais*, 2002, I, pp. 29-53.

– *Jurisprudência do trabalho anotada – relação individual de trabalho*, 3ª ed., Quid Iuris, Lisboa, 1999.

Alcides Martins, *Direito do Processo Laboral*, Almedina, 4ª ed., Coimbra, 2020.

Alda Maria Ferreira Júlio, «Comentário ao acórdão do Tribunal da Relação de Lisboa de 17 de Novembro de 1999 – contrato de trabalho de serviço doméstico; inexistência de subordinação jurídica», *Direito e Justiça*, 2004, I, pp. 209-230.

Alexandra Marques Sequeira/Victor Hugo Ventura, «O impacto da nova redação do artigo 344º, nº 2, do Código do Trabalho, no conceito de "desemprego involuntário" para efeitos de atribuição do subsídio de desemprego», *Questões Laborais*, 55 (2019), pp. 169-178.

Alfredo Montoya Melgar, «Sobre las relaciones especiales de trabajo y su marco regulador», *Revista Española de Derecho del Trabajo*, 109 (2002), pp. 5-17.

Alice Pereira de Campos, *Contrato de trabalho a termo – uma forma de trabalho precário?*, Universidade Católica Editora, Lisboa, 2013.

ANA CRISTINA RIBEIRO COSTA, «Notas sobre o prazo para a impugnação judicial da sanção disciplinar distinta do despedimento – a eterna lacuna da legislação laboral?», *Questões Laborais*, 42 (2013), pp. 265-290.

ANTÓNIO DAMASCENO CORREIA, «O regime jurídico das férias no novo Código do Trabalho», *Prontuário de Direito do Trabalho*, 69 (2004), pp. 63-77.

ANTÓNIO JORGE DA MOTTA VEIGA, *Lições de Direito do Trabalho*, 6ª ed., Lisboa, 1995.

ANTÓNIO MENEZES CORDEIRO, *Manual de Direito do Trabalho*, Almedina, Coimbra, 1991.

ANTÓNIO MONTEIRO FERNANDES, *Noções fundamentais de Direito do Trabalho*, Almedina, Coimbra, 1977.

– «A justa causa de despedimento entre a Constituição e a lei – notas de um "check-up" periódico», *Questões Laborais*, 39 (2012), pp. 5-48.

– *Direito do Trabalho*, Almedina, 17ª ed., Coimbra, 2017.

ANTÓNIO NUNES DE CARVALHO, «Duplicidade do vínculo laboral», *Revista de Direito e de Estudos Sociais*, 1999, II-III, pp. 285-305.

– «Duração e organização do tempo de trabalho no Código do Trabalho» in: ANTÓNIO MOREIRA [Coord.], *IV Congresso nacional de Direito do Trabalho – Memórias*, Almedina, Coimbra, 2004, pp. 95-121.

– «Apontamento sobre os limites à duração do tempo de trabalho em situação de pluriemprego», *Prontuário de Direito do Trabalho*, 2019, II, pp. 165-182.

– «Limites à duração do tempo de trabalho e cumulação de contratos de trabalho – anotação ao acórdão do TJUE de 17 de março de 2021, *Academia de Studii Economice din Bucaresti c. Organismul Intermediar pentru Programul Operational Capital Uman – Ministerul Educatiei Nationale*», *Católica Law Review*, 2022, II, pp. 129-154.

ANTÓNIO OJEDA AVILÉS, «Las relaciones laborales especiales: una perspectiva unitaria», *Relaciones Laborales*, 1990, I, pp. 222-239.

– «Trabajo familiar: una descripción del conflicto típico» in: *Trabajo Subordinado y Trabajo Autónomo en la Delimitación de Fronteras del Derecho del Trabajo – Estudios en Homenaje al Profesor José Cabrera Bazán*, Tecnos, Madrid, 1999, pp. 94-102.

ANTÓNIO PINTO MONTEIRO, *Cláusulas limitativas e de exclusão da responsabilidade civil*, Coimbra, 1985.

BEATRIZ RODRÍGUEZ SANZ DE GALDEANO, *El Derecho del Trabajo ante la feminización de la pobreza*, Bomarzo Ed., 2013.

BELÉN DEL MAR LÓPEZ INSUA, «Nadando entre dos aguas: salario decente "versus" economía irregular en el empleo al servicio del hogar familiar», *Revista Española de Derecho del Trabajo*, 231 (2020), consultado *online*.

BERNARDO DA GAMA LOBO XAVIER/ ANTÓNIO NUNES DE CARVALHO, «Reflexões sobre a intervenção da CITE no âmbito da cessação do contrato de trabalho», *Revista de Direito e de Estudos Sociais*, 2013, IV, 7-55.

BERNARDO DA GAMA LOBO XAVIER, «Notas sobre o abandono do lugar nas relações de trabalho privadas», *Revista de Direito e de Estudos Sociais*, 1978, I-II, pp. 149-154.

– *O despedimento colectivo no dimensionamento da empresa*, Verbo, Lisboa, 2000.

– «Alguns problemas das chamadas "obras sociais" e outras vantagens –

conexões contratuais na relação de trabalho» in: *Estudos dedicados ao Prof. Doutor Mário Júlio de Almeida Costa*, Publicações Universidade Católica, Lisboa, 2002, pp. 329-359.

– *Direito do Trabalho – ensinar e investigar*, Universidade Católica Editora, Lisboa, 2005.

Betsabé Jamba Nunes, «Sobre a constitucionalidade do regime jurídico do trabalho doméstico – a discriminação em função do sexo e a responsabilidade do empregador nos despedimentos lícitos», *Revista Angolana de Legislação e Jurisprudência*, 2 (2020), pp. 87-101.

Bridget Anderson, «Just another job? Paying for domestic work», *Gender and Development, Taylor & Francis*, 9 (2001), pp. 25-33.

Carlos Alegre, *Contrato de serviço doméstico (anotado)*, Almedina, Coimbra, 1981.

– *Contrato de serviço doméstico (anotado)*, Lisboa, Vega, 1994.

Catarina de Oliveira Carvalho, *Da mobilidade dos trabalhadores no âmbito dos grupos de empresas nacionais*, UCP Editora, Porto, 2001.

– «Algumas questões sobre a empresa e o direito do trabalho no novo código do trabalho» in: *A Reforma do Código do Trabalho*, Coimbra Editora, Coimbra, 2004, pp. 437-474.

– «Contrato de trabalho e pluralidade de empregadores», *Questões Laborais*, 26 (2005), pp. 209-239.

– «O equívoco jurisprudencial quanto à (in)admissibilidade do contrato de trabalho com pluralidade de empregadores antes da vigência do código do trabalho – comentário ao acórdão do STJ de 18/05/2006», *Questões Laborais*, 30 (2007), pp. 223-244.

– «As perplexidades suscitadas pela regulamentação positiva de uma figura não inovadora: o contrato de trabalho celebrado com pluralidade de empregadores», *Prontuário de Direito do Trabalho*, 87 (2010), pp. 45-83.

– «Reflexões sobre o conceito de tempo de trabalho no direito europeu e respetiva articulação com o direito nacional» in: AAVV. [Coord.], *Estudos de Direito do Trabalho em Homenagem ao Professor António Monteiro Fernandes*, Parte I, Nova Causa, 2017, pp. 279-313.

– «Trabalho no domicílio, trabalho doméstico e trabalhos de cuidado no ordenamento jurídico português: primeira leitura à luz das Convenções da OI», *Documentación Laboral – Revista de la Asociación de Derecho del Trabajo y de la Seguridad Social*, 116 (2019), pp. 41-56.

Catarina Gomes Santos, «Breve análise (e algumas interrogações) em torno dos regimes jurídicos do Fundo de Compensação do Trabalho (ou Mecanismo Equivalente) e do Fundo de Garantia de Compensação do Trabalho, criados pela Lei nº 70/2013, de 30 de Agosto», *Questões Laborais*, 51 (2017), pp. 165-202.

César Miñambres Puig, «El nuevo régimen jurídico de los empleados del hogar familiar», *Revista Española de Derecho del Trabajo*, 157 (2013), pp. 111-133.

Cláudia Campos, *O contrato de serviço doméstico: do período experimental ao tempo de trabalho*, Nova Causa, Lisboa, 2020.

Cláudia Rosa Henriques, «Contrato de serviço doméstico – âmbito de aplicação e formas de cessação», *Questões Laborais*, 50 (2017), pp. 83-120.

Concepción Sanz Sáez, «La discriminación en contra de las empleadas de hogar como forma de manifestación de las discriminaciones múltiples», *Revista de Derecho Social*, 83 (2018), pp. 89-108.

CYNTHIA MARA LACERDA NACIF/MIRIAM PARREIRAS DE SOUZA, «Reflexões sobre a aplicação do trabalho intermitente no trabalho doméstico», *Revista do Tribunal Regional do Trabalho*, Belo Horizonte, 64 (2018), pp. 251-268.

DAVID FALCÃO/SÉRGIO TENREIRO TOMÁS, *Lições de Direito do Trabalho*, 4ª ed., Almedina, Coimbra, 2016.

DEIRDRE MCCANN, «New frontiers of regulation: domestic work working conditions, and the holistic assessement of nonstandard work norms», *Comparative Labor Law and Policy Journal*, 34 (2012), pp. 167-192.

DIOGO RAVARA, «Anotação ao acórdão do Tribunal da Relação de Lisboa, de 07/11/2012», *Prontuário de Direito do Trabalho*, 93 (2012), pp. 39-57.

EINAT ALBIN/VIRGINIA MANTOUVALOU, «The ILO convention on domestic workers: from the shadows to the light», *Industrial Law Journal*, 41 I (2012), pp. 67-78.

ELENA DESDENTADO DAROCA, «La nueva regulación del trabajo doméstico cinco años después. Un análisis crítico», *Revista de Derecho Social*, 75 (2016), pp. 47-73.

F. A. PIRES DE LIMA, «Anotação ao Acórdão de 2 de Novembro de 1965», *Revista de Legislação e de Jurisprudência*, 3315 (1966), pp. 90-95.

FERNANDA AGRIA, «Serviço doméstico: problemas e soluções», *Estudos Sociais e Corporativos*, 26 (1968), pp. 52-101.

– «A mulher e o trabalho – características do trabalho feminino na época actual», *Estudos Sociais e Corporativos*, 28 (1968), pp. 90-112.

FERNANDO DI CERBO, *I rapporti speciali di lavoro*, CEDAM, Milão, 2000.

FERNANDO JOSÉ CUNHA BELFORT, *Do empregado e do empregador doméstico*, São Luís, 1999.

FERNANDO RIBEIRO LOPES, *Direito do Trabalho – sumários desenvolvidos*, Universidade de Lisboa, 1977/78.

FERNANDO VALDÉS DAL-RÉ, «Unidad y diversidad en la regulación del contrato de trabajo: apuntes de su evolución histórica», *Relaciones Laborales*, 2005, I, pp. 91-104.

FILIPE FRAÚSTO DA SILVA, «Em torno do contrato de serviço doméstico», *Prontuário de Direito do Trabalho*, Atualização nº 60 (2001), pp. 83-130.

– «Sobre a exigência de forma escrita para o despedimento no contrato de serviço doméstico», *Questões Laborais*, 16 (2000), pp. 232-237.

– «30 anos de contrato de trabalho a termo» in: *A Reforma do Código do Trabalho*, Coimbra Editora, Coimbra, 2004, pp. 215-275.

FRANCISCA PEREYRA, «El acceso desigual a los derechos laborales en el servicio doméstico argentino: una aproximación desde la óptica de las empleadoras», *Revista de Estudios Sociales*, 45 (2013), pp. 54-66.

FRANCISCO LIBERAL FERNANDES, «Alteração unilateral do horário de trabalho», *Questões Laborais*, 3 (1994), pp. 159-166.

– «Mudança do local de trabalho e alteração do horário de trabalho», *Questões Laborais*, 3 (1994), pp. 173-174.

– «Sobre o conceito de tempo de trabalho no Código do Trabalho», *Questões Laborais*, 27 (2006), pp. 135-137.

– *O tempo de trabalho – comentários aos artigos 197 a 236º do Código do Trabalho (revisto pela Lei nº 23/2012, de 25 de*

Junho), Coimbra Editora, Coimbra, 2012.
– «Um breve olhar sobre a Directiva Nº 2003/88/CE, relativa à organização do tempo de trabalho», *Prontuário de Direito do Trabalho*, 93 (2012), pp. 101-121.
– «Tempo de trabalho e tempo de descanso» in: Maria do Rosário Palma Ramalho/Teresa Coelho Moreira [Coord.], *Tempo de trabalho e tempos de não trabalho*, APODIT, Lisboa, 2018, pp. 11-23.
– «A Directiva nº 1999/70/CE e a celebração do primeiro contrato a termo» in: José João Abrantes [Coord.], *Congresso europeu de Direito do Trabalho – comunicações apresentadas no Congresso organizado pela ELSA Nova Lisboa e pela Faculdade de Direito da Universidade Nova de Lisboa, realizado nos dias 12, 13 e 14 de Abril de 2012*, Almedina, Coimbra, 2014, pp. 27-36.

Guillermo García González, «Derechos sociales y empleados del hogar: reformas jurídicas inaplazables para la dignificación del trabajo doméstico en España», *Revista de Derecho Social*, 77 (2017), pp. 83-104.

Hugo Gabriel dos Santos Alves, *O contrato de trabalho doméstico – algumas reflexões*, Dissertação de Mestrado dactilografada, Universidade Católica Portuguesa, Porto, 2003.

Immanuel Kant, *A Metafísica dos Costumes*, Parte I – *Princípios metafísicos da doutrina do Direito*, Edições 70 (trad. Artur Mourão), Lisboa, 2004.

Isabel Vieira Borges, «Notas sobre o obstar "culposamente ao gozo das férias"» in: AAVV. [Coord.], *Estudos de Direito do Trabalho em homenagem ao Professor António Monteiro Fernandes*, I, Nova Causa, 2018, pp. 484-524.

Javier Fernández-Costales Muñiz, «Relación laboral de carácter especial del servicio del hogar familiar – extinción del contrato por despido de una trabajadora embarazada al servicio del hogar familiar con vulneración de derechos fundamentales», *Nueva Revista Española de Derecho del Trabajo*, 173 (2015), pp. 303-313.

Joana Farrajota, *A resolução do contrato sem fundamento*, Almedina, Coimbra, 2015.

Joana Nunes Vicente, *A invalidade parcial do contrato de trabalho*, Gestlegal, Coimbra, 2017.
– «Breves notas sobre fixação e modificação do horário de trabalho» in: *Para Jorge Leite – Escritos Jurídico-Laborais*, Coimbra Editora, Coimbra, 2014, Vol. I, pp. 1051-1071.

Joana Nunes Vicente/Milena Rouxinol, «Entre o direito à saúde e o direito a estar doente – comentário ao Acórdão do Tribunal da Relação de Lisboa, de 29 de Maio de 2007», *Questões Laborais*, 31 (2008), pp. 89-114.

Joana Vasconcelos, «Despedimento ilícito, salários intercalares e deduções [Art. 13º-2 do DL 64A/89]», *Revista de Direito e de Estudos Sociais*, 1990, I-II-III-IV, pp. 157-223.
– «Contrato de trabalho com pluralidade de empregadores», *Revista de Direito e Estudos Sociais*, 2005, II-III-IV, pp. 283-299.

João Carlos Loureiro, «Servindo a vários(as) senhores(as): domus, exclusão e discriminação – nótula sobre a segurança social dos trabalhadores do serviço doméstico» in: Jorge Miranda [Coord.], *Estudos em Homenagem a Sérvulo Correia*, Vol. IV, Coimbra Editora, Coimbra, 2010, pp. 229-251.

João Caupers, *Os Direitos Fundamentais dos trabalhadores e a Constituição*, Almedina, Lisboa, 1985.

João Francisco Almeida Policarpo/António Monteiro Fernandes, «Fundamento do poder disciplinar», *Estudos Sociais e Corporativos*, 24 (1967), pp. 17-51.

João Leal Amado, *A protecção do salário*, Coimbra, 1993.

– «Despedimento ilícito, opção indemnizatória e morte do trabalhador», *Questões Laborais*, 19 (2002), pp. 116-120.

– «Abandono do trabalho: um instituto jurídico em remodelação» in: Catarina de Oliveira Carvalho/Júlio Vieira Gomes [Coord.], *Direito do Trabalho + Crise = Crise do Direito do Trabalho? – Actas do Congresso de Direito do Trabalho*, Coimbra Editora, Coimbra, 2011, pp. 13-27.

– «Anotação ao Acórdão de 4 de Maio de 2011 do Supremo Tribunal de Justiça», *Revista de Legislação e de Jurisprudência*, 3967 (2011), pp. 258-264.

– «Abandono do trabalho: um instituto jurídico em remodelação» in: Catarina de Oliveira Carvalho/Júlio Vieira Gomes [Coord.], *Direito do Trabalho + Crise = Crise do Direito do Trabalho? – Actas do Congresso de Direito do Trabalho*, Coimbra Editora, Coimbra, 2011, pp. 13-27 (= *Revista de Legislação e de Jurisprudência*, 3961 (2010), pp. 235-241).

– «De novo sobre uma velha questão: a compensação por caducidade nos contratos a termo certo», *Revista da Ordem dos Advogados*, 2014, II, pp. 411-424.

– *Contrato de trabalho*, Coimbra Editora, Coimbra, 2014.

– «Amor, sexo e tentações: que papel para o Direito do Trabalho», *Revista do CEJ*, 2020, II, pp. 289-315.

João Zenha Martins,

– *Cedência de trabalhadores e grupos de empresas*, Almedina, Coimbra, 2002.

– «Tempo de trabalho e tempo de repouso: qualificação e delimitação de conceitos» in: Maria do Rosário Palma Ramalho/Teresa Coelho Moreira [Coord.], *Tempo de trabalho e tempos de não trabalho*, APODIT, Lisboa, 2018, pp. 25-67 (= *Revista do CEJ*, 2017, II, pp. 209-249).

Jorge Duarte Pinheiro, *O Direito da Família contemporâneo*, 7ª ed., Gestlegal, Coimbra, 2020.

Jorge Leite, «Dever de informação», *Questões Laborais*, 3 (1994), pp. 189-192.

– *Direito do Trabalho*, I, Coimbra, 1998.

– *Direito do Trabalho*, II, Coimbra, 1998.

José Acácio Lourenço, «Algumas considerações sobre o regime jurídico do trabalho rural e do serviço doméstico» in: *Estudos sobre Temas de Direito do Trabalho*, Lisboa, 1979, pp. 49-58.

José Andrade Mesquita, *Direito do Trabalho*, 2ª ed., AAFDL, Lisboa, 2004.

José Carlos Brandão Proença, *A resolução do contrato no Direito Civil – do enquadramento e do regime*, Coimbra Editora, Coimbra, 2006 (reimpressão).

José Dias Ferreira, *Codigo Civil Portuguez Annotado*, Vol. III, Lisboa, 1872.

José Gil de Jesus Roque, *Da justa causa do despedimento face à actual Lei Portuguesa*, Rei dos Livros, Lisboa, 1980.

José João Abrantes, «A redução do período normal de trabalho – a Lei nº 21/96 em questão», *Questões Laborais*, 9-10 (1997), pp. 81-89.

– «Contrato de trabalho e direitos fundamentais» in: António Moreira [Coord.], *II Congresso nacional de direito do trabalho – memórias*, Almedina, Coimbra, 1999, pp. 105-114.

– «O novo Código do Trabalho e os direitos de personalidade do trabalhador» in: *Estudos sobre o Código do Trabalho,* Coimbra Editora, Coimbra, 2004, pp. 145-167 (= *A reforma do Código do Trabalho,* Coimbra Editora, Coimbra, 2004, pp. 139-160).

– «Princípio da proporcionalidade e tutela da personalidade do trabalhador» in: *Estudos dedicados ao Professor Doutor Bernardo da Gama Lobo Xavier,* Universidade Católica Editora, Vol. II, Lisboa, 2015, pp. 319-332.

– «Labour contract and fundamental rights» in: *Estudos sobre o Código do Trabalho,* Coimbra Editora, Coimbra, 2004, pp. 169-187.

JOSUNE LÓPEZ RODRÍGUEZ, «La videovigilancia en el trabajo doméstico: especial atención a la posible instalación de cámaras ocultas», *Revista General de Derecho del trabajo y de la Seguridad Social,* 63 (2022), pp- 421-457.

JUAN ANTONIO RUIZ CALDERÓN, «Puntos críticos de la nueva regulación de la relación laboral especial de servicio del hogar familiar: regimen de extinción del contrato y desprotección por desempleo» in: *Cuestiones Laborales de Actualidad – Estudios Jurídicos en Homenaje al Profesor Dr. Feliciano González Pérez,* Dkyinson, Madrid, 2013, pp. 377-389.

JUAN CARLOS ÁLVAREZ CORTÉS, «COVID-19 y efectos en el mercado de trabajo – el subsidio extraordinario para personas empleadas del hogar familiar: una protección "asistencializada" e imperfecta. A propósito del Real Decreto-ley 11/2020 y la Resolución de 30 de abril de 2020 del Servicio Público de Empleo Estatal», *Revista Española de Derecho del Trabajo,* 233 (2020), versão *online.*

JÚLIO GOMES, «Do uso e abuso do período experimental», *Revista de Direito e de Estudos Sociais,* 2000, III-IV, pp. 245-276.

– «Acção de impugnação de despedimento. Reforma. Indemnização de antiguidade», *Questões Laborais,* 19 (2002), pp. 96-109.

– «O contrato de trabalho a termo ou a tapeçaria de Penélope» in: *Estudos do Instituto de Direito do Trabalho,* vol. IV, Almedina, Coimbra, 2003, pp. 35-99.

– *Direito do Trabalho,* Vol. I, *Relações Individuais de Trabalho,* Coimbra Editora, Coimbra, 2007.

– «Dos usos da empresa em Direito do Trabalho» in: *Novos estudos de Direito do Trabalho,* Coimbra Editora, Coimbra, 2010, pp. 9-88.

– «Um direito de alerta cívico do trabalhador subordinado (ou a protecção laboral do *whistleblower*)», *Revista de Direito e de Estudos Sociais,* 2014, I-IV, pp. 127-160.

LOURDES LÓPEZ CUMBRE, «La relación especial del servicio del hogar familiar» in: *El Estatuto de los Trabajadores Veinte Años después – Edición Especial del Número 100 de Revista Española de Derecho del Trabajo,* Civitas, Madrid, 2000, pp. 151-176.

LOURDES MELÉNDEZ MORILLO VELAVERDE/CAROLINA SAN MARTÍN MAZZUCCONI/PILAR PALOMINO SAURINA, «La relación laboral especial del personal al servicio del hogar familiar» in: ANTÓNIO SEMPERE NAVARRO/MIGUEL CARDENAL CARRO (Org.), *El contrato de Trabajo,* Vol. II, *Relaciones Laborales Especiales y Contratos con Particularidades,* Aranzadi, Navarra, 2011, pp. 131-170.

LOURDES SÁNCHEZ PUJALTE, «El sistema especial de empleados del hogar tras la reforma operada por el Real Decreto-Ley 16/2022», *Diario La Ley*, 10196 (2022), pp. 1-8.

Ludovico Barassi, *Il contratto di lavoro – Diritto positivo italiano*, Vol. I, Giuffrè, Milão, 1915.

– *Diritto del Lavoro*, Vol. I, Giuffrè, Milão, 1935.

Luiz da Cunha Gonçalves, *Tratado de Direito Civil em comentário ao Código Civil português*, Vol. VII, Coimbra Editora, Coimbra, 1933.

Luís Gonçalves da Silva, «O Código do Trabalho face à Constituição» in: *Estudos de Direito do Trabalho (Código do Trabalho)*, Almedina, Vol. I, Coimbra, 2004, pp. 9-105.

Luís Manuel Teles de Menezes Leitão, «Formas de cessação do contrato de trabalho e procedimentos» in: *Temas Laborais – Estudos e Pareceres*, Vol. I, Almedina, Coimbra, 2006, pp. 107-122.

– «Natureza jurídica da compensação decorrente da caducidade do contrato a termo e sua elegibilidade no âmbito do Fundo Social Europeu – Parecer» in: *Temas Laborais – Estudos e Pareceres*, Vol. I, Almedina, Coimbra, 2006, pp. 189-203.

– *Direito do Trabalho*, 4ª ed., Almedina, Coimbra, 2014.

Luís Miguel Monteiro, «Algumas questões sobre a organização do tempo de trabalho: os regimes legais de adaptação do tempo de trabalho», *Revista de Direito e de Estudos Sociais*, 2000, III-IV, pp. 277-297.

– «Limites da duração do trabalho» in: *Estudos do Instituto de Direito do Trabalho*, Vol. VIII, Almedina, Coimbra, 2020, pp. 91-116.

Manuel Abrantes, *Out of the penumbra: dispute and alliance in domestic service employment relationship*, Dissertação de Doutoramento, Universidade de Lisboa – Instituto Superior de Economia e Gestão, Lisboa, 2014.

– «A matter of decency? Persistent tensions in the regulation of domestic service», *Revista de Estudios Sociales*, 45 (2013), pp. 110-122.

– «Les travailleurs domestiques en Europe: que disent les chiffres?», *Revue Internationale du Travail*, 153 (2014), pp. 245-266.

Marcia Nigiolela/Fortunato Paixão, *Contrato de trabalho doméstico anotado*, Universidade Católica Editora, Lisboa, 2019.

Márcio Túlio Viana, «Das casas às ruas: pequenas ideias para um futuro mais digno do Direito do Trabalho», *Questões Laborais*, 55 (2019), pp. 7-17.

Maria de Fátima Ribeiro, «Breves notas críticas sobre a evolução de alguns aspectos do regime da duração e organização do tempo de trabalho», *Questões Laborais*, 28 (2006), pp. 219-240.

– «O tempo de trabalho e a Lei nº 21/96» in: *Juris et de Jure – Nos 20 Anos da Faculdade de Direito da Universidade Católica Portuguesa – Porto*, Publicações Universidade Católica, Porto, 1998, pp. 987-1029.

María de Sande Pérez-Bedmar, «La relación laboral especial de los empleados de hogar: aspectos laborales y de seguridad social», *Revista Jurídica Universidad Autónoma de Madrid*, 23 (2011), pp. 137-165.

Maria do Rosário Palma Ramalho, *Grupos empresariais e societários – incidências laborais*, Almedina, Coimbra, 2008.

– *Tratado de Direito do Trabalho*, Parte II – *Situações laborais individuais*, Almedina, Coimbra, 6ª ed., 2016.

– *Tratado de Direito do Trabalho*, Parte IV – *Contratos de trabalho especiais*, Almedina, Coimbra, 2019.

María Gema Quintero Lima, «Las modificaciones introducidas por el Real Decreto-Ley 16/2022 de 6 de septiembre para la mejora de las condiciones de trabajo y de seguridad social de las personas trabajadoras al servicio del hogar, y su impacto en las personas empleadoras», *IusLabor*, 3 (2022), pp.120-140.

Maria Irene Gomes, «Cessação do contrato de trabalho doméstico – comentário ao Acórdão do Tribunal da Relação do Porto (4ª Secção) de 6.11.2017, proc. nr. 22377/16.6T8PRT.P1», *Cadernos de Direito Privado*, 73 (2021), pp. 13-34.

– «Contrato de trabalho doméstico: problemas de articulação com o regime geral do contrato de trabalho», *Prontuário de Direito do Trabalho*, 2021, II, pp. 221-246.

Maria Inês Rebelo, *O trabalho voluntário – uma reflexão jurídica e social*, Chiado Editora, Lisboa, 2015.

María Luisa Molero Marañón, «Las trabajadoras del cuidado: por un futuro de trabajo decente», *Revista de Derecho Social*, 89 (2020), pp. 33-64.

María Luisa Rodríguez Copé, «Limitaciones del derecho ao desistimiento en la relación laboral especial del personal al servicio del hogar familiar: cuantía indemnizatoria y reparación por daños morales de la trabajadora embarazada – comentario a la STSJ de Asturias de 27 de septiembre de 2018», *Temas Laborales*, 146 (2019), pp. 211-222.

Maria Regina Redinha, «Os direitos de personalidade no Código do Trabalho: actualidade e oportunidade da sua inclusão» in: *A reforma do Código do Trabalho*, Almedina, Coimbra, 2004, pp. 161-171.

– «Da protecção da personalidade no Código do Trabalho» in: João Reis/João Leal Amado/Francisco Liberal Fernandes/Maria Regina Redinha [Org.], *Para Jorge Leite – Escritos Jurídico-Laborais*, Vol. I, Coimbra Editora, Coimbra, 2014, pp. 819-853.

Mário Frota, *Contrato de Trabalho I*, Coimbra, 1978.

Mário Júlio de Almeida Costa, *Noções de Direito Civil*, Almedina, Coimbra, 2ª ed., 1985.

Mario Napoli, «Contratto e rapporti di lavoro, oggi» in: *Le ragioni del Diritto – scritti in onore di Luigi Mengoni*, Giuffrè Editore, Vol. II, Milão, 1995, pp. 1057-1142.

Mário Pinto/Pedro Furtado Martins/António Nunes de Carvalho, *Comentário às leis do trabalho*, Vol. I, Lex, Lisboa, 1994.

Mário Pinto, «Garantia de emprego e crise económica – contributo ensaístico para um novo conceito» in: *Direito e Justiça – Homenagem ao Prof. Doutor Manuel Gonçalves Cavaleiro de Ferreira*, vol. III, UCP Editora, 1987/1988, pp. 141-162.

Miguel Hernáinz Márquez, «Antecedentes historicos y legales del servicio domestico», *Cuadernos de Política Social*, 41 (1959), pp. 7-38.

Miguel Lopes Cardoso, «A duração e organização do tempo de trabalho – evolução de 2003 para 2009», *Revista de Ciências Empresariais e Jurídicas*, 15 (2009), pp. 285-310.

Miriam Rocha, «Tempos de discriminação e caminhos de igualdade» in: Anabela Susana de Sousa Gonçalves *et alii* [Coord.], *Código Civil de 1966: novos desafios – comemorações dos 50 anos do*

Código Civil, Escola de Direito da Universidade do Minho, Braga, 2017, pp. 375-396.

NUNO CABRAL BASTO, «Contratos especiais de trabalho – reflexões em torno do sistema positivo vigente», *Estudos Sociais e Corporativos*, 31 (1970), pp. 69-94.

NUNO DE SALTER CID, *A comunhão de vida à margem do casamento: entre o facto e o direito*, Almedina, Coimbra, 2005.

NUNO MARQUES AGOSTINHO, *As prestações em espécie – à luz dos conceitos de retribuição e de retribuição base*, Nova Causa, Lisboa, 2017.

NUNO RIJO, «Período experimental e parentalidade – denúncia do contrato de trabalho de trabalhadora grávida, puérpera ou lactante durante o período experimental», *Questões Laborais*, 52 (2018), pp. 75-103.

OLEGÁRIO PAZ, *Empregadas domésticas, mulheres em luta – para a história do serviço doméstico em Portugal: das origens ao fascismo*, Edições Base, s/data.

OLGA LENZI, «La vídeo-vigilancia de las empleadas al servicio del hogar a la luz de la sentencia de la audiência provincial de Pontevedra de 9 de Enero de 2019, rec. 618/2018», *Revista de Derecho Social*, 88 (2019), pp. 167-177.

– «El control de la prestación laboral a través de fórmulas de videovigilancia: el concreto supuesto del trabajo doméstico», *Temas Laborales*, 146 (2019), pp. 159-184.

PATRÍCIA GONÇALVES BATISTA, *Imigração e trabalho doméstico: o caso português*, Lisboa, 2011.

PAULA PONCES CAMANHO, «Algumas reflexões sobre o regime jurídico do contrato de trabalho a termo» in: *Juris et de Jure – Nos 20 anos da Faculdade de Direito da Universidade Católica Portuguesa – Porto*, Universidade Católica Portuguesa, Porto, 1998, pp. 969-986.

PAULA ROSADO PEREIRA, *Manual de IRS*, 4ª ed., Almedina, Coimbra, 2022.

PAULO SOUSA PINHEIRO, «O Direito do Trabalho ao longo da História – dealbar e evolução de um novo ramo do Direito», *Revista de Ciências Empresariais e Jurídicas*, 8 (2006), pp. 271-301.

PEDRO FERREIRA DE SOUSA/FÁBIO NAVE MOREIRA, «O tempo de disponibilidade do trabalhador – perspetiva laboral, fiscal e contributiva», *Prontuário de Direito do Trabalho*, 2018, II, pp. 195-216.

PEDRO FURTADO MARTINS, *Despedimento ilícito, reintegração na empresa e dever de ocupação efectiva – contributo para o estudo dos efeitos da declaração da invalidade do despedimento*, Suplemento Direito e Justiça, Lisboa, 1992.

– «O pluriemprego no Direito do Trabalho» in: ANTÓNIO MOREIRA [Coord.], *II Congresso nacional de Direito do Trabalho*, Almedina, Coimbra, 1999, pp. 193-210.

– *Cessação do contrato de trabalho*, Principia, 3ª ed., Cascais, 2012.

PEDRO LEITÃO PAIS DE VASCONCELOS, *A preposição*, 2ª ed., Almedina, Coimbra, 2018.

PEDRO ROMANO MARTINEZ, *Direito do Trabalho*, Almedina, Coimbra, 2015.

– *Código do Trabalho anotado*, Almedina, Coimbra, 2020.

PIRES DE LIMA/ANTUNES VARELA, *Noções Fundamentais de Direito Civil*, Vol. I, Coimbra, 1965.

RAÚL VENTURA, *Teoria da relação jurídica de trabalho – estudo de direito privado*, Imprensa Portuguesa, Porto, 1944.

RICHARD POSNER, *Economic analysis of law*, Aspen Publishers, 6ª ed., Nova Iorque, 2002.

RITA CANAS DA SILVA, *Suspensão laboral: ausência temporária da prestação de trabalho*, Almedina, Coimbra, 2017.

ROGÉRIO EHRHARDT SOARES, *Direito Público e sociedade técnica*, Tenacitas, Coimbra, 2008.

ROSA QUESADA SEGURA, «La distinción entre "au pair" y la relación laboral de trabajo al servicio del hogar familiar: Dos relaciones marginadas (STSJ Castilla y León-Burgos 18 febrero 1999; AS 1999, 628)», *Aranzadi social*, 1999, I, pp. 2656-2662.

– «El trabajo *au pair*: entre la laboralidad y la tutela extralaboral» in: *Trabajo subordinado y trabajo autónomo en la delimitación de fronteras del derecho del trabajo – estudios en homenaje al profesor José Cabrera Bazán*, Tecnos, Madrid, 1999, pp. 315-334.

– «Sobre los derechos que mejoran las condiciones de trabajo y seguridad social de las trabajadoras del hogar familiar – análisis del Real Decreto-Ley 16/2022, de 6 de septiembre», *Revista General de Derecho del Trabajo y Seguridad Social*, 63 (2022), pp. 190-218.

RUI MANUEL DE FIGUEIREDO MARCOS, «A emergência do contrato de trabalho no Direito português», *Revista da faculdade de Direito da Universidade do Porto*, 2011, pp. 217-226.

RUI MORAIS, *Sobre o IRS*, 3ª ed., Almedina, Coimbra, 2016.

SUSANA RUIZ TARRÍAS, «Videovigilancia de la relación laboral prestada en domicilio particular», *Derecho Digital e Innovación*, 14 (2022), 8 pp.

TERESA ALEXANDRA COELHO MOREIRA, *Da esfera privada do trabalhador e o controlo do empregador*, Coimbra Editora, Coimbra, 2004.

– «Das revistas dos trabalhadores e aos seus bens em contexto laboral» in: *Estudos em comemoração do 10º aniversário da Licenciatura em Direito da Universidade do Minho*, Almedina, Coimbra, 2004, pp. 817-838.

TEREZA PÉREZ DEL RIO, «Los "servicios de proximidad": un nuevo yacimento de empleo?» in: *Trabajo subordinado y trabajo autónomo en la delimitación de fronteras del derecho del trabajo – estudios en homenage al profesor José Cabrera Bazán*, Tecnos, Madrid, 1999, pp. 296-314.

TIAGO ROCHA, «Algumas considerações sobre o conceito de tempo de trabalho, em especial sobre o conceito de tempo de deslocação», *Questões Laborais*, 52 (2018), pp. 33-74.

VERA PAVLOV, «El potencial del Derecho Laboral de la UE para luchar contra la vulnerabilidad de los trabajadores domésticos. Implicaciones para el ordenamiento jurídico español», *Revista de Derecho Social*, 76 (2016), pp. 83-106.

– «Domestic work in EU Law: the relevance of EU Employment Law in challenging domestic workers' vulnerability», *European Law Review*, 2016, 41 III, pp. 379-398.

VICTOR HUGO VENTURA/CLÁUDIA CAMPOS, «A inexigibilidade de parecer da CITE para o despedimento de trabalhadora doméstica grávida, puérpera ou lactante», *Questões Laborais*, 56 (2020), 33-52.

VICTOR HUGO VENTURA, *O regime do contrato de trabalho do praticante desportivo*, AAFDL Editora, Lisboa, 2020.

– *O regime do contrato de serviço doméstico*, AAFDL Editora, Lisboa, 2021.

– *Contrato de trabalho rural*, Vida Económica, Porto, 2021.

– «Anotação aos artigos 116º a 121º» AAVV., *Código dos regimes contributivos do sistema previdencial de Segurança Social anotado e comentado*, Almedina, Coimbra, 2022, pp. 292 ss.

Jurisprudência

Ac. de 24/10/2022 do TRP (Nelson Fernandes), proc. nr. 900/20.1T8AVR.P1

Ac. de 13/07/2022 do TRP (Paula Leal de Carvalho), proc. nr. 3481/18.2T8VFR.P1

Ac. de 30/06/2022 do TRE (Paula do Paço), proc. nr. 1135/20.9T8BJA

Ac. de 01/06/2022 do STJ (Mário Belo Morgado), proc. nr. 27266/18.7T8PRT.P1.S1

Ac. de 21/04/2022 do TRG (Maria Leonor Chaves dos Santos Barroso), proc. nr. 283/21.2T8VCT.G1

Ac. de 14/03/2022 do TRP (Domingos Morais), proc. nr. 1699/20.7T8MTS.P1

Ac. de 23/02/2022 do TRL (Duro Cardoso), proc. nr. 2182/19.9T8BRR.L1-4

Ac. de 15/11/2021 do TRP (Jerónimo Freitas), proc. nr. 4280/17.4T8MTS.P3

Ac. de 17/05/2021 do TRP (Domingos Morais), proc. nr. 27266/18.7T8PRT.P1

Ac. de 04/02/2021 do TRG (Maria Leonor Chaves dos Santos Barroso), proc. nr. 786/19.9T8VRL.G1

Ac. de 25/11/2020 do TRL (Eduardo Sapateiro), proc. nr. 1068/16.3T8AGH –L1-4.

Ac. de 11/03/2020 do TRL (José António Santos Feteira), CJ, 2020, II, pp. 125-129

Ac. de 09/03/2020 do TRP (Nelson Fernandes), proc. nr. 6793/18.1T8PRT.P1

Ac. de 27/02/2020 do TRE (Paula do Paço), proc. nr. 669/19.2T8FAR.E1/CJ, 2020, I, p. 311 (sumário)

Ac. de 15/01/2020 do TRL (Francisca Mendes), proc. nr. 12703/19.1T8LSB.L1-4

Ac. de 20/11/2019 do TRL (Eduardo Sapateiro), proc. nr. 5987/19.7T8LSB.L1-4

Ac. de 25/09/2019 do TRL (Duro Cardoso), proc. nr. 2910/18.0T8PDL.L1-4

Ac. de 28/11/2018 do TRC (Jorge Loureiro), CJ, 2018, V, pp. 44-49

Ac. de 26/10/2018 do TRC (Felizardo Paiva), proc. nr. 121/07.0T8FIG.C1

Ac. de 14/09/2018 do TRC (Jorge Manuel Loureiro), proc. nr. 3014/17.8T8VIS.C1/CJ, 2018, IV, pp. 361-362 (sumário)

Ac. de 11/07/2018 do TRL (José Eduardo Sapateiro), proc. nr. 388/18.7T8PDL.L1-4

Ac. de 05/07/2018 do TRL (Duro Cardoso), proc. nr. 2578/16.8T8CSC.L1-4

Ac. de 14/06/2018 do TRE (Moisés Silva), proc. nr. 1260/17.3T8TMR.E1

Ac. de 08/05/2018 do TRC (Felizardo Paiva), CJ, 2018, III, pp. 362-363 (sumário)

Ac. de 11/04/2018 do STJ (Ferreira Pinto), proc. nr. 19318/16.4T8PRT.P1.S1

Ac. de 06/11/2017 do TRP (Nelson Fernandes), proc. nr. 22377/16.6T8PRT.P1/CJ, 2017, V, pp. 228-234

Ac. de 26/10/2017 do TRP (Rita Romeira), proc. nr. 19318/16.4T8PRT.P1

Ac. de 31/05/2017 do TRL (Sérgio Almeida), proc. nr. 27891/16.0T8LSB.L1-4

Ac. de 09/03/2017 do STJ (Ana Luísa Geraldes), CJ (STJ), 2017, I, pp. 224-225 (sumário)

Ac. de 15/12/2016 do TRL (Alves Duarte), proc. nr. 2693/15.5T8CSC-A.L1-4

Ac. de 04/05/2016 do TRL (Alves Duarte), proc. nr. 325/13.5TTFUN.L1-4

Ac. de 02/03/2016 do TRL (Claudino Seara Paixão), CJ, 2016, II, pp. 160-164

Ac. de 29/02/2016 do TRP (Domingos Morais), proc. nr. 1206/14.0T8MTS-A.P1

Ac. de 16/09/2015 do STJ (Mário Belo Morgado), CJ (STJ), 2015, III, pp. 238-242

Ac. de 07/09/2015 do TRP (António José Ramos), proc. nr. 628/14.1TTPRT.P1

Ac. de 11/03/2015 do TRL (Paula Sá Fernandes), proc. nr. 559/12.0TTLSB.L1-4

Ac. de 10/09/2014 do STJ (Mário Belo Morgado), proc. nr. 1016/12.0T4AVR.C1.S1/CJ (STJ), 2014, III, pp. 233-235

Ac. de 12/05/2014 do TRP (Eduardo Petersen da Silva), proc. nr. 170/09.2TTOAZ.P1

Ac. de 18/12/2013 do TRP (Paula Maria Roberto), proc. nr. 282/12.5TTPRT.P1

Ac. de 09/12/2013 do TRP (Eduardo Petersen Da Silva), proc. nr. 170/12.5TTVNF.P1

Ac. de 25/09/2013 do TRL (Alda Martins), CJ, 2013, IV, p. 315 (sumário)

Ac. de 25/09/2013 do TRL (Leopoldo Soares), proc. nr 3013/06.5TTLSB.L1-4

Ac. de 19/06/2013 do TRL (Jerónimo Freitas), CJ, 2013, III, p. 296 (sumário)

Ac. de 19/06/2013 do TRL (Paula Sá Fernandes), proc. nr. 314/11.4TTFUN.L1-4

Ac. de 02/06/2003 do TRP (Sousa Peixoto), CJ, 2003, III, pp. 236-238

Ac. de 31/01/2013 do TRE (Paula do Paço), proc. nr. 163/08.7TTFAR.E1

Ac. de 09/01/2013 do TRL (Maria Celina Nóbrega), CJ, 2013, I, p. 322 (sumário)

Ac. de 07/11/2012 do TRL (Jerónimo Freitas), CJ, 2012, V, p. 305 (sumário)

Ac. de 30/08/2012 do TRP (João Nunes), CJ, 2012, IV, pp. 287-288 (sumário)

Ac. de 21/03/2012 do STJ (Sampaio Gomes), CJ (STJ), 2012, I, pp. 266-273

Ac. de 07/03/2012 do STJ (Fernandes da Silva), proc. nr. 17/10.7TTEVR.E1.S1

Ac. de 29/02/2012 do STJ (Gonçalves Rocha), proc. nr. 163/09.0TTMTS.P1.S1

Ac. de 31/01/2012 do STJ (Paulo Sá), proc. nr. 6704/09.5TVLSB.L1.S1

Ac. de 13/12/2011 do TRE (Paulo Amaral), proc nr 327/10EVR

Ac. de 28/11/2011 do TRP (Fernandes Isodoro), proc. nr. 43/08.6TTLMG.P1

Ac. de 27/10/2011 do STJ (Granja da Fonseca), proc. nr. 6160/03.1TBOER.L1.S1

Ac. de 08/09/2011 do TRC (Felizardo Paiva), CJ, 2011, IV, pp. 63-66

Ac. de 01/06/2011 do TRL (Natalino Bolas), proc. nr. 3310/06.0TTLSB.L1-4

Ac. de 12/04/2011 do TRE (João Luís Nunes), proc. nr. 17/10.7TTEVR.E1

Ac. de 21/02/2011 do TRP (Fernanda Soares), proc. nr. 998/08.4TTPRT.P1

Ac. de 14/09/2010 do TRE (Gonçalves Rocha), CJ, 2010, IV, pp. 263-264

Ac. de 26/04/2010 do TRP (Albertina Pereira), proc. nr. 112/07.0TTLMG.P1/CJ, 2010, II, pp. 235-236

Ac. de 25/02/2010 do TCAS (Coelho da Cunha), proc. nr. 04871/09

Ac. de 09/09/2009 do STJ (Sousa Grandão), proc. nr. 09S0155

Ac. de 01/10/2008 do TRL (Paula Sá Fernandes), proc. nr. 4551/2008-4

Ac. de 17/10/2007 do STJ (Bravo Serra), proc. nr. 07S2881

Ac. de 15/10/2007 do TRP (Domingos Morais), proc. nr. 0711034

Ac. de 12/09/2007 do STJ (Laura Leonardo), proc. nr. 07S820

Ac. de 14/06/2007 do TRC (Azevedo Mendes), proc. nr. 1190/04.9TTCBR.C1

Ac. de 14/03/2007 do TRL (Hermínia Marques), CJ, 2007, II, pp. 143-145

Ac. de 02/05/2007 do TC (Pamplona de Oliveira), proc. nr. 75/2002

Ac. de 20/07/2006 do TRC (António F. Martins), proc. nr. 262/06/BTE, II Série, 4-5-6/2007, pp. 744-749

Ac. de 27/03/2006 do TRP (Machado da Silva), proc. nr. 0516603

Ac. de 08/02/2006 do TRL (Paula Sá Fernandes), proc. nr. 6085/2005-4/ BTE, II Série, 1-2-3/2007, pp. 281-284/ CJ, 2006, I, pp. 151-152

Ac. de 21/09/2005 do TRL (Ramalho Pinto), proc. nr. 3275/2005-4

Ac. de 30/05/2005 do TRE (Chambel Mourisco), proc. nr. 342/05-3/CJ, 2005, III, pp. 273-274

Ac. de 18/01/2005 do TRC (Rui Barreiros), proc. nr. 2387/04

Ac. de 03/11/2004 do TRL (Guilherme Pires), proc. nr. 6109/2004-4 (sumário)

Ac. de 09/03/2004 do STJ (Fernandes Cadilha), proc. nr. 03S3781

Ac. de 02/03/2004 do TRE (Chambel Mourisco), proc. nr. 2977/03-2

Ac. de 15/12/2003 do TRP (Sousa Peixoto), CJ, 2003, V, pp. 243-244

Ac. de 25/06/2003 do TC (Mário Torres), proc. nr. 382/03

Ac. de 04/06/2003 do STJ (Manuel Pereira), proc. nr. 01S1203

Ac. de 27/03/2003 do STJ (Azambuja da Fonseca), proc. nr. 03S121.

Ac. de 11/11/2002 do TRP (Macedo Domingues), proc. nr. 0251080 (sumário)

Ac. de 02/12/2002 do TRP (Sousa Peixoto), proc. nr. 0211519/CJ, 2002, V, pp. 225-227

Ac. de 26/06/2002 do TRL (Ferreira Marques), proc. nr. 0012864

Ac. de 05/02/2002 do TRE (Gonçalves da Rocha), CJ, 2002, I, pp. 289-293

Ac. de 13/11/2002 do STJ (Mário Torres), CJ (STJ), 2002, III, pp. 276-279

Ac. de 07/03/2001 do TRL (Simão Quelhas), CJ, 2001, II, pp. 142-146

Ac. de 13/12/2000 do STJ (Mário Torres), proc. nr. 00S125

Ac. de 04/10/2000 do TRL (Gomes da Silva), proc. nr. 0026444 (sumário)

Ac. de 13/06/2000 do TRP (Emídio Costa), proc. nr. 0020671 (sumário)

Ac. de 26/01/2000 do TRL (Simão Quelhas), proc. nr. 0069364 (sumário)/ CJ, 2000, I, pp. 163-164/BTE, II Série, 1-2-3/2002, pp. 463-465

Ac. de 02/12/1999 do TRC (Bordalo Lema), CJ, 1999, V, pp. 66-68

Ac. de 18/11/1999 do STJ (Martins da Costa), proc. nr. 99A781 (sumário)

Ac. de 17/11/1999 do TRL (Ferreira Marques), CJ, 1999, V, pp. 161-163

Ac. de 23/06/1999 do TRL (Gomes da Silva), proc. nr. 0023354 (sumário)

Ac. de 11/05/1999 do STJ (Martins da Costa), proc. nr. 99A781 (sumário)

Ac. de 26/05/1997 do TRP (Sousa Peixoto), CJ, 1997, III, pp. 253-254

Ac. de 25/06/1996 do TRE (Paiva de Carvalho), CJ, 1996, III, pp. 300-301

Ac. de 04/03/1996 do TRP (Sousa Peixoto), CJ, 1996, II, pp. 247-248/proc. nr. 9410500 (sumário)

Ac. de 04/12/1995 do TRP (Castro Ferreira), proc. nr. 9540497 (sumário)

Ac. de 19/06/1995 do TRP (Leitão Santos), proc. nr. 9510028 (sumário)

Ac. de 12/01/1995 do TRP (Alves Barata), BMJ, 443 (1995), p. 442 (sumário)

Ac. de 07/06/1994 do TRL (Almeida Amaral), proc. nr. 0080881 (sumário)

Ac. de 21/04/1993 do TRL (Andrade Borges), CJ, 1993, III, p. 166 (página única).

Ac. de 20/05/1992 do TRL (César Teles), CJ, 1992, III, pp. 262-263

Ac. de 13/05/1992 do TRL (Diniz Roldão), proc. nr. 0077774 (sumário)/CJ, 1992, III, pp. 260-262

Ac. de 05/05/1992 do TRE (Paiva Carvalho), CJ, 1992, III, pp. 358-359

Ac. de 17/10/1991 do TC (Alberto Tavares da Costa), BMJ, 410 (1991), pp. 165-184.

Ac. de 11/04/1991 do TRC (Sousa Lamas), CJ, 1991, II, pp. 131-133

Ac. de 20/03/1991 do STJ (Pedro Sousa Macedo), BMJ, 405 (1991), pp. 359-363

Ac. de 05/02/1991 do TRP (Alves Correia), proc. nr. 0409672 (sumário)

Ac. de 30/01/1991 do STJ (Roberto Valente), proc. nr. 002927/BMJ, 403 (1991) pp. 267-270

Ac. de 04/07/1990 do TRP (Manuel Nunes Ferreira), BMJ, 399 (1990), p. 565 (sumário)

Ac. de 06/06/1990 do TRL (Sousa e Alvim), CJ, 1990, III, pp. 188-190

Ac. de 30/05/1990 do TRL (Abílio Brandão), proc. nr. 0063194 (sumário)

Ac. de 16/01/1990 do TRE (Loureiro Pipa), CJ, 1990, I, pp. 317-318/BTE, II Série, 1-2-3/92, pp. 259-261

Ac. de 11/01/1990 do TRE (António Manuel Pereira), CJ, 1990, I, pp. 281-283 (secção cível).

Ac. de 25/01/1989 do TRL (Roberto Valente), CJ, 1989, I, pp. 172-174, p. 173/proc. nr. 0004246 (sumário)

Ac. de 24/01/1989 do TRC (Dias Simão), CJ, 1989, I, pp. 98-101

Ac. de 08/03/1988 do TRC (António Gomes Baião), CJ, 1988, II, pp. 108-110

Ac. de 28/01/1988 do TRE (Arlindo de Almeida), CJ, 1988, I, pp. 293-296/ BTE, II Série, 7-8-9/90, pp. 688-691

Ac. de 13/01/1988 do TRL (Nuno Alvim), CJ, 1988, I, pp. 171-173

Ac. de 28/07/1987 do STJ (Pinheiro Farinha), BMJ, 369 (1987), pp. 546-548

Ac. de 06/05/1987 do TRL (Rolão Preto), CJ, 1987, III, p. 143 (página única)/BTE, II Série, 4-5-6/90, pp. 450-451

Ac. de 10/12/1985 do STJ (Correia de Paiva), AcD, 292 (1986), pp. 487-491

Ac. de 29/01/1985 do TRC (Frederico Mendes Carvalhão), CJ, 1985, I, pp. 134-135

Ac. de 21/02/1984 do TRC (Manuel Pereira da Silva), CJ, 1984, I, pp. 52-53

Ac. de 14/07/1983 do TRL (Ricardo da Velha), proc. nr. 0021084

Ac. de 20/06/1982 do TRC (Barros Lopes), BTE, II Série, 10-11-12/1982, pp. 1335-1336

Ac. de 02/07/1981 do TRC (Frederico Mendes Carvalhão), CJ, 1981, IV, pp. 61-63

Ac. de 26/03/1963 do STJ (Pereira Parreira), AcD, 18 (1963), pp. 859-864

Ac. de 05/06/1962 do STA (Henrique Mário Pereira Parreira), *Estudos Sociais e Corporativos*, 4 (1962), pp. 158-161

Ac. de 31/10/1939 do STJ (César A. Santos), *Revista de Legislação e de Jurisprudência*, 2674 (1940), pp. 155-157

Lei nº 13/2023, de 3 de abril

Altera o Código do Trabalho e legislação conexa, no âmbito da Agenda do Trabalho Digno

A Assembleia da República decreta, nos termos da alínea c) do artigo 161º da Constituição, o seguinte:

Artigo 1º – Objeto

A presente lei procede:

(...)

h) À segunda alteração ao Decreto-Lei nº 235/92, de 24 de outubro, alterado pela Lei nº 114/99, de 3 de agosto, que estabelece o regime jurídico das relações de trabalho emergentes do contrato de serviço doméstico;

(...)

Artigo 6º – Alteração ao Decreto-Lei nº 235/92, de 24 de outubro

Os artigos 13º, 14º, 17º, 24º, 28º, 30º, 32º e 36º do Decreto-Lei nº 235/92, de 24 de outubro, passam a ter a seguinte redação:

«Artigo 13º

(...)

1 – O período normal de trabalho semanal não pode ser superior a 40 horas.

2 – (...)

3 – Quando exista acordo do trabalhador, o período normal de trabalho pode ser observado em termos médios dentro dos limites previstos no Código do Trabalho.

Artigo 14º

(...)

1 – O trabalhador de serviço doméstico tem direito, em cada dia, a gozar de intervalos para refeições e descanso, sem prejuízo das funções de vigilância e assistência a prestar ao agregado familiar.

2 – Sem prejuízo do disposto no Código do Trabalho, relativamente ao trabalho de menor, o trabalhador alojado tem direito a um repouso noturno de, pelo menos, onze horas consecutivas, que não deve ser interrompido, salvo por motivos graves, imprevistos ou de força maior, ou quando tenha sido contratado para assistir a doentes ou crianças até aos três anos.

3 – A organização dos intervalos para refeições e descanso é estabelecida por acordo ou, na falta deste, fixada pelo empregador dentro dos limites previstos no Código do Trabalho.

Artigo 17º

(...)

1 – (...)

2 – (...)

3 – Para efeitos do número anterior, os valores do alojamento e da alimentação são os determinados por referência ao valor da remuneração mínima mensal garantida.

Artigo 24º

(...)

1 – Os trabalhadores do serviço doméstico têm direito, sem prejuízo da retribuição, ao gozo dos feriados previstos no Código do Trabalho.

2 – Sem prejuízo do disposto no Código do Trabalho quanto ao trabalho de menor, com o acordo do trabalhador pode haver prestação de trabalho nos feriados, de duração igual ao período normal de trabalho diário, conferindo o direito a um descanso compensatório remunerado, a gozar na mesma semana ou na seguinte.

3 – Quando, por razões de atendível interesse do agregado familiar, não seja viável o descanso compensatório nos termos do número anterior, o trabalhador tem direito à remuneração correspondente.

4 – Os trabalhadores de serviço doméstico não podem sofrer redução na retribuição por motivo do gozo de feriados.

Artigo 28º

(...)

1 – (...)

a) (Revogada.)

b) (Revogada.)

c) (...)

d) Ocorrendo alteração substancial das circunstâncias de vida familiar do empregador que torne imediata e praticamente impossível a subsistência da relação de trabalho, designadamente quando tenha cessado a necessidade de assistência para a qual o trabalhador foi contratado;

e) (Revogada.)

2 – (Revogado.)

3 – (...)

4 – (...)

5 – Nas situações previstas nas alíneas c) e d) do nº 1, a cessação do contrato deve ser comunicada ao trabalhador, com a indicação dos motivos em que a mesma se fundamenta, com a antecedência mínima de:

a) 7 dias, caso o contrato tenha durado até 6 meses;

b) 15 dias, caso o contrato tenha durado de 6 meses a 2 anos;

c) 30 dias, caso o contrato tenha durado por período superior a 2 anos.

Artigo 30º

(...)

Constitui justa causa de despedimento por parte do empregador, entre outros, os seguintes factos e comportamentos culposos por parte do trabalhador:

a) (...)

b) (...)

c) (...)

d) (...)

e) (...)

f) (...)

g) (...)

h) (...)

i) (...)

j) (...)
k) (...)
l) (...)
m) (...)
n) (...)
o) (...)
p) (...)

Artigo 32º

(...)

1 - (...)

a) (...)
b) (...)
c) (...)
d) (...)
e) (...)
f) (...)
g) (...)
h) (...)
i) Violação culposa das garantias legais ou constantes do contrato de trabalho, designadamente a prática de assédio pelo empregador, outros membros do agregado familiar ou por outros trabalhadores.

2 - A cessação do contrato nos termos das alíneas b) a e) e g) a i) do número anterior confere ao trabalhador o direito a indemnização de valor correspondente a um mês de retribuição por cada ano completo de serviço ou fração.

Artigo 36º

(...)

1 - Constitui contraordenação muito grave a violação do disposto no nº 1 do artigo 9º

2 - Constitui contraordenação grave a violação do nº 1 do artigo 10º, do nº 1 do artigo 13º, dos n.os 1 e 2 do artigo 14º, do nº 1 do artigo 15º, dos n.os 1 e 2 do artigo 24º, dos n.os 1 e 3 do artigo 26º, do nº 3 do artigo 28º e do nº 3 do artigo 29º no caso de a rescisão do contrato de trabalho ser efetuada pelo empregador.

3 - (Revogado.)»

Artigo 17º – Aditamento ao Decreto-Lei nº 235/92, de 24 de outubro

É aditado ao Decreto-Lei nº 235/92, de 24 de outubro, o artigo 37º-A, com a seguinte redação:

> **«Artigo 37º-A – Aplicação subsidiária**
>
> Às relações emergentes do contrato de serviço doméstico aplicam-se as normas do Código do Trabalho em tudo o que não esteja previsto no presente regime.»

Artigo 33º – Norma revogatória

São revogados:

(...)

d) O artigo 4º, os n.os 1, 2 e 4 do artigo 8º, o nº 2 do artigo 10º, os artigos 12º, 16º, 18º a 23º e 25º, as alíneas a), b) e e) do nº 1 e o nº 2 do artigo 28º, os artigos 34º e 35º e o nº 3 do artigo 36º do Decreto-Lei nº 235/92, de 24 de outubro;

Decreto-Lei nº 235/92, de 24 de outubro
(com as alterações introduzidas pela Lei nº 13/2023, de 3 de abril)

O Decreto-Lei nº 508/80, de 21 de outubro, actualmente em vigor, definiu, pela primeira vez, no nosso ordenamento jurídico, um regime específico regulamentador do contrato de serviço doméstico. Até à data da sua entrada em vigor, as normas regulamentadoras deste tipo de contrato eram as do Código Civil de 1867, que, pela época em que foram produzidas, se mostravam completamente desfasadas da realidade social. Tratando-se da primeira tentativa de regular, global e coerentemente, a prestação de trabalho doméstico e tendo surgido numa época de profundas mutações na concepção dos regimes disciplinadores da relação de trabalho, o referido diploma não poderia deixar de ter, naturalmente, um período de vigência transitório.

Decorridos cerca de 10 anos, reconhece-se que a dinâmica das relações laborais e a melhoria das condições de vida dos agregados familiares justificam uma revisão de algumas matérias do actual regime.

A circunstância de o trabalho doméstico ser prestado a agregados familiares, e, por isso, gerar relações profissionais com acentuado carácter pessoal que postulam um permanente clima de confiança, exige, a par da consideração da especificidade económica daqueles, que o seu regime se continue a configurar como especial em certas matérias.

Por outro lado, prevê-se a aproximação ao quadro normativo geral atinente aos regimes de faltas, de férias e do respectivo subsídio. No que concerne às inovações, cabe anotar a justapucionalização do subsídio de Natal, tendo em conta a sua prática generalizada na contratação colectiva, e a regulação flexível de períodos de trabalho semanais para trabalhadores alojados e não alojados, de acordo, aliás, com o previsto na Lei nº 2/91, de 17 de Janeiro.

Por último, inserem-se prescrições gerais relativas à segurança e saúde no trabalho doméstico.

Foram ouvidas as entidades representativas dos trabalhadores, nos termos da lei, sendo, porém, que na ponderação dos respectivos contributos houve de atender à circunstância de o objecto e o sentido do presente diploma se acharem já estabelecidos na Lei nº 12/92, de 16 de Julho, este também objecto de audição dos representantes dos trabalhadores.

Assim:

No uso da autorização concedida pela Lei nº 12/92, de 16 de Julho, e nos termos da alínea b) do nº 1 do artigo 201º da Constituição, o Governo decreta o seguinte:

Artigo 1º – Objecto

O presente diploma estabelece o regime das relações de trabalho emergentes do contrato de serviço doméstico.

Artigo 2º – Definição

1. Contrato de serviço doméstico é aquele pelo qual uma pessoa se obriga, mediante retribuição, a prestar a outrem, com carácter regular, sob a sua direcção e autoridade, actividades destinadas à satisfação das necessidades próprias ou específicas de um agregado familiar, ou equiparado, e dos respectivos membros, nomeadamente:

a) Confecção de refeições;

b) Lavagem e tratamento de roupas;

c) Limpeza e arrumo de casa;

d) Vigilância e assistência a crianças, pessoas idosas e doentes;

e) Tratamento de animais domésticos;

f) Execução de serviços de jardinagem;

g) Execução de serviços de costura;

h) Outras actividades consagradas pelos usos e costumes;

i) Coordenação e supervisão de tarefas do tipo das mencionadas neste número;

j) Execução de tarefas externas relacionadas com as anteriores.

2. O regime previsto no presente diploma aplica-se, com as necessárias adaptações, à prestação das actividades referidas no número anterior a pessoas colectivas de fins não lucrativos, ou a agregados familiares, por conta daquelas, desde que não abrangidas por regime legal ou convencional.

3. Não se considera serviço doméstico a prestação de trabalhos com carácter acidental, a execução de uma tarefa concreta de frequência intermitente ou o desempenho de trabalhos domésticos em regime *au pair*, de autonomia ou de voluntariado social.

Artigo 3º – Forma

O contrato de serviço doméstico não está sujeito a forma especial, salvo no caso de contrato a termo.

Artigo 4º – Idade mínima

(Revogado pela Lei nº 13/2023, de 3 de abril)

Artigo 5º – Contrato a termo

1. Ao contrato de serviço doméstico pode ser aposto termo, certo ou incerto, quando se verifique a natureza transitória ou temporária do trabalho a prestar.

2. O contrato de serviço doméstico pode ainda ser celebrado a termo certo quando as partes assim o convencionarem, desde que a sua duração, incluindo as renovações, não seja superior a um ano.

3. Nas situações previstas no nº 1, na falta de estipulação escrita do prazo considera-se que o contrato é celebrado pelo período em que persistir o motivo determinante.

4. A não verificação dos requisitos de justificação, quando exigidos, ou a falta de redução a escrito, no caso do nº 2, tornam nula a estipulação do termo.

Artigo 6º – Renovação do contrato a termo

1. O contrato de trabalho a termo certo pode ser objecto de duas renovações, considerando-se o contrato renovado se o trabalhador continuar ao serviço para além do prazo estabelecido.

2. Se o trabalhador continuar ao serviço da entidade empregadora após o decurso de 15 dias sobre a data do termo da última renovação do contrato ou da verificação do evento que, nos termos do nº 1 do artigo anterior, justificou a sua celebração, o contrato converte-se em contrato sem termo.

Artigo 7º – Modalidades

1. O contrato de serviço doméstico pode ser celebrado com ou sem alojamento e com ou sem alimentação.

2. Entende-se por alojado, para os efeitos deste diploma, o trabalhador doméstico cuja retribuição em espécie compreenda a prestação de alojamento ou de alojamento e alimentação.

3. O contrato de serviço doméstico pode ser celebrado a tempo inteiro ou a tempo parcial.

Artigo 8º – Período experimental

1. *(Revogado pela Lei nº 13/2023, de 3 de abril)*

2. *(Revogado pela Lei nº 13/2023, de 3 de abril)*

3. No caso de cessação do contrato durante o período experimental, deve ser concedido ao trabalhador alojado um prazo não inferior a vinte e quatro horas para abandono do alojamento.

4. *(Revogado pela Lei nº 13/2023, de 3 de abril)*

Artigo 9º – Conceito e modalidades de retribuição

1. Só se considera retribuição aquilo a que o trabalhador tem direito como contrapartida do seu trabalho, nos termos da lei ou do contrato.

2. A retribuição do trabalhador pode ser paga parte em dinheiro e parte em espécie, designadamente pelo fornecimento de alojamento e alimentação ou só alojamento ou apenas alimentação.

3. Sempre que no dia de descanso semanal ou feriado a entidade empregadora não conceda refeição ao trabalhador alojado, nem permita a sua confecção com géneros por aquela fornecidos, o trabalhador tem direito a receber o valor correspondente à alimentação em espécie, que acrescerá à retribuição em numerário.

Artigo 10º – Tempo de cumprimento e limites

1. A obrigação de satisfazer a retribuição em dinheiro vence-se, salvo estipulação em contrário, no termo da unidade de tempo que servir de base para a sua fixação.
2. *(Revogado pela Lei nº 13/2023, de 3 de abril)*
3. Para efeitos de cálculo das várias prestações, compensações e indemnizações estabelecidas no presente diploma, o valor total da retribuição será expresso em dinheiro.

Artigo 11º – Cálculo de valor diário

A determinação do valor diário da retribuição deve efectuar-se dividindo o montante desta por 30, por 15 ou por 7, consoante tenha sido fixada com referência ao mês, à quinzena ou à semana, respectivamente.

Artigo 12º – Subsídio de Natal

(Revogado pela Lei nº 13/2023, de 3 de abril)

Artigo 13º – Duração do trabalho

1. O período normal de trabalho semanal não pode ser superior a quarenta e quatro horas.
2. No caso dos trabalhadores alojados apenas são considerados, para efeitos do número anterior, os tempos de trabalho efectivo.
3. Quando exista acordo do trabalhador, o período normal de trabalho pode ser observado em termos médios dentro dos limites previstos no Código do Trabalho.

(Alterado pela Lei nº 13/2023, de 3 de abril)

Artigo 14º – Intervalos para refeições e descanso

1. O trabalhador de serviço doméstico tem direito, em cada dia, a gozar de intervalos para refeições e descanso, sem prejuízo das funções de vigilância e assistência a prestar ao agregado familiar.
2. Sem prejuízo do disposto no Código do Trabalho, relativamente ao trabalho de menor, o trabalhador alojado tem direito a um repouso noturno de, pelo menos, onze horas consecutivas, que não deve ser interrompido, salvo por motivos graves, imprevistos ou de força maior, ou quando tenha sido contratado para assistir a doentes ou crianças até aos três anos.

3. A organização dos intervalos para refeições e descanso é estabelecida por acordo ou, na falta deste, fixada pelo empregador dentro dos limites previstos no Código do Trabalho.

(Alterado pela Lei nº 13/2023, de 3 de abril)

Artigo 15º – Descanso semanal

1. O trabalhador não alojado a tempo inteiro e o trabalhador alojado têm direito, sem prejuízo da retribuição, ao gozo de um dia de descanso semanal.
2. Pode ser convencionado entre as partes o gozo de meio dia ou de um dia completo de descanso, além do dia de descanso semanal previsto no número anterior.
3. O dia de descanso semanal deve coincidir com o domingo, podendo recair em outro dia da semana, quando motivos sérios e não regulares da vida do agregado familiar o justifiquem.

Artigo 16º – Direito a férias

(Revogado pela Lei nº 13/2023, de 3 de abril)

Artigo 17º – Retribuição durante as férias

1. A retribuição correspondente ao período de férias não pode ser inferior à que o trabalhador perceberia se estivesse em serviço efectivo.
2. O trabalhador contratado com alojamento e alimentação ou só com alimentação tem direito a receber a retribuição correspondente ao período de férias integralmente em dinheiro, no valor equivalente àquelas prestações, salvo se, por acordo, se mantiver o direito às mesmas durante o período de férias.
3. Para efeitos do número anterior, os valores do alojamento e da alimentação são os determinados por referência ao valor da remuneração mínima garantida.

(Alterado pela Lei nº 13/2023, de 3 de abril)

Artigo 18º – Subsídio de férias

(Revogado pela Lei nº 13/2023, de 3 de abril)

Artigo 19º – Férias não gozadas por cessação do contrato

(Revogado pela Lei nº 13/2023, de 3 de abril)

Artigo 20º – Gozo e marcação de férias

(Revogado pela Lei nº 13/2023, de 3 de abril)

Artigo 21º – Violação do direito a férias

(Revogado pela Lei nº 13/2023, de 3 de abril)

Artigo 22º – Irrenunciabilidade do direito a férias

(Revogado pela Lei nº 13/2023, de 3 de abril)

Artigo 23º – Faltas

(Revogado pela Lei nº 13/2023, de 3 de abril)

Artigo 24º – Feriados

1. Os trabalhadores do serviço doméstico têm direito, sem prejuízo da retribuição, ao gozo dos feriados previstos no Código do Trabalho.

2. Sem prejuízo do disposto no Código do Trabalho quanto ao trabalho de menor, com o acordo do trabalhador pode haver prestação de trabalho nos feriados, de duração igual ao período normal de trabalho diário, conferindo o direito a um descanso compensatório remunerado, a gozar na mesma semana ou na seguinte.

3. Quando, por razões de atendível interesse do agregado familiar, não seja viável o descanso compensatório nos termos do número anterior, o trabalhador tem direito à remuneração correspondente.

4. Os trabalhadores de serviço doméstico não podem sofrer redução na retribuição por motivo do gozo de feriados.

(Alterado pela Lei nº 13/2023, de 3 de abril)

Artigo 25º – Suspensão do contrato de trabalho por impedimento prolongado respeitante ao trabalhador

(Revogado pela Lei nº 13/2023, de 3 de abril)

Artigo 26º – Segurança e saúde no trabalho

1. A entidade empregadora deve tomar as medidas necessárias para que os locais de trabalho, os utensílios, os produtos e os processos de trabalho não apresentem riscos para a segurança e saúde do trabalhador, nomeadamente:

a) Informar o trabalhador sobre o modo de funcionamento e conservação dos equipamentos utilizados na execução das suas tarefas;

b) Promover a reparação de utensílios, e equipamentos cujo deficiente funcionamento possa constituir risco para a segurança e saúde do trabalhador;

c) Assegurar a identificação dos recipientes que contenham produtos que apresentem grau de toxicidade ou possam causar qualquer tipo de lesão e fornecer as instruções necessárias à sua adequada utilização;

d) Fornecer, em caso de necessidade, vestuário e equipamento de protecção adequados, a fim de prevenir, na medida do possível, dos riscos de acidente e ou de efeitos prejudiciais à saúde dos trabalhadores;

e) Proporcionar, quando for o caso, alojamento e alimentação em condições que salvaguardem a higiene e saúde dos trabalhadores.

2. O trabalhador deve zelar pela manutenção das condições de segurança e de saúde, nomeadamente:

a) Cumprir as prescrições de segurança e saúde determinadas pela entidade empregadora;

b) Utilizar correctamente os equipamentos, utensílios, e produtos postos à sua disposição;

c) Comunicar imediatamente à entidade empregadora as avarias e deficiências relativas aos equipamentos e utensílios postos à sua disposição.

3. A entidade empregadora deve transferir a responsabilidade pela reparação dos danos emergentes de acidente de trabalho para entidades legalmente autorizadas a fazer este seguro.

Artigo 27º – Cessação do contrato

O contrato de serviço doméstico pode cessar:

a) Por acordo das partes;

b) Por caducidade;

c) Por rescisão de qualquer das partes, ocorrendo justa causa;

d) Por rescisão unilateral do trabalhador, com pré-aviso.

Artigo 28º – Cessação do contrato por caducidade

1. O contrato de serviço doméstico caduca nos casos previstos neste diploma e nos termos gerais de direito, nomeadamente:

a) *(Revogado pela Lei nº 13/2023, de 3 de abril)*

b) *(Revogado pela Lei nº 13/2023, de 3 de abril)*

c) Verificando-se manifesta insuficiência económica do empregador, superveniente à celebração do contrato;

d) Ocorrendo alteração substancial das circunstâncias de vida familiar do empregador que torne imediata e praticamente impossível a subsistência da relação de trabalho, designadamente quando tenha cessado a necessidade de assistência para a qual o trabalhador foi contratado.

e) *(Revogado pela Lei nº 13/2023, de 3 de abril)*

2. *(Revogado pela Lei nº 13/2023, de 3 de abril)*

3. No caso previsto na alínea d) do nº 1, o trabalhador terá direito a uma compensação de valor correspondente à retribuição de um mês por cada três anos de serviço, até ao limite de cinco, independentemente da retribuição por inteiro do mês em que se verificar a caducidade do contrato.

4. Quando se dê a caducidade do contrato a termo celebrado com trabalhador alojado, a este será concedido um prazo de três dias para abandono do alojamento.

5. Nas situações previstas nas alíneas c) e d) do nº 1, a cessação do contrato deve ser comunicada ao trabalhador, com a indicação dos motivos em que a mesma se fundamenta, com a antecedência mínima de:

a) 7 dias, caso o contrato tenha durado até seis meses;

b) 15 dias, caso o contrato tenha durado de seis meses a dois anos;

c) 30 dias, caso o contrato tenha durado por período superior a dois anos.

(Alterado pela Lei nº 13/2023, de 3 de abril)

Artigo 29º – Rescisão com justa causa

1. Constitui justa causa de rescisão qualquer facto ou circunstância que impossibilite a manutenção, atenta a natureza especial da relação em causa, do contrato de serviço doméstico.

2. Ocorrendo justa causa, qualquer das partes pode pôr imediatamente termo ao contrato.

3. No momento da rescisão do contrato devem ser referidos pela parte que o rescinde, expressa e inequivocamente, por escrito, os factos e circunstâncias que a fundamentem.

4. A existência de justa causa será apreciada tendo sempre em atenção o carácter das relações entre as partes, nomeadamente a natureza dos laços de convivência do trabalhador com o agregado familiar a que presta serviço.

Artigo 30º – Justa causa de rescisão por parte do empregador

Constitui justa causa de despedimento por parte do empregador, entre outros, os seguintes factos e comportamentos culposos por parte do trabalhador:

a) Desobediência ilegítima às ordens dadas pelo empregador ou outros membros do agregado familiar;

b) Desinteresse repetido pelo cumprimento, com a diligência devida, das obrigações inerentes ao exercício das funções que lhe estejam cometidas;

c) Provocação repetida de conflitos com outro ou outros trabalhadores ao serviço da entidade empregadora;

d) Lesão de interesses patrimoniais sérios do empregador ou do agregado familiar;

e) Faltas não justificadas ao trabalho que determinem prejuízos ou riscos sérios para o empregador ou para o agregado familiar ou, independentemente de qualquer prejuízo ou risco, quando o número de faltas injustificadas atingir em cada ano 5 seguidas ou 10 interpoladas;

f) Falta culposa da observância de normas de segurança e saúde no trabalho;

g) Prática de violências físicas, de injúrias ou de outras ofensas sobre a entidade empregadora, membros do agregado familiar, outros trabalhadores ao serviço do empregador e pessoas das relações do agregado familiar;

h) Reduções anormais da produtividade do trabalhador;

i) Falsas declarações relativas à justificação de faltas;

j) Quebra de sigilo sobre qualquer assunto de que tenha conhecimento em virtude da convivência decorrente da natureza do contrato e de cuja revelação possa resultar prejuízo para a honra, bom nome ou património do agregado familiar;

k) Manifesta falta de urbanidade no trato habitual com os membros do agregado familiar, designadamente as crianças e os idosos, ou com outras pessoas que, regular ou acidentalmente, sejam recebidas na família;

l) Introdução abusiva no domicílio do agregado familiar de pessoas estranhas ao mesmo, sem autorização ou conhecimento prévio do empregador ou de quem o substitua;

m) Recusa em prestar contas de dinheiros que lhe tenham sido confiados para compras ou pagamentos ou infidelidade na prestação dessas contas;

n) Hábitos ou comportamentos que não se coadunem com o ambiente normal do agregado familiar ou tendam a afectar gravemente a respectiva saúde ou qualidade de vida;

o) Negligência reprovável ou reiterada na utilização de aparelhagem electrodoméstica, utensílios de serviço, louças, roupas e objectos incluídos no recheio da habitação, quando daí resulte avaria, quebra ou inutilização que impliquem dano grave para o empregador.

(*Alterado pela Lei nº 13/2023, de 3 de abril*)

Artigo 31º – Indemnização por despedimento com alegação insubsistente de justa causa

1. O despedimento decidido com alegação de justa causa e que venha a ser judicialmente declarado insubsistente, não havendo acordo quanto à reintegração do trabalhador, confere a este o direito a uma indemnização correspondente à retribuição de um mês por cada ano completo de serviço ou fracção, decorrido até à data em que tenha sido proferido o despedimento, nos casos de contrato sem termo ou com termo incerto, e às retribuições vincendas, nos casos de contrato com termo certo.

2. Quando se prove dolo do empregador, o valor da indemnização prevista no número anterior será agravado até ao dobro.

Artigo 32º – Rescisão com justa causa pelo trabalhador

1. O trabalhador poderá rescindir o contrato com justa causa nas situações seguintes:

a) Necessidade de cumprir obrigações legais incompatíveis com a continuação ao serviço;

b) Falta culposa de pagamento pontual da retribuição, na forma devida;

c) Lesão culposa de interesses patrimoniais do trabalhador ou ofensa à sua honra ou dignidade;

d) Falta culposa quanto às condições proporcionadas ao trabalhador, nomeadamente alimentação, segurança e salubridade, em termos de acarretar prejuízo sério para a sua saúde;

e) Aplicação de sanção abusiva;

f) Mudança de residência permanente do empregador para outra localidade;

g) Quebra de sigilo sobre assuntos de carácter pessoal do trabalhador;

h) Manifesta falta de urbanidade no trato habitual com o trabalhador por parte do empregador ou dos membros do agregado familiar;

i) Violação culposa das garantias legais ou constantes do contrato de trabalho, designadamente a prática de assédio pelo empregador, outros membros do agregado familiar ou por outros trabalhadores.

2. A cessação do contrato nos termos das alíneas b) a e) e g) a i) do número anterior confere ao trabalhador o direito a indemnização de valor correspondente a um mês de retribuição por cada ano completo de serviço ou fração.

(Alterado pela Lei nº 13/2023, de 3 de abril)

Artigo 33º – Rescisão do contrato pelo trabalhador, com aviso prévio

1. O trabalhador tem direito a rescindir o contrato, devendo propô-lo por escrito, com aviso prévio de duas semanas por cada ano de serviço ou fracção, não sendo, porém, obrigatório aviso prévio superior a seis semanas.

2. Se o trabalhador não cumprir, total ou parcialmente, o prazo do aviso prévio, pagará ao empregador, a título de indemnização, o valor da retribuição correspondente ao período do aviso prévio em falta.

3. A obrigação a que se refere o número anterior poderá ser satisfeita por compensação com créditos de retribuição.

Artigo 34º – Abandono do trabalho

(Revogado pela Lei nº 13/2023, de 3 de abril)

Artigo 35º – Documentos a entregar ao trabalhador

(Revogado pela Lei nº 13/2023, de 3 de abril)

Artigo 36º – Contra-ordenações

1. Constitui contraordenação muito grave a violação do disposto no nº 1 do artigo 9º.

2. Constitui contraordenação grave a violação do nº 1 do artigo 10º, do nº 1 do artigo 13º, dos n.os 1 e 2 do artigo 14º, do nº 1 do artigo 15º, dos n.os 1 e 2 do artigo 24º, dos n.os 1 e 3 do artigo 26º, do nº 3 do artigo 28º e do nº 3 do artigo 29º no caso de a rescisão do contrato de trabalho ser efetuada pelo empregador.

3. *(Revogado pela Lei nº 13/2023, de 3 de abril)*

(Alterado pela Lei nº 13/2023, de 3 de abril)

Artigo 37º – Norma revogatória

É revogado o Decreto-Lei nº 508/80, de 21 de Outubro.

Artigo 38º – Entrada em vigor

O presente diploma entra em vigor decorridos 60 dias após a sua publicação.

Visto e aprovado em Conselho de Ministros de 23 de Julho de 1992.

ANÍBAL ANTÓNIO CAVACO SILVA – ARLINDO GOMES DE CARVALHO – JOSÉ ALBINO DA SILVA PENEDA.

Promulgado em 6 de Outubro de 1992.

Publique-se.

O Presidente da República, MÁRIO SOARES.

Referendado em 9 de Outubro de 1992.

O Primeiro-Ministro, ANÍBAL ANTÓNIO CAVACO SILVA.

ÍNDICE